Kohlhammer

Der Autor

Prof. Dr. Martin Becker lehrt und forscht seit 2007 an der Katholischen Hochschule Freiburg. Nach dem Studium der Sozialen Arbeit war er über zehn Jahre in verschiedenen Handlungsfeldern Sozialer Arbeit tätig. Nach dem Studium der Soziologie, Erziehungswissenschaften und Arbeits-/Organisationspsychologie wurde er an der Universität Freiburg zum Dr. phil. promoviert. Seine Lehr- und Forschungsschwerpunkte liegen im Bereich der Stadt- und Quartierentwicklung, Sozialraumorientierung und BürgerInnenbeteilung. Seine wichtigsten Publikationen und Forschungsprojekte beschäftigen sich mit sozialer Stadtentwicklung auch im internationalen Kontext, Quartierstudien, Sozialraumanalysen sowie Studien zu freiwilligem Engagement.

Martin Becker

Soziale Stadtentwicklung und Gemeinwesenarbeit in der Sozialen Arbeit

2., aktualisierte Auflage

Verlag W. Kohlhammer

Dieses Werk einschließlich aller seiner Teile ist urheberrechtlich geschützt. Jede Verwendung außerhalb der engen Grenzen des Urheberrechts ist ohne Zustimmung des Verlags unzulässig und strafbar. Das gilt insbesondere für Vervielfältigungen, Übersetzungen, Mikroverfilmungen und für die Einspeicherung und Verarbeitung in elektronischen Systemen.

Die Wiedergabe von Warenbezeichnungen, Handelsnamen und sonstigen Kennzeichen in diesem Buch berechtigt nicht zu der Annahme, dass diese von jedermann frei benutzt werden dürfen. Vielmehr kann es sich auch dann um eingetragene Warenzeichen oder sonstige geschützte Kennzeichen handeln, wenn sie nicht eigens als solche gekennzeichnet sind.

Es konnten nicht alle Rechtsinhaber von Abbildungen ermittelt werden. Sollte dem Verlag gegenüber der Nachweis der Rechtsinhaberschaft geführt werden, wird das branchenübliche Honorar nachträglich gezahlt.

Dieses Werk enthält Hinweise/Links zu externen Websites Dritter, auf deren Inhalt der Verlag keinen Einfluss hat und die der Haftung der jeweiligen Seitenanbieter oder -betreiber unterliegen. Zum Zeitpunkt der Verlinkung wurden die externen Websites auf mögliche Rechtsverstöße überprüft und dabei keine Rechtsverletzung festgestellt. Ohne konkrete Hinweise auf eine solche Rechtsverletzung ist eine permanente inhaltliche Kontrolle der verlinkten Seiten nicht zumutbar. Sollten jedoch Rechtsverletzungen bekannt werden, werden die betroffenen externen Links soweit möglich unverzüglich entfernt.

2., aktualisierte Auflage 2021

Alle Rechte vorbehalten
© W. Kohlhammer GmbH, Stuttgart
Gesamtherstellung: W. Kohlhammer GmbH, Heßbrühlstr. 69, 70565 Stuttgart
produktsicherheit@kohlhammer.de

Print:
ISBN 978-3-17-041214-9

E-Book-Formate:
pdf: ISBN 978-3-17-041215-6
epub: ISBN 978-3-17-041216-3

Vorwort der Herausgeber

Der Band »Handlungsfeldorientierung in der Sozialen Arbeit«, in erster Auflage erschienen im September 2012 und aktualisiert und erweitert 2020, bildet die Einführung für eine Reihe von Einzelveröffentlichungen zu verschiedenen Handlungsfeldern Sozialer Arbeit. In der einführenden Publikation ist das »Freiburger Modell der Handlungsfeldorientierung« genauer beschrieben, das den folgenden Bänden zu einzelnen Handlungsfeldern Sozialer Arbeit auch zugrunde liegt. Dieses curriculare Modell für das Bachelorstudium der Sozialen Arbeit nimmt aktuelle Bedingungen und Entwicklungen in verschiedenen Feldern der Sozialen Arbeit in den Blick und leitet Aktionen und Interventionen fachlich begründet dazu ab. Dargestellt werden mögliche und notwendige Handlungskonzepte und Methoden, die zu Charakteristika von Aufgabenstellungen, Rechtsgrundlagen, staatlichen Programmen, Trägerlandschaften, Situationen und Personen in Handlungsfeldern diskursiv in Bezug gesetzt werden. Daraus ergeben sich Gestaltungs- und Kontexterfordernisse, die einer eher technokratischen Ver- und Anwendung entgegenwirken, die »reiner« Methodenlehre latent innewohnen. Nach Möglichkeit fließen dazu Hinweise auf Evaluation und zu Projekten der Praxisforschung mit ein. Die in der Reihe vorgelegte Systematik eignet sich für die Gestaltung von Studiengängen Sozialer Arbeit und wird an der Katholischen Hochschule Freiburg seit einigen Jahren bereits in der Lehre praktiziert. Dies geschieht vor dem Hintergrund einer stärker ausgeprägten Kompetenzorientierung, die im Zuge des Bologna-Prozesses didaktisch erforderlich ist.

Bei der Breite und hohen Differenzierung, die sich in den einzelnen Handlungsfeldern mit ihren unterschiedlichen Rahmenbedingungen, Aufgaben und Zuständigkeiten ergibt, liegt allen Einzelbänden doch eine gemeinsame Struktur in der Darstellung Sozialer Arbeit zugrunde. Zunächst wird der Gegenstandsbereich des jeweiligen Handlungsfeldes beschrieben und dessen spezifischer Bezug zur Wissenschaft Sozialer Arbeit hergestellt. Die Wissensgrundlagen des Handlungsfeldes werden unter Berücksichtigung gesellschaftspolitischer wie auch disziplinärer fachlicher Entwicklungen und theoretischer Rahmung aufgezeigt und in einen fachlichen Diskurs eingebunden. Interventionsformen des Handlungsfeldes werden auf der Basis professionsspezifischer Handlungskonzepte und Methoden erläutert. Für die Soziale Arbeit wichtig und geradezu konstituierend sind multidisziplinäre Perspektiven auf Handlungsfelder und soziale Probleme, die in den Beiträgen nicht fehlen dürfen. An praxisnahen Fragestellungen und ausgewählten Situations- oder Falldarstellungen werden soziale Probleme und Ansätze der Bearbeitung modellhaft erschlossen, ohne in die Falle enger, einfacher und scheinbar eindeutiger Lösungsmuster und Rezepte zu tappen. Am

Ende jedes Kapitels stehen eine kurze Zusammenfassung oder auch Aufgabenstellung sowie weiterführende Literaturempfehlungen.

Ein wesentlicher Anspruch dieser Publikationsreihe ist es, einen Überblick zu aktuellen Entwicklungen in unterschiedlichen Handlungsfeldern Sozialer Arbeit zu geben und damit einerseits den Gemeinsamkeiten – etwa in grundlegenden Modellen, Orientierungen und Fragen der professionellen Entwicklung – und andererseits den Unterschieden – etwa in den historischen und aktuellen Prozessen – im Sinne eines besseren Verständnisses nachzugehen. Damit kann jeder Band dieser Reihe zu einer Orientierungshilfe im Studium wie im Berufsfeld der Sozialen Arbeit werden, einer Art von Karte oder Wegweiser für die individuellen Richtungsentscheidungen. Je nach dem Vorwissen, der Wahl und dem Zugang des interessierten Lesers kann an einem Handlungsfeld eine vertiefende exemplarische Auseinandersetzung erfolgen. Für Berufsein- oder UmsteigerInnen bietet jeder Band eine fundierte und nützliche Einführung in ein neues Handlungsfeld und kann dort zur Orientierung beitragen. Für alle PraktikerInnen dürfte sich diese Reihe als eine hilfreiche Anleitung zur Reflexion der eigenen Alltagsroutinen und damit zur Weiterentwicklung ihrer Praxis und den Vor-Ort-Konzepten eignen. Die Vergewisserung über und die Entwicklung bzw. Umsetzung von Konzepten und Methoden unter dem aktuellen beruflichen Handlungs- und Veränderungsdruck stellt sicher keine leichte Herausforderung für die Organisationen, die Träger, ihre Mitarbeiter und Teams dar. Eine fachliche Unterstützung, auch in dieser Form der Reihe und auf unterschiedlichen Ebenen, hat sie in jedem Fall verdient.

Freiburg im April 2021
Martin Becker, Cornelia Kricheldorff und Jürgen E. Schwab

Inhaltsverzeichnis

Vorwort der Herausgeber 5

Einleitung 9

1   **Historische Entwicklung und Gegenstand der Gemeinwesenarbeit** 14
   1.1   Historische Entwicklung der Gemeinwesenarbeit 14
   1.2   Soziale Stadtentwicklung und Gemeinwesenarbeit als Handlungsfeld Sozialer Arbeit 21
   1.3   Sozialraumorientierung 31
   1.4   Zusammenfassung und Arbeitsanregungen 47

2   **Stadtentwicklung und Stadtmodelle** 49
   2.1   Entstehungsbedingungen von Städten 49
   2.2   Geschichte und Entwicklungsphasen der Stadt 51
   2.3   Europäisches Stadtmodell im globalen Vergleich 55
   2.4   Zusammenfassung und Arbeitsanregungen 60

3   **Theorien der Stadtentwicklung und Urbanität** 62
   3.1   Soziologische Betrachtungen von Städten 62
   3.2   Theorien der Urbanität 64
   3.3   Stadtsoziologischer Perspektivenstreit: »eigenlogischer« vs. »kritischer« Ansatz 68
   3.4   Stadtgröße und Bevölkerungszahl 72
   3.5   Bevölkerung pro Fläche (Dichte) 73
   3.6   Funktionen baulicher Nutzung 74
   3.7   Zusammenfassung und Arbeitsanregungen 76

4   **Gesellschaftliche Veränderungen und deren Auswirkungen auf Stadtentwicklung** 79
   4.1   Veränderungen in Technologie, Ökonomie und Politik 79
   4.2   Folgen, Risiken und Chancen der Veränderungen 84
   4.3   Folgen der Veränderungen für die Städte 89
   4.4   Räumliche Mobilität 95
   4.5   Zusammenfassung und Arbeitsanregungen 96

5	Menschen in ihrem sozialen und räumlichen Umfeld	98
	5.1 Lebensstile	99
	5.2 Lebensformen	105
	5.3 Bevölkerungsalterung	108
	5.4 Migration und Zuwanderung	109
	5.5 Soziale Ungleichheit in Städten	114
	5.6 Segregation	116
	5.7 Gentrification	117
	5.8 Hintergründe für Interessen und Bedürfnisse der Bevölkerung in Stadtteilen und Quartieren	120
	5.9 Zusammenfassung und Arbeitsanregungen	125
6	Stadtpolitik: Leitbilder, Strategien und Programme sozialer Stadtentwicklung	130
	6.1 Leitbilder moderner Stadtentwicklung – Bewältigungsversuche kommunaler Stadtpolitik, den Anforderungen gesellschaftlicher Entwicklungen gerecht zu werden	131
	6.2 Politische Programme der Stadtentwicklung	135
	6.3 Recht und Stadt	155
	6.4 Empfehlungen für eine nachhaltige Stadt- und Quartierentwicklung	160
	6.5 Instrument der »Kommunalpolitischen Wahlprüfsteine«	171
	6.6 Zusammenfassung und Arbeitsanregungen	173
7	Methodisches Handeln	175
	7.1 Sozialraumanalyse	175
	7.2 Partizipation und Engagement am öffentlichen Leben	185
	7.3 Thesen zur Bürgerbeteiligung	199
	7.4 Übersicht über Methoden und Techniken	205
	7.5 Zusammenfassung und Arbeitsanregungen	210
8	Herausforderungen sozialer Stadtentwicklung und Gemeinwesenarbeit	212
Abbildungs- und Tabellenverzeichnis		**218**
Literaturverzeichnis		**219**

Einleitung

Mit der vorliegenden zweiten aktualisierten Auflage des ersten Band der Reihe »Handlungsfelder Sozialer Arbeit« liegt eine Publikation vor, die den Versuch wagt, das umfangreiche Handlungsfeld derjenigen Arbeits- und Tätigkeitsbereiche innerhalb der Sozialen Arbeit zusammenfassend darzustellen, die sich durch spezifische Gebiets- und Sozialraumorientierung auszeichnen. Dabei besteht die Herausforderung u. a. darin, sowohl der Breite des Handlungsfeldes gerecht zu werden als auch genügend vertiefte Einblicke in bestimmte Tätigkeitsbereiche zu ermöglichen.

Obwohl oder vielleicht gerade weil »Gemeinwesenarbeit« als ein, gelegentlich als »Methode« bezeichnetes, vergleichsweise frühes Arbeitsfeld Sozialer Arbeit identifiziert werden kann (▶ Kap. 1), hat es bis heute starke konzeptionelle und begriffliche Ausdifferenzierungen erfahren. Mit »Community Organizing«, »Stadt (teil)- oder Quartierentwicklung«, »Quartiermanagement«, »Gemeinwesen-« oder »Solidar-Ökonomie« sind nur einige Begriffe genannt, hinter denen sich mehr oder wenig klar beschriebene Konzepte und Aufgabenfelder verbergen. Die Gemeinsamkeiten liegen dabei in erster Linie auf der Verbindung sozialer und räumlicher Bezüge, die sich aus einer Perspektive ergeben, die aus der Mikroebene von Individuen, auf die Mesoebene der Lebens- und Aktionsräume von Gruppierungen, Milieus und Szenen in Stadtteilen und Quartieren sowie auf die Makroebene von Stadtgesellschaften, Regionen und Staaten heraus zoomt. Der AdressatInnenkreis geht dabei über die klassische Klientel Sozialer Arbeit hinaus und bezieht potenziell alle Menschen in einem sozial- und räumlich strukturierten Lebens- und Aktionsumfeld ein. Unter der Formel »Gemeinwesenarbeit als Arbeitsprinzip« oder der Bezeichnung »Sozialraumorientierung« (Becker 2020b) haben sich Konzepte entwickelt, die mittlerweile in vielen klassischen Arbeitsfeldern Sozialer Arbeit Einzug gehalten haben und mit Beteiligung und Aktivierung Betroffener, Beachtung und Nutzung von Ressourcen des sozialen Nahraums sowie institutioneller und individueller Vernetzung versuchen, ihrer jeweiligen Aufgabenstellung gerechter zu werden. So setzt die Ausrichtung der »gemeindenahen Psychiatrie« auf die Potentiale von Angehörigen, Nachbarschaft und sozialem Umfeld von Menschen mit psychischen Belastungen. Dies gilt auch für die Altenhilfe, wo ambulante vor stationären Hilfen und nahräumliche Versorgung bevorzugt werden. In der Jugendhilfe wird mit »Mobiler Jugendarbeit« und Straßensozialarbeit versucht, sozialräumliche Akzente zu setzen oder gar Finanzbudgets auf »Sozialräume« zu beziehen. Zur Integration von MigrantInnen wird versucht, über MultiplikatorInnen »Netzwerke der Integration vor Ort« zu schaffen. Die soziale, verkehrliche und ökonomische Infrastruktur am Lebens- und Wohnort wird für Menschen immer wichtiger, auch wenn sie bislang keine AdressatInnen Sozialer Arbeit sind. Interdisziplinäre Kooperation, institutionelle Vernetzung und gemeinsame Ressourcennutzung scheinen sich, wo bislang praktiziert, zu bewähren. Innerhalb integrierter Quartierskonzepte arbeiten im Idealfall SozialarbeiterInnen, Verwaltungsfachkräfte, ArchitektInnen und Angehörige anderer Professionen beim Aufbau von Strukturen und Prozessen zusammen, um allen Generationen, Gesunden wie Kranken, Einheimischen und Zugereisten ein gleichberechtigtes und selbstbestimmtes Leben in ihrem sozialen und räumlichen Umfeld zu ermöglichen. Fachkräfte und Bevölkerung werden, durch einschlägige Europa-, Bundes- und Länderprogramme, die die soziale Stadtentwicklung befördern sollen, darin unterstützt, die ganzheitliche Entwicklung von Städten, Stadtteilen und Quartieren in den Blick nehmen.

Es ändern sich folglich Berufsbilder und Aufgaben. Sozialraumorientierung, in Ergänzung der individuellen Fallorientierung, Kooperation, Koordination, Moderation, Vernetzung, Gewinnung und Fortbildung von engagierten BürgerInnen, Netzwerkarbeit im sozialräumlichen Kontext und integrierte Sozialraumanalysen setzen eigene Kompetenzen, Ressourcen und Steuerungsprinzipien voraus.

Dieser Band konzentriert sich auf jenes Handlungsfeld Sozialer Arbeit, in dem integrative Konzepte sozialer Stadt- und Quartierentwicklung zur Anwendung kommen, in dem danach gefragt wird, wie eine Stadt und ihre Quartiere so gestaltet werden können, dass sie den Interessen ihrer alter und bunter werdenden Bevölkerung gerecht werden und für eine vielfältige Bevölkerung, von Jung und Alt, Einheimischen und Zugereisten, Armen und Reichen, Kindern und Erwachsenen attraktiv, wirtschaftlich leistungsfähig und ökologisch nachhaltig sind.

Handlungsfeldorientierung im Sinne des dieser Publikationsreihe zugrunde liegenden »Freiburger Modells« bedeutet, die aktuellen Bedingungen und Entwicklungen in bestimmten Handlungsfeldern der Sozialen Arbeit in den Blick zu nehmen und die daraus abzuleitenden Aktionen und Interventionen, mit denen die Soziale Arbeit fachlich arbeitet, in Bezug zu setzen zu den jeweils passenden und notwendigen Handlungskonzepten und Methoden. Handlungskonzepte, Methoden und Techniken werden in diesem Band also auf die handlungsfeldspezifischen Charakteristika von Aufgabenstellungen, Rechtsgrundlagen, Governance, Trägerlandschaften und Situationen von Stadt- und Quartierentwicklung bezogen.

Die Handlungsfeldorientierung dieser Reihe und damit dieses ersten Bandes ist auch vor dem Hintergrund der Kompetenzorientierung als Erfordernis des Bologna-Prozesses zu sehen. Auf der Grundlage des dreidimensionalen Kompetenzbegriffs, wie er im Europäischen Qualifikationsrahmen (EQR) definiert wird, spielen sowohl theoriebegründete Handlungskonzepte als auch die Methoden der Sozialen Arbeit eine wichtige Rolle beim integrierenden Modell der Handlungsfeldorientierung. Die Kombination von Wissensbeständen aus Bezugswissenschaften und Erkenntnissen der Wissenschaft Soziale Arbeit (Erklärungswissen), mit Kenntnissen und Fähigkeiten der Entwicklung und Anwendung von Methoden (Handlungswissen und Analyse-/Synthese-/Kritikfähigkeit), bildet auf der Grundlage von Wertorientierungen und Haltungen die Basis der Ausbildung spezifischer Handlungskompetenzen Sozialer Arbeit.

Das Handlungsfeld der sozialen Stadtentwicklung und Gemeinwesenarbeit erfordert spezifische Kenntnisse sowie ein differenziertes Verständnis sozialer Probleme. Dafür braucht es eine Verständigung über gesellschaftliche Strukturen und Prozesse, die problematische Lebenslagen produzieren können. Grundlage dafür sind Fähigkeiten, gesellschaftliche Rahmenbedingungen wie demografische, ökonomische, politische und ökologische Strukturen und Prozesse analysieren und kritisch interpretieren zu können. Im Einzelnen geht es darum, die wesentlichen demografischen Trends (wie Migration, natürliches Wachstum, Alterung), ökonomischen Entwicklungen (wie Globalisierung, Tertiarisierung, Polarisierung von Regionen, Stadtgesellschaften, Arbeitsmarkt und interkommunaler Wettbewerb), politischen Veränderungen (wie z. B. »unternehmerische Stadtpolitik«, Populismus und Radikalisierung) und deren gesellschaftliche Auswirkungen zu kennen und diese vor dem Hintergrund von Gesellschaftstheorien erklären sowie Interventionen im Rahmen staatlicher Sozial-/Wohlfahrtsregime konzipieren und bewerten zu können. Darüber hinaus gilt es, die politischen, rechtlichen und institutionellen Rahmenbedingungen für effektive Interventionen Sozialer Arbeit analysieren und, auf lokale Gegebenheiten übertragen, nutzen zu können. Das Wissen um individuelle Lebenslagen, aber auch sozialpsychologische und gruppensoziologische Erkenntnisse über menschliche Lebensformen und Milieus sind hilfreich, um Beteiligungs- und Aktivierungsprozesse in Gemeinwesen planen, initiieren und durchführen zu können, die den betroffenen Menschen, unter Einbezug ihrer Interessen und Fähigkeiten, mehr Handlungsoptionen eröffnen und ihre Selbstwirksamkeitserfahrungen erweitern. Sich als Fachkräfte weniger als »ProblemlöserIn«, sondern eher als »UnterstützerIn« von Potentialen und Interessen, die teilweise bereits vorhanden, aber noch nicht zur Geltung gekommen sind, zu verstehen, wäre dabei Teil der professionellen Haltung. Der Aufbau einer professionsbezogenen Identität wird durch eine Verständigung über die Geschichte und die Entwicklungsphasen des Handlungsfeldes ermöglicht. Dabei wird zur Reflexion des beruflichen Selbstverständnisses und der Wertvorstellungen, an denen sich das berufliche Engagement orientiert, herausgefordert. Die eigene Rolle als Gemeinwesen-/QuartierarbeiterIn bzw. QuartiermanagerIn oder sozialraumorientierte SozialarbeiterIn in anderen Handlungsfeldern definieren und gegenüber KollegInnen der eigenen und anderer Berufsgruppen/Professionen sowie AdressatInnen verständlich darzustellen, gehört zu den professionellen Kompetenzen. Dies impliziert, die für soziale Stadt-/Quartierentwicklung und Gemeinwesenarbeit wesentlichen Konzepte (wie z. B. Sozialraum-, Lebenswelt-, Ressourcen-, Managementorientierung) und Methoden (wie z. B. Empowerment, Netzwerkarbeit, Bürgerbeteiligung, Streetwork, Projektarbeit, Sozialstrukturanalyse, Sozialraumanalyse etc.) kennen und diese situations- und personengerecht entsprechend anwenden zu können. Dazu ist die Fähigkeit erforderlich, für das Handlungsfeld wichtige wissenschaftliche Erkenntnisse recherchieren, analysieren, interpretieren und anwenden zu können. Neben Sozialstruktur- und Sozialraumanalysen sind weitere Methoden und Instrumente der Aktionsforschung (wie z. B. die aktivierende Befragung) zu kennen und konzipieren, durchführen und auswerten zu können.

Einleitung

Der überwiegende Teil der Interventionen im Handlungsfeld der sozialen Stadtentwicklung und Gemeinwesenarbeit wird in Kooperation mit Institutionen, Verbänden und Vereinigungen organisiert. Für die Bearbeitung sozialer Probleme sind in diesem Kontext unterschiedliche institutionelle und disziplinäre Perspektiven relevant. Zur Akquise und Durchführung von Projekten ist der institutionellen Vernetzung besondere Bedeutung beizumessen. Fachkräfte Sozialer Arbeit können Kommunikations- und Arbeitsformen in Gemeinwesen konzipieren, die lokale Akteure und Bevölkerung miteinander verbinden, um die Belange des Quartiers auf den Ebenen Quartier-Kommune-Region zu positionieren. Sie können Projekte initiieren und durchführen, auswerten und öffentlichkeitswirksam darstellen. Sie können interdisziplinär, mit Angehörigen anderer Professionen, »auf gleicher Augenhöhe« zusammenarbeiten und dabei mit unterschiedlichen Hierarchiestrukturen umgehen.

Sowohl für die verschiedenen Beteiligungs- und Aktivierungsformen als auch für die Präsentation von Projekten und deren Ergebnisse werden grundlegende medienpädagogische Handlungs-, Ausdrucks- und Kommunikationskompetenzen für den Interaktionsprozess mit Einzelnen und Gruppen gebraucht. Fachkräfte sind in der Lage, Zusammenhänge übersichtlich und anschaulich zu visualisieren und dabei auch ein größeres Publikum einzubeziehen. Sie kennen Moderationstechniken für Großgruppen und Beteiligungsformen, die unterschiedliche Bildungsstände und Erfahrungen von BürgerInnen mit Beteiligungsformen berücksichtigen, und sind in der Lage, diese situations- und personenadäquat zu konzipieren und einzusetzen.

Den o. g. Kompetenzerfordernissen an Fachkräfte Sozialer Arbeit im Handlungsfeld sozialer Stadtentwicklung und Gemeinwesenarbeit entsprechend ist dieser Band aufgebaut. Geschichte und Entwicklung des Handlungsfeldes sind Bestandteil des ersten Kapitels. Dort werden die Entwicklungen von den Wurzeln der sozialarbeiterischen Pionierarbeit der Settlementbewegung und Gemeinwesenarbeit bis zur heutigen Ausdifferenzierung des Handlungsfeldes der sozialen Stadtentwicklung und Gemeinwesenarbeit mit ihren kritischen Phasen und unterschiedlichen Richtungen beschrieben. Mit der Darstellung der historischen Stadtentwicklung, ihren Epochen bis hin zu den Stadtplanungsphasen des 20. Jhs. werden bereits im zweiten Kapitel die ersten Erklärungsmodelle für heutige Muster der Stadtentwicklung geliefert. Damit ist der Boden bereitet für Kapitel 3, für tiefergehende theoretische Grundlagen von Stadtentwicklung, Urbanität und Raumbegriffen, mit denen sich die Besonderheiten urbanen Lebens erklären und verstehen lassen. Die Frage, welche gesellschaftlichen Veränderungen wesentlichen Einfluss auf heutige Städte und die darin lebende Bevölkerung ausüben und welche Konsequenzen sich daraus für Städte und ihre Quartiere ergeben, wird im vierten Kapitel beantwortet. Kapitel 5 steht dann ganz im Zeichen der Menschen in ihrem sozialen und räumlichen Umfeld und bearbeitet die Themen der Lebensstile, Lebensformen, Bevölkerungsalterung, Migration sowie soziale Ungleichheit und deren sozialräumliche Konsequenzen. Auf der Basis der bis dahin grundgelegten Kenntnisse geht Kapitel 6 auf aktuelle Leitbilder der Stadtpolitik und Stadtentwicklung ein. Finanzierungsmodelle für soziale Stadtentwicklung und Gemeinwesenarbeit werden vorgestellt und deren Auswirkungen diskutiert.

Mit den »Empfehlungen für eine nachhaltige Stadt- und Quartierentwicklung« sowie »Kommunalpolitische Wahlprüfsteine« werden Tools für die praktische Anwendung vor Ort zur Verfügung gestellt. Die Anwendungs- und Praxisorientierung wird im siebten Kapitel mit wichtigen Grundlagen zu Praxisforschung und Bürgerbeteiligung sowie Anleitungen zum methodischen Handeln fortgeführt. Hilfreiche Empfehlungen und praktische Arbeitshilfen sind in den jeweiligen Kapiteln integriert. Alle Kapitel bauen inhaltlich aufeinander auf und folgen damit dem Inhalt und Ablauf einer Sozialraumanalyse (▶ Kap. 7.1). Ein Ausblick auf weitere anstehende Herausforderungen des Handlungsfeldes der sozialen Stadtentwicklung und Gemeinwesenarbeit steht am Ende des Bandes und rundet die Beschreibung dieses Handlungsfeldes ab.

Um darauf hinzuweisen, dass mit und durch Sprache und Schrift in dieser Publikation grundsätzlich alle Menschen, unabhängig von Geschlecht und anderen Merkmalen, be- und geachtet werden, wird die symbolische Darstellung der Genderschreibweise mit großem »I« verwendet. Es sei dabei erwähnt, dass dieser Symbolverwendung weder eine bestimmte Ideologie zugrunde liegt noch aus dieser Schreibweise ein Fetisch gemacht werden sollte, wie Erich Fromm schon 1974 schrieb (2005: 14). Die selbstbewusste Variante der Soziologin Martina Löw wird damit nicht übernommen, die da lautet »Ich wähle im folgenden je nach Kontext entweder die weibliche oder die männliche Form als Verallgemeinerung« (Löw 2001: 16).

1 Historische Entwicklung und Gegenstand der Gemeinwesenarbeit

1.1 Historische Entwicklung der Gemeinwesenarbeit

Gemeinwesenarbeit (GWA) als Soziale Arbeit in und mit Gemeinwesen[1] hat ihre Wurzeln in der Phase der Industrialisierung und des Städtewachstums in den entwickelten Industrieländern im Übergang vom 19. zum 20. Jahrhundert. Industriearbeitsplätze in den Städten und in zunehmendem Maße auch Dienstleistungsarbeiten erzeugten einen Zug von Menschen aus agrarwirtschaftlich geprägten ländlichen Gebieten in die zunehmend industrialisierten Städte. Dort konnten die Menschen nicht mehr auf die für ländliches Leben typischen familiären, verwandtschaftlichen und nachbarschaftlichen Hilfsnetze zur Sicherung der Lebensrisiken wie Missernten, Krankheit, Morbidität etc. zurückgreifen (Becker 2020a, 2016a, 2008).

Den »neuen Arbeitern« in den Städten standen die traditionalen bürgerlichen Formen sozialer Sicherung, wie Zünfte, Gilden, Stiftungen und Spitäler, wegen fehlender Zugehörigkeit nicht zur Verfügung. Daher wuchsen in den Städten mit jeder Struktur- und Konjunkturkrise Armuts- und Elendspopulationen, deren Hilfe- und Unterstützungsbedarf erst nach und nach durch zunehmend professionelle Hilfen von Wohlfahrtsverbänden der Kirchen oder der Arbeiterbewegung aufgebaut und geleistet wurde. Neben Übernachtungsmöglichkeiten, Kleiderspenden und Suppenküchen sollten auch soziale Kontakte unter der Bevölkerung in den Armutsvierteln sowie Gelegenheiten zu geselliger und kultureller Betätigung ein menschenwürdiges Leben ermöglichen (Müller 2009).

So entstanden in großen Städten nicht nur Europas und den USA soziale Initiativen von Menschen, die in die Elendsviertel zogen und dort versuchten, die Situation der Menschen mit diesen gemeinsam zu verändern und zu verbessern. In Großbritannien und den USA bekannt als »Settlementbewegung« aus Hochschul- und Kirchenkreisen (z. B. »Toynbee Hall/London«; »Hull House/Chicago«), in Deutschland bekannt als »Nachbarschaftshäuser« (z. B. »Volksheim« Hamburg oder »Soziale Arbeitsgemeinschaft« Berlin).

Nach den Recherchen von Oelschlägel (2013) über die Vorläufer der Gemeinwesenarbeit wurde 1884 in London mit »Toynbee Hall« das erste Settlement gegründet. Jane Addams und ihre Mitarbeiterinnen bezogen 1889 Hull House in

---

1 Gemeinwesen wird hier als Sammelbegriff für Gemeinden, Stadtteile, Quartiere und Nachbarschaften verstanden, die sich als soziales und räumliches Lebensumfeld von Menschen beschreiben lassen.

Chicago. Walter Claasen gründete 1901 mit dem Volksheim Hamburg das erste Settlement in Deutschland. Im Berliner Osten gründete der Theologe Friedrich Siegmund-Schultze mit seiner Familie und Freunden 1911 die Soziale Arbeitsgemeinschaft (SAG) Berlin-Ost (Oelschlägel 2013; Müller 2009). Aus diesen Anfängen hat sich »Community-Work« mit seinen Richtungen »Community-Organization« und »Community-Development« in den USA, das »Opbouwwerk« in den Niederlanden sowie die »Gemeinwesenarbeit« in Deutschland entwickelt.

Oelschlägel erinnert daran, dass im ersten Drittel des 20. Jhs. seitens der damals sogenannten »kommunalen Fürsorge« und der »Freien Wohlfahrtspflege« bereits inhaltliche und organisatorische Grundsätze einer »stadtteilbezogenen sozialpraktischen Arbeit« gefordert und praktiziert wurden (Buck 1982; Oelschlägel 2013). Pionierinnen der Sozialen Arbeit wie Alice Salomon oder Marie Baum erkannten schon früh die Bedeutung des Einbezugs des sozialen und räumlichen Umfeldes von Wohnquartieren, Nachbarschaften und kommunaler Politik in Ergänzung zur Einzelfall- und Familienhilfe (vgl. Alice Salomon in Thole/Galuske/Gängler 1998: 132 f.; Marie Baum in Eggemann/Hering 1999: 216). Neben staatlicher Fürsorge und freien Wohlfahrtsverbänden hatte auch die Arbeiterbewegung, insbesondere die Kommunistische Partei Deutschlands mit ihrer Stadtteilarbeit in den zwanziger und dreißiger Jahren Gemeinwesenarbeit in Deutschland praktiziert (Müller 1971: 238). Während sich in Deutschland in der Zeit des Nationalsozialismus die Gemeinwesenarbeit – wie andere Formen fortschrittlicher Sozialer Arbeit auch – nicht weiterentwickeln konnte, erlebte sie in den 1970er Jahren einen vorwiegend politisch motivierten Aufschwung, der in den 1980er Jahren wieder nachließ (Odierna 2004; Oelschlägel 1989/2013).

Zunächst dauerte es etliche Jahre, bis im Nachkriegsdeutschland Gemeinwesenarbeit als Begriff und methodisches Handeln in der Sozialen Arbeit durch Rezeption der zwischenzeitlichen Entwicklungen in USA, Groß-Britannien und den Niederlanden wieder Fuß fassen konnte. Erste Publikationen in den 1950er Jahren (Kraus 1951; Lattke 1955) und Tagungen (Mayer-Kulenkampff 1962; Friedländer 1962) beschäftigten sich mit der Thematik und dem Ziel, Gemeinwesenarbeit in Deutschland wieder für die Soziale Arbeit bekannt und nutzbar zu machen (Vogel/Oel 1966). Das Spektrum der inhaltlichen Beschreibungen und Zielsetzungen von Gemeinwesenarbeit bewegte sich zwischen eher systemkonformen Lesarten, wonach Gemeinwesenarbeit die Aufgabe habe, latente Defizite bekannt zu machen und dafür Hilfsquellen des Gemeinwesens zu erschließen, und systemkritischem Verständnis der Aufdeckung von und Kritik an gesellschaftlichen Widersprüchen und Konflikten (Oelschlägel 2013). Oelschlägel benennt drei Gründe für den Anstieg praktischer Gemeinwesenarbeit in den 1950er und 1960er Jahren:

- Erstens konnten die Träger sozialer Dienste den steigenden Hilfebedarf mit den gegebenen materiellen und methodischen Maßnahmen nicht mehr decken, sodass eine methodische Weiterentwicklung erforderlich wurde.
- Zweitens kamen Staat und Kommunen durch die wachsende Kritikfähigkeit der Bürgerschaft und die Konkurrenz zwischen kapitalistischem System in der BRD und sozialistischem Regime in der DDR zunehmend unter Legitima-

tionsdruck, der eine Orientierung am Gemeinwohl und Gemeinwesen nahelegte.
• Drittens forderten die professionellen SozialarbeiterInnen neue Strategien, um der zunehmenden Diskrepanz zwischen erhöhter Leistungsnachfrage und offensichtlichen Leistungsdefiziten sozialer Dienste zu entgehen (Oelschlägel 2013).

Nichtstaatliche Organisationen und Initiativen engagierten sich in Obdachlosensiedlungen, um dort »Hilfe zur Selbsthilfe« zu leisten. Später forcierten insbesondere christliche Kirchengemeinden in Neubaugebieten der 1960er Jahre den Ausbau einer diakonisch verstandenen Gemeinde-/Gemeinwesenarbeit, indem z. B. Gemeindehäuser errichtet wurden, die für die gesamte Bevölkerung des Gemeindegebietes oder Stadtteils offen sein sollten.[2] Bereits Ende der 1960er Jahre wurde in der bundeszentralen Fort- und Weiterbildungsstätte der evangelischen Kirche, dem Burckhardthaus Gelnhausen, das erste Weiterbildungsprogramm zu Gemeindeaufbau und -wesenarbeit mit Pfarrer Manfred Dehnen als erstem Dozenten gestartet, das in langer Tradition bis in das 21. Jh. fortgeführt wurde (Müller 2009: 218 ff.).

Die ersten Erfahrungen mit GWA in Neubaugebieten (frühe Beispiele waren Stuttgart-Freiberg, Wolfsburg und Baunatal bei Kassel), insbesondere mit dem Großsiedlungsbau der Trabantenstädte (z. B. »Osdorfer Born« in Hamburg; »Märkisches Viertel« in Berlin; »Neu-Perlach« in München; »Landwasser« in Freiburg), offenbarten die Mängel der bis dahin gewöhnlich top-down angelegten Stadtplanung ohne Bürgerbeteiligung (Hubbertz 1984; Gronemeyer/Bahr 1977). GWA sollte dazu beitragen, dass bei Planungen die Bevölkerung in die Gestaltung ihres Lebensumfeldes einbezogen und nicht über ihre Köpfe hinweg geplant und entschieden wird. Damit verbunden war die Forderung an professionelle Soziale Arbeit, sich in Stadt-(Teil-)Planung einzumischen und das Feld nicht alleine den »Bauplanern« zu überlassen (Wendt 1989).

In diesem Entwicklungsstadium der GWA wurde deren gesellschaftspolitische Bedeutung offensichtlich und entsprechend kontrovers diskutiert. Während Gemeinwesenarbeit einerseits obrigkeitsstaatliches (hier kommunales) Handeln durch Information der Bevölkerung legitimieren und die Menschen von der Notwendigkeit und Richtigkeit planerischer Entscheidungen, wie z. B. Sanierungs- und Neubaumaßnahmen, überzeugen sollte, wurde von anderer Seite die gesellschaftskritische Rolle der GWA und die Aufgabe der Demokratisierung der Gesellschaft reklamiert (Müller, W. 1972: 85).

Ziel der GWA war damals die Organisation der Menschen im Stadtteil. Die Wege zur Zielerreichung variierten allerdings zwischen der Selbstorganisation der Betroffenen, bei der GWA die Aufgabe zukommt, Möglichkeiten der Selbstorganisation zu initiieren und zu unterstützen, und der von anderen damaligen Akteu-

---

2 So wurde in Freiburg i. Br. in den 1960er Jahren in Kooperation zwischen evangelischer und katholischer Kirchengemeinde die Erwachsenenbegegnungsstätte Freiburg-Weingarten als Gemeindehaus und Begegnungszentrum errichtet, das mittlerweile zum »Mehrgenerationenhaus« erweitert wurde.

ren intendierten Veränderung der gesellschaftlichen Verhältnisse durch Engagement für die »Arbeiterklasse« und in deren Organisationen (Oelschlägel 2013).

Die Diskussionen über GWA und innerhalb der professionellen GWA spiegelten sich in den Fachpublikationen, womit sich zunehmend eine eigenständige deutsche GWA-Rezeption entwickelte. Die GWA-Klassiker von Murray Ross (1968) und Joe Boer (1970) wurden von C. W. Müller (1971) und dem Arbeitskreis kritische Sozialarbeit (AKS 1974) für ihre »systemerhaltende« Haltung kritisiert. Die Schriften von Saul Alinsky (1973; 1974) wurden neben anderen damals wesentlichen Ansätzen in dem Reader zur Theorie und Strategie von GWA der Victor-Gollancz-Stiftung[3] (1974) rezipiert.

Ende der 1960er Jahre organisierten sich GemeinwesenarbeiterInnen anlässlich der Tagung des Verbandes Deutscher Nachbarschaftsheime (ab 1971 »Verband für sozial-kulturelle Arbeit e. V.«) und gründeten innerhalb des Verbandes, aber in Koordination mit Berufsverbänden (»Moderne Sozialarbeit«) und Gewerkschaften (ÖTV und GEW) die Sektion Gemeinwesenarbeit. Das »Forum Märkisches Viertel« in Berlin war zum vorläufigen Informations- und Koordinationszentrum geworden, und mit einem eigenen Rundbrief wurden Anschriften interessierter GemeinwesenarbeiterInnen, Kurzcharakteristiken neuer Projekte der GWA und Hinweise auf Fachliteratur und Tagungen in Fachkreisen publik gemacht. Diese Sektion GWA hatte Bestand bis 1979 (Oelschlägel 2013).

Bereits zu Beginn der 1970er Jahre wurden empirische Untersuchungen zu den Wirkungen der GWA durchgeführt, die u. a. den damals hohen politischen Anspruch in der Praxis als nicht einlösbar beurteilte, sondern die GWA im Spannungsfeld zwischen Behördenzielen und Bevölkerungsinteressen verortet sah (Victor-Gollancz-Stiftung 1972; Mesle 1978). Schon damals wurde als Erkenntnis aus den Untersuchungen die Notwendigkeit der Verbindung zwischen GWA und Stadtplanung/-entwicklung als kommunalpolitische Aufgabe erkannt (Müller 2009: 223 ff.). Soziale Arbeit in und mit Gemeinwesen war in Deutschland als »Gemeinwesenarbeit (GWA)« also zuerst eine weitere Methode neben Einzelfallhilfe und sozialer Gruppenarbeit (1950er Jahre), danach eine revolutionäre Vision (1960/70er Jahre) und durchlief seit den 1980er Jahren weitere Entwicklungen.

Zunächst führte die unter dem Begriff »Ölkrise« bekannte Wirtschaftskrise Mitte der 1970er Jahre zur Beendigung der Reformzeit im Bildungs- und Sozialwesen. »Radikalenerlass« und Berufsverbote, als Reaktion auf die Gewaltakte der »Rote Armee Fraktion« (RAF), bremsten darüber hinaus die Aktivitäten konfliktorientierter GemeinwesenarbeiterInnen und führten zu einer Ernüchterung bezüglich der Bedeutung von Gemeinwesenarbeit in Deutschland. Als Zeichen dieser Ernüchterung wurde im Herbst 1975 im Rahmen einer Tagung über konfliktorientierte GWA in Berlin eine symbolische Todesanzeige auf die Gemeinwesenarbeit mit folgendem Wortlaut veröffentlicht:

---

3 Die »Victor-Gollancz-Stiftung« wurde gegründet 1948 aus Spendenmitteln und eingeworben von Victor Gollancz (englischer Sozialist und Verleger) »zur Rettung der deutschen Jugend« vor den Folgen des Nationalsozialismus in England und Deutschland (Müller 2009: 223).

»Nach einem kurzen, aber arbeitsreichen Leben verstarb unser liebstes und eigenwilligstes Kind GWA an Allzuständigkeitswahn, Eigenbrötelei und Profilneurose, methodischer Schwäche und theoretischer Schwindsucht, finanzieller Auszehrung und politischer Disziplinierung. Wir, die trauernden Hinterbliebenen, fragen uns verzweifelt, ob dieser frühe Tod nicht hätte verhindert werden können?« (Müller 2009: 229)

Dass Mitte der 1970er Jahre, trotz erfolgreicher Arbeit, sowohl die Victor-Gollancz-Stiftung aufgelöst als auch das Burckhardthaus Gelnhausen organisatorisch umstrukturiert wurde, scheint kein Zufall, sondern Folge der Zerreißproben zwischen meist ehrenamtlichen Vorständen, mehr oder weniger traditioneller Wohlfahrtsorganisationen und deren professionellen, vorwiegend progressiven MitarbeiterInnen gewesen zu sein. Mit der Phase des politischen Aufbruchs, durch »Studentenbewegung« und »außerparlamentarische Opposition«, zu mehr Demokratie und Beteiligung der BürgerInnen an der sie betreffenden Politik, wuchsen in der Folgezeit neue soziale Bewegungen (Frauen-, Friedens-, Öko-, Bürgerinitiativen etc.) heran, die das Bewusstsein für die Gestaltung der Lebensbedingungen und einen lokalen Bezug unter dem Slogan »global denken – lokal handeln« schärften.

Erfahrungen und Kenntnisse aus der Gemeinwesenarbeit wurden vor allem von Oelschlägel Anfang der 1980er Jahre zu einem Handlungsfeld übergreifenden Konzept »Gemeinwesenarbeit als Arbeitsprinzip« der Sozialen Arbeit formuliert (vgl. Boulet/Krauss/Oelschlägel 1980). Dabei konnte sich Oelschlägel auf ältere Quellen von Steinmeyer (1969) beziehen, der schon Ende der 1960er Jahre ein, über den Methodenbegriff hinausgehendes, Verständnis von GWA vorschlug (Oelschlägel 2013). Auch auf den Tagungen der Victor-Gollancz-Stiftung wurde GWA bereits in den 1970er Jahren als Form einer stadtteilbezogenen, kooperativen und methodenintegrativen Sozialarbeit beschrieben (Graf 1976). »Gemeinwesenarbeit als Arbeitsprinzip« war demnach zu verstehen als eine Grundorientierung, Sichtweise und Haltung professionellen sozialen Handelns, die eine grundsätzliche Herangehensweise an soziale Probleme im Rahmen professioneller Sozialer Arbeit impliziert. Mit dem »Arbeitsprinzip Gemeinwesenarbeit« verbundene Merkmale:

- »Das Arbeitsprinzip GWA erkennt, erklärt und bearbeitet, soweit das möglich ist, die sozialen Probleme in ihrer historischen und gesellschaftlichen Dimension. Zu diesem Zweck werden Theorien integriert, die aus unterschiedlichen wissenschaftlichen Disziplinen stammen. Damit ist das Arbeitsprinzip GWA auch Werkzeug für die theoretische Klärung praktischer Zusammenhänge.
- Das Arbeitsprinzip GWA gibt aufgrund dieser Erkenntnisse die Aufsplitterung in methodische Bereiche auf und integriert Methoden der Sozialarbeit (Casework, Gruppenarbeit usw.), der Sozialforschung (z. B. Handlungsforschung) und des politischen Handelns (Öffentlichkeitsarbeit, Bürgerversammlungen etc.) in Strategien professionellen Handelns in sozialen Feldern.
- Mit ihren Analysen, Theorien und Strategien bezieht sich GWA auf ein »Gemeinwesen«, d. h. den Ort, wo die Menschen samt ihrer Probleme aufzufinden sind. Es geht um die Lebensverhältnisse und Lebenszusammenhänge der Menschen, wie diese sie selbst sehen (Lebensweltorientierung). GWA hat eine hohe Problemlösungskompetenz aufgrund ihrer lebensweltlichen Nähe zum Quartier. Als sozialräumliche Strategie, die sich auf die Lebenswelt der Menschen einlässt, kann sie genau die Probleme aufgreifen, die für die Menschen wichtig sind, und sie dort lösen helfen, wo sie von den Menschen bewältigt werden müssen. Dabei kümmert sich GWA prinzipiell um

alle Probleme des Stadtteils und konzentriert sich nicht, wie oft Bürgerinitiativen, auf einen Punkt. Damit schafft sie Kontinuität, auch wenn es in dem einen oder anderen Fall Misserfolge gibt.
- Das Arbeitsprinzip GWA sieht seinen zentralen Aspekt in der Aktivierung der Menschen in ihrer Lebenswelt. Es will sie zu Subjekten auch politisch aktiven Lernens und Handelns machen, will selbst zu einer »Handlungsstrategie für den sozialen Konflikt« werden. Das bedeutet allerdings, dass GWA die scheinbare Neutralität vieler GWA-Konzepte aufgibt und parteilich wird.« (Oelschlägel 2013: 191)

Gesellschaftliche Entwicklungen im vierten Quartal des 20. Jhs., wie ökologische Krisen, Massenarbeitslosigkeit, neue Armut, Jugendproteste, Veränderungen der Parteienlandschaft, Entstehung alternativer oder hedonistischer Milieus, stärkere Individualisierung u. ä. (Beck 1986), haben in den Sozialwissenschaften zu einer Ausdifferenzierung und Suche nach neuen Gesellschaftsbeschreibungen geführt (Pongs 1999). Mit der Orientierung an Alltag und Lebenswelt bzw. der subjektiven Lebensqualität aus Sicht der Menschen in ihrer jeweiligen Lebenssituation ist Lebensweltorientierung (Thiersch 2009) in den 1980er Jahren zu einem zentralen Handlungskonzept der Sozialen Arbeit, so auch der GWA geworden.

In Gesellschaften und Quartieren mit großer Wertepluralität/-vielfalt machen unterschiedliche Werte möglicherweise unsicher und ängstlich. Deshalb wird Kontakt und Konfrontation tendenziell eher vermieden, wodurch Unverständnis, Missverständnis und Misstrauen eher noch anwachsen (Sennett 1983; Hinte/Lüttringhaus/Oelschlägel 2007: 99 ff.). Wenn Wertehomogenität und Wertekonsens angesichts unterschiedlicher, pluraler Lebensentwürfe und Lebensstile nicht (mehr) herstellbar sind, gehört gerade die Aushandlung von Regeln, etwa im Sinne der von Norbert Elias (1976) beschriebenen Zivilisierungsprozesse des Ausbalancierens von Machtpotentialen, mittels Diskussionen über Strittiges, Alltägliches, Einigendes, zum gesellschaftlichen Auftrag Sozialer Arbeit in Gemeinwesen, in denen Bevölkerung unterschiedlicher Herkunft, sozialer Lage und Lebensstile auf vergleichsweise engem Raum zusammenleben (müssen).

Während Oelschlägel und andere begrifflich an »Gemeinwesenarbeit« festhielten, verwendeten Hinte u. a. den Begriff »Stadtteilarbeit« und »stadtteilbezogene Soziale Arbeit« (Hinte/Metzger-Pregizer/Springer 1982) und entwickelten ein »Fachkonzept«, das zur Anwendung in einigen Handlungsfeldern Sozialer Arbeit, wie z. B. der »Jugendhilfe« (Hinte/Treeß 2007) der »Offenen Jugendarbeit« (Deinet 2005) oder der »Hilfe zur Erziehung« (Peters/Koch 2004) weiter schriftlich ausgearbeitet wurde.

Im Laufe der 1990er Jahre erfuhr der Terminus »Stadtteilorientierung« eine Umformulierung in »Sozialraumorientierung« verbunden mit zunehmender Verbreitung und Potential zu einem integrativen Handlungskonzept, mit Wirkungen über die Soziale Arbeit hinaus auch in andere Disziplinen (s. u., Literatur zu Sozialraumorientierung). Die Tatsache, ...

»... dass zunehmend räumliche Einflüsse in das Blickfeld der kommunalpolitischen Akteure gerieten, dass sozialräumliche Strategien zunehmend anerkannt wurden und dass integriertes, ressortübergreifendes Denken in den Verwaltungen an Bedeutung gewinnen konnte ...« (Hinte/Lüttringhaus/Oelschlägel 2007: 99)

..., kann als Ursache für die Entwicklung verschiedener politischer Fach-Programme, wie »soziale Stadtentwicklung«, »lokale und solidarische Ökonomie«, »Gesundheitsförderung«, »Bürgerschaftliches Engagement«, »Gemeindenahe Psychiatrie« etc., angesehen werden, die auf dem »Handlungskonzept Sozialraumorientierung« aufbauen. Die Prinzipien stadtteilbezogener bzw. sozialraumbezogener Arbeit nach Hinte u. a. (2007: 9) sind:

- Der Wille bzw. die Interessen der leistungsberechtigten Menschen als Ausgangspunkt jeglicher Arbeit und nicht Wünsche oder Bedarfe
- Vorrang aktivierender Arbeit vor betreuender Tätigkeit
- Personale und sozialräumliche Ressourcen spielen bei der Gestaltung von Arrangements eine entscheidende Rolle
- Aktivitäten sind immer zielgruppen- und bereichsübergreifend angelegt
- Vernetzung und Integration verschiedener sozialen Dienste sind Grundlage einer nachhaltig wirksamen Sozialen Arbeit (Hinte in: Hinte/Lüttringhaus/Oelschlägel 2007: 9).

In den 1990er Jahren erlebte die von Saul Alinsky bereits Mitte des 20. Jhs. in den USA entwickelte und praktizierte Mobilisierung von Bevölkerung für ihre eigenen Anliegen unter dem Namen »Community Organizing« (CO) eine Renaissance in Europa, insbesondere in Deutschland. Morlock u. a. veröffentlichten 1991 einen Vergleich zwischen GWA und CO. Nach der Jahrtausendwende hatte sich CO in Deutschland weiterverbreitet, wofür auch die Gründung der Plattform »Forum Community Organizing« (FOCO 1997) als Beleg gelten darf (vgl. Szynka 2006; Penta 2007). Mehr über diese und andere Formen von sozialraumorientierter Arbeit findet sich an anderer Stelle dieses Buches sowie in der angegebenen einschlägigen Literatur (vgl. Stövesand u. a. 2013).

Zwischenzeitlich wird Gemeinwesenarbeit nicht nur in Stadtteilen und Quartieren eingesetzt, die zu »Problemgebieten« geworden sind, sondern bereits in neu aufzubauenden Stadtteilen zur Förderung des sozialen Lebens und zur Vermeidung von Problemkonstellationen implementiert (Maier/Sommerfeld, 2005)[4]. Gegen Ende der 1990er Jahre hat sich in der Fachwelt der Begriff »Stadtteil- oder Quartiermanagement« entwickelt und im Laufe der 2000er Jahre verbreitet. Dabei geht es um die Beantwortung der Fragen, wer und wie für die Entwicklung von Stadtteilen bzw. Quartieren verantwortlich sein soll und kann (Alisch 1998). Grimm, Hinte und Litges (2004) legten mit ihrer Publikation »Quartiermanagement. Eine kommunale Strategie für benachteiligte Wohngebiete« einen Vorschlag zur Systematisierung der sehr inkonsistent verwendeten Begrifflichkeiten von »Stadtteil-/Quartiermanagement«, »Gemeinwesen-/Stadtteilarbeit« vor. Hintergrund für die Management-Orientierung waren u. a. Stadtentwicklungsprogramme wie das Bund-Länder-Programm »Soziale Stadt« (2019) und der Trend

---

4 Maier/Sommerfeld beschreiben die Implementation von Gemeinwesenarbeit in einem in den 1990er Jahren neu entstehenden Stadtteil »Freiburg Rieselfeld«. Auch in dem als Konversionsprojekt ab Mitte der 1990er Jahre entstandenen neuen Stadtteil »Vauban«, der heute als Vorzeige-Stadtteil der »Green-City« Freiburg zu globaler Bekanntheit gelangte, wurde Gemeinwesenarbeit unter dem Begriff »Quartierarbeit« quasi prophylaktisch implementiert (Frey 2010).

zu neueren Steuerungsmodellen der öffentlichen Verwaltung (Becker 2020a). In deren Rahmen spielen sowohl die verwaltungsinterne Koordination der Kommunalpolitik als auch die »Akzentverschiebung kommunaler Leitbilder« (Hinte/Lüttringhaus/Oelschlägel 2007: 179) von der Kunden- zur Bürgerorientierung eine Rolle (Becker 2016b).

Die Implementation von Quartiermanagement unter Einsatz von Fachkräften Sozialer Arbeit ist zwischenzeitlich auch im Rahmen von Projekten der Wohnungswirtschaft feststellbar. Neben den klassischen Aufgaben des Beschwerdemanagements und der Wohnberatung stehen dabei auch allgemeine Sozialberatung, Konfliktmoderation sowie Anregungen zu und Organisation von gemeinsamen Aktivitäten der BewohnerInnen bis hin zur Initiierung von sozialen Netzwerken gegenseitiger Hilfe bei der Betreuung von Kindern, alten Menschen oder Menschen mit Behinderungen auf der Liste der Tätigkeitsbeschreibung von GemeinwesenarbeiterInnen im Dienste von kommunalen Wohnungsgesellschaften oder Wohnungsgenossenschaften.[5]

Im Folgenden werden wesentliche Grundlagen Sozialer Arbeit im Handlungsfeld sozialer Stadtentwicklung und Gemeinwesenarbeit dargestellt.

1.2 Soziale Stadtentwicklung und Gemeinwesenarbeit als Handlungsfeld Sozialer Arbeit

In der Darstellung der Historie sowie der Entwicklungslinien gebietsbezogener Sozialer Arbeit wurden bereits eine Vielzahl einschlägiger Begriffe und deren Varianten erwähnt, ohne jedoch auf deren Unklarheiten, Brisanz oder Strittigkeit näherer einzugehen. Dies soll in diesem zweiten Abschnitt nachgeholt werden, weil für das Verständnis eines Handlungsfelds professioneller Sozialer Arbeit, die Grundlage eines fachlichen »State of the Art« als notwendige Bedingung erachtet wird. In der Einleitung und dem ersten Abschnitt wurde der Gegenstandsbereich, das hier zu betrachtende Handlungsfeld Sozialer Arbeit, zunächst mit »gebietsbezogener Sozialer Arbeit« umschrieben und unter Berücksichtigung historischer Wurzeln und unter Verwendung des Begriffs Gemeinwesen als »Soziale Arbeit in und mit Gemeinwesen« bezeichnet. Diese Begriffe sind zunächst als vorläufige Arbeitsbegriffe zu verstehen, die durch die folgenden Ausführungen problematisiert, diskutiert und für die Verwendung in diesem Band definiert werden.

---

5 Siehe Quellenverzeichnis unter BauVereinBreisgau, Wohnbau Lörrach, Wohnbau Weil a. R.

Gemeinwesen

Der Begriff »Gemeinwesen« wird im deutschen Sprachgebrauch sowohl für Gebietskörperschaften des Staatswesens (Nation, Kommune, Gemeinde) als auch für Personalverbände[6] benutzt (Duden 1995). Begrifflich ist mit »Gemeinwesen« nach demokratiepolitischem Verständnis das ›Wesen des (All-)Gemeinen‹, also aller körperschaftlich miteinander verbundenen Menschen gemeint, womit der öffentliche, politische Rahmen angesprochen ist. Ein »Gemeinwesen« kann also so unterschiedliche territorial begrenzte und politisch verfasste Einheiten umfassen wie ein gesamtes Staatswesen, ein Bundesland, eine Kommune oder ein Teil einer Kommune. Das fachliche Verständnis von Gemeinwesen aus der Perspektive der Sozialen Arbeit wird im Handbuch Gemeinwesenarbeit (GWA) folgendermaßen expliziert:

> »Mit Gemeinwesen bezeichnen wir einen sozialen Zusammenhang von Menschen, der über einen territorialen Bezug (Stadtteil, Nachbarschaft), Interessen und funktionale Zusammenhänge (Organisationen, Wohnen, Arbeit, Freizeit) oder kategoriale Zugehörigkeit (Geschlecht, Ethnie, Alter) vermittelt ist, bzw. darüber definiert wird.« (Stövesand u. a. 2013: 16)

In dieser Definition finden sich, mit dem territorialen Bezug, der Betonung funktionaler Zusammenhänge sowie kategorialer Zugehörigkeiten von Menschen Merkmale, die in der Sozialen Arbeit auch für Gemeinwesen*arbeit* reklamiert werden. Anders als rein territoriale oder geografische Gebietsbeschreibungen wie Stadtbezirk, Stadtteil, Stadtviertel impliziert der Begriff Gemeinwesen einen sozialen und politischen Zusammenhang von Menschen, die in einem (gewissen) Territorium leben. Ebenso wenig wie Individuen und Gesellschaft (Elias 1991) unabhängig voneinander existieren, können Raum und Soziales zwar getrennt betrachtet aber nicht getrennt voneinander verstanden werden, worauf im Folgenden noch näher einzugehen sein wird. Auch im Handbuch GWA wird mit der Feststellung »Gemeinwesen ist gleichzeitig Handlungsraum [administrativ begrenztes Gebiet von Dorf bis Staat; Einfügung des Autors MB] und Sozialgefüge« (Stövesand u. a. 2013: 24) einerseits die Bedeutung des Gebietsbezuges bestätigt und gleichzeitig mit der Aussage »Raum ist demnach immer schon Sozialraum« (ebd.: 25) auf die Verbindung zwischen materieller und sozialer Bedeutung von Raum hingewiesen.

Gemeinwesen als Territorium: Stadt/Stadtteil/Stadtvierte

Die Begrifflichkeiten für die territoriale Eingrenzung von Gemeinwesen sind sowohl in der Praxis als auch in der Fachliteratur sehr heterogen. Die Problematik der Begriffsverwendung besteht u. a. darin, dass die Eingrenzung von Stadtteilen und Stadtvierteln meist auf amtlichen statistischen Bezirken (z. B. Wahlbezirke, Schulbezirke, Planbezirke, Programmgebiete etc.) beruhen, die nicht immer de-

---

6 Personen, die durch Verwandtschafts- oder Rechtsbeziehungen körperschaftlich miteinander verbunden sind.

ckungsgleich sind und nicht mit der Einschätzung und Definition des unmittelbaren sozialen und räumlichen Lebensumfelds der Bevölkerung übereinstimmen müssen. Verwaltungsbezirke in Großstädten sind, nach ihrer Bevölkerungszahl, oft größer als eine deutsche Mittelstadt (20–100 Tsd. EinwohnerInnen), und Stadtteile in Großstädten können, gemessen an der Bevölkerungszahl, der Größenordnung einer Kleinstadt (5–20 Tsd. EinwohnerInnen) entsprechen (Statistisches Jahrbuch 1999: 63).

> Deshalb werden im Rahmen dieses Beitrages Stadtteile und Stadtviertel als administrative Territorien verstanden, deren Raumabgrenzungen zu Planungs- und Organisationszwecken vorwiegend nach statistischen und geografischen Indikatoren erfolgen.

Quartier/e

> Als »Quartiere« werden in diesem Band gesellschaftliche Räume betrachtet, die sowohl von baulich-materiellen Strukturen als auch von gesellschaftlichen Handlungsstrukturen sowie Interaktionsprozessen beeinflusst und geprägt werden und von der Bevölkerung nach ihren räumlichen und sozialen Dimensionen als relativ überschaubar empfunden werden.

Im Gegensatz zu den nach territorialen (Plangebiete, Verwaltungsbezirke, Stadtteile etc.) oder funktionalen (Wahl-, Schulbezirke, Postleitzahlbereiche etc.) Kriterien erfolgenden Begrenzungen von und in Kommunen, lassen sich »Quartiere« als subjektiv konstruierte soziale Räume verstehen, die mit unterschiedlichen Zuschreibungen an Bedeutungen und Begrenzungen seitens der Bevölkerung verbunden sind. Das Leben der Menschen spielt sich schließlich nicht nur in ihrem Wohnbereich und ihrer Nachbarschaft ab, je nach Interessen und Mobilität gehören ganz unterschiedliche »Aktionsräume«[7] zur individuell-subjektiven Lebenswelt. Quartiere können und müssen demnach nicht deckungsgleich mit amtlichen Gebietszuordnungen sein, sondern bilden quasi eine empirische Zuordnung ab, die z. B. durch die informellen Begriffe wie »Kiez« in Berlin, »Veedel« in Norddeutschland oder »Grätzel« in Österreich unterstrichen wird. Während in Deutschland »Quartier« in einem älteren Verständnis für einen Schlafplatz (»das Quartier bereiten«) und in neuerem Sprachgebrauch für Bauobjekte (Marketingbegriff zur Investoren-/Käuferwerbung) verwendet wird, gilt das »Quartier« im schweizerischen und französischen Sprachgebrauch, auch in der Bevölkerung, eher als Stadtviertel und wird entsprechend benutzt.

---

7 Unter »Aktionsräumen« werden hier Territorien geografisch feststellbarer Orte verstanden, an denen Menschen vorwiegend ihre diversen Aktivitäten (wie schlafen, arbeiten, einkaufen, vergnügen, Freunde treffen etc.) ausüben.

Quartierarbeit

Quartierarbeit als Soziale Arbeit in und mit Gemeinwesen kann mit Lüttringhaus beschrieben werden als …

>»… Organisation von projekt- und themenunspezifischen Prozessen [Methode] in Wohnquartieren, und zwar über eine Vielzahl an Aktivierungsaktionen [Techniken] anhand direkt geäußerter und (durchaus häufig wechselnder) Interessen der Wohnbevölkerung mit dem Ziel einer ›Grundmobilisierung‹ eines Wohnquartiers [Ziel], die den ›Humus‹ für größere Einzelprojekte darstellt«. (Hinte/Lüttringhaus/Oelschlägel 2007: 11; in Klammern Einfügungen des Autors)

Soziale Arbeit in und mit Gemeinwesen als Quartierarbeit kooperiert mit »intermediären Akteuren«, die zwischen Verwaltung und Bevölkerung stehen (z. B. Organisationen wie Verbände, Vereine etc.), sowie mit Gebietsbeauftragten (z. B. »QuartiermanagerInnen«) der Verwaltung. Soziale Arbeit in und mit Gemeinwesen als Quartierarbeit ist demnach nicht identisch mit »Quartiermanagement«, sondern, gemeinsam mit anderen Akteuren, Teil kommunalen Quartiermanagements (Hinte/Lüttringhaus/Oelschlägel 2007: 11).

Stadtteil-/Quartiermanagement

Im Laufe der 1990er und 2000er Jahre hat sich in der Fachwelt der Begriff des »Stadtteil- oder Quartiermanagements« entwickelt und verbreitet. Dabei geht es um die Beantwortung der Fragen, wer für die Entwicklung von Stadtteilen bzw. Quartieren wie verantwortlich sein soll und kann (Alisch 1998). Hintergrund für diese Orientierung sind u. a. Stadtentwicklungsprogramme wie das Bund-Länder-Programm »Soziale Stadt« (2012) und der Trend zu neueren Steuerungsmodellen der öffentlichen Verwaltung (▶ Kap. 6), in deren Rahmen sowohl die verwaltungsinterne Koordination der Kommunalpolitik als auch die »Akzentverschiebung kommunaler Leitbilder« (Hinte/Lüttringhaus/Oelschlägel 2007: 179) von der Kunden- zu Bürgerorientierung eine Rolle spielen (Becker 2016b; Grimm/Hinte/Litges 2004).

Mit Hinte kann Quartiermanagement definiert werden als …

>»… eine institutionell gesteuerte professionelle Strategie zur Verbesserung der Lebensbedingungen, insbesondere in benachteiligten Wohnquartieren, und zwar vorrangig durch Aktivierung und Organisation der materiellen und personellen Ressourcen eines Stadtteils.« (Hinte 2002: 545)

Dabei werden im Wesentlichen drei Ebenen des Quartiermanagements unterschieden (▶ Kap. 6; ▶ Abb. 1).

Ebenen von Quartiermanagement

- Die *Quartierebene*, auf der GemeinwesenarbeiterInnen als Fachkräfte in Stadtteil-/Quartierbüros Interessen lokaler Akteure und BewohnerInnen wecken,

aufgreifen, initiieren und begleiten sowie zu Aktivitäten animieren und die Bevölkerung an Prozessen beteiligen.
- Auf der *Verwaltungsebene* besteht die Aufgabe sogenannter »Gebietsbeauftragter« darin, zwischen Dezernaten und Ämtern Aktivitäten gebietsbezogen zu koordinieren, Ressourcen zu bündeln und die Gesamtsteuerung von Projekten zu übernehmen. Auch die Aufgabe, städtische Planungen vor Ort zu tragen und zu erläutern sowie innerhalb von Kommunalverwaltung und -politik auf Themen und Anliegen aus den Quartieren aufmerksam zu machen.
- Zwischen Quartier- und Verwaltungsebene, quasi auf *intermediärer Ebene*, sind Stadtteil-/Quartier-ModeratorInnen angesiedelt, zu deren Aufgaben gebietsbezogene Koordination, Mediation, Moderation und Vernetzung gehören. Sie vermitteln zwischen den Anliegen der Bevölkerung vor Ort auf der einen und den zuständigen Behörden auf der anderen Seite. Idealerweise betreiben die Akteure auf der *intermediären Ebene* keine eigenen Einrichtungen und Dienstleistungen im Quartier, um ihre Unabhängigkeit zu wahren und nicht Gefahr zu laufen, aufgrund eigener Interessen in Interessenskonflikte zu geraten.

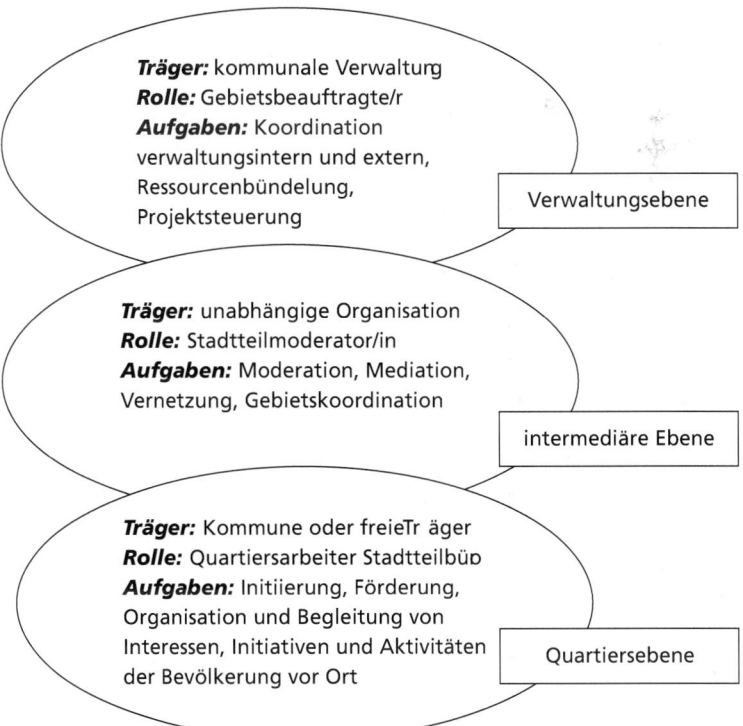

Abb. 1: Schaubild Quartiermanagement
Quelle: eigene Bearbeitung, Becker 2014 nach Bertelsmann-Stiftung/Hans-Böckler-Stiftung/KGSt (Hrsg.) 2002: 9

1 Historische Entwicklung und Gegenstand der Gemeinwesenarbeit

Die Zuordnung zur jeweiligen Ebene und die damit verbundenen Aufgaben und Kompetenzen sind in der Praxis oft verschwommen oder ungeklärt, mit der Folge von Missverständnissen, Misserfolgen und Enttäuschung auf jeder Seite. Auf diese Problematik wird in Kapitel 6.4 in Zusammenhang mit den Empfehlungen für eine nachhaltige soziale Stadt- und Quartierentwicklung nochmals vertieft eingegangen werden (▶ Kap. 6.4).

Gemeinwesenarbeit

»Gemeinwesenarbeit« wurde in der Vergangenheit sehr unterschiedlich verstanden und definiert (zur Übersicht vgl. Galuske 2007: 99 ff.). Wie im ersten Abschnitt zu den geschichtlichen Hintergründen bereits beschrieben (▶ Kap. 1.1) hat sich im deutschsprachigen Raum »Gemeinwesenarbeit« als Fachbegriff Sozialer Arbeit im Laufe von mehr als 150 Jahren entwickelt. In den Niederlanden setzte sich der Begriff »Opbouwwerk« durch, im englischsprachigen Raum wird dagegen von »Communitywork« mit den Differenzierungen in »Community Organization« und »Community Development« gesprochen, während es im französischen Sprachgebrauch keine genaue Entsprechung zum Begriff »Gemeinwesenarbeit« gibt und sich daher die Umschreibung »travaille social sur le commun« (Becker 2015: 93) anbietet.

Mit dem Begriff »Gemeinwesenarbeit« war in seiner historischen Entwicklung zunächst eine Methode, dann ein Arbeitsfeld und schließlich ein Arbeitsprinzip verbunden. Kennzeichnend für GWA ist dabei, dass der Fokus nicht auf einem Individuum oder einer Kleingruppe liegt,

> »sondern in einem großflächigeren *sozialen Netzwerk* [Hervorhebung in *Kursivschrift* im Original], das territorial (Stadtteil, Nachbarschaft, Gemeinde, Wohnblock, Straßenzug), kategorial (bestimmte ethnisch, geschlechtsspezifisch, altersbedingt abgrenzbare Bevölkerungsgruppen), und/oder funktional (d. h. im Hinblick auf bestimmte inhaltlich bestimmbare Problemlagen wie Wohnen, Bildung etc.) abgrenzbar sind [ist].« (Galuske 2007: 101)

Wie aus der dargestellten historischen Entwicklung durchgängig erkennbar, bezieht sich GWA meist auf eine *territoriale* Einheit (Stadtteil, Stadtviertel oder kleinere Gemeinde). In den Anfangszeiten der Settlementbewegung waren Armenoder sogenannte »Elendsviertel« die Einsatzgebiete der GWA. Pionierinnen der Sozialen Arbeit wie Alice Salomon oder Marie Baum haben schon früh die Notwendigkeit des Einbezugs des sozialen und räumlichen Umfelds hilfebedürftiger Menschen für die Bearbeitung und Bewältigung sozialer Probleme erkannt und gefordert.

In den Großwohnsiedlungen der Nachkriegszeit wurde, als diese, auf dem Planungsmodell Le Corbusiers (1957) basierenden Trabantenstädte im Laufe der 1980er Jahre sowohl baulich renovierungsbedürftig als auch infrastrukturell vernachlässigt waren und sich zunehmend sozial entmischt bzw. homogenisiert hatten, GWA für die sogenannten »sozialen Brennpunkte« oder »benachteiligten Wohngebiete« eingesetzt. Im Rahmen der sozialen Stadtentwicklungsprogramme wie »Soziale Stadt« (2008) werden »Gebiete mit besonderem Erneuerungs- bzw. Entwicklungsbedarf« ausgewiesen und administrativ festgelegt.

1.2 Soziale Stadtentwicklung und Gemeinwesenarbeit als Handlungsfeld Sozialer Arbeit

In den 1970er Jahren führten in Deutschland Forderungen nach Einmischung Sozialer Arbeit und Beteiligung von BürgerInnen an der Stadtplanung dazu, dass mehr Beteiligungsrechte im Baugesetzbuch aufgenommen wurden (Becker 2008: 444). Die Relevanz einer territorialen Perspektive Sozialer Arbeit für die Beurteilung und (präventive und korrektive) Bearbeitung sozialer Probleme, ergibt sich grundsätzlich aus der empirisch beobachtbaren Tatsache, dass sich globale, nationale und regionale Entwicklungen je nach gesellschaftlicher Bewältigungsstrategie mehr oder weniger auf lokaler Ebene in Form räumlicher Konzentrationen abbilden können. Gesellschaftliche Polarisierungs- und Spaltungsprozesse können zu räumlichen Konzentrationserscheinungen führen, die sich in wahrnehmbaren »Verlierer-« und »Gewinnerräumen« abzeichnen (Becker 2008). Erkenntnisse über Wirkungen räumlich-baulicher Strukturen auf Nutzungsqualitäten von territorial bestimmbaren Räumen und die Zusammensetzung der Bevölkerung in solchen Räumen, belegen die Bedeutung räumlich-baulicher Gestaltung von Siedlungsräumen (Farwick 2004). Nahräumliche Infrastruktur ist insbesondere für entfernungssensible Menschen, z. B. mit körperlichen oder finanziellen Mobilitätseinschränkungen, mitentscheidend für deren ökonomische, kulturelle und soziale Teilhabechance am gesellschaftlichen Leben. Gelegenheiten für soziale Kontakte beeinflussen die Bewältigungsmöglichkeiten von Menschen in schwierigen Lebenslagen. Die genannten Wirkungen und Effekte der »sozialwirksamen Raumstruktur« und »negativer Ortseffekte« werden in der Fachwelt nicht widerspruchslos geteilt, sondern mit Verweis auf unklare Ursache-Wirkungs-Zusammenhänge in Frage gestellt (Ziegler 2011). Für die Untersuchung der komplexen Zusammenhänge zwischen gesellschaftlichen Entwicklungen und deren möglichen Auswirkungen in territorial bestimmbaren Räumen auf lokaler Ebene scheinen eindimensionale Ursache-Wirkungs-Vermutungen weder als Beleg noch als Gegenbeweis für (negative) »Ortseffekte« geeignet.

In Bezug auf die territoriale Perspektive von GWA wird auch Kritik an der »(Re)Territorialisierung des Sozialen« (Kessl/Otto 2007) geübt, d. h. an dem Versuch die Lösung sozialer Probleme in Gebieten mit benachteiligter Bevölkerung zu verorten, obwohl dort die geringsten Ressourcen zur Lösung vorhanden sind. Damit wird nicht nur die Annahme kritisiert, soziale Probleme ließen sich an ihren Erscheinungsbildern und Auswirkungen kurieren, sondern es wird auch eine Governance-Strategie angeprangert, die den ohnehin belasteten und benachteiligten Menschen die Lösung von Problemen, die sie nicht verursacht haben, aufbürdet und ihren Lebensraum obendrein auch noch als Problemgebiet stigmatisiert. Allerdings erweckt die Kritik an der »(Re)Territorialisierung des Sozialen« den Eindruck, eine territoriale Perspektive an sich sei das Problem und nicht die Fokussierung auf Problemgebiete bei gleichzeitiger Ausblendung der (Mit-)Verantwortung von (Stadt-)Gebieten mit guter Ausstattung an räumlichen und sozialen Ressourcen. Deshalb ist eine gesamtstädtische Betrachtung sozialer und räumlicher Aspekte im Rahmen einer integrierten (disziplin- und ressortübergreifenden) Stadt- und Quartierentwicklung angeraten, die die gesamte Stadt mit all ihren (Stadt-)Teilen und Quartieren und nicht nur die sogenannten Problemgebiete in den Blick nimmt und bearbeitet (entwickelt).

Nach den o. g. einschlägigen Definitionen sind »Gemeinwesen« (Stövesand u. a. 2013: 16) bzw. »soziale Netzwerke« (Galuske 2007: 101) neben territorial-geografischen Merkmalen auch nach funktionalen und/oder kategorialen Kriterien abgrenzbar. Von *funktionaler* Ausrichtung wird gesprochen, wenn Aufgaben wie die Verbesserung der Verkehrs- (Straßenführung, -lärm, ÖPNV-Angebot etc.), Versorgungs- (Einkaufsmöglichkeiten, Gesundheitsdienstleistungen etc.) oder sozialen Infrastruktur Arbeitsmöglichkeiten oder die Wohnsituation der Bevölkerung (Bausanierung, Miethöhen etc.) im Vordergrund stehen. *Kategoriale* Zugehörigkeit wird in der Fachliteratur verstanden als Arbeit mit Menschen unterschiedlicher personenbezogener Merkmale, wie z. B. Geschlecht, Ethnie, Alter etc.

Dieses Verständnis von GWA und deren Differenzierung nach territorialer, funktionaler und kategorialer Ausrichtung widerspricht gewissermaßen den o. g. Merkmalen des »Arbeitsprinzips GWA« nach Oelschlägel, wonach sich GWA ganzheitlich und themenübergreifend »… um alle Probleme des Stadtteils [kümmert] und (…) sich nicht auf einen Punkt [konzentriert] …« (2013: 191). Auch nach den Prinzipien stadtteilbezogener bzw. sozialraumbezogener Arbeit nach Hinte sind »Aktivitäten … immer zielgruppen- und bereichsübergreifend angelegt« (2007: 9). Dementsprechend wäre strenggenommen eine (kategoriale) Ausrichtung auf eine bestimmte »Zielgruppe« oder eine Konzentration auf einen bestimmten funktionalen Zusammenhang wie z. B. »Wohnen« mit den o. g. Prinzipien ganzheitlicher, themen und Zielgruppen übergreifender Arbeit von GWA unvereinbar. Dieser Widerspruch wird auch im Handbuch GWA nicht aufgelöst, wenn beispielsweise nach der Aufzählung der als »Handlungs*ebenen*« bezeichneten Differenzierung in territoriale, funktionale und kategoriale GWA festgestellt wird, GWA arbeite »… jedoch häufig eher zielgruppenübergreifend, themenbezogen und fallunspezifisch« (Stövesand u. a. 2013: 22). Wenn GWA, wie im Handbuch, als ein ganzheitliches, themen- und zielgruppenübergreifendes Konzept verstanden werden soll, kann dieses Konzept weder auf einen Gebietsbezug verzichten noch sich ausschließlich auf eine Funktion oder Kategorie von Menschen als AdressatInnen beschränken. Auflösen ließe sich dieser Widerspruch, wenn klar getrennt würde zwischen einem Konzept *für* GWA und GWA *als* Arbeitsfeld. Während ein Konzept *für* GWA auf Basis theoretisch und empirisch fundiertem Erklärungswissen die Gesamtheit programmatischer Aussagen, Handlungsprinzipien und Arbeitsweisen bereitstellen muss, kann GWA *als* Arbeitsfeld Schwerpunkte je nach situativer Gegebenheit und Interessen der Bevölkerung territoriale, funktionale und kategoriale Schwerpunkte setzen, die jedoch grundsätzlich veränderbar sein und stets reflektiert und angepasst werden müssten.

Neben der territorialen, funktionalen und kategorialen Ausrichtung von GWA gelten die unterschiedlichen politischen Zielrichtungen, auch »Ansätze« genannt, sowie deren entsprechender Methodeneinsatz ebenfalls als charakteristische Merkmale von GWA. In Theorie und Praxis variierten die Zielsetzungen und der Einsatz von Methoden stark nach der jeweiligen politischen Ausrichtung zwischen Ansätzen konservativer Systemerhaltung (wohlfahrtsstaatliche/integrative GWA), evolutionärer (katalytische/aktivierende GWA) oder revolutionärer Systemveränderung (aggressive GWA) (Galuske 2007: 101–106). Stövesand u. a. problematisie-

1.2 Soziale Stadtentwicklung und Gemeinwesenarbeit als Handlungsfeld Sozialer Arbeit

ren ebenfalls die Wirkungen der beiden politisch gegensätzlichen (sozialrevolutionäre und konfliktorientierte vs. systemerhaltend-harmonisierende) Ansätze der GWA in der Vergangenheit. Während marxistisch ausgerichtete Theorieansätze in der Praxis auf konfrontative, skandalisierende Techniken setzten, seien die subjektiven Bedürfnisse und Probleme der betroffenen Menschen tendenziell missachtet oder vernachlässigt worden. Auf Seiten der konservativen und heute eher pragmatisch-manageriellen Ansätze würden die benachteiligenden gesellschaftlichen Strukturen und Prozesse ignoriert und wirkten in ihren Interventionsformen und Techniken ausschließlich kollektiv-kooperativ und konsensorientiert (Stövesand 2013: 19 f.). In beiden Beschreibungen wird der Eindruck vermittelt, der Einsatz von Methoden und Techniken wäre ausschließlich von der politischen Haltung der Professionellen abhängig und nicht auch eine Frage der sozialen Konfliktlage, d. h. der Kooperationsbereitschaft der beteiligten AkteurInnen einerseits und des Willens zur Veränderung dieser andererseits, sowie der Entscheidung von Professionellen bezüglich der Parteilichkeit für bestimmte Bevölkerungsteile oder Themen.

Einen breiten Konsens in der Fachwelt scheint es bezüglich der für GWA konstituierenden Merkmale zu geben. Die Festschreibung gesellschaftlich konstatierter Missstände und sozialer Konflikte als Ausgangspunkt von GWA scheint insofern ergänzungsbedürftig, als damit nicht ausschließlich reaktive Arbeit im Sinne der Skandalisierung und Bearbeitung offenkundiger und latenter Konflikte und Missstände, sondern auch prospektive Arbeit zur Vermeidung von Missständen zu verstehen wäre. Dass Probleme stets im Kontext lokaler, regionaler oder gesamtgesellschaftlicher Rahmenbedingungen und Ursachen gesehen werden, gehört ebenso zum »State of the Art« der Profession Soziale Arbeit wie die Kooperation und Koordination lokaler AkteurInnen, die trägerübergreifende Vernetzung von Diensten und Einrichtungen sowie die Beteiligung und Aktivitätsunterstützung der Bevölkerung und die Methodenintegration. Weniger Konsens gab und gibt es in der Scientific Community bezüglich der Verwendung und Einordnung der Begrifflichkeiten rund um Gemeinwesenarbeit und Sozialraumorientierung. Neben immer noch bestehenden akademischen Uneinigkeiten zur Unterscheidung von Konzept und Methode (Geißler/Hege 2007; Galuske 2007; von Spiegel 2008; Kreft/Müller 2010; Heiner 2010) in der Sozialen Arbeit gibt es Beschreibungen von GWA als Arbeitsprinzip, Arbeitsfeld, Methode oder Konzept, die mit anderen Begriffen wie Fach- oder Handlungskonzept Sozialraumorientierung, Sozialraumarbeit oder Quartiermanagement/-arbeit um die ›Lufthoheit‹ über den Schreibtischen und Lehrsälen sowie um die Dominanz in den einschlägigen Publikationsdiskursen zu konkurrieren scheinen.

Stövesand u. a. (2013) haben in ihrem Handbuch den Versuch unternommen, die unterschiedlichen Verständnisse und Zielrichtungen der GWA unter Berücksichtigung der historischen Entwicklung und der Rezeption in der Fachliteratur zu systematisieren, und schlagen vor, GWA als grundlegendes übergreifendes Konzept Sozialer Arbeit zu verstehen. Gemeinwesenarbeit wird demnach als eigenes Konzept Sozialer Arbeit deklariert, das von einer generellen Grundorientierung auf Individuen ausgehend »die Entwicklung gemeinsamer Handlungsfähigkeit und kollektives Empowerment bezüglich der Gestaltung bzw.

Veränderung von infrastrukturellen, politischen und sozialen Lebensbedingungen fördert« (ebd.: 16).

Mit Verweis auf die von Geißler und Hege (2007) entwickelte Unterscheidung von Konzepten, Methoden und Techniken bezeichnen Stövesand u. a. (2013) die von Boulet, Kraus und Oelschlägel (1980) als »Arbeitsprinzip« beschriebene GWA als übergreifendes »Konzept«. GWA wird nach Stövesand u. a. nicht nur als »vielfältiges Konzept« sondern gleichzeitig auch als »Handlungsfeld« bezeichnet, »insofern es Einrichtungen und Projekte gibt, die explizit Konzepte der GWA anwenden« (2013: 21). In der Verwendung des Plurals »Konzepte der GWA« wird eine weitere Unschärfe des Konzeptbegriffs der HerausgeberInnen des Handbuch GWA deutlich, die einerseits GWA als eigenständiges Konzept Sozialer Arbeit bezeichnen und gleichzeitig einräumen, dass es mehrere Konzepte der GWA gibt und GWA ebenfalls als Handlungsfeld zu verstehen sei.

Im »Handbuch Gemeinwesenarbeit« lautet die Definition von GWA folgendermaßen:

> »Gemeinwesenarbeit richtet sich ganzheitlich auf die Lebenszusammenhänge von Menschen. Ziel ist die Verbesserung von materiellen (z. B. Wohnraum, Existenzsicherung), infrastrukturellen (z. B. Verkehrsanbindung, Einkaufsmöglichkeiten, Grünflächen) und immateriellen (z. B. Qualität sozialer Beziehungen, Partizipation, Kultur) Bedingungen unter maßgeblicher Einbeziehung der Betroffenen.
> GWA integriert die Bearbeitung individueller und struktureller Aspekte in sozialräumlicher Perspektive. Sie fördert Handlungsfähigkeit und Selbstorganisation im Sinne von kollektivem Empowerment sowie den Aufbau von Netzwerken und Kooperationsstrukturen. GWA ist somit immer sowohl Bildungsarbeit als auch sozial- bzw. lokalpolitisch ausgerichtet.« (Stövesand u. a. 2013: 21)

Begriffsverwendung von Gemeinwesenarbeit (GWA)

GWA wird im Rahmen dieser Publikation nicht als Konzept sondern als Handlungsfeld Sozialer Arbeit »*in* und *mit* Gemeinwesen« verstanden. Dabei bezieht sich die Bezeichnung »*in* Gemeinwesen« auf die oben erwähnte Bedeutung von Gemeinwesen als territorial und politisch begrenzte Gebietskörperschaft[8] (Kommune, Gemeinde, Teile von Kommunen/Gemeinden), während die Bezeichnung »*mit* Gemeinwesen« auf die Bedeutung von Gemeinwesen als ›Personalverband‹[9] miteinander in anderer Verbindung stehender Menschen rekurriert. Mit »Handlungsfeld« Sozialer Arbeit wird ein fachlicher Kontext bezeichnet, der durch soziale Lebens- und Problemlagen von Menschen, entsprechende Erklärungs- und Handlungstheorien, sozialrechtliche, sozialpolitische und organisationelle Rahmenbedingungen sowie spezifische Handlungskonzepte und Methoden gekennzeichnet ist (vgl. Einleitung zum Band Becker, Kricheldorff, Schwab 2020). GWA lässt sich mit der o. g. Definition als »Handlungsfeld Sozialer Arbeit *in* und *mit*

---

8 Gebietskörperschaften umfassen die in einem bestimmten Territorium ansässigen BewohnerInnen.
9 Personalverbände erfassen alle Personen, die durch bestimmte Eigenschaften, Verwandtschafts- oder Rechtsbeziehungen körperschaftlich miteinander verbunden sind.

Gemeinwesen« deutlich unterscheiden von anderen Handlungsfeldern Sozialer Arbeit (wie z. B. der Suchthilfe), die zwar *in* Gemeinwesen (territorial verstanden) mit ihren Einrichtungen und Diensten verortet sind, jedoch nicht den Anspruch haben, gleichzeitig und zwingend auch *mit* dem Gemeinwesen (als Personenverband verstanden) zu arbeiten. Unter Berücksichtigung der oben erwähnten Breite des Begriffs Gemeinwesen als Gebietskörperschaft und Personalverband (Nation, Land, Kreis, Stadt etc.) ergibt sich die praktische Notwendigkeit das »Handlungsfeld Sozialer Arbeit *in* und *mit* Gemeinwesen« entsprechend der jeweiligen Zuständigkeit und Ausrichtung auf ein konkretes »Gemeinwesen«, sei es eine Stadt, eine Gemeinde, ein amtlicher Stadtbezirk (s. o.) oder ein Quartier (s. o.) zu spezifizieren. Dementsprechend wird im weiteren Verlauf der Erläuterung dieses Handlungsfeldes Sozialer Arbeit *in* und *mit* Gemeinwesen auf den Bereich der Stadt- und Quartierentwicklung fokussiert werden. Ausführungen zu konkreten Einsatzbereichen und Tätigkeitsfeldern (Quartiereinrichtungen, Stadtteilbüros, MGHs etc.) von GWA finden sich in Becker (2016a: Kap. 4–6).

1.3 Sozialraumorientierung

In der Fachliteratur der Sozialen Arbeit war in den letzten Jahrzehnten (von Brülle/Marschall 1981 über Kessel u. a. 2005 bis Noack 2015) verstärkt von »Sozialraum« oder »Sozialräumen« die Rede. In der fünften Auflage des »Wörterbuch Soziale Arbeit« von Kreft/Mielenz (2005) findet sich »Sozialraumorientierung« erstmals als Stichwort im Sachregister, ebenso in Galuskes Methodenbuch ab der siebten Auflage 2007. Kessel u. a. (2005) hatten sich mit ihrem »Handbuch Sozialraum« vorgenommen, die sozialpolitischen, stadtplanerischen, stadtsoziologischen, sozialgeografischen und sozialpädagogischen Debatten zu durchqueren, und erstellten daraus eine umfangreiche Sammlung von Beiträgen unterschiedlicher AutorInnen zu ihrer Ausgangsthese, »Sozialräume stellen immer komplexe Zusammenhänge kultureller, historischer und territorialer Dimensionen dar« (ebd.: 5). Andere AutorInnen haben Methoden für den Sozialraum (Deinet 2009) zusammengestellt, »Wege zu einer veränderten Praxis« (Budde u. a. 2006) aufgezeigt oder »Schlüsselwerke der Sozialraumforschung« (Kessl/Reutlinger 2008) gesammelt und publiziert.

In der Formulierung aus dem Handbuch GWA »GWA integriert die Bearbeitung individueller und struktureller Aspekte in **sozialräumlicher Perspektive**« [Hervorhebung Fettdruck durch den Autor MB] (Stövesand u. a. 2013: 21, zweiter Satz obigen Zitats) wird auf eine grundlegende Orientierung (*sozialräumliche Perspektive*) hingewiesen, die als programmatischer Aspekt eines Konzepts (hier *Sozialraumorientierung*) verstanden werden kann. Auch Oelschlägels Definition von GWA als »… **sozialräumliche Strategie**, [Hervorhebung Fettdruck durch den Autor MB] die sich ganzheitlich auf den Stadtteil« (2005: 259) richtet, lässt sich als Hinweis auf Sozialraumorientierung als Konzept lesen. Folgerichtig konstatieren Stövesand u. a. »… bleibt es richtig, dass **die Konzepte von GWA** [Hervorhebung Fettdruck durch den Autor MB] als sozialräumliche Soziale Arbeit bezeichnet werden können« (2013: 28), sie vermeiden aber die Verwendung des Begriffs »Sozialraumorientierung« als Konzepttitel und vermuten »,dass die Ablösung eines GWA-Konzeptes durch ein Fachkonzept Sozialraumorientierung (Hinte 2007) vor dem Hintergrund der oben dargestellten Situation kein Gewinn zu sein scheint« (Stövesand u. a. 2013: 28). Mit dem Begriff »Sozialraumorientierung« tun sich die HerausgeberInnen des Handbuch GWA offensichtlich schwer: »Nicht zuletzt aufgrund der vorherrschenden Verkürzung des Sozialraumbegriffs auf einen von der Verwaltung bestimmten geografischen Raum und die sich immer deutlicher abzeichnende Funktionalisierung der Sozialraumorientierung zur Einsparung öffentlicher Ausgaben, vor allem der Kinder- und Jugendhilfe« (Stövesand u. a. 2013: 28).

Ein Handlungskonzept, das die o. g. Kritikpunkte aufnimmt und konstruktiv erweitert, stellt allerdings einen Gewinn für die Soziale Arbeit dar, weil damit auch begrifflich zwischen Sozialraumorientierung als Handlungs*konzept* und GWA als Handlungs*feld* Sozialer Arbeit differenziert werden könnte. Auf dem Weg dahin bot das Handbuch Gemeinwesenarbeit, mit seiner umfänglichen Aufarbeitung der Geschichte und Entwicklung sowie ihren Meilensteinen und Positionierungen eine wichtige und wertvolle Grundlage. Mittlerweile gibt es ein ausgearbeitetes »Handlungskonzept Sozialraumorientierung« (Becker 2020b), das als Grundlage für die Diskussion in der Fachwelt sowie als Orientierung und Handreichung für die Praxis Sozialer Arbeit in und für ihre unterschiedlichen Handlungsfelder entwickelt wurde.

Vorläufer waren neben dem von Hinte und Treeß entwickelten »Fachkonzept Sozialraumorientierung« (2007), das erklärtermaßen auf Offenheit für weitere Entwicklungen und lokale Situationen angelegt ist, der von Früchtel, Cyprian und Budde (2007) mit ihrem »SONI-Schema« vorgelegte integrierende Ansatz, der verschiedene Ebenen (Management, politische Steuerung etc.) Arbeitsfelder, Maximen (z. B. Effizienz, soziale Gerechtigkeit, lernende Organisation) und Konzepte Sozialer Arbeit (wie Lebenswelt-, Ressourcen-, Managementorientierung) verknüpft und durch eine schematische Darstellung veranschaulicht. Seit der Vorlage des »Fachkonzept Sozialraumorientierung« (Hinte/Trees 2007) gab es immer wieder Ansätze zur Weiterentwicklung dieses, schwerpunktmäßig auf die Kinder- und Jugendhilfe bezogenen Konzepts, wie beispielsweise von Noack (2015), der sich auch intensiv mit der Kritik am »Fachkonzept Sozialraumorientierung« auseinandersetzte. Noack schlug einen »Mittelweg« zwischen subjektorientiertem Verständnis sozialer Lebenswelten einerseits und der eher territorialen Planungsperspektive von »Systemakteuren« aus Politik und Verwaltung vor. Den Vorteil dieses Mittelwegs sah er, aus handlungsorientierter Perspektive, in der Differenzierung nach »Planungsräumen« (territorial-)raumbezogener Steuerung sowie individuellen »Lebensräumen«, zu verstehen als Gesamtheit der räumlichen Dimensionen einer individuellen Lebenswelt. »Sozialräume« wollte Noack als Schnittfläche sich überlappender individueller »Lebensräume« verstanden wissen. Die Verbindung beider Perspektiven herzustellen, erklärte er zur vermittelnden oder intermediären Aufgabe Sozialer Arbeit. Auf dem Weg zu einem handlungsfeldübergreifenden Konzept Sozialer Arbeit verfolgte Schönig »… das Ziel, durch eine einheitliche Terminologie und Auffassung von ›Sozialraumorientierung‹ einen Überblick zu den zentralen Fragen, Theorien und Methoden zu geben« (2008: 10) und bezog sich dabei auf das Verständnis von »Sozialraumorientierung als Handlungskonzept Sozialer Arbeit« von Becker (2006). Kessl und Reutlinger haben mit »Sozialraumarbeit« der bereits vorhandenen Begriffsvielfalt eine weitere Variante hinzugefügt. Sie wollten darunter eine professionelle Perspektive verstanden wissen, die auf der Basis einer reflexiven Haltung »kontinuierlich mit der Bearbeitung der Aufgabe konfrontiert ist, sich einer entsprechenden herrschaftskritischen Reflexion stellen und sich auf dieser Basis fachlich positionieren zu müssen« (2013: 137). Wohlfahrt u. a. (2003; 2005) konstatierten eine allgemeine Euphorie bezüglich der Sozialraumorientierung und kritisierten diese als »Verschleierungsrhetorik« des Sozialstaatsabbaus. Gegen den Vorwurf der Missachtung und Abschaffung individueller Rechtsansprüche durch Sozialraumbudgets argumentierten hingegen Budde, Früchtel und Hinte (2006) und belegten dies durch bundesweite praktische Beispiele als Wege zu einer veränderten Praxis.

Einer grundsätzlichen Revision sozialraumbezogener Sozialer Arbeit unterzog Gabriele Bingel (2011) die Entwicklung sozialraumorientierter Sozialer Arbeit, von der Settlementbewegung über sämtliche Varianten der GWA bis zum Quartiermanagement, in historischer Perspektive bis zum Ende des 20. Jhs. Dabei kommt sie zum Ergebnis, der Sozialraumdiskurs sei der Versuch, die Diskrepanz zwischen hehren sozialen Visionen Sozialer Arbeit und ihrem begrenzten Handlungsrepertoire zu deren Verwirklichung zu verringern. Die Attraktivität des »Sozialraums« gründe auf der scheinbar idealen Möglichkeit der Verbindung von Lebensweltlichem und Gesellschaftlichem. Das Dilemma, sozial benachteiligte Menschen grundsätzlich als bewältigungsfähige und zu autonomer Lebensbewältigung fähige Menschen und AdressatInnen Sozialer Arbeit zu betrachten und damit aber gleichzeitig den Einfluss sozialstruktureller (Lebens-)Bedingungen zu relativieren, würde im sozialräumlichen Diskurs versucht dadurch aufzulösen, dass Gesellschaft grundsätzlich als gestaltbar und veränderbar betrachtet und dargestellt würde, während gleichzeitig subjektbezogene Strategien wie Bildung, Begleitung oder auch Disziplinierung zur Anwendung kämen.

Dem ist entgegen zu halten, dass genau aufgrund beider o. g. Faktoren die Unterstützung für sozial benachteiligte Menschen einzufordern und im gesellschaftlichen Auftrag zu praktizieren ist. Denn benachteiligte Bevölkerung wird gerade durch sozialstrukturelle Bedingungen daran gehindert, ihre vorhandenen Ressourcen und Potentiale zu nutzen und zu erweitern. Soziale Arbeit geht dem soziale Ungleichheit nivellierenden Programm des aktivierenden Bürgerstaats dann nicht auf den Leim, wenn Aktivierung als Aktivitätsermöglichung und -unterstützung (Noack 2015) für sozial benachteiligte Bevölkerung als gesellschaftliche Aufgabe angesehen und praktiziert wird und die Verantwortung dafür nicht den Betroffenen zugewiesen wird. Die Thematisierung sozialer Benachteiligung muss nicht in »paternalistische Bedürfnisinterpretation« und »bevormundende Kontrolle ungünstiger Lebensstile in Sozialräumen« abdriften, wenn sie auf der Basis vertrauensvoller, lebensweltorientierter Arbeit mit den Betroffenen geschieht und deren Themen und Problemsicht aufnimmt. Dennoch sind Stigmatisierungseffekte und Insuffizienzgefühle bei den Betroffenen zwar unerwünschte, aber nie ganz auszuschließende Effekte, deren Auftreten auch mit der Balance der Problemdefinitionen von Betroffenen und Fachkräften Sozialer Arbeit zu tun hat.

Bingel (2011) gründet ihre Argumentationsfigur auf der problematischen Fokussierung des Gegenstands Sozialer Arbeit, der »Lösung« sozialer Probleme. Dies stellt eine unzulässige Engführung der einschlägigen disziplinären Gegenstandsbeschreibung Sozialer Arbeit dar, die von Engelke (2004) als »Bewältigung sozialer Probleme« identifiziert wird. Mit dem Anspruch der »Lösung sozialer Probleme« wird eine utopische Grundlage professioneller Aufgabenbeschreibung angenommen, deren Verwirklichung von vornherein als uneinlösbar erscheinen muss. »Bewältigung sozialer Probleme« beinhaltet dagegen Aufgaben, die sich auf der Basis interdisziplinären Erklärungs- und Handlungswissens professionell wirkungsvoll bearbeiten lassen. Auch Bingels Darstellung des gesellschaftlichen Auftrags Sozialer Arbeit als »Vermittlung zwischen Individuum und Gesellschaft« geht von einem zwar in den Sozialwissenschaften gängigen, aber nicht zwingenden Verständnis sozialer Prozesse aus. Mit dem Begriff der »Figuration« bezeichnet Elias (1976) Verflechtungsbeziehungen wechselseitig aufeinander angewiesener, weil voneinander abhängiger Menschen, deren Interdependenzgeflecht insgesamt als Gesellschaft verstanden wird. Gesellschaft besteht also durch und aus Beziehungen zwischen Individuen, womit kein Gegensatz zwischen Gesellschaft und Individuen besteht. Zum dritten geht Bingel (2011) von einem absoluten Integrationsbegriff aus, der eine vollständige Teilhabe aller Gesellschaftsmitglieder an deren sozialen Gütern impliziert. Vollständige Integration ist in Gesellschaften, die sich angesichts wechselnder Machtpotentiale menschlicher Beziehungen ständig wandeln, schlicht unmöglich, sondern wird ständig neu austariert. Wenn der Auftrag Sozialer Arbeit in der Bewältigung sozialer Probleme besteht und Gesellschaft als Interdependenzgeflecht gegenseitig voneinander abhängiger Menschen gesehen wird, kann Soziale Arbeit als vermittelnde oder intermediäre (Fehren 2008) Instanz insofern wirksam werden, als sie die Analyse der Verteilung von Machtpotentialen und gesellschaftlichen Gütern und Chancen, deren Thematisierung und Skandalisierung unter Verweis auf proklamierte, gesetzlich verankerte Ansprüche und Diskrepanzen zur empirischen Wirklichkeit sowie die Entwicklung von Angeboten professioneller, theoretisch und empirisch fundierter Interventionen und deren Einsatz als ihre Aufgabe annimmt. Grundlagen und Verständnis der fachlichen Orientierung Sozialer Arbeit an sozial und räumlich strukturierten Prozessen werden in den folgenden Abschnitten noch weiter ausgeführt und vertieft (vgl. Becker 2020b, 2016a).

Das Handlungskonzept Sozialraumorientierung

Das im Folgende vorzustellende »Handlungskonzept Sozialraumorientierung« fokussiert auf der Basis theoretisch und empirisch fundierten Erklärungswissens, die Orientierung auf den programmatischen Aspekt sozialräumlicher Perspektive und bringt Ziele, Inhalte und Methoden in einen konsistenten Zusammenhang, woraus sich Handlungsprinzipien und Arbeitsweisen ableiten lassen.

Handlungskonzept, Methoden und Techniken

Nach Geißler und Hege (2007: 20) bezeichnet **Konzept** ein »Handlungsmodell, in welchem die Ziele, die Inhalte, die Methoden und die Verfahren in einen sinnhaften Zusammenhang gebracht sind. Dieser Sinn stellt sich im Ausweis der Begründungen und Rechtfertigungen dar«. Handlungskonzepte zielen vorwiegend auf Erklärungswissen und beinhalten hierzu theoretisch begründete, plausible, erforschbare und überprüfbare Erklärungen für soziale Prozesse. Auf der Basis dieses Erkenntnisgewinns lassen sich Entscheidungen über Veränderungsbedarfe treffen, entsprechende konzeptionelle Ziele bestimmen und zur Zielerreichung geeignete Methoden auswählen. Konzepte erhalten durch den Einbezug geeigneter Methoden und Techniken und der damit verbundenen systematischen Vorgehensweisen zur Zielerreichung einen Handlungsbezug und werden somit zu *Handlungs*konzepten. Handlungskonzepte betonen einen programmatischen Aspekt (wie z. B. Lebenswelt, Ressourcen, Sozialraum, Management etc.), aus dem sich Handlungsprinzipien und Arbeitsweisen ableiten lassen. Handlungskonzepte fassen also grundlegende Ansatzpunkte einer Disziplin (hier Soziale Arbeit) theoriegeleitet zusammen und beinhalten mit der Betonung eines bestimmten programmatischen Aspekts eine spezifische Sichtweise (▶ Abb. 2).

Nach engerem Verständnis bezeichnen **Methoden** zunächst ein planmäßiges Vorgehen zur Zielerreichung. Im Rahmen eines Handlungskonzepts sind Me-

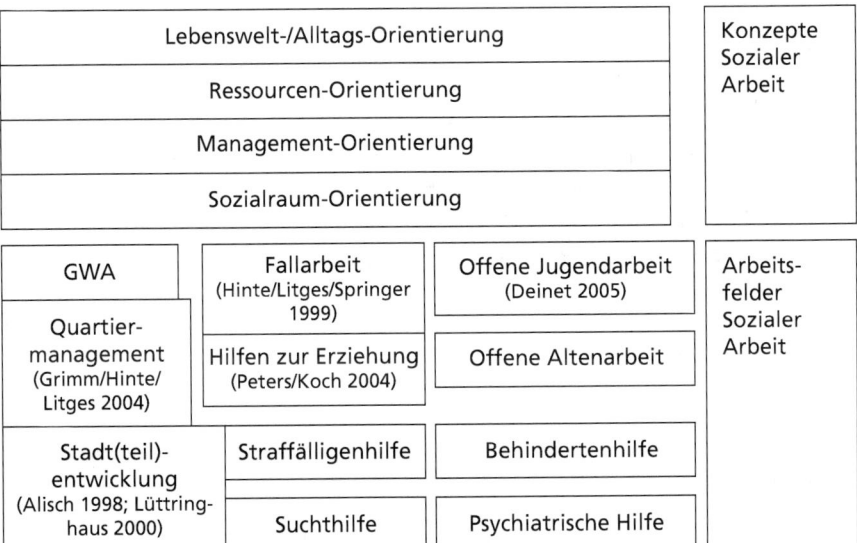

Abb. 2: Konzepte und Arbeitsfelder Sozialer Arbeit
Quelle: eigene Bearbeitung, Becker 2014

thoden jedoch nicht ›zielneutral‹, sondern sie sind abhängig von und passend zu den im Rahmen eines jeweiligen Handlungskonzepts gewonnen Erkenntnissen über theoretisch und empirisch begründete Zusammenhänge auszuwählen und zu kombinieren. Methoden sind im Vergleich zu Konzepten weniger komplex, legen den Schwerpunkt eher auf den Aspekt der Vorgehensweise, also auf Handlungen, und bedienen sich dabei eines Sets an geeigneten Verfahren und/oder Techniken. Dementsprechend können Methoden keine starren Handlungsanleitungen sein, die sich zur Bearbeitung jedweder Probleme eignen, sondern Methoden sind situationsbezogen, offen und reflexiv auf die Eigenarten und Besonderheiten sozialer Probleme und Menschen anzupassen.

Techniken wiederum sind als erprobte, standardisierte Verhaltensmuster zu verstehen, deren Wirksamkeit mit hoher Wahrscheinlichkeit vorhersagbar sind, und sie dienen der Bearbeitung und Realisierung von Methoden (Galuske 2007: 24 ff.). Methoden und Techniken können für unterschiedliche Handlungskonzepte geeignet sein und angewandt werden. Für das jeweilige Handlungskonzept können hingegen nur bestimmte Sets an Methoden und Techniken geeignet sein.

Verbindung sozialer und räumlicher Kontexte

Nach obiger Definition von Handlungskonzepten, steht die Verbindung sozialer und räumlicher Kontexte für den programmatischen Aspekt des Handlungskonzepts Sozialraumorientierung und wird deshalb zunächst begrifflich und inhaltlich expliziert. Mit der Aufgabe, Raum begrifflich zu fassen und dessen Bedeutung für Menschen zu erklären, beschäftigten sich Wissenschaftler aus unterschiedlichen Blickwinkeln und unterschiedlichen Disziplinen. So wies Durkheim (1903) bereits auf den Zusammenhang zwischen sozialer Struktur menschlichen Zusammenlebens und deren räumlicher Konstitution hin, ging jedoch von direkten kausalen Zusammenhängen zwischen Sozialstruktur und Raumstruktur aus, wodurch wiederum die Sozialstruktur reproduziert würde (Konau 1977). Georg Simmels (1908) Nachdenken über die Zusammenhänge zwischen Raum, Zeit und Substanz führten ihn zu einem neueren Raumbegriff als synthetische Leistung des Menschen bzw. von Gesellschaften und damit auf den sozialen Ursprung des Raumbegriffs. Geprägt zwar von den newtonschen Vorstellungen eines absoluten Raums, geht auch Simmel von der Existenz des geografisch bestimmten Raumes aus, setzt diesen jedoch in Relation zu den sozialen Prozessen, durch die der geografische oder materielle Raum erst seine Bedeutung erhält. Die Chicagoer Schule der Soziologie (Park/Burgess/McKenzie u. a. 1925) interessierte sich speziell für die empirisch nachweisbaren Einflussfaktoren der räumlichen Organisation der Gesellschaft. Hierfür wurden Städte und Stadtteile als Territorien der Lokalisierung sozialer Ordnungen untersucht. Damit war eine Fokussierung auf quasi naturgesetzlich determinierte Anordnungen von Menschen in geografischen Räumen verbunden, die der von Simmel bereits aufgezeigten Komplexität von Wechselwirkungen zwischen sozialen Strukturen und Prozessen in raum-zeitlicher Perspektive nicht gerecht wurden.

Aus der Perspektive der mikrosoziologischen Phänomenologie (Schütz 1932) wird der subjektive Sinn sozialen Handelns in seiner Bezogenheit auf Situationen, Orte und Anlässe des Handelns als »lebensweltliche« Phänomene begrifflich festgehalten und ethnomethodologisch untersucht. Auch die auf Goffmann (1969) zurückgehende Interaktionsforschung macht den räumlichen Charakter sozialer Phänomene und damit deren vielfältige Beziehungen deutlich. Henri Lefèbvre sorgte in den 1970er Jahren für eine Wiederbelebung der theoretischen Debatte um Raum. In seiner kapitalismuskritischen Schrift »Die Produktion des städtischen Raums« entwickelte Lefèbvre (1977) einen relationalen Raumbegriff, der zwischen sozialem und physischem Raum unterscheidet. Raum wird nach Lefèbvre von jeder Gesellschaft in spezifischer Weise produziert. Dies geschieht z. B. durch die »räumliche Praxis«, also der (Re-)Produktion von Raum, durch die Aktivität der Wahrnehmung des Raums bzw. raumbezogene Verhaltensweisen. Mit der »Repräsentation von Raum« verbindet Lefèbvre die Konzeptualisierung von Raum durch Ideen z. B. von ArchitektInnen, PlanerInnen oder KünstlerInnen, die dem Raum eine kognitive Bedeutung und Lesart verleihen. Praxis und (Re-)Präsentation des Raums durchdringen einander und werden beeinflusst durch die gesellschaftliche Ordnung, die im Kapitalismus beispielsweise mit der Entfremdung des Handelns einhergehe. Den dritten Aspekt der Produktion von Raum sieht Lefèbvre im »Raum der Repräsentationen«, womit die Bedeutung von Symbolen für die Raumbestimmung gemeint ist. Damit verwirft Lefèbvre das Verständnis von Raum als Behälter oder absolutem Raum und will die Vielgestaltigkeit und Relationalität von Raum deutlich machen, ohne einen klaren Raumbegriff anbieten zu können.

Dieter Läpple (1991) griff die Diskussion um Raum in Deutschland wieder auf, indem er, im Gegensatz zu der bis dahin für die stadtsoziologische Forschung dominierenden sozialökologisch orientierten »Kölner Schule« um Jürgen Friedrichs (1977), die Verwendung von »Behälterkonzepten« kritisierte und stattdessen folgende vier Komponenten einer Raummatrix formulierte:

1. gesellschaftliche Verhältnisse als materielle Erscheinungsform,
2. gesellschaftliche Interaktions- und Handlungsstrukturen,
3. institutionalisiertes und normatives Regulationssystem,
4. räumliches Zeichen-, Symbol- und Repräsentationssystem.

Mit dieser Differenzierung machte er deutlich, dass Raum theoretisch rekonstruierbar und gesellschaftlich konstituiert wird, womit quasi eine Verständigungsnotwendigkeit über die jeweilige Bedeutung von Raum entsteht.

Martina Löw (2001) hat den raumsoziologischen Diskurs ein Jahrzehnt später weitergeführt und präzisiert, indem sie auf die Unterschiede der mit den Begriffen »Behälterraum« und »Beziehungsraum« verbundenen Konzepte hinwies. Demnach wird unter einem »Behälterraum« ein Gefäß (z. B. Saal oder Stadtteil) verstanden, das, aus dem Blickwinkel von außen nach innen betrachtet, mit Gegenständen, Menschen oder Eigenschaften (beispielsweise Möbel, Menschen, Gerüche etc. in einem Saal bzw. Gebäude, Straßen, Plätze, Menschen und Lärm in einem Stadtteil) gefüllt sein kann. Beim »Beziehungsraum« wird, von innen nach außen betrachtet, ausgehend von den »Gegenständen« (z. B. Menschen, Aktionen, physische Körper, Organisationen, Regeln, Weltbilder) das Ergebnis der Beziehungen zwischen diesen »Gegenständen« beschrieben. Zur Darstellung der Vielschichtigkeit und Vielgestaltigkeit der Dynamik von Räumen verwendet Löw den Begriff der (An-)Ordnung von Lebewesen und sozialen Gütern an Orten. Diese Schreibweise in Klammern soll verdeutlichen, dass Räume gleichermaßen auf der Anordnungspraxis und auf gesellschaftlichen Ordnungen beruhen. Räumliche Strukturen würden demnach durch, in Räume eingeschriebene, Regeln konstituiert und durch Ressourcen gesichert. Löw schlägt vor, von einer durch die Relation zwischen Strukturen und Prozessen geprägten doppelten Konstituiertheit von Raum auszugehen. Zur Analyse von Raumkonstitutionen brauche es demzufolge Kenntnisse der »Bausteine« (soziale Güter und Menschen) und deren Beziehungen untereinander. Hilfreich hierzu sei nach Löw ein Rahmenkonzept unter Verwendung eines »Raum-Zeit-Relativs«, womit im Forschungsprozess der Ausgangspunkt wahlweise auf den »Bausteinen« oder den Beziehungen liegen kann, solange beide Perspektiven einbezogen werden. Im ersten Fall, der vorrangigen Betrachtung der Strukturen, sind für Operationalisierungen, die materielle Gestalt, das soziale Handeln, die normative Regulation und die kulturellen Ausdrücke zu beachten. Aus dem Blickwinkel des Herstellungsprozesses von Raum sind nach Löw die beiden Prozesse »Syntheseleistung« und »Spacing« zu unterscheiden. »Syntheseleistung« meint das Schaffen von Räumen durch die Verknüpfung der Raumelemente (soziale Güter und Lebewesen) durch Menschen über Wahrnehmungs-, Erinnerungs- und Imaginationsprozesse. Unter »Spacing« wird der zweite Konstitutionsvorgang, das Platzieren von sozialen Gütern und Menschen und deren symbolischer Markierung, durch die deren Zusammenspiel kenntlich gemacht wird, verstanden. »Syntheseleistung« und »Spacing« geschehen im Alltag der Konstitution von Raum gleichzeitig. Löw geht »... (analytisch) von einem sozialen Raum aus, der gekennzeichnet ist durch materielle und symbolische Komponenten« (2001: 15). Räume sind für Löw, aufgrund der in hierarchisch organisierten Gesellschaften meist ungleichen und unterschiedlichen Bevölkerungsteile begünstigenden bzw. benachteiligenden Verteilung, oft Gegenstand sozialer Auseinandersetzungen.

> »Verfügungsmöglichkeiten über Geld [ökonomisches Kapital wie Einkommen], Zeugnis [Kulturelles Kapital, wie Bildung], Rang [Status] und Assoziationen [Inklusion/Exklusion; Soziales Kapital] sind ausschlaggebend, um (An)Ordnungen durchsetzen zu können, so wie umgekehrt die Verfügungsmöglichkeit über Räume zur Ressource werden kann« (Löw 2001: 272)[10].

Schroer (2006) verweist auf die etymologische Herkunft des Raumbegriffs von »räumen/abräumen/Platz schaffen« und erklärt damit die Bedeutung des ›Raum Schaffens‹ als sozialen Prozess. Mit Blick auf die historische Entwicklung der Rezeption des Begriffs konstatiert Schroer eine Veränderung von absoluten (Aristoteles, Newton, Kant) über relativistische (Leibniz, Einstein) zu relationalen Raum-

---

10 Einfügungen in [Klammern] durch den Autor MB, mit Bezug zu Kapitalarten nach Bourdieu (1983).

Verständnissen (Elias, Lefèbvre, Löw). Schroer sieht »die besondere Bedeutung Simmels für eine Soziologie des Raums darin, dass er sowohl die strukturelle Seite des Raums betont als auch die Hervorbringung des Raums durch menschliche Aktivitäten« (2006: 78). Das Verdienst der Literaturwissenschaftler um Dünne und Günzel (2006) ist es, eine interdisziplinäre Übersicht der Theorien zu Raum erstellt und dabei eine wertvolle Sammlung von Originaltexten vom 17. Jh. bis in die Gegenwart zusammengestellt und kommentiert zu haben.

An folgendem kleinen Beispiel soll die Problematik skizziert werden: Man stelle sich eine Bushaltestelle in einem Stadt-(Rand-)Viertel vor, die mit einer einfachen Überdachung den Wartenden Schutz vor Niederschlägen und mit einer Bank Sitzgelegenheiten bietet. Materiell handelt es ich um einen baulichen Unterstand. Für NutzerInnen des öffentlichen Verkehrsnetzes handelt es sich um einen Ort, an dem sie bis zur Ankunft des Busses mehr oder weniger kurze Wartezeiten verbringen und ansonsten keinen weiteren Nutzungsbedarf haben. PassantInnen mögen den Unterstand als günstig gelegenen Regenschutz beim zufälligen Vorübergehen ansehen und nutzen. Wohnungslose Menschen, die sich vorwiegend im öffentlichen Raum aufhalten, könnten diesen Ort als Wohn- oder Schlafraum ansehen und nutzen. Jugendliche könnten wegen fehlender finanzieller oder räumlicher Alternativen den Ort als Treffpunkt und Szeneort ihrer Clique ansehen und nutzen. In jedem der beschriebenen Beispiele bleibt der materielle Raum derselbe, während die Bedeutungszuschreibung aufgrund der unterschiedlichen Raumkonzepte, also der Vorstellungen, Bedeutungen, Handlungen und Symbole, ganz unterschiedlich ausfallen.

Die oben aufgeführten raumtheoretischen Überlegungen sind für die Soziale Arbeit deshalb besonders relevant, weil dadurch klar wird, dass Räume von unterschiedlichen Bevölkerungsteilen unterschiedlich erlebt, erfahren und bestimmt werden. Wenn mit den Raumkonstitutionen auch Chancen auf Zugang und Ausschluss von Raum einhergehen, wie von Martina Löw (2001) beschrieben, muss die Konstitution von Raum als Gegenstand sozialer Aushandlungsprozesse und sozialer Konflikte im Allgemeinen sowie sozialer Benachteiligung im Besonderen betrachtet werden. So lassen sich beispielsweise Nutzungskonflikte, die aufgrund vorhandener Interessenlagen und gesellschaftlicher Machtverhältnisse entstehen, als aushandelbare gesellschaftliche Prozesse zur Bearbeitung sozialer Probleme verstehen. Als Beispiel zur weiteren Veranschaulichung der empirischen Bedeutung der Raumtheorie eignet sich die Publikation von Emmenegger und Litscher (2011). Darin werden, in Auseinandersetzung mit öffentlichen Räumen, unterschiedliche Kontexte aus multidisziplinären Perspektiven beleuchtet und mit Beispielen von Forschungsprojekten aus der Schweiz belegt.

Als Ergebnis der obigen begrifflichen und theoretischen Explikation wird »Sozialraum« im Rahmen des hier vorzustellenden »Handlungskonzept Sozialraumorientierung« als sozial und räumlich strukturierter Kontext verstanden, der von Menschen und ihren Vergesellschaftungen unterschiedlich konstruiert, produziert und interpretiert wird, und zu dem Menschen in unterschiedlichen Relationen (Aufenthalt, Begegnung, Interaktion, Zugehörigkeit etc.) stehen. Nähere Ausführungen zu Sozialraumorientierung als Handlungskonzept Sozialer Arbeit finden sich in Becker (2020b, 2016a, Kap. 4).

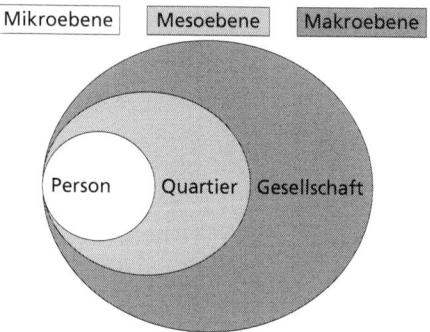

Abb. 3: Ebenen der Sozialraumorientierung
Quelle: eigene Bearbeitung, Becker 2014

Sozialraumorientierung – ein Handlungskonzept

Mit dem Begriffspaar Sozialraum-Orientierung wird deutlich gemacht, dass das hier zu beschreibende »Handlungskonzept Sozialraumorientierung« eine bestimmte Ausrichtung hat und die Perspektive auf den programmatischen Aspekt »Sozialraum« in oben beschriebener Bedeutung richtet. Diese spezifische Sichtweise bietet Orientierung im Sinne einer konzeptionellen Ausrichtung des Handelns (s. o. zu »Handlungskonzept«) auf soziale und räumliche Zusammenhänge. Grundlage dieser Orientierung ist die Beschäftigung mit der sozialen Konstitution und Konstruktion von Räumen sowie deren unterschiedliche Bedeutungszuschreibungen und gesellschaftliche Bedingtheiten. Dabei genügt es nicht, um die soziale Bedingtheit der Konstitution und Konstruktion von Raum, entsprechend der oben beschriebenen Raumtheorien, zu wissen, sondern zur Orientierung bedarf es ebenfalls der Kenntnis und des Verstehens unterschiedlicher Raumdefinitionen gesellschaftlicher AkteurInnen (Institutionen und Bevölkerung) und deren zugrunde liegenden Interessen. Ganz gleich, ob es sich um ein für behördliche Planungsräume übliches territoriales Raumverständnis oder um Milieu bedingt unterschiedliche Aktionsräume von Bevölkerungsteilen handelt, lassen sich die jeweiligen Prozesse des »Raum Schaffens« (Schroer 2006) bzw. der »(An)Ordnung von sozialen Gütern und Lebewesen« (Löw 2001) sowie der sozialen »Syntheseleistungen« nach charakteristischen Merkmalen untersuchen.

Mit dem Raumverständnis und -begriff sind auch sozialpolitische Diskurse über den »Umbau des Sozialstaats« vom »Welfare-State« zum »Workfare-State« und vom »versorgenden« zum »aktivierenden« Staat verbunden (Dahme/Wohlfahrt 2003). In deren Rahmen wird die Verantwortung für soziale Probleme und deren Bewältigung tendenziell auf die lokale Ebene und schwerpunktmäßig auf das Individuum, den Bürger oder die Bürgerin verlagert, wobei sich der

Staat aus der Verantwortung zurückziehen und die Entwicklung den Marktmechanismen überlassen soll (Giddens 1998). In diesem Zusammenhang ist die dezentrale *räumlich-territoriale* Orientierung an lokalen Steuerungseinheiten (Stadt, Gemeinde, Quartier) und die *sozialpolitische* Orientierung an selbstverantwortlichen Individuen und leistungsfähigen Gemeinschaften (Nachbarschaft, Bürgerengagement, Kommunitarismus, vgl. Etzioni 1998) zu hinterfragen und mit den Verursachungsgründen und Bewältigungsbedingungen sozialer Probleme zu konfrontieren.

Sozialraumorientierung – ein interdisziplinäres Handlungskonzept

Das Handlungskonzept Sozialraumorientierung beinhaltet die analytische Auseinandersetzung mit Raum in seiner gesellschaftlichen Bedingtheit aus historischer und sozialkultureller Perspektive (Dünne/Günzel 2006). Um sozialräumliche Prozesse erkennen und verstehen zu können, sind theoretische Grundlagen aus unterschiedlichen »menschenwissenschaftlichen« Disziplinen (Elias 1970) zu berücksichtigen und nach möglichen Erklärbeiträgen zu überprüfen. Von der Sozialgeografie, deren Gegenstand der sozial angeeignete und gestaltete Raum (z. B. Werlen 2008; Lichtenberger 1998) ist, werden Erkenntnisse über soziale Gestaltungsprozesse räumlich-materieller Lebensbedingungen ergänzt. Hintergründe und Wechselwirkungen zwischen menschlichen Lebensweisen und deren räumlichen Formen, wie z. B. sesshafte oder nomadische Siedlungsweisen oder die Entwicklung von Städten und Dörfern, sind Gegenstand der Raum- und Stadtsoziologie, von deren Arbeiten Erkenntnisse über Vergemeinschaftung und Vergesellschaftung in ihren sozialräumlichen Dimensionen gewonnen werden können (Tönnies 1887; Sombart 1931; Simmel 1908 u. a.). Fragen der ökonomischen Organisation, also der Wirtschaftsweise von Gesellschaften, sind ebenfalls Gegenstand soziologischer und sozialpolitischer Theorien, die Erklärungen zu sozialräumlichen Aspekten der Erbringung und Verteilung gesellschaftlicher Güter bieten (Engels 1845; Marx/Engels 1872; Sombart 1902; Weber 1922 u. a.). Der sozialökologische Ansatz der Chicagoer Schule (Park/Burgess/McKenzie 1925) und deren deutsche Variante, der »Kölner Schule« (Friedrichs 1977), bietet Erklärungen der sozialen und räumlichen Organisation der Gesellschaft aus einer (sozial-)ökologischen Betrachtung der kollektiven Interaktionen von Individuen mit ihrer Umwelt. Sie erklären Selektionsprozesse mit den Prinzipien einer marktorientierten und ohne staatliche Eingriffe sich überlassenen (Stadt-)Entwicklung in wirtschaftsliberal organisierten Gesellschaften.

Voraussetzungen und Konsequenzen menschlichen Zusammenlebens auf engem Raum sind Gegenstand sozialpsychologischer Betrachtungen, aus sehr unterschiedlichen Perspektiven (Simmel 1903; Elias 1937,1965; Sennet 1974; Beck 1986; Etzioni 1996 u. a.) und bieten für ein sozialräumliches Handlungskonzept wichtige theoretische Grundlagen zum analytischen Verständnis sozialer Prozesse der gesellschaftlichen Inklusion und Exklusion. Stadtsoziologische Erkenntnisse zur Dynamik globaler (Stadt-)Entwicklungen (Sassen 1991; Berking 2002), zum Vergleich globaler und europäischer Stadtmodelle (Häußermann 2001; Kaelble 2001), zu wesentlichen Merkmalen urbaner Lebensform (Wirth 1938; Herlyn 1974; Prigge 1987), zum Spannungsverhältnis von Privatheit und Öffentlichkeit (Bahrdt 1961) sowie zu den Kontroversen über Wirkungen von Homogenität und Heterogenität in Wohngebieten (Gans 1974; Heitmeyer/Dollase/Backes 1998; Häußermann/Oswald 1997 u. a.), sind wesentliche Grundlagen zum Verständnis gesellschaftlicher Entwicklungen und den diesbezüglichen sozialpolitischen Diskursen. Die räumlich-materiellen Rahmenbedingungen und deren Gestaltung sind Gegenstand von Stadtgeografie (Christaller 1933; Hofmeister 1999 u. a.), Architektur (Benevolo 2007; Hoffmann-Axthelm 1993 u. a.) und Stadtplanung (Streich 2011 u. a.) und geben Auskunft über Einflussfaktoren, Ideen, Möglichkeiten und Grenzen der räumlich-baulichen Gestaltung menschlicher Siedlungen wie Städten und Gemeinden.

Anforderungen Sozialer Arbeit in und mit Gemeinwesen

Ziele Sozialer Arbeit in und mit Gemeinwesen beziehen sich auf Erhalt und Schaffung menschenwürdiger Lebensbedingungen in sozialräumlichen Kontexten, im Sinne der dort lebenden Menschen, insbesondere aber auf die Verbesserung der Lebensqualität in benachteiligten Lebenswelten. Zentrale Aufgabe der Sozialen Arbeit in und mit Gemeinwesen ist die »Gestaltung von Lebenswelten« und nicht die »Befriedigung von Kundenbedürfnissen« (Becker 2013). Menschen in Stadtteil oder Quartier sind keine KundInnen sondern BürgerInnen mit Rechten und Pflichten, unterschiedlichen Ressourcen, Erfahrungen und Kompetenzen, sie sind Betroffene und AkteurInnen und zugleich mehr oder weniger anerkannte ExpertInnen ihres Lebensumfeldes (Hinte/Lüttringhaus/Oelschlägel 2007: 130 ff.). Die Gestaltung von Lebenswelten erfordert sowohl die Verankerung der Sozialen Arbeit in Stadtteil oder Quartier als auch die Arbeit auf anderen Steuerungsebenen und wird damit wichtiger Teil sozialer Stadt- und Quartierentwicklung. Dort ist danach zu fragen, wie eine Stadt und ihre Quartiere so gestaltet werden können, dass sie den Interessen ihrer älter und bunter werdenden Bevölkerung gerecht werden und für eine vielfältige Bevölkerung aus Jung und Alt, Einheimischen und Zugereisten, Armen und Reichen, Kindern und Erwachsenen attraktiv, sozial gerecht, wirtschaftlich leistungsfähig und ökologisch nachhaltig sind oder werden.

Die Fokussierung auf ein Handlungsfeld beruht auf dem diesem Band zugrunde liegenden »Freiburger Modell der Handlungsfeldorientierung« (Becker/Kricheldorff/Schwab 2020e) und bedeutet, die aktuellen Bedingungen und Entwicklungen in bestimmten Handlungsfeldern der Sozialen Arbeit in den Blick zu nehmen und die daraus abzuleitenden Aktionen und Interventionen professioneller Sozialer Arbeit in Bezug zu den jeweils passenden Handlungskonzepten und Methoden zu entwickeln. Das Handlungskonzept Sozialraumorientierung wird also auf die handlungsfeldspezifischen Charakteristika von Aufgabenstellungen, Rechtsgrundlagen, Governance, Trägerlandschaften und Situationen von Stadt- und Quartierentwicklung bezogen. Auf der Grundlage des dreidimensionalen

1.3 Sozialraumorientierung

Handlungskonzepte Sozialer Arbeit

Lebensweltorientierung*

von der »Fachorientierung« (vorbestimmte Methodenauswahl)	zur »Klientenorientierung« (situationsadäquate Methodenauswahl)
von der »Komm-Struktur« (Beratungsstellen, Ämter, Heime…)	zur »Geh-Struktur« (aufsuchende Arbeit, Straßensozialarbeit…)
Einzelfall	Situationsanalyse

Methodenintegration
ganzheitliches Denken, vernetztes Handeln

Ressourcenorientierung*

von der Defizitorientierung	zur Ressourcenorientierung
Problemanalyse	Ressourcenanalyse
Individualebene	Unterstützungsmanagement (z. B. Biografiearbeit)
Gruppenebene	Netzwerkförderung
Quartiersebene	Selbstorganisation, Partizipation

Sozialraumorientierung*

Mikroebene	Individuum, Privatbereich, Haushalt
Mesoebene	Nachbarschaft, Freunde, Arbeitsplatz
	Quartier, Lebensräume, Aktionsräume
Makroebene	lokale, kulturelle, ethnische Herkunft
	Gesellschaft, Schichten, Milieus
	Stadt, Region, Nation

Mehrebenenansatz
Menschen, soziales Umfeld, lokale Lebens-/Handlungsbedingungen

Managementorientierung*

Effektivität	erzielte Wirkungen
Effizienz	Leistung und Ertrag
Qualität	Kontrolle der Zielerreichung
Marketing	Wettbewerb
Dienstleistung	Kundenzufriedenheit

von der Input- zur Output(Outcome-)orientierung

*Quellenangaben:
Lebensweltorientierung: Thiersch, Hans (2008) Lebensweltorientierte Soziale Arbeit
Ressourcenorientierung: Möbius/Friedrich (2010) Ressourcenorientiert arbeiten
Sozialraumorientierung: Schönig, Werner (2008) Sozialraumorientierung
Managementorientierung: Maelicke, Bernd (2007) Lexikon der Sozialwirtschaft

Die o.g. Quellen verstehen sich lediglich als Beispiele für die umfangreiche Literatur.

Abb. 4: Handlungskonzepte Sozialer Arbeit
Quelle: eigene Bearbeitung, Becker 2014

Kompetenzbegriffs, wie er im Europäischen Qualifikationsrahmen (EQR)[11] definiert wird, spielen sowohl theoriebegründete Handlungskonzepte als auch die Methoden der Sozialen Arbeit eine wichtige Rolle beim Kompetenzerwerb durch Kenntnisse, Fertigkeiten und Haltungen. Die Kombination von Wissensbeständen aus Bezugswissenschaften und Erkenntnissen der Wissenschaft Soziale Arbeit (Erklärungswissen) mit Kenntnissen und Fähigkeiten der Entwicklung und Anwendung von Methoden (Handlungswissen und Analyse-/Synthese-/Kritikfähigkeit) bildet auf der Grundlage von Wertorientierungen und Haltungen die Basis der Ausbildung spezifischer Handlungskompetenzen Sozialer Arbeit.

Das Handlungsfeld Sozialer Arbeit in und mit Gemeinwesen erfordert spezifische Kenntnisse sowie ein differenziertes Verständnis sozialer Probleme. Dafür braucht es eine Verständigung über gesellschaftliche Strukturen und Prozesse, die problematische Lebenslagen produzieren können. Grundlage dafür sind Fähigkeiten, gesellschaftliche Rahmenbedingungen wie demografische, ökonomische, politische und ökologische Strukturen und Prozesse analysieren und kritisch interpretieren zu können. Im Einzelnen geht es darum, wesentliche demografische Trends (wie Bevölkerungswachstum und -schrumpfung, Bevölkerungsmigration, Bevölkerungsalterung), ökonomische Entwicklungen (wie Globalisierung, Tertiarisierung, Polarisierung von Regionen, Stadtgesellschaften, Arbeitsmarkt und interkommunaler Wettbewerb), politische Veränderungen (wie z. B. »unternehmerische Stadtpolitik«) und deren gesellschaftliche Auswirkungen zu kennen und diese vor dem Hintergrund entsprechender Theorien erklären sowie Interventionen im Rahmen staatlicher Sozial-/Wohlfahrtsregime konzipieren und bewerten zu können.

Darüber hinaus gilt es, die politischen, rechtlichen und institutionellen Rahmenbedingungen für effektive Interventionen Sozialer Arbeit analysieren, bewerten und, auf lokale Gegebenheiten übertragen, nutzen zu können. Das Wissen um individuelle Lebenslagen, aber auch sozialpsychologische und soziologische Erkenntnisse über menschliche Lebensformen und Milieus sind hilfreich, um Beteiligungs- und Aktivierungsprozesse in und mit Gemeinwesen entwickeln, initiieren und durchführen zu können, die den betroffenen Menschen, unter Einbezug ihrer Interessen und Fähigkeiten, mehr Handlungsoptionen eröffnen und ihre Selbstwirksamkeitserfahrungen erweitern. Sich als Fachkräfte weniger als ›ProblemlöserIn‹, sondern eher als ›UnterstützerIn‹ von Potentialen und Interessen, die teilweise bereits vorhanden, aber noch nicht zur Geltung gekommen sind, zu verstehen, ist dabei Teil der professionellen Haltung. Der Aufbau einer professionsbezogenen Identität wird durch eine Verständigung über die Geschichte und die Entwicklungsphasen des Handlungsfelds ermöglicht und gefördert. Dazu ist die Reflexion des beruflichen Selbstverständnisses und der Wertvorstellungen, an denen sich das berufliche Engagement orientiert, erforderlich. Die eigene Rolle als GemeinwesenarbeiterIn, QuartiermanagerIn oder sozialraumorien-

---

11 Der Europäische Qualifikationsrahmen für lebenslanges Lernen (EQR) (englisch: European Qualifications Framework, EQF) ist eine Initiative der Europäischen Union (EU), der berufliche Qualifikationen und Kompetenzen in Europa vergleichbarer machen soll.

tierte SozialarbeiterIn in anderen Handlungsfeldern definieren und gegenüber KollegInnen der eigenen und anderer Berufsgruppen/Professionen sowie AdressatInnen verständlich darzustellen, gehört zu den professionellen Kompetenzen. Dies impliziert, die für Soziale Arbeit im Handlungsfeld Sozialer Arbeit in und mit Gemeinwesen wesentlichen Handlungskonzepte (wie Sozialraum-, Lebenswelt-, Ressourcen-, Managementorientierung) und Methoden (wie z. B. Empowerment, Netzwerkarbeit, Bürgerbeteiligung, Streetwork, Projektarbeit, Sozialstrukturanalyse, Sozialraumanalyse etc.) kennen und situations- und personengerecht anwenden zu können. Dazu sind Fähigkeiten erforderlich, für das Handlungsfeld wichtige wissenschaftliche Erkenntnisse recherchieren, analysieren, interpretieren und anwenden zu können. Neben Sozialstruktur- und Sozialraumanalysen sind weitere Methoden und Instrumente der Aktionsforschung (wie z. B. die aktivierende Befragung) zu kennen und konzipieren, durchführen und auswerten zu können.

Der überwiegende Teil der Interventionen im Handlungsfeld Sozialer Arbeit in und mit Gemeinwesen wird in Kooperation mit Institutionen, Verbänden und Vereinigungen organisiert. Für die Bearbeitung sozialer Probleme sind in diesem Kontext unterschiedliche institutionelle und disziplinäre Perspektiven relevant. Zur Akquise und Durchführung von Projekten ist der institutionellen Vernetzung besondere Bedeutung beizumessen. Fachkräfte Sozialer Arbeit können Kommunikations- und Arbeitsformen konzipieren, die lokale AkteurInnen und Bevölkerung miteinander in Verbindung bringen, um die Belange des Quartiers auf den Ebenen Quartier-Kommune-Region zu positionieren. Sie können Projekte initiieren und durchführen, auswerten und öffentlichkeitswirksam darstellen. Sie können interdisziplinär, mit Angehörigen anderer Professionen, ›auf gleicher Augenhöhe‹ zusammenarbeiten und dabei mit unterschiedlichen Hierarchiestrukturen umgehen.

Sowohl für die verschiedenen Beteiligungs- und Aktivierungsformen als auch für die Präsentation von Projekten und deren Ergebnissen werden grundlegende medienpädagogische Handlungs-, Ausdrucks- und Kommunikationskompetenzen für den Interaktionsprozess mit Einzelnen und Gruppen benötigt. Fachkräfte sind in der Lage, Zusammenhänge übersichtlich und anschaulich zu visualisieren und dabei auch ein größeres Publikum einzubeziehen. Sie kennen Moderationstechniken für Großgruppen und Beteiligungsformen, die unterschiedliche Bildungsstände und Erfahrungen von BürgerInnen mit Beteiligungsformen berücksichtigen, und sie sind in der Lage, diese situations- und personenadäquat zu konzipieren und einzusetzen. Eine auf fundierter Grundlage ausgearbeitete Darstellung der Aufgabendimensionen Sozialer Arbeit in und mit Gemeinwesen findet sich in Becker (2016a).

Rechtliche Grundlagen der Gemeinwesenarbeit

Auf europäischer Ebene wurden durch den Maastrichter Vertrag 1992 sowie im Vertrag von Amsterdam 1997 den Kommunen durch die Zusicherung des »Subsidiaritätsprinzips«, Selbstverwaltungsrechte und Gestaltungsfreiheit eingeräumt bzw. zugesichert (Naßmacher 2011). Den Städten und Gemeinden wird in Deutschland gemäß Grundgesetz das Recht eingeräumt

> »..., alle Angelegenheiten der örtlichen Gemeinschaft im Rahmen der Gesetze in eigener Verantwortung zu regeln«. (Art. 28 Abs. 2 GG)

Diese Gewährleistung der Selbstverwaltung umfasst auch die Grundlagen der finanziellen Eigenverantwortung. Um ihre Aufgaben gewährleisten zu können, wird den Kommunen im Rahmen ihrer Selbstverwaltung zur Sicherung der finanziellen Eigenverantwortung auch die Nutzung von Steuerquellen zugestanden. Hierzu dürfen die Kommunen z. B. über Gewerbesteuerhebesätze eigene wirtschaftskraftbezogene Steuerquellen nutzen. Mit Artikel 72 (2) GG liegt darüber hinaus eine Rechtsgrundlage vor, die mit der »Herstellung gleichwertiger Lebensverhältnisse im Bundesgebiet« eine sozialräumlich ausgleichende Orientierung zum Ziel hat. Damit widerspricht eine Polarisierung von Regionen nach unterschiedlichen Lebensverhältnissen dem Grundgesetz nach Artikel 72.

Im Rahmen der allgemeinen Daseinsvor- und -fürsorge obliegt es den Kommunen, Aufgaben in nahezu allen Politikfeldern, von Bauen, Verkehr, Infrastruktur über Wirtschaft und Soziales bis hin zu Bildung, Kultur und Sport, zu erfüllen. Die Kommunen haben eigene Personal-, Organisations- und Finanzhoheit. Ihre Zuständigkeiten werden nur zum Teil durch Bundesgesetze, wie beispielsweise im Baugesetzbuch oder in den Sozialgesetzbüchern (z. B. SGB II, SGB VIII und SGB XII) geregelt, denn es gilt der Grundsatz, dass durch Bundesgesetze Gemeinden und Gemeindeverbänden nicht ohne weiteres zusätzliche Aufgaben übertragen werden dürfen (Art. 84 Abs. 1 GG). Aufgaben und Zuständigkeiten ergeben sich insbesondere durch landesrechtliche Vorgaben, die in jeweiligen Gemeindeordnungen konkretisiert werden. Dort sind auch die Gemeindeverfassungen rechtlich geregelt, die sich zwischen den Bundesländern durchaus unterscheiden und grob nach norddeutschen und süddeutschen Ratsverfassungen unterteilt werden können (vgl. Wehling 2006)[12].

Im Bau- und Sozialrecht gibt es, wie die nachfolgenden Zitate zeigen, eher allgemeine Aufträge zu einer sozialräumlichen Ausrichtung:

> »... nachhaltige städtebauliche Entwicklung, die die sozialen, wirtschaftlichen und umweltschützenden Anforderungen auch in Verantwortung gegenüber künftigen Generationen miteinander in Einklang bringt ...« (BauGB § 1 Abs. (5))
> »... positive Lebensbedingungen für junge Menschen und ihre Familien sowie eine kinder- und familienfreundliche Umwelt zu erhalten oder zu schaffen.« (SGB VIII § 1 Abs. (3) 4.)

Neben diesen eher grundsätzlichen und allgemeinen gesetzlichen Grundlagen gilt es im Rahmen des Handlungskonzept Sozialraumorientierung weitere gesetzliche Grundlagen, wie z. B. zur Beteiligung von BürgerInnen an ihren Angelegenheiten, zu beachten. So genießen BürgerInnen Aufenthalts-, Beteiligungs-, Versammlungs- und (Mit-)Entscheidungsrechte, die in Bundes- und Landesgesetzen bzw. den einschlägigen Gemeindeordnungen verankert sind. Im Baurecht

---

12 Zu den Besonderheiten und Unterschieden der Ratsverfassungen in Deutschland s. Wehling (2006).

sind u. a. Rechte und Pflichten von EigentümerInnen, MieterInnen, PächterInnen, wie z. B. die Auskunftspflicht (§ 138 BauGB) sowie Beteiligungs- und Mitwirkungsmöglichkeiten der Betroffenen (§§ 137, 138, 139 BauGB), geregelt. Neben den Beteiligungsrechten von BewohnerInnen bei Stadtsanierungsprojekten sind insbesondere die Rechtsgrundlagen von »Bürger- und Einwohnerversammlungen« (z. B. Art. 18 GO Bay, § 20a GO B–W, § 16b GO S–Hol, § 16 GO R–Pf), Anhörungsrechte bei Gemeinderatssitzungen, z. B. durch »Bürgerfragestunden« (vgl. § 16c GO S–Hol, § 16a GO R–Pf bzw. Regelungen durch Geschäftsordnungen der Stadt-/Gemeinderäte), »Bürgerantrag« (z. B. § 20b, 3 GO B–W), »Bürgerbegehren«, »Bürgerentscheid« und auch die Einrichtung von Beiräten sachkundiger BürgerInnen (wie z. B. Integrations-/Migrationsbeiräte, Seniorenbeiräte, Jugendparlament, Quartiersbeiräte etc.) in den Gemeindeordnungen der Länder geregelt. Aufgrund des in Deutschland geltenden Föderalismus und Subsidiaritätsprinzips, können o. g. Regelungen je nach Bundesland und Kommune durchaus unterschiedlich ausfallen.

1.4 Zusammenfassung und Arbeitsanregungen

Soziale Arbeit in und mit Gemeinwesen kann auf eine lange Geschichte zurückblicken, die seit ihren Anfängen eine enge Verbindung zwischen gesellschaftlichen Auswirkungen (un-)sozialer Politik, Betroffenheiten seitens der Bevölkerung und den Interventionen der Sozialen Arbeit unterhält, die sowohl auf die Veränderung benachteiligender Situationen und Strukturen als auch auf die Hilfe für den einzelnen Menschen und seines sozialen und räumlichen Umfeldes zielten. Die Schwerpunkte der Konzepte und Methoden Sozialer Arbeit haben sich im Laufe der Zeit immer wieder verschoben. Wesentliche Bestandteile der sozialraumorientierten Arbeit in und mit Gemeinwesen lagen jedoch immer und liegen noch auf der Betonung des aufsuchenden Charakters der Arbeit, der Beteiligung und Ermächtigung der Bevölkerung als ExpertInnen für ihre Lebenslage und der Arbeit an der Veränderung benachteiligender und menschenunwürdiger Lebensbedingungen. Um diesen politischen Auftrag erfüllen zu können, wurden Konzepte und Methoden entwickelt, die es Sozialer Arbeit ermöglichen, auf den verschiedenen Ebenen jeweils adäquat fachspezifische Schwerpunkte zu setzen. Diese können sowohl in der parteilichen Arbeit zur Unterstützung der Bevölkerung auf der Quartierebene als auch in der vermittelnden Arbeit intermediärer Instanzen oder auch in der koordinierenden Arbeit innerhalb städtischer Verwaltung liegen. Immer jedoch gilt das Primat der Sozialen Arbeit, sich im Widerstreit der Interessen für die Anliegen der benachteiligten oder hilfebedürftigen Bevölkerung einzusetzen und in der interdisziplinären Kooperation die Sichtweise Sozialer Arbeit zu Gunsten einer sozialen Stadt- und Quartierentwicklung prominent zu vertreten. Welches Wissen, welche Fähigkeiten und Haltungen hierzu in Handlungskompetenz verwandelt werden sollten, ist Bestandteil der folgenden Kapitel.

Aufgaben und Arbeitsanregungen

- Was war der historische Ausgangspunkt für gebietsbezogene und sozialraumorientierte Soziale Arbeit?
- Worin ist Sozialraumorientierung von Gemeinwesenarbeit zu unterscheiden, und worin liegen die wesentlichen Konsequenzen?
- Welche Ebenen sind bezüglich der Stadtteil-/Quartierarbeit zu differenzieren, und welche Aufgaben, Rollen und Haltungen sind damit jeweils verbunden?
- Welche sind die wesentlichen Handlungskonzepte für Soziale Arbeit im Handlungsfeld der sozialen Stadtentwicklung und Gemeinwesenarbeit?

Literaturempfehlungen

Becker, Martin (Hrsg.; 2020b): Handbuch Sozialraumorientierung. Stuttgart: Kohlhammer.
Hinte, Wolfgang/Lüttringhaus, Maria/Oelschlägel, Dieter (2007): Grundlagen und Standards der Gemeinwesenarbeit. Weinheim, München: Juventa.
Stövesand, Sabine u. a. (Hrsg.; 2013): Handbuch Gemeinwesenarbeit. Traditionen und Positionen, Konzepte und Methoden. Budrich.

2 Stadtentwicklung und Stadtmodelle

2.1 Entstehungsbedingungen von Städten

Sozialwissenschaften, die sich mit Strukturen und Prozessen von Gesellschaften beschäftigen, interessieren sich für die Unterschiede der Lebensweise von Land- und Stadtbevölkerung zum selben Zeitpunkt (Querschnittsanalyse) und fragen danach, wie sich das Leben der Menschen in der Stadt zur Lebensart der Landbevölkerung unterscheidet. Unterschiede und Veränderungen städtischer oder ländlicher Lebensweisen, die sich im Laufe der Zeit ergeben (Längsschnittanalysen), sind abhängig von der historischen Epoche und der entsprechenden Gesellschaftsformation. In diesem Buch steht städtisches Leben im Vordergrund der Betrachtung. Die historische Entwicklung einer Stadt kann insofern von Bedeutung für den baulichen, ökonomischen und sozialen Charakter einer heutigen Stadt sein, als der Anlass ihrer Gründung, Anlage und Raumaufteilung sowie deren Politik und (Selbst-)Verwaltung von jeweiligen Gründungszwecken, funktionellen Erfordernissen, bestimmten Planungsabsichten oder Krisen und Machtverhältnissen prägen und spätere Entwicklungen oder Veränderungen der Stadt einschränken oder fördern können.

Zu häufigen Anlässen von »Stadtgründungen«[13] zählt das Zusammentreffen von Verkehrswegen, die als Handelswege oder militärische Versorgungswege genutzt werden. An den Schnittpunkten solcher Verkehrswege treffen unterschiedliche Handelsrouten zusammen, wodurch sich eine relativ hohe Anzahl von Menschen und Waren an einem Ort ansammeln können. Der Anlass des Zusammentreffens bringt es mit sich, dass neben dem Zweck der Verknüpfung und Vernetzung des Handels von Gütern aus mehr als zwei Richtungen und damit einer Ausweitung des Handelsumschlags durch die Knotenfunktion ein Marktort/-platz entsteht. So entsteht nebenbei eine Kommunikationsmöglichkeit, die eine große Bedeutung erhält, solange Menschen mangels anderer technischer Mittel auf direkte »Face-to-Face«-Kommunikation angewiesen sind. Eine Variante solcher Städte, die an Kreuzungen von Verkehrs-, Transport- und Handelswegen

---

13 Der Begriff »Stadt*gründung*« führt leicht zu dem Missverständnis, wonach eine Gründung eine absichtsvolle und geplante Handlung suggeriert. Viele Städte sind eher prozesshaft entstanden als gegründet worden und haben später irgendwann formale Stadtrechte erhalten. Elias (1976) weist in seiner Prozesstheorie bereits darauf hin, dass gesellschaftliche Prozesse selten als von Menschen willentlich geplante und per zielgerichteter Abläufe steuerbare Handlungsschritte identifiziert werden können.

entstehen, ergibt sich beim Zusammentreffen von Land-, Wasser- und später Luftverkehrswegen mit der Entwicklung von Hafenstädten an Binnengewässern, Meeresküsten oder später auch Flugplätzen.

Ein weiterer Anlass für die Entstehung von Städten sind Ansiedlungen politischer Machtzentren: Ob mittelalterliche Kaiserpfalzen, die auf ihrem Territorium verteilt angesiedelt, von den Kaisern auf ihrem Weg durch ihr Herrschaftsgebiet abwechselnd besucht und als Zwischenstationen fungierten, oder dauerhaft genutzte Orte von Niederlassungen wichtiger Herrschaftsfunktionen wie Gerichtsstandorte, Militärlager, strategisch wichtige Befestigungsanlagen etc. – sie können Anlass für die Ansammlung vieler Menschen und der Entwicklung solcher Ansiedlungen als Verwaltungs-, Garnisons- oder Residenzstadt sein. Ein dritter Anlass wäre die Ansiedlung kultureller Zentren wie beispielsweise Klöster, Kirchen, Universitäten an einem Ort, der durch das Zusammentreffen und die Art der Tätigkeit der dort anwesenden Menschen besondere Bedeutung erhält und Grund für die Ansiedelung weiterer Menschen wird. Auch sogenannte Standortfaktoren wie Bodenschätze (z. B. Kohle im Ruhrgebiet und Oberschlesien), stehende oder fließende Gewässer als Antriebs- (z. B. Mühlen, Hammerwerke, Flusskraftwerke etc.), Reinigungs- (Gerbereien, chemische Betriebe etc.) oder Kühlungsmittel (Schwerindustrie etc.) können Anlass für die Entstehung von Städten sein.

Die Entstehungsanlässe und/oder Weiterentwicklungen können insofern von Bedeutung für die heutige Situation von Städten sein, als deren Charakteristika determinierend oder prädestinierend nachwirken können. So kann sich die Vergangenheit einer Stadt als Industriestadt der Kohle- und Stahlerzeugung insofern determinierend auf ihre Entwicklung auswirken, als sie im Umbruch von der Industriegesellschaft zur Dienstleistungsgesellschaft (▶ Kap. 4) enorme Strukturprobleme zu bewältigen haben wird, die von der Entwicklung von Industriebrachen über die Ansiedelung zukunftsträchtiger Branchen, bis hin zur Bewältigung der Massenarbeitslosigkeit von Arbeitskräften aus Bergbau und Stahlerzeugung reichen. Die Tradition als alter Handelsknotenpunkt kann sich dagegen bis heute förderlich auf das Image einer Stadt auswirken, weil und wenn diese im interkommunalen Wettbewerb z. B. als Handelssitz von Unternehmen oder Standort für Messen Vorteile generieren kann und damit eine prosperierende ökonomische Lage entsteht.

Eine traditionell oder langjährig als Residenzstadt geprägte Stadt ist heute vielleicht immer noch Sitz wichtiger Verwaltungen oder hoher Gerichte, hat dadurch als »Beamtenstadt« vielleicht eine stabile Bevölkerungsstruktur und ist weniger mit Armut belastet. Traditionelle Universitätsstädte erfüllen mit einem überdurchschnittlichen Akademikeranteil möglicherweise eher die Bedingungen einer hoch qualifizierten und für wechselnde Arbeitsanforderungen flexiblen Bevölkerung, die an heutige Wissensgesellschaften (Wilke 1999) gestellt werden.

2.2 Geschichte und Entwicklungsphasen der Stadt

Die Stadt in der (Europäischen) Antike (ca. 1200 vor bis 600 n. Chr.) war als sogenannte Polis ein griechischer Stadtstaat, der auf Bürgerrechten beruhte und eine frühe Form verfasster Demokratie kannte. Die antike Stadt war eine Einheit von städtischem Zentrum und umliegendem Landgebiet, das der Nahrungsmittelerzeugung diente (Agrargesellschaft). Es gab öffentliche Gebäude und zentrale (Versammlungs-)Plätze (Agora). Weitere Gemeinsamkeiten der griechischen Städte der Antike, waren z. B. die Regel der begrenzten Stadtgröße und die Auswanderung von BürgerInnen zur Bildung von überlebensfähigen Kolonien und Neugründungen an anderen, zur Besiedelung geeigneten, Orten, wohin z. B. offenes Feuer mitgenommen und gehütet wurde (Benevolo 2007). Jede Stadt hatte ihre spezielle Religion, speziellen Heiligtümer, Feste und ihren eigenen Kalender sowie Zahlungsmittel und einen Wehrdienst. Die griechischen Städte der Antike pflegten unter einander Verbindungen, die durch Zentren sportlichen Wettbewerbs (Olympia), des religiösen Austauschs (Delphi) oder Gesundheit und Medizin (Kos) gefestigt wurden (Mumford 1961: 157 ff.). Vollständige Bürgerrechte hatten nur volljährige Männer. Frauen, Fremden und Sklaven wurden eingeschränkte oder keine Rechte eingeräumt. Eine typische Anlage der antiken Stadt waren rechteckige Straßen-Grundrisse (»Hippodamisches Schema«). Diese antike Stadt war im Einflussbereich der Griechen im Mittelmeerraum, insbesondere dem heutigen Italien, Südfrankreich, Kleinasien und Ägypten verbreitet (Fouquet 2009).

Im Einflussbereich des römischen Imperiums entstanden Städte nach römischem Muster, in regelmäßigem geometrischen »Gittermuster« angelegt, welches aus den sich rechtwinklig schneidenden Straßen resultierte, die meist von einer Schutzmauer umschlossen waren. Im Mittelpunkt einer römischen Stadt, am Schnittpunkt der aus Ost-West-Richtung mit der Nord-Süd-Achse verlaufenden Hauptstraße, befand sich das Zentrum des politischen, religiösen und wirtschaftlichen Lebens. Um das Zentrum herum gruppierten sich die Wohnviertel, meist aus einstöckigen Einzelwohnhäusern und, in ärmeren Stadtvierteln, mehrstöckige Mietshäuser. Die politische Macht lag in der Regel in den Händen einer lokalen Elite wohlhabender BürgerInnen. Öffentliche Gebäude und eine ausgebaute Infrastruktur von Sport-, Vergnügungs- und Versammlungsstätten sowie Bäder, Straßen, Versorgung mit Frischwasser und Abwasserentsorgung waren Kennzeichen römischer Städte der Antike. Zahlreiche heutige westeuropäische Städte im früheren Einflussgebiet des römischen Reiches entstanden in der Zeit des »Imperium Romanum« (Benevolo 1993). Nach dem Zerfall der griechischen und römischen Antike verloren viele Städte ihre frühere Bedeutung, verfielen oder schrumpften und wurden mehr fremd- als selbstverwaltet. Erst im Zuge der steigenden Bedeutung von Handelswegen (Nord-Süd-Richtung: Tuchhandel; Ost-West-Richtung: Gewürzhandel) kam es in Europa wieder zu Stadtbelebungen/-erweiterungen und Neugründungen, die ihren Höhepunkt in der Zeit der Pestwellen des 14. Jhs. bereits wieder überschritten hatte.

Aus der Antike stammen demnach Merkmale der sozialen Organisation, wie die demokratischen Formen der griechischen Polis oder der Genuss von Bürgerrechten in der römischen Stadt der Antike. Die geometrischen Grundrisse der räumlich-baulichen Anlage der Stadt der Antike stellen eine Grundlage für die zu späteren Zeiten aufgegriffenen geometrischen Gitterraster der Stadterweiterungen des 19. und 20. Jhs. dar. Mit der Schaffung öffentlicher Gebäude und Infrastruktur legten die Antiken Städte bereits die Grundlagen für das heutige Prinzip der kommunalen gemeinwohlorientierten Daseinsvor- und -fürsorge.

Die Europäische Stadt im Mittelalter (ca. 500 vor bis 1500 n. Chr.) war geprägt von zunehmender ökonomischer und dadurch auch politischer Autonomie. In der mittelalterlichen Stadt waren die Sphären zwischen von Feudalherrschaft geprägter Agrarwirtschaft auf dem Land und von Marktwirtschaft geprägter Selbstverwaltung in der Stadt stark voneinander getrennt. Die wirtschaftliche Bedeutung des Marktes erforderte, durch die vielfältigen und spezialisierten Kontakte unter einander fremder Menschen, von den StadtbewohnerInnen die Aneignung eines Rollenverhaltens und damit die Entwicklung einer städtischen Lebensweise, die sich von ländlicher Lebensweise deutlich unterschied. Die wirtschaftliche Kraft führte zur politischen Unabhängigkeit und ermöglichte damit den Einwohnern die Schaffung einer ökonomischen Existenzgrundlage durch Berufsausübung und die Zugehörigkeit zur Bürgerschaft durch individuelle Mitgliedschaft. Mit den speziellen Bürgerrechten verbunden war die Teilnahme am öffentlichen Leben in der Stadt und an der bürgerlichen Selbstverwaltung. Mit zunehmender ökonomischer Autonomie und demokratischer Selbstverwaltung in den Städten löste die Geldwirtschaft den Feudalismus ab, und es konnte eine Bürgergesellschaft entstehen, die von rechtlich gesichertem Gewaltmonopol und persönlichen Freiheitsrechten innerhalb der Stadt gekennzeichnet war. Zu deren Sicherung nach innen und außen wurden Bürgerwehren und Stadtmauern errichtet. Bauliche Merkmale der mittelalterlichen Stadt sind daher klare physische Grenzen durch Stadtmauer und Stadtgraben, kompakte Siedlungsform um ein Zentrum, meist Kirche oder Rathaus sowie große Bau- und Wohndichte (Engel 1993).

Im Zeitalter des Absolutismus bzw. der Frühneuzeit (ca. 1500–1800) entschieden die Konkurrenzkämpfe zwischen Territorialherrschern und Kommunen um die politische (durch Militär) und ökonomische Macht (durch Handel) über Wohl und Wehe von Städten. Die Vorherrschaft auf den Meeren, Eroberungen und Kontrolle über Handelswege bestimmen auch über Aufstieg und Niedergang von Städten wie beispielsweise London, Porto, Amsterdam. So verlor Venedig durch die Entdeckung Amerikas und des Seewegs nach Indien seine zuvor bestimmende Rolle als Hafen- und Handelsstadt im Mittelmeer, über die große Teile des Handels zwischen Orient und Okzident bis dato abgewickelt wurden. In Städten, die sich den gesteigerten Interessen nach (militärischer) Kontrolle und Machtdemonstration der Herrscher nicht widersetzen konnten, wurden bauliche Einschnitte in Form von repräsentativen Palästen und großen Straßenschneisen durch die Stadt vorgenommen, verbunden mit Abriss mittelalterlicher kleinteiliger Bebauung, wie die Beispiele Champs-Élysées in Paris oder »Unter den Linden« in Berlin zeigen. Renaissance und Barockzeit veränderten die räumliche Stadtgestalt durch bauliche Eingriffe geometrischer Formen wie fächer- oder sternförmig auf Residenzgebäude zulaufende Straßen, die die Zentren der Macht in der Stadt hervorheben oder durch die Wiederbelebung des Gitternetzes als Bebauungsstruktur für Stadterweiterungen dienten. Zum Ende des 18. Jhs. entstanden in den Großstädten Europas die ersten Großwohnbauten und »Mietskasernen« mit klassizistischen Bauten. Zuvor wurden die nicht mehr benötigten Stadtbefestigungsanlagen in Stadtparks umgewandelt, wodurch wieder mehr Grünflächen in der Stadt entstanden. Dieser Zeit sind auch die ersten groß dimensionierten Straßenschneisen ›zu verdanken‹, die als bauliche Trennlinien Stadtgebiete zerschneiden und für Menschen zu Mobilitätsbarrieren werden können. Als weitere Konsequenz aus dieser Entwicklungsepoche kann der Verlust politischer Eigenständigkeit und Selbstverwaltung von Städten angesehen werden.

Mit der Etablierung von Nationalstaaten und der Durchsetzung kapitalistischer Produktionsweise im Zeitalter der Industrialisierung wurde die Stadt im 19. Jh. wieder zum Zentrum der Gesellschaft. Durch Konzentration der industriellen Produktion *in* den Städten entstanden dort viele Arbeitsplätze, mit der Folge starken Bevölkerungszuwachses aus der näheren Umgebung und großen Wanderungsbewegungen aus ferneren Regionen. Beispiele sind Paris, als Metropole Frankreichs, das Ruhrgebiet mit Kohlebergbau und Stahlerzeugung und Zuzug aus dem heutigen Polen. Damit verbunden waren eine erneute Verdichtung der Bebauung und Wohnsituation und, um die Wende vom 19. zum 20. Jh., auch eine Ausdehnung der Stadtgebiete um neue Wohngebiete. Das aufstrebende und wirtschaftliche Macht erlangende Bürgertum schuf in dieser Zeit werthaltige Gebäude mit reicher filigraner Verzierung (Jugendstil), die in der Nachkriegszeit je nach Renovierungsstand eher nicht mehr sehr gefragt waren, aber günstigen Wohnraum boten und heute jedoch wieder sehr attraktiv sind. In dieser Zeit entstanden mit der Eisenbahn und der Dampfschifffahrt neue Verkehrsmittel, die den Transport von Rohstoffen, Waren und Menschen zu bewältigen halfen. Insbesondere die Eisenbahn wurde in Gestalt von Schienenwegen und Bahnhöfen neuer Bestandteil der Städte, zum Teil mit Stadt-prägender Bedeutung. Innerhalb der Großstädte wurden neue Fortbewegungsmittel gebraucht, um die größer werdenden Entfernungen der wachsenden Städte zu bewältigen. Mit Fahrrad, Straßenbahn, später auch Untergrundbahn und Autos wurden Fortbewegungsmittel bereitgestellt, die ihrerseits das Stadtbild und das Leben in der Stadt veränderten. Dieses schnelle und große Städtewachstum um die Jahrhundertwende brachte das Erfordernis mit sich, den Bau von Straßen, Gebäuden und ganzen Stadtteilen in Bau- und Nutzungsordnungen zu regeln. Neue Stadtmodelle wie die »Gartenstadt« (Kampffmeyer 1909) und die Entstehung der »Schrebergärten« (Albrecht/Blüher 1989) waren Antworten auf die hygienische Situation in überfüllten mittelalterlichen Altstadtteilen sowie die Belastungen durch schlechte Luft, bei gleichzeitiger Wohnungsnot in den industrialisierten Städten. Der Engländer Ebenezer Howard (1902) entwickelte Ende des 19. Jhs. sein Genossenschaftsmodell einer Neubau-Siedlung für Arbeiter mit kleineren (Reihen-)Miethäusern und dazugehörigen Gärten zur Selbstversorgung, in denen die Bewohner lebenslanges Mietrecht genießen sollten, sowie Parks und öffentlichen Gebäuden. Der Baugrund war und blieb Genossenschaftseigentum, die Mieten sollten lediglich kostendeckend sein, sodass Bodenspekulation und übersteuerte Mieten vermieden wurden. Das Einfamilienhaus mit Garten war die Wohnform der Gartenstadtbewegung, die in Europa Fuß fasste, ohne allerdings dabei immer die Genossenschaftsidee zu verwirklichen (Will/Lindner 2012). Heute sind die noch vorhandenen Gartenstadtsiedlungen wegen ihrer hausnahen Garten- und Parkanlagen insbesondere für Familien mit Kindern gefragte Wohnformen. Das an die sozialökologische Chicagoer Schule angelehnt Modell der »Nachbarschaftseinheit« von Clarence A. Perry (1929) erfuhr zwar keine nachhaltige Verbreitung. Die Idee kleinteiliger Nachbarschaftseinheiten innerhalb der Großstadt, ausgestattet mit fußläufig erreichbaren Einrichtungen wie Schule, Kirche, Gemeinschaftshaus und Einkaufsmöglichkeiten sowie der Trennung von motorisiertem Verkehr und FußgängerInnen, findet sich jedoch auch in anderen Stadtplanungsmodellen wieder wie den in der Charta von Athen skizzierten Trabantenstädten (Le Corbusier 1957). Ebenfalls seit den ersten Jahrzehnten des 20. Jhs. entwickelte sich in den schnell wachsenden Städten genossenschaftlicher Großwohnbau, teilweise mit Gemeinschaftsräumen wie Waschküchen oder Kinderspielplätzen in den Innenhöfen.

Der »Wiederaufbau« in den während des zweiten Weltkriegs zerstörten Städten in Europa war gekennzeichnet durch große Wohnungsnot, einerseits von durch Zerstörungen obdachlos gewordener, andererseits durch die großen Flüchtlingsströme von Millionen vertriebener Menschen. Die städtebaulichen Reaktionen darauf gingen von Erhaltungsmaßnahmen des noch vorhandenen, teilweise mittelalterlichen Altbestandes über Wiederaufbau, bis hin zu Neustrukturierungen bisheriger Bebauung durch Abriss und Neubau. In den Innenstädten wurden Straßen verbreitert und Brachflächen als Parkplätze für die »autogerechte Stadt« genutzt. Für Neubauten ganzer Stadtteile war in der Nachkriegszeit die Charta von Athen, mit den Ideen des Künstlers und Architekten Le Corbusiers (1957), ein gängiges Modell für Großwohnsiedlungen, die auf der »grünen Wiese« errichtet wurden. Auf der Basis der Nutzungstrennung zwischen Arbeiten, Wohnen, Einkauf, Freizeit und Kultur sollten diese neuen Wohngebiete licht- und luftdurchflutete Wohnungen bieten und als suburbane »Trabantenstädte« mit dem PKW als Individualverkehrsmittel, später auch mit öffentlichen Verkehrsmitteln, zu erreichen sein. Dem Verkehrskollaps der autogerechten Innenstädte wurde zunächst versucht, durch mehr und größere Straßen, Ringsysteme um die Altstadt oder City und dem Bau von Straßenbahnen und Untergrundbahnen abzuhelfen. Städte waren zur Wohnnutzung nicht mehr attraktiv, sodass ab den 1970er Jahren, im Zuge der Wohlstandssteigerung, zunehmend Familien in das Umland der Städte zogen und damit zur Zersiedelung der Landschaft beitrugen. Im Gegenzug und zur Attraktivitätssteigerung der Kernstädte wurden die Innenstädte saniert, Denkmalschutz betrieben und später mit der Einrichtung von Fußgängerzonen versucht, den Individualverkehr partiell wieder aus den Stadtkernen zurückzudrängen. Hierzu wurden Stadtsanierungs-, Stadterneuerungs- und später Stadtentwicklungsprogramme aufgelegt, die zunächst den Städtebau, später auch die soziale Stadtentwicklung in den Fokus nahmen (▶ Kap. 6).

Die Abwanderung aus der Stadt in das Umland scheint mittlerweile eine Umkehrung erfahren zu haben. Städte scheinen wieder attraktiv für Menschen, die u. a. Wert auf kulturelle, ökonomische und soziale Infrastruktur, Lebendigkeit und Mobilität legen (Siebel 2010). Mit der Aufwertung von Stadtvierteln, zunehmender Wohnungsnachfrage in den Städten und damit verbundenen Preissteigerungen wird Stadtwohnen für bisher traditionelle StadtbewohnerInnen wie ärmeren Bevölkerungsschichten zunehmend schwierig (Holm 2013).

2.3 Europäisches Stadtmodell im globalen Vergleich

Wie in obigem Abschnitt dieses Kapitels bereits beschrieben, tragen die mittelalterlichen Städte in Europa einige typische Kennzeichen, die sich teilweise bis heute erhalten haben und nachwirken. Dazu zählen bauliche Merkmale wie die Befestigung durch Mauern, ein relativ eng bebauter und verwinkelter Kern, meist um eine Kirche herum gruppiert. Ökonomische Kennzeichen sind die Marktfunktion und eine lokale Gewerbeaufsicht. Rechtliche Regelungen, wie die lokale Gesetzgebung und Rechtsprechung, wurden meist von Fürsten oder Kaisern an die Stadt delegiert. Auch die soziale Organisation des bürgerlichen Lebens sowie die politische Autonomie, Selbstbestimmung und Selbstverwaltung, insbesondere der »freien Reichsstädte«, sind typische Merkmale der europäischen Stadt im Mittelalter. Bis zur Eingliederung der Städte in National-/Territorialstaaten im 18. und 19. Jhs. war die politische und ökonomische Abgrenzung zwischen der bürgerlich organisierten Stadt und dem Feudalsystem auf dem Land in Europa meist sehr stark ausgeprägt. Die folgenden Ausführungen basieren im Wesentlichen auf den Beschreibungen von Häußermann (2001) und Kaelble (2001) zum europäischen Stadtmodell.

Die Stadtvorstellungen des aufgeklärten Bürgertums in Europa brachten ab Mitte des 19. Jhs. eine breite Opposition gegen eine ausschließlich marktgesteuerte Stadtentwicklung hervor, deren ersichtliche und absehbare Folgen, wie soziale Widersprüche, unmenschliche Arbeitsbedingungen, als nicht akzeptabel und konsensfähig erschienen.

Die städtische Selbstverwaltung musste Kompromisse zwischen ökonomischen Interessen und sozialer Verantwortung für die gesamte Stadt schließen. Dieses Abwägen und Austarieren von privaten und öffentlichen Interessen führte zur verstärkten Errichtung von Armenhäusern, Hygienebemühungen, Spitälern etc. Ein weiteres Kennzeichen der europäischen Stadt ist der starke Einfluss öffentlicher Verwaltung auf die Stadtentwicklung, die durch das Vorhandensein öffentlichen Grundeigentums (früher »Allmend«) Planungs- und Gestaltungschancen für die Stadtstruktur und auf die Stadtentwicklung mit sich bringt. Gesetze zur Stadtplanung und Bauleitlinien sichern diesen kommunalen Einfluss zusätzlich ab. Althergebrachte kommunale Fürsorgesysteme, die auf bürgerlicher Solidarität und Nachbarschaftshilfe beruhen, wurden abgelöst durch kommunale Verpflichtungen zur öffentlichen Bereitstellung von Infrastruktur, wie z. B. für die Wasser- und Energieversorgung sowie den Transport von Menschen (ÖPNV). Wohlfahrtsstaatliche Sicherungs- und Hilfesysteme zur Reduzierung der Risiken von Not durch Krankheit, Alter und Arbeitslosigkeit, die ab Beginn des 20. Jhs. geschaffen wurden, schrieben den Kommunen eine wichtige Rolle zu. So können mit gut ausgebauten Systemen sozialer Sicherung und durch sozialen Wohnungsbau Slum-Bildung und Ghettos möglicherweise vorgebeugt werden, sofern dabei bauliche und soziale Mischung berücksichtigt werden.

Der starke Einfluss der öffentlichen Verwaltung auf die Stadtentwicklung hatte auch Kehrseiten, wie z. B. die Zerstörung der alten »chaotischen« Stadt, mit ihrer mittelalterlichen kleinteiligen Straßenführung und Bebauung, zugunsten moderner, luftiger, lichter und funktionalistischer Städtebauprojekte. Mit ihrer Funktionstrennung von Wohnen, Arbeiten, Freizeit und Einkauf sowie der Straßenführung/-gestaltung durch Straßenschneisen und -schluchten als reine Verbindungswege ohne Aufenthaltscharakter und der Ausdehnung der Stadt in das Umland (Suburbanisierung) entsprechen sie der globalen Entwicklung und können als Angleichung an Städte nach amerikanischem Muster gelesen werden. Kennzeichen dieses außereuropäischen, insbesondere amerikanischen Stadtmodells sind, dass die »amerikanische Stadt« keine mittelalterlichen Vorläufer mit Stadtmauern hat, sondern es sich im Wesentlichen um Neugründungen von Siedlungen in späteren Epochen handelt. Das »amerikanische Stadtmodell« ist beeinflusst von der Viktorianischen Zeit des Imperialismus, zu einer Zeit, als – auch in Europa – Stadtplanung am Reißbrett vorgenommen wurde, wie am Beispiel der US-Hauptstadt Washington (DC) sichtbar. Andererseits ist die räumliche Entwicklung von Siedlungs- und Wohnungsbauten amerikanischer Städte wenig durch öffentliche Regulierung bestimmt. Durch die im Vergleich zu Europa stärkere private Organisation des bürgerlichen Lebens, die dem Privateigentum Vorrang vor öffentlichem Gut einräumt, wird die Stadtentwicklung eher den Marktmechanismen von Angebot und Nachfrage überlassen, sodass sich die Nutzung der Stadtfläche vorwiegend an der Nachfrage privater InvestorInnen orientiert und damit eine marktförmige Stadtorganisation nach sich zieht. Der Wert eines Ortes wird durch Kaufkraft und Nachfrage bestimmt und die räumliche Entwicklung vollzieht sich fast ohne öffentliche Regulierung in insularen Projekten, die durch Straßen verbunden sind (Häußermann 2001).

Folgen dieses Stadtmodells sind eine starke Konzentration der Wohnorte verschiedener Gruppen nach Einkommen, Status und ethnischer Zugehörigkeit. Solche starken ethnischen, kulturellen und sozialen Ungleichheiten prägen, wenn von sozialer Diskriminierung begleitet, den Charakter und ökonomischen Wert von Grundstücken und Wohnungen eines Quartiers, das von einer eher homogenen Bevölkerungsgruppe dominiert wird. Gleichzeitig entstehen exklusive Quartiere für privilegierte Bevölkerungsteile, zu denen andere Bevölkerungsteile kaum Zugang haben, finden und suchen. Der marktförmigen Stadtorganisation entspricht damit eine scharfe soziale Trennung oder Konzentration von Menschen ähnlicher Merkmale (»Segregation«) (▶ Kap. 5.6).

Soziale Differenzen werden nach diesem »amerikanischen Stadtmodell« nicht vermieden, sondern durch die Stadtorganisation gefestigt und ökonomisch (aus-)genutzt. Der bauliche und soziale Zustand von Quartieren hängt von ökonomischen Verwertungszyklen ab, die keine Rücksicht nehmen auf lokale Traditionen, soziale Situationen oder städtische Kultur, denn wo es keine Vermarktungsmöglichkeiten gibt, bleiben Grundstücke brach liegen und sei es mitten in der

City. Deren Stadtzentren sind daher eher keine Identifikationsorte der Bevölkerung, sondern ein »Central Business District« (CBD), deren Eigentümer außerhalb der Stadt wohnen. Dies gilt als eine zentrale Ursache für den Verfall der Stadtzentren des »amerikanischen Stadtmodells« (Jacobs 1963). Die strikte Trennung von ökonomischem, sozialem und politischem System repräsentiert das direkte Gegenteil zur historischen Sozialorganisation der »europäischen Stadt« (Häußermann 2001).

Wenn in diesem Band auch die Situation in Europa im Vordergrund der Betrachtungen steht, so soll doch der Blick bezüglich der historischen und neueren Entwicklung wenigstens ansatzweise auch über den europäischen Horizont hinaus gerichtet werden.

Entwicklungen, die die »Amerikanisierung« europäischer Städte im o. g. Sinne vorantreiben, sind eng verbunden mit dem Niedergang des sozialen Wohnungsbaus, dem Notstand öffentlicher Finanzen, dem Rückzug der Kommunen aus der öffentlichen Wohnungsversorgung, dem Verkauf öffentlichen Grundeigentums, der Privatisierung öffentlicher Dienstleistungen und letztlich den Entwicklungen zur marktförmigen Organisation der Stadt (▶ Kap. 4).

Besonderheiten der Europäischen Stadt des 20. Jahrhunderts

Trotz der Vielfalt von Stadtformen und Lebensweisen in Europa findet Kaelble (2001) dennoch etliche Gemeinsamkeiten europäischer Städte. Dazu gehört zuerst das Aussehen, wie z. B. ein mittelalterlich oder frühneuzeitlich geprägter Stadtkern, als Symbol ehemaliger Stadtautonomie. Auch Gebäude, die bis heute Symbole städtischer Identität darstellen, wie Türme, Kirchen, Bauwerke, so z. B. die gotischen Kathedralen in Köln, Ulm, Freiburg, Reims oder römische Bauten, wie die Porta Nigra in Trier oder das Colloseum in Rom, sind deutliche und wichtige Kennzeichen. Eine weitere Kategorie bilden die besonderen Stadttypen, die »Residenzstadt« wie in Karlsruhe, Würzburg, München oder Regensburg, die »Hafenstadt« (Hamburg, Bremen, Rostock etc.) oder die »Universitätsstadt« (Heidelberg, Berlin, Marburg u. a.). Auch die Stadtsanierungen des 19. Jhs. mit ihren repräsentativen Bauten, Plätzen und Parks brachten typische Besonderheiten wie Rathäuser, Museen, Bibliotheken, Theater, Opern und Plätze oder die Champs Élysée in Paris und die Museumsinsel in Berlin hervor.

Zeugen der industriellen Revolution des 19. Jhs., wie der Eiffelturm in Paris oder die Kohlefördertürme im Ruhrgebiet, sind stadtprägend und identitätsstiftende Merkmale europäischer Städte. Trotz der in Richtung marktförmiger Entwicklung europäischer Städte zeigenden Veränderungen gibt es kaum eine Trennung innerhalb europäischer Städte in europäische und außereuropäische Bereiche, wie es z. B. in Großstädten in Indien, Afrika oder China oft der Fall ist. Dies wird zum einen durch die großräumige Regelung der Bebauung zur planvollen Vermeidung von wildem Städtewachstum in Form baurechtlich geregelter Höhen, Breiten sowie Giebel- oder Traufausrichtungen von Häusern sowie einheitlichen Wohnanlagen verhindert und ist zum anderen Folge der Flächenbombardements aus dem Zweiten Weltkrieg, die einen planvollen Wiederaufbau insbesondere in Deutschland nahelegten oder gar notwendig machten.

Begrenztes Wachstum, im weltweiten Vergleich, ist ebenfalls eine beachtenswerte Besonderheit europäischer Städte. Im Laufe des 20. Jhs. erreichte die Stadtexpansion in Europa ihren Höhepunkt in ihrer langen Geschichte und einen Sättigungsgrad. Früher als anderswo reduzierte sich in Europa das Bevölkerungswachstum aufgrund der wirtschaftlichen Entwicklung sowie der Wirkungen der sozialen Sicherungssysteme und damit der Wohlstandsentwicklung. Gleichzeitig nahm die Emigration aus Europa erst in der zweiten Hälfte des 20. Jhs. deutlich ab, kam aber nie ganz zum Stillstand. Die Landflucht ist in Europa seit Mitte des 20. Jhs. deutlich geringer als z. B. in Südamerika, Afrika oder Asien. Restriktive Zuwanderungsregelungen für Menschen von außerhalb Europas sorgen zudem für eine begrenzte Zuwanderung. In Europa haben die Mittelstädte gegenüber Millionenstädten einen größeren Anteil als weltweit (Kaelble 2001). Weltweit geht der Anteil europäischer Millionenstädte trotz dichter Besiedelung insgesamt in Europa zurück (fluter 2007). Während zu Beginn des 20. Jhs. mit London, Paris, Berlin, Wien, St. Petersburg und Manchester noch sechs europäische und drei nordamerikanische (New York, Chicago und Philadelphia) Städte zu den zehn bevölkerungsstärksten Städten der Welt gehörten, fanden sich unter den Top-Ten der bevölkerungsreichsten Städte der Erde im Jahr 2010 mit New York nur noch eine nordamerikanische und keine europäische Stadt mehr.

Die scharfe Abgrenzung zwischen Stadt und Land bezüglich Rechten, Selbstverständnis, Lebensstilen und Alltagsnormen blieb in Europa bis zum Ende des 19. Jhs. erhalten. Erst mit der Entwicklung der Massenkonsumgesellschaft, Verkehrs- und Kommunikationsrevolution ab Mitte des 20. Jhs. nahmen die vormals starken Stadt-Land-Gegensätze in Europa viel später und stärker als in anderen Kontinenten ab.

Besonders das Stadtzentrum wurde in Europa auf besondere Weise genutzt. Nicht nur als Geschäfts- und Verwaltungszentrum oder Regierungs-Residenz, sondern – anders als außerhalb Europas – auch als Ort repräsentativen, eleganten Wohnens wohlhabender BürgerInnen. Deshalb gab es auch elegante Straßen, Plätze, Geschäfte und Wohnhäuser innerhalb des Stadtkerns. Nach dem Auszug wohlhabender Bevölkerung aus dem Stadtkern, nach Ende des Zweiten Weltkriegs bis in die 1980er Jahre hinein, ziehen heute wieder junge Leute, Unverheiratete, Kinderlose, Berufstätige, SeniorInnen, KünstlerInnen, Prominente und wohlhabende BürgerInnen in den Stadtkern, was unter bestimmten Bedingungen zu Aufwertungsprozessen, sogenannter »Gentrification« (Holm 2013; Friedrichs 1998; Dangschat 1988; ▶ Kap. 5) führen kann.

Neben der stärkeren Beachtung städtischer Lebensqualität in europäischen Städten, die sich z. B. in der Anlage von Fußgängerzonen, Wohnstraßen, »grünen Lungen« und Plätzen mit Aufenthaltsqualität zeigt, führt u. a. auch ein Mindestmaß an öffentlichen Dienstleistungen, Wohnqualität und Sanierungsmaßnahmen, um Verfall zentraler Stadtviertel zu verhindern, zur Vermeidung der Verelendung ganzer Stadtviertel.

Macht und Einfluss der Stadtverwaltungen sind in Europa, wie erwähnt, größer als in Amerika, Indien, Asien und Afrika. Während zu Beginn des 20. Jhs. Feuerschutz, Hygiene, Verkehr, Gas-/Wasserversorgung die zentralen Entwicklungsthemen waren und in der Zwischenkriegszeit einzelne städtische Siedlungen, wie das »Gartenstadtmodell« (s. o.) und der öffentliche Verkehr realisiert wurden, kamen nach dem Zweiten Weltkrieg die »Trabantenstädte« sowie Großwohnsiedlungen hinzu und die Innenstädte wurden umgebaut.

Bleibende Kennzeichen des »europäischen Stadtmodells« sind also in den gemeinsamen europäischen Stadtplanungsvisionen und -zielen zu erkennen. So die gemeinsame Opposition gegen die Stadt des 19. Jhs., die viktorianische, hausmannsche, wilhelminische Stadt, mit ihren scharfen Gegensätzen, ihren historizistischen Fassaden, ihren Straßenblöcken mit Hinterhäusern, der Mischung von Arbeiten, Wohnen, Verwalten und Handel in derselben Nachbarschaft, also der wenig geplanten multifunktionalen Stadt. Wichtige Motive dieser Opposition waren tiefsitzende Ängste vor Anonymität, Lärm, Überbevölkerung der Großstadt (Simmel 1903).

Die gemeinsame europäische Gegenvision zu Beginn des 20. Jhs. war die europäische Stadt der funktionellen Fassaden, funktioneller Baustile, z. B. (»Bauhausstil«) aufgelockerter, licht- und luftdurchfluteter Straßenblöcke, helles, luftiges, gesundes Wohnen in Hochhäusern, räumliche Trennung von Industrie, Wohnen, Verwalten, Handel in unterschiedlichen Stadtteilen, individuelle Fortbewegungsmittel, große Verkehrsadern in Städten und Straßen als reine Verkehrswege statt Aufenthaltsorte (Le Corbusier 1957). Solche Ideen der »Charta von Athen« wurden, wie oben bereits erwähnt, großflächig erst in der Nachkriegsphase Mitte des 20. Jhs. in den Großwohnsiedlungen am Stadtrand (»Trabantenstädte«) umgesetzt.

Als gemeinsame (west-)europäische Gegenreaktion der 1970er und 1980er Jahre folgte die Kritik an der Trostlosigkeit der sogenannten »Schlafstädte«, an der Menschenfeindlichkeit der verkehrsüberlasteten Innenstädte, den radikalsanierten Stadtzentren, der Einfallslosigkeit des Wiederaufbaus und der Eintönigkeit dieses Funktionalismus. Die neue europäische Vision der Stadt beinhaltete schonende Stadtsanierung, Bewohnernetzwerke zu erhalten und zu entwickeln, Erhalt und Renovierung älterer Gebäude, Schaffung neuer Stadträume für Fußgänger und menschliche Begegnung, Sicherung der Qualität von Dienstleistungen in neuen Stadtteilen, neue Ästhetik des Bauens durch vielfältige Stile, bewusst illusionistische Fassaden (z. B. von Hundertwasser in Wien), Energieeffizienz und Umweltschutz als neue Kriterien des Städtebaus. Kleinräumigkeit und Multifunktionalität von Zentrum und Peripherie, interkommunale Konkurrenz als Wirtschaftsstandorte um Dienstleistungen, Kulturinstitutionen (Museen, Theater, Konzerthäuser), kulturelle, sportliche, politische Events als weiche Standortfaktoren und Attraktivität durch Entdeckung und Stilisierung von Geschichte und neuen Identitäten (Stratmann 1999). Dies sind die Grundlagen der weiteren Entwicklungen, die sich in futuristischen Gebäuden aus Glas und Stahl Gestalt verschaffen und die durch Vereinheitlichung der Markenketten in den 1a-Lagen der Stadtzentren die Einzigartigkeit europäischer Städte mindern. Ob die Besonderheiten der europäischen Stadt eine Überlebenschance im globalen Wettbewerb haben werden, wird von der Beibehaltung bzw. Beachtung vieler Besonderheiten wie der begrenzten Größe (wenige Millionenstädte), langsamen Wachstums, wirkungsvoller Stadtplanung/-entwicklung, der Nutzung der Zentren nicht nur als »Central Business District« (CBD), ihrem unterschiedlichen besonderen Aussehen und der Existenz kleinräumiger sozialer Gegensätze innerhalb der Stadt abhängen.

2.4 Zusammenfassung und Arbeitsanregungen

Im Rückblick auf die historische Entwicklung von Städten wurde erläutert, wie Entstehungsbedingungen von Städten über Jahrhunderte hinweg die Entwicklungschancen einer Stadt beeinflussen und prägen können. Städte werden demnach nicht nur durch ihre geografische, topografische und klimatische Lage determiniert, sondern auch die gesellschaftlichen Strukturen und Prozesse spiegeln sich in der Entwicklung der Städte. Dadurch entwickelten sich Städte nicht überall und zu jeder Zeit in gleicher Weise. Die Ausführungen zu Merkmalen und Kennzeichen machten die Unterschiede der auf Europa fokussierten Stadtmodelle im globalen Vergleich, insbesondere zur amerikanischen Stadt, deutlich. Neben kulturellen Besonderheiten lässt sich das Wachstum von Städten weltweit mit der wirtschaftlichen Entwicklung im Allgemeinen und der Industrialisierung im Besonderen verknüpfen. So sind, analog zur wirtschaftlichen und gesellschaftlichen Entwicklung, die Städte in den »postindustriellen« Gesellschaften (Bell 1975) in den letzten Jahrzehnten nur noch moderat gewachsen, während das Städtewachstum und die Verstädterung in den aufstrebenden Industriegesellschaften im indisch-asiatischen und mittel- und südamerikanischen Raum gleichzeitig stark zugenommen haben. In den heutigen Städten sind räumlich-bauliche und gesellschaftspolitische Prägungen bei entsprechendem Hintergrundwissen und Analysebemühungen durchaus erkennbar. Welche Wirkungen solche Rahmenbedingungen von Städten auf das Stadtleben haben können, wird unter Rückgriff auf Theorien und Erklärungsansätze zu Stadtentwicklung und Stadtleben Gegenstand des nächsten Kapitels sein.

Aufgaben und Arbeitsanregungen

- Wie entstehen Städte, und welche Folgen können die Anlässe der Entstehung oder Gründung von Städten für deren heutige Situation haben?
- Welche wesentlichen Phasen des Städtewachstums sind für Europa zu verzeichnen?
- Welche Stadtentwicklungs-/-planungsmodelle haben die europäische Stadt geprägt?
- Welche Ideen stehen jeweils hinter diesen Entwicklungs-/Planungskonzepten, und welche Merkmale tragen diese Modelle?
- Welche Folgen hatten die verschiedenen Entwicklungs-/Planungskonzepte nach deren Umsetzung?
- Untersuchen Sie einige Hauptstädte unterschiedlicher Kontinente der Erde nach den Kriterien für das »Europäische Stadtmodell« und suchen Sie nach Mustern anderer Stadtmodelle!

Literaturempfehlungen

Benevolo, Leonardo (1993): Die Geschichte der Stadt, 7. Auflage. Frankfurt/M.: Campus.
Baum, Detlef (Hrsg.; 2007): Die Stadt in der Sozialen Arbeit. Ein Handbuch für soziale und planende Berufe. Wiesbaden: VS-Verlag.
Lichtenberger, Elisabeth (2002): Die Stadt. Von der Polis zur Metropolis. Darmstadt: Wissenschaftliche Buchgesellschaft.
Mumford, Louis (1961): Die Stadt. Köln, Berlin: Kiepenheuer & Witsch. Originaltitel: The City in History.

3 Theorien der Stadtentwicklung und Urbanität

3.1 Soziologische Betrachtungen von Städten

Weil die jeweilige städtische oder ländliche Lebensweise abhängig von der historischen Epoche und der entsprechenden Gesellschaftsformation ist, suchen Soziologen, wie Walter Siebel (1998) schreibt, nach den gesellschaftsbedingten Merkmalen und Unterschieden in der Lebensweise von Land- und Stadtbevölkerung. Werner Sombart wies in seiner Abhandlung »Städtische Siedlung, Stadt« (1931) auf die unterschiedlichen Aspekte einer »synthetischen Begriffsbildung« hinsichtlich geografischer (Behausung, Boden, Verkehrswege), ökonomischer (Wirtschaftsweise) und soziologischer (Fremdheit vs. Vertrautheit) Stadtbegriffe hin. Sein interpretatorisch-analytisches Vorgehen lässt ihn unterschiedliche Merkmale identifizieren, die für bestimmte Stadttypen dominant und bestimmend sind.

So war das Landleben im Mittelalter geprägt vom ökonomischen und politischen System des Feudalismus mit seinen Merkmalen Leibeigenschaft, Lehnswesen, Ständegesellschaft und Gewaltherrschaft. Die Städte hingegen entwickelten sich ökonomisch von der Selbstversorgungswirtschaft zur Markt- und Handelswirtschaft und politisch durch zunehmende Selbstverwaltung, eigenes Stadtrecht und Selbstverteidigungsmöglichkeiten zu Bürgergesellschaften. Max Weber (1922) sah in seiner historischen Analyse der Stadtentwicklung die ökonomischen Funktionen des Marktes und die zunehmende Selbstverwaltung der Bürger als Ursache für die Entwicklung der europäischen Stadt des Mittelalters zur ökonomischen und politischen Keimzelle der modernen Gesellschaft. Die Lebensweise der StadtbewohnerInnen wurde insofern von den ökonomischen Bedingungen beeinflusst, als der Markt ein Rollenverhalten mit vielerlei spezialisierten Kontakten unter einander fremden Menschen erforderte, gleichzeitig aber auch erst ermöglichte. Die politischen Bedingungen erlaubten dem Städter die Schaffung einer ökonomischen Existenzgrundlage durch Berufsausübung und die Zugehörigkeit zur Bürgerschaft durch individuelle Mitgliedschaft. Mit den eigenen Bürgerrechten verbunden war die Teilnahme am öffentlichen Leben in der Stadt und an der bürgerlichen Selbstverwaltung. Hans Paul Bahrdt (1961) verweist auf die Entstehung der Polarität und Wechselwirkung von Öffentlichkeit und Privatheit durch die zunehmende Individualisierung des Städters. Der Städter sei über Markt und Bürgerschaft integriert in die Stadtgesellschaft. Weil damit die Beziehungen der Individuen nur partiell und nicht vollständig definiert seien, bestünde die Möglichkeit der Begegnung als Individuum, was wiederum die Voraussetzung für Privatheit sei. Gleichzeitig schaffe auch die Begegnung mit vielen

Fremden ein Bedürfnis nach Privatheit. Die Existenz, der Wechsel und die Differenz von Privatheit und Öffentlichkeit, so Bahrdt (1961), seien Spezifika städtischer Lebensweise.

Klassische Stadt-Land-Gegensätze, wie die Herrschaft der Aristokratie aus der Stadt über die versklavten Bauern auf dem Land in der Antike oder städtische Bürgergesellschaft versus ländliche Feudalgesellschaft im Mittelalter, verlieren mit der zunehmenden Industrialisierung im 19. Jh. ihre gesellschaftliche Sprengkraft. Mit der Etablierung von Nationalstaaten und der Durchsetzung kapitalistischer Produktionsweise wurde die Stadt im 19. Jh. zum Zentrum der Gesellschaft (Siebel 1998: 266). Die Konzentration der industriellen Produktion in den Städten schuf dort viele Arbeitsplätze, mit der Folge starken Bevölkerungszuwachses aus der näheren Umgebung und großer Wanderungsbewegungen aus fernerer Regionen. Anzahl (Größe), Konzentration (Dichte) und Vielfalt (Heterogenität) der Bevölkerung sowie Dynamik der Entwicklung waren die Merkmale der industriellen Großstadt (Wirth 1938). Welche Lebensweise sich dementsprechend entwickelte, beschrieb Georg Simmel (1903) in seinem Aufsatz »Die Großstädte und das Geistesleben«. Darin stellt Simmel einen theoretischen Zusammenhang zwischen dem gesellschaftlichen Wandel am Ende des 19. Jhs. und großstädtischer Lebensweise her. Das Zusammenwirken von Geldwirtschaft, Wettbewerb und der Vielfalt des Großstadtlebens präge die sozialen Beziehungen des Großstädters. Die Qualität der Beziehungen der Großstädter macht Simmel an drei Begriffen fest:

- Als »Intellektualisierung« bezeichnet er die Dominanz der Verstandesherrschaft zum Schutz vor der Fülle äußerer Eindrücke und Gemütszustände.
- Mit »Blasiertheit« meint Simmel die Abstumpfung gegenüber der Reizvielfalt in der Großstadt.
- Unter »Reserviertheit« versteht er die notwendige Distanz gegenüber anderen Menschen, weil der Großstädter nicht mit jedem Mitbürger eine emotionale Beziehung unterhalten könne.

Diese Sachlichkeit in der Behandlung von Menschen und Dingen mache die Menschen zu an sich gleichgültigen Elementen und deren Beziehungen gleichgültig gegenüber allem Individuellen. Distanz und Abwendung sieht Simmel als Voraussetzung des Zusammenlebens in der Großstadt und zur Vermeidung von Hass und Kampf an. Die »normative Solidarität« in traditionalen Gesellschaften mit ihren starken moralischen Bindungen werde ersetzt durch systemische, unpersönliche Solidarität. »Blasiertheit« und »Reserviertheit« sind gleichsam die Instrumente der Integration, ohne moralische Verpflichtungen, sondern verbunden mit gewisser Ignoranz gegenüber Persönlichem. Wenn Persönlichkeit sekundär ist, Kontakte zweckbestimmt sind und Koexistenz ohne innere menschliche Beziehung möglich wird, ergibt sich nach Simmel die Chance für Individualisierung, Pluralisierung der Lebensstile und Integration des/von Fremden, weil fremd bleiben möglich ist, ohne marginalisiert zu werden.

Der Soziologe Norbert Elias (1937/1976) sieht in der Entwicklung des psychischen und gesellschaftlichen menschlichen Verhaltens vom Feudalismus bis zur Moderne einen »Prozess der Zivilisation«, erkennbar in der Verfeinerung der Sitten und gefördert durch zunehmende Interdependenzen zwischen den Menschen sowie der Zunahme von Selbststeuerung (Selbstkontrolle) bei gleichzeitiger Abnahme von Fremdzwängen (Fremdkontrolle) im individuellen Verhalten. Manuel Eisner (1997) belegt diese These in einer empirischen Studie anhand des Rückgangs von Gewaltdelikten seit dem 19. Jh. bis in die 1960er Jahre. Wachstum, Wettbewerb, Marktorientierung und Arbeitsteilung, bei gleichzeitiger Vielzahl und Dichte der Bevölkerung, machten die Stadt zu einem kulturell und ökonomisch sehr produktiven Ort, der individuelle Lebensweisen durch sein großes differenziertes Arbeitsplatz- und Konsumangebot ermöglichte. Ferdinand Tönnies (1931) beschreibt, wie sich mit der bürgerlichen Gesellschaft ...

> »... das gemeinschaftliche soziale Leben vermindert und ein anderes neues aus den Bedürfnissen, Interessen, Wünschen, Entschlüssen von handelnden Personen hervorgehendes Zusammenwirken sich entwickelt und zunehmende Macht allmählich ein Übergewicht erlangt.« (Tönnies 1931: 180 ff.)

In den 1920er Jahren wurde in Chicago von Robert E. Park, E. W. Burgess, R. D. McKenzie u. a. (Park u. a. 1925), der »sozialökologische Ansatz« entwickelt. Park hatte zwar bei Georg Simmel in Deutschland studiert, orientierte sich jedoch stark an der damaligen ökologischen Forschung, die sich für die Interdependenz von Organismus und Umwelt interessierte. Der sozialökologische Ansatz der Chicagoer Schule um Park, Burgess und McKenzie sieht im ökonomischen und sozialen Wettbewerb die Entsprechung zum »Kampf ums Dasein« in der Natur. Die Konkurrenzsituation führe zum Zusammenschluss und zur Absonderung von homogenen Gemeinschaften in Bezug auf ihre ethnische Herkunft, ihren sozialen Status oder ihren kulturellen Lebensstil. Gleichzeitig böten diese Communities ihren Mitgliedern Heimat und soziale Beziehungen als Ersatz traditioneller dörflicher (Herkunfts-)Kultur. Die Stadt ist für die soziologische Chicagoer Schule ein Mosaik kleiner Welten verschiedener Communities, die sich berühren aber nicht durchdringen. Die Separierung der verschiedenen Kulturen zähme als gefährlich bewertete Tendenzen der Individualisierung durch soziale Kontrolle und die Vermittlung von Halt. Gleichzeitig enthalte die Separierung Optionen des Wechsels zwischen verschiedenen Milieus und ermögliche ein Leben in verschiedenen Welten. Großstadt ist nach diesem Ansatz gekennzeichnet durch eine heterogene Pluralität untereinander konkurrierender, aber koexistierender homogener Gemeinschaften. Integration wird als kollektiver Prozess verstanden.

3.2 Theorien der Urbanität

Louis Wirth hat in einem 1938 erschienen Aufsatz die theoretischen Überlegungen Simmels aufgenommen und auf der Grundlage der damaligen Forschungsergebnisse zu einer Theorie der Urbanität weiterentwickelt. Wirth definiert Stadt als »eine relativ große, dicht besiedelte und dauerhafte Niederlassung gesellschaftlich heterogener Individuen« (Wirth 1938: 48). Mit den Variablen Größe,

Dichte und Heterogenität erklärte Wirth die wesentlichen Merkmale urbanen Lebens, das er aus ökologischer, gesellschaftlicher und individualistischer Perspektive beschrieb.

Sowohl Simmel als auch Park analysierten die Großstädte zu einer Zeit, als diese Zentrum von ökonomischem Wachstum und Innovation waren, die fast jedem/jeder BewohnerIn zumindest die Perspektive des individuellen Erfolges boten. Deshalb kamen z. B. die Sozialformen der Arbeiterviertel am Ende des 19. Jhs., mit ihrer Solidarität und ihrem kollektiven Handeln, bei Simmels Betrachtungen nicht vor. Park und seine Kollegen vernachlässigten hingegen die Verhältnisse, beispielsweise von Zuwanderern, deren Segregation mehr auf ökonomischen Zwängen als auf freier Entscheidung beruhten. Beide Ansätze beschäftigen sich mit den Auswirkungen von Städtewachstum und Wettbewerb auf die Organisation städtischen Lebens. Sie untersuchen die Zusammenhänge zwischen Größe/Ausdehnung, Dichte/Konzentration, Dominanz/Heterogenität und dem Verhalten der Individuen.

Beide Ansätze machen die Unterschiedlichkeit zwischen Individuen bzw. Gemeinschaften, also die Heterogenität zum Merkmal des Städtischen. Die Unterschiede ihrer Ansätze liegen in den Annahmen über Voraussetzungen der Koexistenz. Die pluralistischen Ansätze von Simmel und Wirth sehen in der Separierung der Individuen die Chance zu mehr Freiheit oder, wie es Bahrdt ausdrückt, im »Respektieren der Individualität des anderen, auch dann, wenn keine Hoffnung besteht, sie zu verstehen« (Bahrdt 1961: 103).

Aus sozialökologischer Perspektive wird die Bildung und Abgrenzung von homogenen Gemeinschaften, in denen die soziale Integration stattfindet, als notwendige Voraussetzung der Koexistenz heterogener Gemeinschaften gesehen. Beide Ansätze vernachlässigen die Bedeutung der Ursachen und Bedingungen von Wettbewerb und damit verbundener sozialer Ungleichheit, obwohl sie Wettbewerb und Arbeitsteilung als entscheidende Bedingungen der Koexistenz heterogener Individuen bzw. Gemeinschaften auf engem, städtischem Raum ansehen. Hier setzen politisch-ökonomisch orientierte Ansätze der Stadtforschung an, die die Bedeutung technologischer Entwicklungen, ökonomischen Strukturwandels und politischer Veränderungen im 20. Jh. thematisieren (Herlyn 1974; Prigge 1987). Auf die Wechselwirkungen und Folgen dieser Veränderungen wird noch näher einzugehen sein.

Bei zunehmender Heterogenität der Bevölkerung habe die ökonomische Integrationskraft abgenommen, wie Häußermann (1997) feststellt, womit die systemische Integration über Wettbewerb, Geldwirtschaft und Arbeitsmarkt schwieriger werde. Gleichgültigkeit als Tugend und Integration des Fremden seien unter verschärften ökonomischen Bedingungen erschwert, Fremdenhass und rassistische Gewalttaten seien die Belege dafür (Häußermann 1997). Eisner (1997) führt den stärkeren Anstieg der Gewaltkriminalität in den großen Städten seit den 1960er Jahren sowohl auf die politischen und ökonomischen Umwälzungen seit dieser Zeit als auch auf die erhöhte Konzentration von potenziellen Tätern, Opfern und Situationen in den Städten mit Zentrumscharakter zurück.

In seiner Theorie sozial-räumlicher Organisation arbeitet Jürgen Friedrichs (1977), aufbauend auf dem sozialökologischen Ansatz der Chicagoer Schule, Zusammenhänge zwischen sozialer, räumlicher sowie technologischer und zeitlicher Organisation der Stadtgesellschaft heraus. Den Streitpunkt zwischen den o. g. Ansätzen sieht Friedrichs im unterschiedlichen Verständnis von Urbanität. Er kritisiert die Gleichsetzung von Urbanität mit Öffentlichkeit und Kommunikation bzw. sozialen Kontakten und deren positive Bewertung. Urbanität lasse sich in weitgehender Übereinstimmung über die Merkmale von Heterogenität der Personen, Nutzungen und Aktivitäten beschreiben.

Richard Sennett (1983) weist darauf hin, dass durch die Säkularisierung im Nachgang der Aufklärung das Missverständnis entstand, jeder Mensch sei selbst Urheber seines Charakters, wodurch das »Selbst« zum Grundprinzip individualistischer Gesellschaften wurde. Dadurch habe alles »Nichtpersonale«, wie z. B. Öffentlichkeit, Politik und Stadt, tendenziell an Bedeutung verloren. Gleichzeitig wurde Gemeinschaft zum Gegenpol von Gesellschaft, wie die Vorstellungen des Kommunitarismus (Etzioni 1998) programmatisch verdeutlichen. Wenn aus Angst vor Anonymität in der Stadt ein Rückzug in das Private oder in vertraute Gemeinschaften erfolge, würden dadurch die Chancen der Menschen sinken, in öffentlichen (Stadt-)Räumen zu lernen, ihre Interessen entschlossen und offensiv zu verfolgen und damit öffentlich und politisch zu handeln. Gleichzeitig, so Sennett (1983), bestünde die Gefahr, durch Förderung von auf persönlichen Beziehungen basierender Gemeinschaften, dass sich diese Gemeinschaften auf der Suche nach ihrer kollektiven Identität angesichts der tatsächlichen Unterschiede nach Ethnie, Schicht, Religion, Familienstand und Interessen so stark von der Außenwelt abgrenzen oder von der Realität abschotten und damit alle anderen Menschen potenziell ausschließen oder fundamentalistisch werden. Gerade die offene und vielfältige Stadt ist eine Siedlungsform, die durch die Begegnung einander fremder Menschen Chancen zivilisierten Umgangs und Verhaltens bietet. So gilt für Sennett die öffentliche Geografie der Stadt als »institutionalisierte Zivilisiertheit« (1983: 336). Elias (1991) begründet diese von Sennett dargestellten Zusammenhänge in seiner Figurationstheorie, wonach Menschen immer in Verflechtungszusammenhängen (Figurationen) lebten, die von gegenseitigen Abhängigkeiten geprägt seien und von Machtbalancen abhängig, sowohl Chancen und Sicherheit als auch Risiken mit sich brächten. Als Beispiel dafür gilt die Studie von Elias und Scotson (1965/1993) über Etablierte und Außenseiter in einer Gemeinde im England der Nachkriegszeit. Elias und Scotson entwickelten auf Basis ihrer empirischen Arbeit ein Modell zur Erklärung sozialer Ungleichheit aus der Dynamik zwischenmenschlicher Abhängigkeits- und Machtbeziehungen. Während die machtstärkere Gruppe in der Lage ist, sich Zugang zu bedeutenden gesellschaftlichen Positionen und Ressourcen zu sichern, sich gesellschaftlich zu etablieren, gelingt es diesen gleichzeitig zu verhindern, dass sich die machtschwächeren Menschen als soziale Gruppe formieren, und sie sozial zu stigmatisieren und auszuschließen. Der Mechanismus dazu wird als »Prozess der Vorurteilsbildung« beschrieben, der das Selbstbild der eigenen Gruppe von der Minderheit ihrer »besten« Mitglieder ableitet, während das Fremdbild der anderen Gruppe von der Minderheit deren »schlechtesten« Mitglieder konstruiert wird.

Die Polarität von Öffentlichkeit und Privatheit gilt als weniger umstrittenes Kennzeichen von Urbanität. Allerdings gibt es unterschiedliche Auffassungen über die Wirkungen von Öffentlichkeit und Privatheit auf Kommunikation und soziale Kontakte. Andreas Feldtkeller (1994) sieht Urbanität nach wie vor als Medium von Solidarität und Brüderlichkeit an. Urbanes Verhalten entwickle sich nach Spielregeln, die abhängig von heterogener oder homogener Zusammensetzung der Menschen im öffentlichen Raum reguliert werden. Den öffentlichen Raum kennzeichneten Situationen, die eng beieinander liegen, an Orten wo Menschen räumlich konzentriert auftreten.

Voraussetzung für solche Situationen sei Vielfalt der Menschen in sozialer, ethnischer und kultureller Hinsicht sowie Vielfalt an Angeboten. Räumlichkeit und Vielfalt machen demnach die urbane Situation aus, die durch urbane Vielfalt, tolerantes Zusammenleben, attraktive Alltagskultur und Mannigfaltigkeit der öffentlichen Umgangsformen gekennzeichnet ist. Einen Stadtraum, der Öffentlichkeit im Sinne von Vielfältigkeit tatsächlicher und möglicher Begegnung hervorruft, bezeichnet Feldkeller als öffentlichen Raum. So verstanden erzwingt öffentlicher Raum ein enges Nebeneinander privater und öffentlicher Sphären und erzeugt so eine alltagsprägende Spannung. Straßen seien öffentlicher Raum, sofern sie imstande seien, ...

> »... eine reale Öffentlichkeit, ein Publikum, ein Theater gezielter und ungezielter sozialer Interaktionen zu produzieren und dies auch tatsächlich zu tun. Sie sind der Ort, an dem die private Sphäre und die öffentliche Sphäre aneinander anstoßen, an dem sich privates Leben als ein vom öffentlichen unterschiedenes und sich unterscheidendes ausbilden kann. Der private Wohn- und Arbeitsbereich ist hier gerade nicht isoliert, sondern über die Straßenfront der Häuser mit dem öffentlichen Bereich konfrontiert.« (Feldtkeller 1994: 42)

Während der öffentliche Bereich, zu dem Straßen, Plätze und Parks gehören, für jeden Menschen zu jeder Zeit idealerweise zugänglich sein sollte, können für den privaten Bereich, wie Läden, Werkstätten und Gasthäuser, Zugangsbeschränkungen in Bezug auf Tageszeit, Personenkreis, Kleidung oder Verhaltensweisen bestehen.

Eine Verzahnung zwischen öffentlichem und privatem Bereich erfolgt jedoch durch die Ausrichtung von Gaststätten, Läden, Galerien etc. auf die Öffentlichkeit, als Kunden, Publikum, Konsumenten und das Eindringen dieser Öffentlichkeit in die genannten Privatbereiche. Gleichzeitig dringt Privates in Form von Verkaufsständen, Tischen und Stühlen auf der Straße in den öffentlichen Bereich ein. Durch diese enge Verzahnung kann der Unterschied zwischen öffentlichem und privatem Raum leicht verschwimmen, sodass übersehen wird, wie ...

> »... der öffentliche Charakter von Rathäusern, Versammlungsstätten, Theatern, Kinos, Kaufhäusern und Hotels ... durch ein vom Betreiber (sei er öffentliche Institution oder ein privater Besitzer) bestimmtes Reglement eingeschränkt ... wird.« (Feldtkeller 1994: 46)

Hier ist einzuwenden, dass auch Straßen und Plätze einem, allerdings allgemeinen, Verhaltensreglement, das von den demokratisch legitimierten Organen der Bürgerschaft erlassen wird, unterliegen.

Wenn Urbanität von der Konfrontation von Privatem und Öffentlichem lebt, dann muss Öffentlichkeit aus der Vielfältigkeit möglicher und tatsächlicher Begegnungen bestehen, d. h. der vorhandene Straßenraum muss für jeden frei und ohne besondere Berechtigung zugänglich sein und darf nicht von einer bestimmten Benutzergruppe dauerhaft vereinnahmt bzw. einer einzigen Funktion vorbehalten werden. In dieser Vielfalt liegt die Chance des Aufenthaltes ohne Festlegung von Absichten und Motiven. Die Offenheit von Absichten und Motiven ermöglicht auch Fremden den Aufenthalt im öffentlichen Raum, ohne sich hierfür legitimieren zu müssen.

> »Öffentlichkeit bedeutet etwas anderes, sogar etwas weitgehend Gegensätzliches zu Nachbarschaft, Intimität, Heimat. Sie ist das Resultat einer Spannung aus Fremdheit und Bekanntheit, aus Aktivität und Müßiggang, aus zielgerichtetem Verhalten und Absichtslosigkeit. Das sogenannte Bad in der Menge ist ebenfalls nicht gleichzusetzen mit Öffentlichkeit – auch ein fast leerer Platz kann öffentlichen Charakter haben, und eine Straße voll hastender Fußgänger kann diesen Charakter ganz und gar vermissen lassen.« (Feldtkeller 1994: 58)

Feldtkeller hält Urbanität durch Wiederherstellung der Konfrontation von Öffentlichem und Privatem für möglich, wenn die Maßstäbe der Stadtentwicklung nicht nur nach wirtschaftlichen Privatinteressen gesetzt werden.

Pluralistische Ansätze sehen in einer heterogen zusammengesetzten Öffentlichkeit eher Begegnungs- und Kommunikationschancen durch die Belebung und erwarten dadurch Sicherheit im Umgang mit Fremden, Abbau von Angst und Aufbau von Vertrauen in die Toleranz der anderen. Die o. g. Community-Ansätze sehen Begegnung und Kommunikation abhängig von der Homogenität der Gemeinschaften bzw. der Ähnlichkeit der Personen in Bezug auf ihre Lebensweise und Gründe des jeweiligen Aufenthaltes.

Für Begegnung und Kommunikation und damit das Zusammenleben in urbanen Kontexten spielen die Vielfalt von Menschen, Nutzungsmöglichkeiten und Aktivitäten sowie das Verhältnis von öffentlichem und privatem Bereich eine entscheidende Rolle. Alle genannten Ansätze beinhalten räumliche Komponenten und messen diesen Bedeutung für städtisches Leben bei.

3.3 Stadtsoziologischer Perspektivenstreit: »eigenlogischer« vs. »kritischer« Ansatz

In den letzten zehn Jahren[14] ist in der Soziologie in Deutschland ein Streit darüber entbrannt, ob Stadt als Gegenstand soziologischer Analyse und Theoriebildung überhaupt möglich und sinnvoll ist. Dabei wurden zunächst zwei konträre Positionen oder Ansätze vertreten. Zum einen der sogenannte »kritische Ansatz«, prominent vertreten durch Häußermann und Siebel (2004). Sie halten Stadt heute für keinen abgrenzbaren Gegenstand soziologischer Analyse, weil Stadt nicht als eigenständige Ursache gesellschaftlicher Entwicklungen gelten könne. Zwar

---

14 Der hier betrachtete Zeitraum erstreckt sich auf die Zeit von 2005 bis 2015.

3.3 Stadtsoziologischer Perspektivenstreit: »eigenlogischer« vs. »kritischer« Ansatz

wurde Stadt im mittelalterlichen Europa zum historischen Subjekt, mit der fortgeschrittenen Industrialisierung sei der die Gesellschaftsentwicklung antreibende Gegensatz zwischen Stadt und Land im 19. Jh. jedoch verschwunden. Stadtsoziologie müsse deshalb Gesellschaftsanalyse in der Stadt sein. Sozialer Wandel wird dabei teleologisch als gesellschaftliche Entwicklung verstanden, die in Anlehnung an den historischen Materialismus als gesellschaftliche Entwicklung von Klassengegensätzen verstanden wird. Dem steht ein »eigenlogischer Ansatz« entgegen, der vor allem von Berking und Löw (2005, 2008) vertreten wird. Diese gehen von einem an Louis Wirth orientierten universellen, um wissens- und raumsoziologische Elemente erweiterten Stadtbegriff aus. Stadt wird dabei als »raumstrukturelle Form«, die Dichte und Heterogenität organisiert, verstanden (Berking 2008: 19 ff.). Resultat städtischer Verdichtungs- und Heterogenisierungsprozesse seien spezifische und abgrenzbare »Sinnhorizonte« des Handelns (Löw 2011: 57), die sich über vor Ort (unterschiedlich) eingespielte Prozesse der Habitualisierung, Institutionalisierung und Materialisierung stabilisieren und so »städtische Eigenlogiken« entstehen ließen.

Anlässlich des 36. Kongresses der Deutschen Gesellschaft für Soziologie wurde im Oktober 2012 eine Ad-hoc-Gruppe zum damals aktuellen Perspektivenstreit gebildet, wobei die einzelnen Perspektiven dargelegt wurden. Von Seiten des »kritischen Ansatzes« wurden Ansätze, die die räumliche Verteilung sozialer Gruppen als Ursachen für gesellschaftliche Probleme sehen, kritisiert. Hingegen seien räumliche und soziale Strukturen einer Stadt integrale Bestandteile des Vergesellschaftungsprozesses und damit Konsequenzen (Wirkungen) sozialer Veränderungen kapitalistisch organisierter (Industrie-)Gesellschaften.

Aufgaben kritischer Stadtsoziologie seien:

- Ideologiekritik, also das Hinterfragen vorherrschender Problemdefinitionen und wissenschaftlicher Positionen, die z. B. nicht nur auf Probleme des Bürgertums fokussieren, sondern auch andere Lebensverhältnisse in den Blick nehmen;
- die Entwicklung der Reproduktionsbedingungen aller Bevölkerungsschichten in der Stadt zu beschreiben und deren räumliche Ausprägungen und Wirkungen zu analysieren;
- Analyse der Krise staatlicher regulierter Stadtpolitik (Privatisierung, Monetarisierung, Individualisierung der Reproduktion) und deren sozialräumlicher Polarisierungen.

Stadt wird/wurde von den Protagonisten des »kritischen Ansatzes« ...

> »als Ausdruck übergeordneter allgemeiner, gesellschaftlicher Strukturen und Entwicklungen« (Häußermann/Siebel 2004: 90)

... konzipiert. Stadtsoziologie habe demnach soziale Ungleichheiten in Städten zu untersuchen und den Zusammenhang zwischen Stadt und Entwicklung von (spätkapitalistischen, nationalstaatlich verfassten, westeuropäischen Industrie-)Gesellschaften zu klären.

Dem vorwiegend am Forschungsschwerpunkt der TU Darmstadt entwickelten, von Berking und Löw ausgearbeiteten »Eigenlogik-Ansatz« liegen soziologische Theorietraditionen der Wissens-/Kultursoziologie, der Raumtheorie und der Praxeologie zugrunde. Diese lassen sich zu folgenden drei wesentlichen Aspekten verdichten.

1. »Cultural turn«: Stadt wird als distinktives Wissensobjekt der Sozialwissenschaft verstanden und als soziologischer Gegenstand ernstgenommen, weil Städte in ihren Unterschiedlichkeiten und Besonderheiten als Alltagswirklichkeit wahrnehmbar seien. Eine Trennung in »wahre« (Gesellschaft) und »illusionäre« soziale Entitäten (Städte) wird abgelehnt.
2. »Spatial turn«: Stadt als raumstrukturelle Form, wobei Raum als relational und durch soziale Prozesse und spezifisch historische Situationen konstituiert wird. Dies geschieht durch Zusammenfassung spezifischer Elemente (»Syntheseleistung«) und durch relationale (An-)Ordnung dieser Elemente (»Spacing«). Städte sind demnach soziale Raumkonstitutionen (vgl. Raumtheorien, oben). Zu beachten seien wesentliche Unterschiede zwischen Nationalstaat und Stadt. Während (Groß-)Stadt durch Verdichtung für Inklusion von Heterogenem sorge, erzeuge ein territorial organisierter Nationalstaat Exklusion nach außen (durch Grenzkontrollen) und Homogenisierung nach innen, als Raum gleicher Rechte und Normen. Beide komplementären räumlichen Organisationsformen »Großstadt« und »Territorium« bildeten das subtile raumstrukturelle Fundament der Moderne.
3. Die raumstrukturelle Form der Großstadt berühre die Alltagspraxis ihrer BewohnerInnen. In der Großstadt finde Begegnung mit Fremden und FreundInnen statt, weshalb eine distanzierte blasierte indifferente Haltung nötig sei (vgl. obige Ausführungen zu Simmel 1903).

Die differierenden Grundpositionen beider Ansätze lassen sich in folgender Aufstellung zusammenfassen.

Einwände der kritischen Stadtsoziologie gegen den Eigenlogik-Ansatz:

1. Die Perspektive lebensweltlicher Sinnhorizonte verschleiere die klassenspezifischen Interessenlagen. Es drohe eine affirmative Haltung gegenüber wirtschaftlichen Interessen, von Selbstdarstellungen der Städte und lokalpatriotischen Stimmungslagen.
2. Raum könne nicht als unabhängige Variable (Verdichtungs-/Heterogenisierungsprozesse) verwendet werden, weil er der Gesellschaft untergeordnet und nur eine Folie für die Abbildung von Klassenkonflikten (z. B. Segregationseffekte) sei.

Einwände des Eigenlogik-Ansatzes gegen die kritische Stadtsoziologie:

1. Stadtsoziologie ohne Stadt blende Unterschiede zwischen Städten aus. Vergesellschaftung würde hingegen einzig auf nationalstaatlicher Ebene angenommen, nicht aber auf städtischer Ebene.

2. Unterschiede und Spezifika zwischen Städten hätten als Alltagsgewissheiten der Menschen große Relevanz und seien daher handlungswirksam. Der kritischen Stadtsoziologie fehlten Erklärungen dieser Phänomene.

→ Hinter dem Perspektivenstreit in der Stadtsoziologie verbirgt sich die Differenz zwischen historisch-materialistischer (kritischer Stadtsoziologie-Ansatz) und kultur-/wissenssoziologischer, raum- und praxistheoretischer Perspektive (Eigenlogik-Ansatz).

In der Diskussion zum Perspektivenstreit der Stadtsoziologie[15] vertritt Johanna Hoerning (2014) die These, es handle sich bei diesem Perspektivenstreit nicht um widersprüchliche Ansätze, sondern vielmehr sei »das Städtische« als Gegenstand der Betrachtung von einem Widerspruch geprägt, der sich als Simultaneität von Homogenisierung und Heterogenisierung begreifen ließe.

Zimmermann u. a. (2014) betrachten die Debatte um die Eigenlogik der Städte aus Sicht der lokalen Politikforschung und verfolgen die Diskussion mit Verwunderung, weil die institutionellen Grenzen des lokalen politischen Systems und damit das Untersuchungsobjekt wenig kontrovers definiert zu sein scheinen. Lokale Politik würde stets innerhalb eines Mehrebenensystems gedacht, womit der Vorwurf einer »lokalistischen« Forschung nahezu ausgeschlossen sei. Demgegenüber stelle sich die Frage, ob die Eigenlogik-Heuristik Innovationen im Sinne einer interpretativen (methodologischen) Wende anstoßen könne.

Stadt wird nicht erst seit der »Eigenlogik-Debatte« als raumstrukturelle Form der Vergesellschaftung und mit Verdichtung und Heterogenisierung als qualitativen Merkmalen konzipiert. Bereits Sombart (1931) benennt in seinem synthetischen Stadtbegriff geografische Merkmale, wie die dauerhafte ...

> »Verdichtung von Menschen und menschlichen Wohnstätten, die einen ansehnlichen Bodenraum bedecken und im Mittelpunkt größerer Verkehrswege« [liegen]. (Sombart 1931: 527)

Zusätzlich gehören für Sombart auch die nicht agrarische Erwerbsweise als ökonomisches Merkmal sowie die soziale Komponente der Anonymität einer »Siedlung, in der sich die Einwohner nicht mehr untereinander kennen«, zum Wesen von Urbanität. Für Simmel (1908/1992) bildet der geografische Umfang eines Gebietes an sich nicht schon einen Staat oder eine Stadt. Die räumliche Nähe oder Distanz alleine schaffe weder Nachbarschaft noch Fremdheit. Nicht der Raum an und für sich, sondern die menschlichen Bedeutungszuschreibungen, Gliederungen und Zusammenfassungen seiner Teile haben nach Simmel (1992: 688) gesellschaftliche Bedeutung. Max Weber (1922) definierte Stadt als relativ große, dicht bewohnte permanente Siedlung von Menschen, die nicht unmittelbar ihre eigenen Lebensmittel produzieren. Für die Vertreter der Chicagoer Schule (Park/Burgess/McKenzie 1925) waren sozialräumliche Faktoren wie Dich-

---

15 Vgl. die Diskussion in mehreren Artikeln in der Zeitschrift »Der Leviathan« der Jahre 2013 und 2014. Die Protagonisten Berking (2013) und Siebel (2013) setzen sich in Artikeln der Zeitschrift mit dem jeweils anderen Ansatz auseinander.

te, Konzentrationen und Wanderungsbewegungen von Menschen bestimmter Merkmale wichtige Kriterien ihrer Untersuchungen. Insbesondere für Louis Wirth (1938) waren Größe, Dichte und Heterogenität von Nutzungen und Menschen urbane Kennzeichen. Im Folgenden wird näher auf diese Bestimmungsfaktoren eingegangen.

3.4 Stadtgröße und Bevölkerungszahl

Friedrichs (1977: 121 ff.) hat auf die Gemeinsamkeiten der Stadtmodelle von Simmel, Burgess und Wirth hingewiesen, die in der Annahme positiver Effekte zwischen der Größe einer Stadt, d. h. der Bevölkerungszahl und ihrer internen Differenzierung besteht. Demnach steigt mit der Größe der Stadt die berufliche und soziale Differenzierung, allerdings in Abhängigkeit des funktionalen Typs, also von Art und Grad der ökonomischen Spezialisierung einer Stadt (z. B. Industriestädte wie die »Autostadt Detroit«; Hafenstädte mit großen Werften wie Rostock; Handelsstädte wie Venedig im Mittelalter, Residenzstädte wie Potsdam etc.), wie Friedrichs feststellt.

Je weniger spezialisiert eine Stadt ist, d. h. je gemischter ihre Wirtschaftsstruktur, desto größer ist tendenziell die Vielfalt der Bevölkerungsgruppierungen, unterschieden nach Beruf, ethnischer Herkunft, Religion, Stellung im Lebenszyklus und Interessen. Mit steigender Bevölkerungszahl erhöht sich potenziell die Zahl der Personen pro Gruppierung und kann damit eine für deren Selbstorganisation hinreichende und förderliche Größe erreichen. Somit wirkt die Größe einer Stadt indirekt auf die Bildung von Bevölkerungsgruppen oder Subkulturen. Mit der Größe der spezifischen Bevölkerungsteile wächst auch die Möglichkeit zur Bildung spezifischer Infrastruktur, z. B. für Religionsausübung (Gebets-/Versammlungsräume), Einkauf (spezielle Lebensmittelläden), Gastronomie, Kultur- und/oder Freizeitvereinigungen etc. Ein dritter indirekter Effekt der Größe einer Stadt ist die Konzentration von Bevölkerung auf engem Raum. Friedrichs (1977) verweist auf den Zusammenhang von größerer Heterogenität der Stadtbevölkerung, der sozialen Distanz zwischen den Mitgliedern verschiedener Bevölkerungsteile und deren räumlicher Konzentration. Aufgrund unterschiedlicher Normen komme es zu vermehrten Konflikten, denen die verschiedenen Gruppierungen durch Zusammenschluss und räumliche Konzentration aus dem Wege gingen, sofern sie die Wahl und Möglichkeiten dazu hätten (Friedrichs 1977: 127). Wie Wirth feststellte, lässt sich der Grad der Urbanität einer Stadt nicht an einer bestimmten Zahl von Einwohnern festmachen, weil die Größe nicht das einzige Kriterium für Urbanität sein kann und wie oben beschrieben vorwiegend indirekte Wirkungen auf die Heterogenität von Bevölkerung und Begegnungsgelegenheiten einer Stadt zeigt. Damit erhält das Verhältnis von Bevölkerungszahl und verfügbarem Lebensraum in der Stadt, der Dichte, entsprechende Bedeutung.

3.5 Bevölkerung pro Fläche (Dichte)

Unter Dichte wird zunächst die räumliche Distanz zwischen Körpern und der für den einzelnen Körper verfügbare Raum verstanden (Spiegel 1998). Je größer die Dichte, desto geringer sind die räumlichen Distanzen zwischen den Körpern und desto kleiner ist der freie Raum, der den einzelnen Körper umgibt. Dabei kann die Verteilung der Körper in einem bestimmten Raum bei gleicher Gesamtdichte durchaus unterschiedlich sein und unterschiedliche Distanzen zwischen einzelnen Körpern beinhalten. Dichte als Kennzeichen von Urbanität war im 19. Jh. gleichbedeutend mit überfüllten Wohnungen und ungesunden Wohnverhältnissen. Die Forschungen richteten sich deshalb vorwiegend auf die Auswirkungen von hoher Dichte auf pathologische und deviante Reaktionen der Individuen. Die Ergebnisse zeigten, dass weniger die räumliche Dichte von Personen als deren soziale Unterschiede direkte Effekte auf Pathologie oder Devianz hatten. Höhere Dichte intensiviert nach Friedrichs (1977: 139) eher die typisch soziale Reaktion einer Person. In der zweiten Hälfte des 20. Jh. stand Dichte »für städtische Vielfalt, Lebendigkeit, Erlebnisfülle und das Städtische schlechthin«, schreibt Erika Spiegel (1998: 39). Wirth (1974) sah im Rückgriff auf Simmel, in der räumlichen Dichte die Voraussetzung für soziale Dichte, gemessen an der Anzahl sozialer Kontakte. Allerdings war er sich darüber im Klaren, dass eine große Zahl von Kontakten nichts über deren Intensität und Qualität aussagt. Für Jane Jacobs (1963) ist die räumliche Dichte eine wichtige Voraussetzung für die Belebung eines Stadtteils und damit für dessen Sicherheit und Attraktivität.

Räumliche Dichte ist dabei zu unterscheiden nach der rein baulichen Dichte und der Einwohnerdichte. Unter baulicher Dichte versteht man die Baumasse bzw. die bebaute Fläche pro Flächeneinheit, deren Berechnung in der deutschen Baunutzungsverordnung festgelegt ist und mit »Baumassenzahl« (BMZ), »Grundflächenzahl« (GRZ) und »Geschossflächenzahl« (GFZ) drei verschiedene Maße der baulichen Nutzung umfasst.[16] Die Einwohnerdichte lässt sich nach der Art der zugrunde liegenden Fläche differenzieren in »Außendichte« und »Innendichte«. Die »Außendichte« wird aus dem Verhältnis von Einwohnerzahl und Hektar Nettowohnbauland berechnet, womit nur die Fläche der reinen Wohnnutzung berücksichtigt wird, ohne Gewerbe-, Industrie- oder Sondergebiete und somit auch als »Wohndichte« bezeichnet werden kann. Die »Innendichte« wird aus dem

---

16 BMZ: »Baumassenzahl« (BauNVO § 21) gibt an, wieviel Kubikmeter Baumasse (Volumen) pro qm Fläche eines Baugrundstücks zulässig sind. GRZ: »Grundflächenzahl« (BauNVO § 19) gibt den bebaubaren Flächenanteil eines Baugrundstückes an: GRZ 0,3 = 30 % der Grundstücksfläche dürfen bebaut werden. GFZ: »Geschossflächenzahl« (BauNVO § 20) gibt das Verhältnis der Fläche aller Vollgeschosse der baulichen Anlagen auf einem Grundstück zur Grundstücksfläche an. GFZ 1,0 bedeutet, die Summe der Flächen aller Vollgeschosse entspricht der Grundfläche des Baugrundstückes. Baunutzungsverordnung: 4. Verordnung über die bauliche Nutzung der Grundstücke, in der Fassung der Bekanntmachung vom 23.01.1990 (BGBl. I.1990: 132), zuletzt geändert durch Art. 2 Gesetz zur Stärkung der Innenentwicklung in den Städten und Gemeinden und weiteren Fortentwicklung des Städtebaurechts vom 11.06.2013 (S. 1548 ff.).

Verhältnis der Einwohner pro Wohnung ermittelt und kann daher als »Belegungsdichte« bezeichnet werden. Während die »Wohndichte« etwas über die Konzentration der Bevölkerung in einem Quartier und indirekt über den Gebäudetyp und die Konzentration der Bebauung aussagt[17], gibt die »Belegungsdichte« Auskunft über durchschnittliche Belegungszahl bzw. Haushaltsgröße.

Hohe »Wohndichten« sind eher in Citynähe zu finden, weil dort die Bodenpreise in der Regel höher sind. Hohe »Belegungsdichte« weist auf eine Belegung mit größeren Haushalten hin, die jedoch nicht mit großen Familien gleichzusetzen sind, sondern evtl. auf Wohnraum, den sich mehrere BewohnerInnen (z. B. Wohngemeinschaften) teilen, hindeuten. Niedrige »Belegungsdichte« bedeutet in der Regel kleinere Haushalte.

In den letzten Jahrzehnten ist die Belegungsdichte in der BRD von 2,7 auf 2,1 EinwohnerInnen pro Wohnung gesunken. Gleichzeitig ist die durchschnittliche Wohnfläche pro Person von 24 auf 45 m² (Ostdeutschland) bis 56 m² (Westdeutschland) gestiegen (Spiegel 1998: 42; Datenreport 2011: 209 f.) Dadurch haben sich in Wohngebieten mit geringer Bautätigkeit die Wohndichten verringert.

3.6 Funktionen baulicher Nutzung

In seiner Stadtanalyse setzt sich Friedrichs (1977) mit den Auswirkungen der Verteilung von Bevölkerung, Aktivitäten und der »Ausstattung« im städtischen Raum auf die Kommunikation unter den Menschen auseinander. Zur Bevölkerung gehören für Friedrichs die »Gesamtheit aller auf einem abgrenzbaren Gebiet vorhandenen oder lebenden Individuen« (1977: 51). Aktivitäten werden als jegliche Bewegung eines Akteurs definiert. Zur Raumausstattung zählt Friedrichs die Flächennutzung als städtebauliche Kategorie der Flächenart (z. B. allgemeines Wohngebiet, Mischgebiet, Gewerbegebiet, Industriegebiet usw.) sowie die Gelegenheiten, also die öffentlichen und privaten Einrichtungen einer Stadt (Infrastruktur).

Ausgehend von der Überlegung, dass Urbanität gekennzeichnet werden kann durch heterogene Nutzungen, heterogene Personen, heterogene Aktivitäten auf engem Raum und zu unterschiedlichen Tagen und Zeiten untersuchte Friedrichs die Bedingungen, unter denen Heterogenität in einer Situation im Stadtraum auftritt. Seine Befunde zeigten erstens eine höhere Varianz der Heterogenität innerhalb der Ortsteile als zwischen den Ortsteilen und zweitens, dass die Heterogenität der »Raumausstattung« am stärksten mit der Heterogenität der Situation korreliert, und differenzierte Infrastruktur vielfältige Gelegenheiten zu Aktivitä-

---

17 Während mit Mehrgeschosswohnungsbau und hochgeschossigen Gebäuden mehr Menschen pro Fläche unterzubringen sind und die »Wohndichte« hoch ist, wohnen in Gebieten mit Ein- und Zweifamilienhäusern deutlich weniger Menschen pro Fläche, womit die »Wohndichte« geringer ausfällt.

ten und damit auch Situationen schaffen könne (Friedrichs 1977: 333 ff.). Jane Jacobs bestätigt diese Befunde, wenn sie feststellt, dass »eine Mischung von Nutzungen, die komplex genug ist, um Sicherheit, öffentliche Kontakte und vielseitige Dienste zu ermöglichen, hängt von den verschiedensten Faktoren ab« (1963: 91). Jacobs nennt vier Voraussetzungen für »Mannigfaltigkeit« städtischen Lebens:

- Ein Stadtbezirk als Ganzes müsse mehr als zwei primären Funktionen (Wohnen, Arbeiten, Freizeit, Kultur, ...) dienen und die Gegenwart von Menschen sichern, die verschiedene Tagespläne haben, verschiedene Zwecke auf der Straße verfolgen und alle gemeinsam viele Dienste in Anspruch nehmen. Eine monofunktionale Nutzung in einem Bezirk sei demnach immer mit Einschränkung und Mangel verbunden, weil sie nicht ausreiche, alles Notwendige zu bieten.
- Zweiter Faktor sei die Größe der Baublocks, die zahlreiche Gelegenheiten für Lang- und Querverkehr zulassen müsse, um einerseits alle Straßen zu beleben und andererseits Ausweichmöglichkeiten zu bieten.
- Eine feingliedrige Mischung von Gebäuden unterschiedlichen Alters und Zustands sei drittens wichtig, damit eine Mischung unterschiedlicher ökonomischer Renditen ermöglicht wird.
- Vierter Faktor sei die Anzahl und Unterschiedlichkeit von Menschen, seien es Bewohner, Besucher, Arbeitende etc., die sich im Stadtbezirk zu unterschiedlichen Tageszeiten aufhalten. Die Mischung von Menschen zu einer bestimmten Tageszeit müsse deshalb in einem vernünftigen Verhältnis zur Mischung zu anderen Tageszeiten stehen.

Für Jacobs sind Flächennutzung, Gebäudegröße, Gebäudealter und deren Zustand wichtige räumlich-bauliche Kriterien eines belebten, sicheren und ökonomisch attraktiven Stadtbezirks. Eine entsprechende Nutzungsmischung, die viele Menschen zu verschiedenen Zeiten bindet, sei auch ökonomisch interessant genug, eine ausreichende Infrastruktur von Dienstleistungen zu ermöglichen, die den Aufenthalt vor Ort attraktiv mache. Städtische Planung könne zwar nicht direkt auf die vorwiegend ökonomisch motivierten Standortentscheidungen von Privatunternehmen einwirken, indirekt jedoch durch klugen Einsatz von Bebauungsplänen und öffentlichen Investitionen die Voraussetzungen für die vier o. g. Faktoren schaffen.

Auf weitere Zusammenhänge zwischen räumlich-baulicher und sozialer Umwelt macht Andreas Feldtkeller (1994) aufmerksam. Vielfalt entstehe laut Feldtkeller dort, wo viele und unterschiedliche Nutzungen in einem begrenzten Bereich angesiedelt seien. Vielfalt von Nutzungen bedeute jedoch auch, dass zur Öffentlichkeit sowohl angenehme als auch unangenehme Erscheinungen gehören, mit denen sich NutzerInnen und Anlieger öffentlicher Räume auseinandersetzen müssten. Auch Feldtkeller hält die Nutzungsmischung auf relativ engem Raum für eine wichtige Voraussetzung städtischer Öffentlichkeit im oben beschriebenen Sinne. Stadtviertel mit monofunktionaler Nutzung als Wohnviertel und lediglich mit den sozialen und kommerziellen sogenannten »Wohnfolgeeinrichtungen« ausgestattet, könnten nach Feldtkellers Ansicht kaum jene Öffentlichkeit hervorbringen, die ziviles, vielseitiges Verhalten im Gegensatz zu uniformem, einheitlichem Verhalten fördert.

Ein weiteres Konstruktionselement städtischen Raumes ist für Feldtkeller der Bezug zur Straße. Nicht die Nachbarschaftsbeziehungen, sondern die Beziehungen der Straßenanlieger, seien es BewohnerInnen oder LadeninhaberInnen, HausmeisterInnen oder KioskbetreiberInnen, zum öffentlichen Raum, den sie kurzfristig betreten oder verlassen können, spielten eine wichtige Rolle für die Belebung und Sicherheit im öffentlichen Raum. Eine solche Beaufsichtigung könne natürlich nicht verordnet werden, sie geschehe nebenbei und ungeplant, aber freiwillig, aus Interesse am täglichen Geschehen auf der Straße.

Neben Nutzungsmischung und -vielfalt hält Feldtkeller (1994: 67) auch die »Umschlossenheit« des Straßenraumes für wichtig, die »Anordnung von Baublöcken, Häuserquartieren zu einer Raumschale, welche ein zusammenhängendes System definierter städtischer Freiräume umschließt«, sodass der öffentliche Straßenraum ein öffentliches Raumerlebnis zulässt. Dazu bedürfe es einer klaren Abgrenzung zwischen privaten Gebäuden und Nutzungen mit harten Grenzen zum öffentlichen Raum, durch dichtes Heranrücken der Häuser an die Straße und Stadthausfassaden, die Straßenwände durch Ein- und Ausblicke in »Öffentliches« und »Privates«, durch Zutritt und Ausschluss, Partizipation und Separierung, zu Orten sinnlich erfahrbarer Kommunikation machen würden. Voraussetzung solcher Kommunikation sei jedoch, dass die Hauswände, als Grenzflächen zwischen Privatheit und Öffentlichkeit, nicht abweisend oder verschlossen gestaltet sind, sondern Öffnungen in Form von Fenstern haben, die zum Austausch von Kontakten und Informationen geeignet sind. Zur »Umschlossenheit« gehöre zusätzlich die Offenheit in Form von vielen Zu- und Ausgängen des umschlossenen Raumes. »Umschlossenheit« ermögliche einerseits die Identifikation der Straße als Raum, andererseits vermittle sie den Menschen die Erfahrung gemeinsamer Präsenz, andere zu sehen und selbst gesehen zu werden.

3.7 Zusammenfassung und Arbeitsanregungen

Obwohl es Städte bereits in der Antike gab und frühe große menschliche Siedlungen in allen Kontinenten bekannt waren, haben sich Sozial- oder Gesellschaftswissenschaften mit Städten erst etwa seit dem 19. Jh. beschäftigt. Erst ab dem Zeitalter der »industriellen Revolution« lebten in einigen Gesellschaften Menschen mehrheitlich in Städten, sodass Stadtleben damit zur Realität für viele Menschen wurde. Für die, aus der historischen Entwicklung von Städten und anhand der diversen Stadtmodelle deutlich gewordene, Unterschiedlichkeit der Kontextbedingungen von Stadtentwicklung spielen, neben erkennbaren topo- und geografischen sowie räumlich-baulichen, auch sozio-kulturelle Einflüsse eine Rolle. Durch das Zusammenleben vieler fremder Menschen ergeben sich Prozesse der Vergemeinschaftung und der Vergesellschaftung, die je nach Blickwinkel unterschiedlich erklärt und interpretiert werden können. Allen Ansätzen und Theorien gemeinsam ist das Bestreben, Art und Folgen des Zusammenlebens vieler unterschiedlicher Menschen auf engem Raum und deren Auswirkungen verstehen und erklären zu können und daraus Schlüsse zu ziehen, die menschliches Handeln plausibel machen und möglicherweise zu Veränderungen beitragen können. Ob die Betrachtung in der Tradition der Chicagoer Schule, aus der Perspektive einer Einwanderungsgesellschaft oder aus der europäischen Erfahrung des Städtewachstums durch Landflucht und Industrialisierung erfolgte, es konnten grundlegende Merkmale städtischen Lebens herausgearbeitet werden, die mit unterschiedlichen Bedeutungsgehalten und Wirkungszuschreibungen versehen, zum Standard der Stadtforschung wurden. Dass diese Kenntnisse nicht nur analytischen Zwecken dienen, sondern auch gestalterische Möglichkeiten eröffnen, zeigten insbesondere die Schriften von Jacobs und Feldkeller. Den Diskurs belebt und von eher eingeschränkten naturwissenschaftlich geprägten Raumbegriffen abgelösten Theorie des relationalen Raumes haben die im vorigen Kapitel beschriebenen Arbeiten von Lefèbvre und Löw, die sehr anschlussfähig an Theorien und Konzepte der Lebenswelt- oder Alltagsorientierung Sozialer Arbeit sind. Im nächsten Kapitel werden daher gesellschaftliche Prozesse behandelt und beleuchtet, die sich stark auf das Zusammenleben von Menschen in Städten und Gemeinden auswirken.

Aufgaben und Arbeitsanregungen

- Worin unterscheiden sich Stadt- und Landleben, abhängig von historischer Epoche und Gesellschaftsformation?
- Welche Wissenschaft/en beschäftigt/en sich mit Stadtleben/-entwicklung?
- Welche Bedeutung könnte der stadtsoziologische Perspektivenstreit für die Soziale Arbeit haben?
- Welche Erklärungsmodelle/Theorien gibt es für das Leben in Städten?
- Was versteht man unter Urbanität bzw. Urbanisierung?
- Was macht Urbanität/städtische Lebensweise aus?
- Welche Voraussetzungen braucht Urbanität/städtische Lebensweise?
- Durch welche baulichen Maßnahmen kann Urbanität gefördert oder verstärkt werden?

Literaturempfehlungen

Baum, Detlef (Hrsg.; 2007): Die Stadt in der Sozialen Arbeit. Ein Handbuch für soziale und planende Berufe. Wiesbaden: VS-Verlag.
Berking, Helmut/Löw, Martina (Hrsg.; 2008): Die Eigenlogik der Städte. Neue Wege für die Stadtforschung. Frankfurt/M.: Campus.
Feldkeller, Andreas (1994): Die zweckentfremdete Stadt. Wider die Zerstörung des öffentlichen Raumes. Frankfurt/M., New York: Campus.
Häußermann, Hartmut (Hrsg.; 1998): Großstadt. Soziologische Stichworte. Opladen: Leske + Budrich.

Herlyn, Ulfert (Hrsg.; 1974): Stadt- und Sozialstruktur. München: Nymphenburger Verlag.
Jacobs, Jane (1963): Tod und Leben großer amerikanischer Städte. Berlin, Frankfurt/M., Wien: Ullstein.
Prigge, Walter (Hrsg.; 1987): Die Materialität des Städtischen. Berlin, Boston: Birkhäuser.

4 Gesellschaftliche Veränderungen und deren Auswirkungen auf Stadtentwicklung

Die Entwicklung von Städten bzw. Stadtteilen sowie die Art des Zusammenlebens der Bewohner hängen von bestimmten Rahmenbedingungen ab, die den Lebensraum und das Zusammenleben beeinflussen und verändern können. Neben räumlich-baulichen Aspekten sind ökonomische Bedingungen insofern bedeutsam, als sie Auswirkungen auf die Zusammensetzung der Bevölkerung (Bevölkerungsstruktur), deren Existenzgrundlagen und damit auf das Leben in einer Stadt haben können. Art und Erfolg wirtschaftlicher Aktivitäten und die Beschaffenheit von Arbeitsplätzen betreffen die Existenzgrundlagen von Gesellschaften und ihrer Mitglieder. Sie sind ihrerseits abhängig von technologischen Entwicklungen und politischer Steuerung. Ziel dieses Kapitels ist es, technologische, ökonomische und politische Veränderungen der Nachkriegszeit des 20. Jhs. und deren gesellschaftliche Auswirkungen in den Städten aufzuzeigen.

4.1 Veränderungen in Technologie, Ökonomie und Politik

In der zweiten Hälfte des 20. Jhs. lassen sich für die Bundesrepublik Deutschland und andere mitteleuropäische Industriestaaten eine Reihe von technologischen, wirtschaftlichen und politischen Veränderungen feststellen, die von einigen Autoren als Entwicklung vom Fordismus zum Postfordismus beschrieben wurden (Bell 1975; Esser/Hirsch 1987; Ipsen 1987; Krämer-Badoni 1987). Fordismus, zunächst als Gesellschaft prägende Produktionsweise des 20. Jhs. verstanden, verdankt seinen Namen dem Automobilunternehmer Henry Ford, der als »Erfinder« der industriellen Massenproduktion (Taylor 1913/1977) gilt.

Die Ursachen des Wandels vom Fordismus zum Postfordismus lassen sich im Wesentlichen auf Veränderungen in den drei Bereichen Technologie, Wirtschaft und Politik zurückführen (▶ Abb. 5). Demografische Veränderungen, auf die an anderer Stelle näher eingegangen wird, können in diesem Zusammenhang mit Friedrichs (1995) als Folgeerscheinungen technologischer, wirtschaftlicher und politischer Veränderungen angesehen werden. Im technologischen Bereich ist es vor allem die Entwicklung der Mikroelektronik, deren vielfältige Nutzung in der Steuerungs- und Regelungstechnik sowie in der Informations- und Kommunikationstechnologie zu erheblichen Veränderungen führte (Esser/Hirsch 1987).

4 Gesellschaftliche Veränderungen und deren Auswirkungen auf Stadtentwicklung

Abb. 5: Technologische, ökonomische und politische Veränderungen
Quelle: eigene Bearbeitung, Becker 2014

Im Bereich der Wirtschaft kann mit Verweis auf verschiedene wirtschaftswissenschaftliche Ansätze von einem ständigen wellenförmigen Verlauf von Konjunkturzyklen unterschiedlicher Längen ausgegangen werden (vgl. Schumpeter 1961). Hadeler u. a. (2000) unterscheiden drei Zyklen nach deren unterschiedlicher Dauer:

- »Kitchin-Zyklus« oder »Mitchell-Zyklus« mit einer Dauer von drei bis vier Jahren geht zurück auf J. Kitchin (USA/GB 1923) und gilt als umstritten.
- Der »Juglar-Zyklus« nach C. Juglar (1860) mit einer Dauer von sieben bis elf Jahren gilt als Konjunkturzyklus im eigentlichen Sinne.
- Der »Kondratieff-Zyklus« nach Nikolai D. Kondratieff von 1926 wird wegen seiner Dauer von 50–60 Jahren auch als »Theorie der langen Wellen« bezeichnet. Nach Kondratieffs »Theorie der langen Wellen« werden die Produktionsgebiete im Sektor der auslaufenden Wellen (von der energieintensiven Schwerindustrie über die Elektroindustrie und Petrochemie zur Mikroelektronik) von den neuen Industrien deshalb oft gemieden, weil jeweils unterschiedliche Standortfaktoren wichtig sind (zu den einzelnen Zyklen s. Hadeler u. a. 2000: 1785).

Häußermann und Siebel (1987) erklären den Lebens- und Profitzyklus der Produktion nach der »Filter-down-Theorie« mit ihrem Wechsel von der Entwicklungs- zur Standardisierungsphase (Hadeler 2000: 1961 u. 2511 ff.). In seiner Entwicklungsphase sei ein Unternehmen auf räumlich eng verbundene Kommunikation zwischen Forschung, Entwicklung, Produktion und der Erprobung beim Kunden angewiesen, die deshalb alle an einem zentralen Standort konzentriert sein müssten. In der Standardisierungsphase hingegen sei mehr räumliche Flexibilität möglich, und die Produktionskosten könnten durch Rationalisierung mittels Technisierung und Automatisierung gesenkt werden. Als weitere wichtige ökonomische Entwicklungen sind die Entstehung neuer Produkte und Märkte im Bereich der Informations- und Kommunikationstechnologie sowie wachsende Marktchancen in der Solar-, Bio- und Gentechnologie zu nennen (Nefiodow 1996). Global vernetzte Kapital- und Firmenmärkte haben sich stark entwickelt und auch in Deutschland in den 1990er Jahren den Aktienmarkt populär gemacht. Angesichts steigenden Welthandels und schnell wachsender weltweiter Direktinvestitionen gewannen Preisvorteile für Transport, Boden und Arbeit eine zunehmende Bedeutung für wirtschaftliche Unternehmungen (Friedrichs 1999).

Im Bereich der Politik sind der Abbau von Handelshemmnissen, weltweit durch Gatt- und WTO-Vereinbarungen, europaweit durch die Verträge der Europäischen Union sowie die Blockauflösung zwischen Ost und West, die wohl bedeutsamsten Veränderungen der Jahrzehnte vor und nach der Jahrtausendwende. Die Industrienationen sehen sich angesichts ihrer, während der Industrialisierungsperiode angesammelten, Altlasten und der erst in der zweiten Hälfte des 20. Jhs. eingeführten Nutzung der Atomenergie mit steigenden Umwelt- und Sicherheitskosten konfrontiert. Verschärft wird diese Situation durch steigende Kosten der sozialen Sicherung u. a. für Alter, Pflege, Krankheit und Arbeitslosigkeit (Ipsen 1987).

Produktivitätssteigerung und Flexibilisierung

Verstärkte Nutzung der Mikroelektronik, in der Steuerungs- und Regelungstechnik sowie in der Informations- und Kommunikationstechnik, ermöglichen durch den Einsatz von Computern steigende Rationalisierungseffekte. Abbau von Handelshemmnissen und Blockauflösung zwischen Ost und West erlauben im Zusammenspiel mit den verfügbaren Informations- und Kommunikationstechnologien die Erschließung neuer Märkte und verursachen durch weltweite Vernetzung einen erweiterten Wettbewerb.

Erweiterter Wettbewerb und steigende Umwelt- und Sicherheitsauflagen für Unternehmen machen ein Qualitätsmanagement notwendig, das internationale Qualitätsvergleiche sowie die Einhaltung von Umwelt- und Sicherheitsauflagen gewährleistet. Nach der »constraint-location-theory« (Häußermann/Siebel 1987) führt die steigende Kapitalintensität eines »durchrationalisierten« Unternehmens zu weiteren Kostenkalkulationen und Kostenreduzierungen. Angesichts steigender Kosten für Umwelt, Sicherheit und soziale Sicherung sowie der verschärften Wettbewerbssituation gewinnt Kostenminimierung in Unternehmen zunehmend an Bedeutung. Rationalisierung, Qualitätsmanagement und Kostenminimierung tragen wesentlich zur Produktivitätssteigerung bei, die wiederum zur wichtigen Voraussetzung für die Kapitalbeschaffung auf einem erweiterten Kapitalmarkt wird (Häußermann/Siebel 1987).

Neue und wechselnde Märkte machen die Produktion kleiner Serien nach Bedarf notwendig. Durch Nutzung von Informations- und Kommunikationstechnologie sind Unternehmen in ihrer Standardisierungsphase in der Lage, die Produktion in kleine Einheiten aufzuteilen, um bedarfsgerechter produzieren zu können. Beides führt zu einer Flexibilisierung der Produktion. Aufteilung in kleinere Subunternehmen oder Auslagerung bestimmter Unternehmensbereiche (»Outsourcing«) sowie die Beschleunigung der Kommunikation zwischen Nachfrage und Produktion erhöhen die Variabilität von Steuerung und Produktion und führen zur Flexibilisierung der Produktionsprozesse, also der Organisation von Entwicklung, Produktion und Vertrieb (Ipsen 1987).

Wegen des verstärkten Einsatzes der Mikroelektronik, den Anforderungen des Qualitätsmanagements und der flexibilitätsbedingten Ausweitung von Aufgaben (»Job-enlargement«) und Verantwortung (»Job-enrichment«) werden von zunehmend mehr Arbeitskräften breitere und professionellere Qualifikationen sowie erweiterte zeitliche Einsatzbereitschaft erwartet (Beckerath/Sauermann/Wiswede 1981). Produktivitätserwartungen von Geldgebern und Aktienbesitzern (»Shareholder«) erhöhen, bei steigenden Personalkosten, den Druck auf flexiblere Gestaltung von Bezahlung, Arbeitszeit und Beschäftigungssicherheit. Insgesamt geht es dabei um die Flexibilisierung der Arbeitsplätze. Neben der Produktivitätssteigerung ist die Flexibilisierung der Produktion, der Produktionsprozesse und der Arbeitsplätze die zweite wichtige Folge der beschriebenen technologischen, ökonomischen und politischen Entwicklungen (vgl. Sennett 1998).

Internationale Arbeitsteilung

Steigender Druck zu Produktivitätssteigerungen und wachsende Möglichkeiten der Flexibilisierung haben eine zunehmende internationale Arbeitsteilung entstehen lassen. Technologische Möglichkeiten der Rationalisierung und der Abbau von Handelshemmnissen ermöglichen bei flexiblerer Organisation von Entwicklung, Produktion und Vertrieb, weltweite Preisunterschiede für Arbeit, Transport und Boden zu nutzen. Zur Kostenminimierung bieten sich bei sinkenden Transportkosten Produktionsverlagerungen in Gebiete mit weniger Auflagen, günstigeren Bodenpreisen oder niedrigeren Arbeitskosten an (Häußermann/Siebel 1988).

Die Flexibilisierung der Organisation von Produktionsprozessen eröffnet Optionen der Zentralisierung von Unternehmensfunktionen wie Steuerung, Management und Entwicklung, um angesichts weltweit vernetzter Kapital- und Firmenmärkte Synergieeffekte durch Konzentrationen und Fusionen zu nutzen. Begrenzte Nachfrage in den Industriestaaten und die Entwicklung neuer Märkte in »Brückenländern« führen über Direktinvestitionen zu weiterer internationaler Arbeitsteilung (Dangschat 1996).

Tertiarisierung

Rationalisierung und Kostenminimierung als Maßnahmen zur Produktivitätssteigerung haben im Verbund mit der Flexibilisierung von Produktion und Produktionsprozessen für steigenden Bedarf an unternehmensbezogenen Dienstleistungen geführt. So ist ein wachsender Markt an hochqualifizierten Dienstleistungen, z. B. in Forschung und Entwicklung, Marketing, Personalservice, Transport und Logistik, aber auch für »einfache« Dienstleistungen, wie Reinigungs-, Wartungs- und Wachdienste, entstanden (Ipsen 1987). Zentrale Steuerungs-, Management- und Entwicklungsfunktionen siedeln sich bei räumlicher Flexibilität dort an, wo die jeweils notwendige Infrastruktur an Dienstleistungen vorhanden ist. Die internationale Arbeitsteilung in Form von Produktionsverlagerungen und Zentralisierung bzw. Konzentration von Unternehmensfunktionen hat in den »alten« Industriestaaten« zu einem steigenden Bedarf und wachsenden Markt an unternehmensbezogenen Dienstleistungen, bei gleichzeitigem Rückgang industrieller Produktion insbesondere in den »alten« Branchen wie Kohle, Stahl, Schiffbau und Textil, geführt (Häußermann/Siebel 1987). Diese Entwicklung wird als »Tertiarisierung« bezeichnet. Damit ist der Wandel in der Dominanz der auf Jean Fourastié (1954) zurückgehenden klassischen drei Wirtschaftsbereiche, des primären (Land- und Forstwirtschaft, Fischerei, Bergbau), sekundären (Produzierendes Gewerbe und Industrie) und tertiären (Dienstleistungen) Sektors, in Bezug auf die Zahl der jeweils pro Sektor beschäftigten Erwerbstätigen gemeint.

Während in Deutschland der primäre Sektor Ende des 19. Jhs. noch die meisten Beschäftigten zählte, erreichte der sekundäre Sektor in den 1960er und 1970er Jahren seinen Höhepunkt. Dem steht eine starke Zunahme des tertiären Sektors im 20. Jh. gegenüber und erreichte 2010 mit ca. 3 Mio. fast drei Viertel aller Erwerbstätigen (▶ Abb. 6).

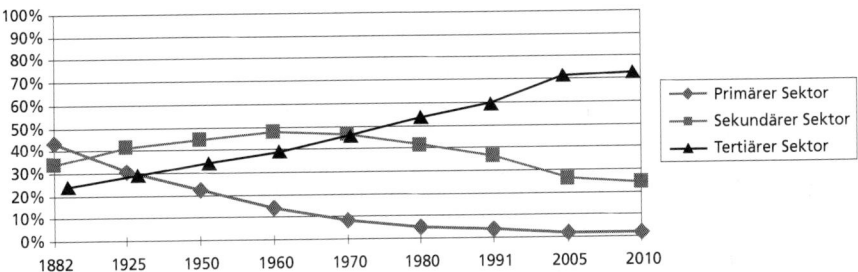

Abb. 6: Erwerbstätige nach Wirtschaftsbereichen, Deutschland 1882–2010
Quellen: Datenreport 1999, Statistisches Bundesamt (Hrsg.): 90 (für die Jahre 1882, 1925 und 1950); Datenreport 2011, Statistisches Bundesamt (Hrsg.): 103 (für die Jahre 1960–2010)
Anmerkungen: Die Daten für 1882 und 1925 beruhen auf Berufszählungen im Reichsgebiet bzw. für 1950 im früheren Bundesgebiet. Die Angaben für die Jahre 1960 bis 1980 beruhen auf Ergebnissen des Mikrozensus im früheren Bundesgebiet. Die Angaben für die Jahre ab 1991 beruhen auf Ergebnissen des Mikrozensus für Gesamtdeutschland.

4.2 Folgen, Risiken und Chancen der Veränderungen

Die von einigen Autoren (Esser/Hirsch 1987; Dangschat 1996) beschriebenen Folgen im ökonomischen Bereich der oben erläuterten Veränderungen sind in Abbildung 7 zu einem Schaubild zusammengefasst und können wie folgt expliziert werden.

Veränderungen des Arbeitsmarktes

Maßnahmen der Produktivitätssteigerung, wie Kostenminimierung und Rationalisierung, führen sowohl im Produktions- als auch im Dienstleistungssektor zu Arbeitsplatzabbau. Die ebenfalls der Produktivitätssteigerung dienenden Qualitätssicherungsmaßnahmen verursachen im Zusammenhang mit Rationalisierungsbestrebungen steigende Ansprüche an die Qualifikation der Beschäftigten bzw. steigende Nachfrage nach qualifizierten Arbeitskräften. Für gering- oder unqualifizierte Beschäftigte ergibt sich daraus ein verstärktes Risiko von Entlassung. Gering- oder unqualifizierte arbeitsuchende Arbeitskräfte sind vom Risiko dauerhafter Arbeitslosigkeit betroffen. Demgegenüber ergeben sich Chancen auf Verbleib an der Arbeitsstelle oder Einstellung für (hoch-)qualifizierte Beschäftigte, bzw. arbeitsuchende Arbeitskräfte. Die Flexibilisierung von Produktion und Produktionsprozessen führt zu steigenden Ansprüchen an räumliche Mobilität, Einsatzvariabilität und Verantwortungsbereitschaft der Arbeitskräfte.

Diese Ansprüche bergen für immobile, einseitig qualifizierte und weniger verantwortungsbereite Arbeitskräfte das Risiko, von Entlassung oder Dauerarbeitslosigkeit betroffen zu werden. Räumlich mobilen, vielseitig qualifizierten und verantwortungsbereiten Arbeitskräften eröffnen sich hingegen Chancen auf dauerhafte Anstellung, abwechslungsreiche Tätigkeiten und die Übertragung verantwortungsvoller Aufgaben. Die Flexibilisierung von Produktionsprozessen und Arbeitsplätzen führt zu stärkerer Leistungsorientierung mit Auswirkungen auf Bezahlung, Arbeitszeit und Arbeitsplatzsicherheit. Für minder qualifizierte und weniger flexible Arbeitskräfte entstehen Risiken von Einkommensverlusten, unattraktiven weil wenig gestaltbaren Arbeitszeiten und unsicheren Beschäftigungsverhältnissen. Höher qualifizierten und flexiblen Arbeitskräften eröffnen sich wiederum Chancen auf Einkommenszuwächse, attraktive weil gestaltbare Arbeitszeiten und sichere Beschäftigungsverhältnisse.

Veränderungen in der Standortpolitik

Produktionsverlagerungen und Zentralisierungen bestimmter Unternehmensfunktionen verringern die politischen Einflussmöglichkeiten auf nationaler und kommunaler Ebene und erhöhen das Risiko von Arbeitsplatz- und Steuereinnahmeverlusten in nationalen, europäischen und globalen Regionen mit hohen Kosten für Boden, Arbeit und Umwelt. Gleichzeitig ergeben sich in Regionen mit niedrigen Kosten für Boden, Arbeit und Umwelt Chancen auf Arbeitsplatz- und Steuereinnahmezuwächse. Zentralisierungen bestimmter Unternehmensfunktionen und neue Märkte in »Brückenländern« verstärken den internationalen, interregionalen und interkommunalen Wettbewerb um Standortentscheidungen. Dieser Wettbewerb bringt das Risiko von Deregulierungsdruck auf Steuer-/Abgabenpolitik, Umwelt-/Sozialstandards und Arbeits-/Tarifrecht für staatliche und kommunale Stellen sowie die Tarifpartner mit sich. Für Regionen mit entsprechender Infrastruktur für Forschung und Entwicklung ergeben sich jedoch Chancen auf Standortentscheidungen für forschungs- und entwicklungsintensive Unternehmensteile. In Regionen mit entsprechender Dienstleistungsinfrastruktur eröffnen sich Chancen auf Attraktivitätssteigerungen für die Ansiedlung von Steuerungs-, Management- und Entwicklungsfunktionen von Unternehmen.

Polarisierungen von Regionen und Arbeitsmarkt

Insgesamt führt die Tertiarisierung mit ihrem steigenden Bedarf und wachsenden Markt an unternehmensbezogenen Dienstleistungen und der »Deindustrialisierung« (Ipsen 1987) der bisherigen Industriestaaten zu Polarisierungen zwischen verschiedenen Regionen und zur Polarisierung des Arbeitsmarktes. Strukturschwache Regionen mit hohem Anteil absterbender Industrie und geringem Dienstleistungsanteil haben angesichts von Arbeitsplatzverlusten, Steuereinbußen, Mehrausgaben für Arbeitslosigkeit und Armut sowie der Verschuldung privater und öffentlicher Haushalte ein hohes Risiko an wirtschaftlicher Depression und sozialen Problemen. Regionen mit starker Wirtschaftsstruktur und Standorten forschungs- und entwicklungsintensiver Produktion sowie von Steuerungs-, Management- und Entwicklungsfunktionen haben hingegen Chancen auf wirtschaftliche Prosperität oder entsprechenden Strukturwandel mit Arbeitsplatz- und Steuerzuwachs, Minderausgaben für Arbeitslosigkeit und Armut sowie auf Entschuldung privater und öffentlicher Haushalte (Gatzweiler/Strubelt 1988). Die Polarisierung des Arbeitsmarktes zeigt sich in Dauerarbeitslosigkeit, höherer Arbeitslosigkeit von Arbeitern, unsicheren Arbeitsplätzen minder und einseitig qualifizierter Tätigkeiten, weniger Frauenarbeitsplätzen und Einkommenseinbußen auf der einen Seite sowie eher Kurzzeitarbeitslosigkeit, geringerer Arbeitslosigkeit von Angestellten, sicheren Arbeitsplätzen hoch und vielseitig qualifizierter Tätigkeiten, mehr Frauenarbeitsplätzen und Einkommenszuwächsen auf der anderen Seite (▶ Tab. 1).

4 Gesellschaftliche Veränderungen und deren Auswirkungen auf Stadtentwicklung

Tab. 1: Folgen, Risiken und Chancen ökonomischer Veränderungen

Veränderungen	Folgen	Risiko von	für	Chancen auf	für
Produktivitätssteigerung					
Kostenminimierung	• Arbeitsplatzabbau im Produktions- und Dienstleistungssektor	• Arbeitslosigkeit		• Arbeit	
Rationalisierung	• Ansprüche an Qualifikation von Arbeitskräften steigend	• Entlassung	• gering- oder unqualifizierte beschäftigte Arbeitskräfte	• Verbleib im Job	• (hoch-)qualifizierte beschäftigte Arbeitskräfte
Qualitätsmanagement	• Nachfrage nach qualifizierten Arbeitskräften steigend	• dauerhafte Arbeitslosigkeit	• gering oder unqualifizierte arbeitssuchende Arbeitskräfte	• Einstellung	• (hoch-)qualifizierte arbeitsuchende Arbeitskräfte
Flexibilisierung					
der Produktion	• steigende Ansprüche an räumliche Mobilität	• Entlassung oder dauerhafte Arbeitslosigkeit	• räumlich immobile Arbeitskräfte	• Einstellung	• räumlich mobile Arbeitskräfte
Produktionsprozesse	• Einsatzvariabilität • Verantwortungsbewusstsein von Arbeitskräften	• Entlassung oder dauerhafte Arbeitslosigkeit • Entlassung oder dauerhafte Arbeitslosigkeit	• einseitig qualifizierte Arbeitskräfte • weniger verantwortungsbewusste Arbeitskräfte	• Abwechslungsreiche Tätigkeit • Verantwortungsvolle Tätigkeit	• vielseitig qualifizierte Arbeitskräfte • verantwortungsfreudige Tätigkeit

4.2 Folgen, Risiken und Chancen der Veränderungen

Tab. 1: Folgen, Risiken und Chancen ökonomischer Veränderungen – Fortsetzung

Veränderungen	Folgen	Risiko von	für	Chancen auf	für
Arbeitsplätze	stärkere Leistungsorientierung bei: • Bezahlung • Arbeitszeit • Arbeitsplatzsicherheit	• Einkommenseinbußen • unattraktive Arbeitszeiten • unsichere Beschäftigungsverhältnisse	• gering oder unqualifizierte und flexible Arbeitskräfte	• Einkommenszuwächse • gestaltbare Arbeitszeiten • Arbeitsplatzsicherheit	• (hoch-)qualifizierte und flexible Arbeitskräfte
Internationale Arbeitsteilung					
Produktionsverlagerung	• weniger politischer Einfluss auf nationaler und kommunaler Ebene	• Verlust an Arbeitsplätzen und Steuereinnahmen	• nationale/europäische/globale Regionen mit hohen Kosten für Boden, Arbeit, Umwelt	• Zuwachs an Arbeitsplätzen und Steuereinnahmen	• nationale/europäische/globale Regionen mit niedrigen Kosten für Boden, Arbeit, Umwelt
Zentralisierung bestimmter Unternehmensfunktionen	• verstärkter internationaler/regionaler/kommunaler Wettbewerb um Standortentscheidungen	Deregulierungsdruck auf • Steuer-/Abgabenpolitik • Umwelt-/Sozialstandards • Arbeits-/Tarifrecht	• staatliche und kommunale Stellen sowie Tarifpartner	• Standortentscheidungen für Forschung und entwicklungsintensive Produktion • Attraktivitätssteigerungen für Steuerungs-, Management-, Entwicklungsfunktionen	• Regionen mit entsprechender Infrastruktur für Forschung und Entwicklung
Neue Märkte in »Brückenländern«					• Regionen mit entsprechender Dienstleistungsinfrastruktur

4 Gesellschaftliche Veränderungen und deren Auswirkungen auf Stadtentwicklung

Tab. 1: Folgen, Risiken und Chancen ökonomischer Veränderungen – Fortsetzung

Veränderungen	Folgen	Risiko von	für	Chancen auf	für
Tertiarisierung					
steigender Bedarf und wachsender Markt für unternehmensbezogene Dienstleistungen	Polarisierung: • der Regionen	Depression: • Arbeitsplatzverluste • Steuereinbußen • Mehrausgaben für Arbeitslosigkeit und Armut • Verschuldung privater und öffentlicher Haushalte	• in strukturschwachen Regionen mit hohem Anteil absterbender Industrie und geringem Anteil im Dienstleistungssektor	Prosperität/Strukturwandel: • Arbeitsplatzzuwächse • Steuereinnahmenzuwachs • weniger Ausgaben für Arbeitslosigkeit und Armut • Entschuldung privater und öffentlicher Haushalte	• Regionen mit starker Wirtschaftsstruktur und Standorten von forschungs- und entwicklungsintensiver Produktion sowie von Steuerungs-, Management- und Entwicklungsfunktionen
Rückgang altindustrieller Branchen	• des Arbeitsmarktes	Dauerarbeitslosigkeit	• minderqualifizierte und einseitig qualifizierte Tätigkeiten	eher Kurzzeitarbeitslosigkeit	• höher qualifizierte und vielseitig qualifizierte Tätigkeiten
Deindustrialisierung		• unsichere Arbeitsplätze • Einkommenseinbußen • hohe Arbeitslosigkeit bei Arbeitern • weniger Frauenarbeitsplätze		• sichere Arbeitsplätze • Einkommenszuwächse • geringe Arbeitslosigkeit bei Angestellten • mehr Frauenarbeitsplätze	

Quelle: eigene Bearbeitung, Becker 2014

4.3 Folgen der Veränderungen für die Städte

Die oben beschriebenen Aspekte der durch Produktivitätssteigerung und Flexibilisierung von Produktionsprozessen entstandenen internationalen Arbeitsteilung wirken sich räumlich durchaus unterschiedlich aus. Produktionsverlagerungen sollten dabei differenziert betrachtet werden (Appold/Kasarda 1988). Verlagerungen von Betrieben in die Umlandgemeinden von Städten verringern zwar die (Gewerbe-)Steuereinnahmen, erhöhen aber nicht unbedingt die Arbeitslosenzahlen der Stadt, sondern u. U. das Verkehrsaufkommen, durch mehr Pendlerfahrten zwischen Wohnung und neuem Arbeitsort. Verlagerungen von Produktions- oder anderen Betriebsteilen sind auch abhängig von der Unternehmensgröße und dem geografischen Aktionsradius des Unternehmens. Unternehmen mit regionalem oder nationalem Aktionsradius und eben solchen Verflechtungen werden ihre Standorte eher im regionalen oder nationalen Rahmen suchen oder verändern. Bei europaweit tätigen Unternehmen kommen Verlagerungen von Betriebsteilen in europäische Randgebiete eher in Frage. Für international tätige Unternehmen mit einer gewissen Größe und internationalen Märkten für ihre Produkte macht es bei entsprechender Logistikkapazität eventuell Sinn, Betriebsteile in andere Weltregionen zu verlagern. Dennoch führen die veränderten Möglichkeiten für Produktionsverlagerungen, Zentralisierungen von Unternehmensfunktionen und neue Produkte und Märkte zu Umstrukturierungen regionaler und kommunaler Wirtschaftsgefüge (Schäfers/Wewer 1996).

Umstrukturierungen regionaler und kommunaler Wirtschaftsgefüge

Diese Umstrukturierungen bergen, wie in Tabelle 1 und Abbildung 7 dargestellt, Risiken von Arbeitsplatz- und Steuereinnahmeverlusten, vorwiegend in Städten mit einseitiger Wirtschaftsstruktur, hohem Anteil an absterbender Industrie und geringem Dienstleistungsanteil. Städten mit vielseitiger Wirtschaftsstruktur, Standorten von forschungs- und entwicklungsintensiver Produktion, Steuerungs-, Managementfunktionen und hohem Dienstleistungsanteil bieten die ökonomischen Umstrukturierungen hingegen Chancen auf Zuwachs an Arbeitsplätzen und Steuereinnahmen. Während zunehmende Verlagerungs- und Zentralisierungsoptionen von Unternehmen sowie Wachstumschancen neuer Märkte in anderen (Welt-)Regionen die politischen Einflussmöglichkeiten von Städten einschränken, erhöhen sie gleichzeitig den interkommunalen Wettbewerb um Standortentscheidungen. Mit der Einschränkung des politischen Einflusses verlieren Städte an Regulierungs- und Restriktionsmöglichkeiten gegenüber Unternehmen. Unter Wettbewerbsbedingungen entsteht Deregulierungsdruck und die Notwendigkeit zur Attraktivitätssteigerung der Stadt als Unternehmensstandort. Beides trägt zu Veränderungen im Selbstverständnis und in der Bedeutung lokaler Politik bei (▶ Abb. 7).

4 Gesellschaftliche Veränderungen und deren Auswirkungen auf Stadtentwicklung

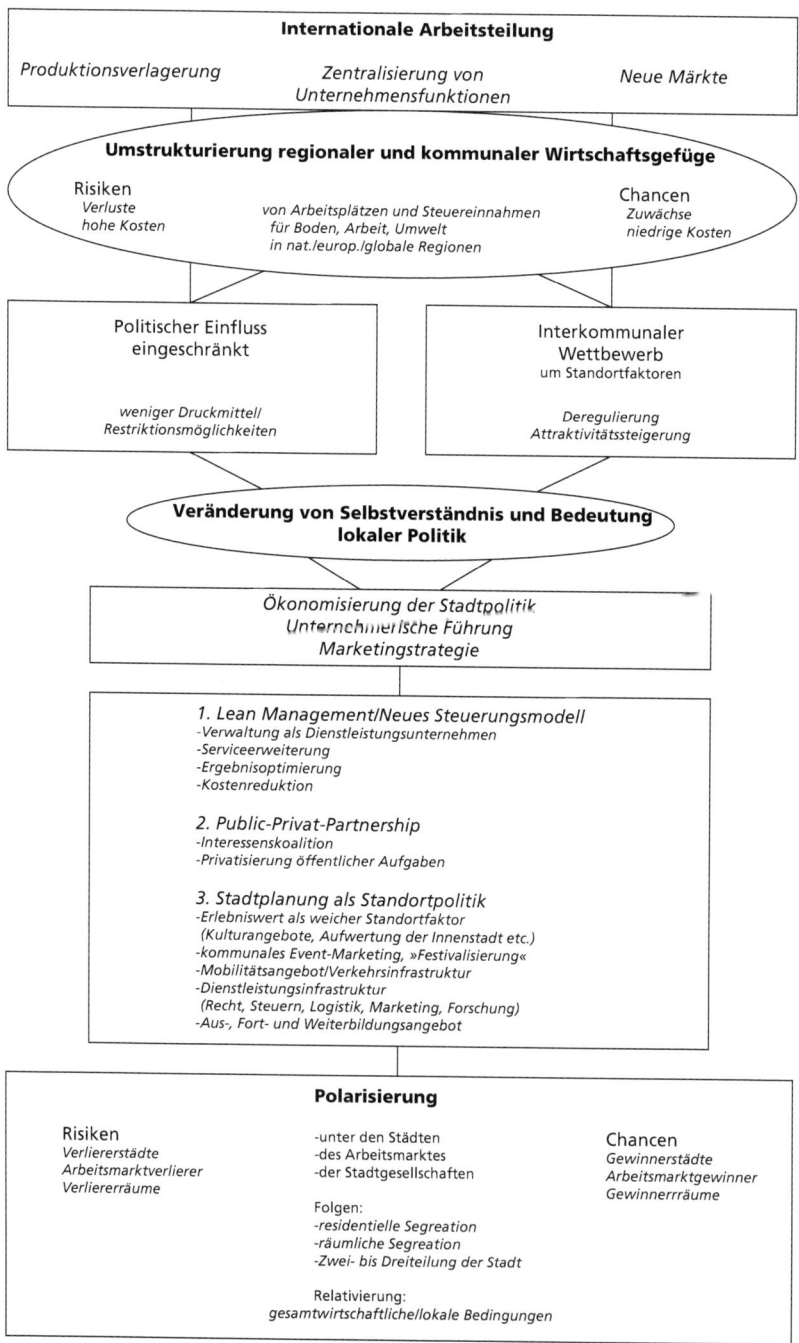

Abb. 7: Folgen ökonomischer Veränderungen für die Städte
Quelle: eigene Bearbeitung, Becker 2014

Veränderungen im Selbstverständnis und in der Bedeutung lokaler Politik

Städte interessieren sich zunehmend für Marketingstrategien und streben eine unternehmerische Führung der Stadtverwaltung an (Dangschat 1996). Krämer-Badoni (1987) spricht in diesem Zusammenhang von der Ökonomisierung der Stadt. Mit »Lean Management« (Sohn 1993) und »neuen Steuerungsmodellen« (Reichard 1994) sollen Stadtverwaltungen in moderne Dienstleistungsunternehmen mit Zielvorgaben, erweitertem Service, optimierten Ergebnissen und reduzierten Kosten verwandelt werden. Durch »Public-Privat-Partnership«, genannte Partnerschaften mit privaten Unternehmen, versuchen Städte, trotz knapper werdender Finanzmittel, die Aufgabenerfüllung zu gewährleisten. Ob als Investoren von Parkhäusern und Kultureinrichtungen, als Betreiber des öffentlichen Personennahverkehrs oder der Energie- und Wasserversorgung übernehmen private Unternehmen bisher öffentliche Aufgaben (▶ Kap. 6.3). Am deutlichsten lassen sich die Veränderungen im Selbstverständnis lokaler Politik, hin zu unternehmerischen Strategien und Marketingorientierung in der Standortpolitik der Stadtplanung beobachten. Sei es das Ziel, Investitionsanreize zu bieten, Firmen und deren MitarbeiterInnen am Standort zu halten oder neue Firmen, Arbeitskräfte oder Besucher anzulocken – zur Attraktivitätssteigerung werden besonders die weichen Standortfaktoren herausgestellt und berücksichtigt.

Es gilt, den Erlebniswert der Stadt und insbesondere der Innenstadt für die erwünschten Zielgruppen zu erhöhen (Dangschat 1996). Dazu zählen Ausbau des Kulturangebotes, Aufwertung der Innenstädte durch Einrichtung möblierter Fußgängerzonen, Verlagerung von Veranstaltungen auf Straßen und Plätze, verlängerte Öffnungszeiten von innerstädtischem Einzelhandel und städtischen Ämtern, Errichtung von Einkaufscentern mit überdachten Einkaufsstraßen und Passagen sowie Angebote gehobenen innerstädtischen Wohnens. Der öffentliche Stadtraum wird zunehmend als Ort für Event-Marketing von Veranstaltungen überregionaler Bedeutung genutzt, um Image und Bekanntheit des Standortes zu verbessern (Dangschat 1996).

Weil sich hierfür insbesondere kulturelle und sportliche Großveranstaltungen eignen, sprechen Häußermann/Siebel (1993) auch von der »Festivalisierung der Stadtpolitik«. »Festivalisierung« kann jedoch auch der Identitätsbildung und Zusammenführung der ansonsten eher separierten unterschiedlichen städtischen Bevölkerungsgruppen dienen, wie Eva Maria Eckel (1996) anmerkt. Andere Standortfaktoren haben aber nach wie vor ihre Bedeutung (Appold/Kasarda 1988). Mobilitätsbedürfnisse von Unternehmen und Menschen erfordern eine entsprechend gut ausgebaute Verkehrsinfrastruktur für den individuellen und öffentlichen Verkehr. Eine gute Mischung an Dienstleistern, in den Bereichen Logistik, Recht, Steuern, Marketing, Forschung und Kommunikation, befriedigen den Bedarf an unternehmensbezogenen Dienstleistungen und erleichtern innovativen Firmen und Existenzgründern die Arbeit. Vor Ort vorhandene Aus-, Fort- und Weiterbildungsstätten sorgen für entsprechendes Potential an qualifizierten Arbeitskräften.

Polarisierung durch Tertiarisierung

Aufgrund von steigendem Bedarf und wachsendem Markt für unternehmensbezogene Dienstleistungen bei gleichzeitigem Rückgang altindustrieller Branchen sehen Esser und Hirsch (1987) Standortvorteile für tertiarisierte Städte mit einer Kombination spezieller Industrie-, Dienstleistungs-, Transport- und Forschungskapazitäten sowie guter Verfügbarkeit qualifizierter Arbeitskräfte. Standortnachteile ergeben sich für Städte mit traditioneller Industrieansiedelung, hohen Altlasten und ungünstigem Arbeitsmarkt einseitig oder wenig qualifizierter Arbeitskräfte. In der stadtsoziologischen Literatur (Häußermann/Siebel 1987) wird von der Polarisierung unter den Städten bzw. Regionen gesprochen, wobei die »Verliererstädte« aufgrund ihrer Position im ökonomischen Strukturwandel mehr von den Risiken der Tertiarisierung betroffen sind, während die »Gewinnerstädte« stärker von deren Chancen profitieren können.

Städte mit hohen Altlasten, ungünstiger Wirtschaftsstruktur, hohem Anteil absterbender Industriezweige und geringem Dienstleistungsanteil gehören eher zu den »Verliererstädten«, weil sie mit hohen Arbeitsplatzverlusten Mehrausgaben für Arbeitslosigkeit und Armut bei gleichzeitigen Einnahmeverlusten durch Steuereinbußen haben. Städte mit wenigen Altlasten, einer natürlichen Umgebung mit hohem Freizeitwert und günstiger Wirtschaftsstruktur, mit geringem Anteil altindustrieller Produktion und hohem Dienstleistungsanteil gehören eher zu den »Gewinnerstädten«. Sie profitieren mit ihrer ansiedelungsfreundlichen Dienstleistungsinfrastruktur von der Attraktivität als Standort für Wachstumsbranchen und haben somit mehr Chancen auf Steuereinnahme-, Arbeitsplatzzuwächse, geringere Ausgaben für Arbeitslosigkeit und Armut und damit auf Entschuldung des städtischen Haushaltes (▶ Tab. 1 und ▶ Abb. 7).

Innerhalb der Städte kommt es durch die ökonomischen Umstrukturierungen im Zuge der Tertiarisierung zu einer Polarisierung des Arbeitsmarktes. Auf der einen Seite stehen die gering- oder unqualifizierten Arbeitskräfte sowohl aus dem Produktions- als auch aus dem Dienstleistungssektor mit erhöhtem Risiko von Entlassung, Arbeitslosigkeit und Lohneinbußen. Dazu gesellen sich Arbeitskräfte, insbesondere Arbeiter mit einseitigen Qualifikationen für den Produktionssektor, die nicht flexibel einsetzbar und beispielsweise wegen fehlender finanzieller Ressourcen räumlich immobil sind. Diese Arbeitskräfte haben auch im wachsenden Dienstleistungssektor geringe Chancen auf Arbeitsstellen. Auf der anderen Seite stehen hoch- oder vielseitig qualifizierte Arbeitskräfte, die bei räumlicher Mobilität und entsprechender Verantwortungsbereitschaft flexibel einsetzbar sind und deshalb gute Arbeitsmarktchancen, Aussicht auf Einkommenszuwachs und Arbeitssicherheit bei hoher Arbeitszeitautonomie haben.

Aus der Polarisierung des Arbeitsmarktes und der Attraktivitätssteigerung der Innenstädte kann sich laut Dangschat (1996) eine Polarisierung der Stadtgesellschaften entwickeln. Einkommensschwache Haushalte und Haushalte, die sich vorwiegend aus Transferleistungen finanzieren, bleiben wegen ihrer ökonomisch bedingten Immobilität in der Stadt, zumal hier sowohl die aufzusuchenden Behörden als auch oft familiäre oder verwandtschaftliche Unterstützungsnetze vorhanden sind. Einkommensstarke Haushalte ohne Kinder, junge Professionelle und zahlungskräftige Senioren suchen hochwertigen Wohnraum in urbaner Umgebung und ziehen in wiederbelebte Innenstadtviertel oder citynahe, aufgewertete frühere Industrie- oder Gewerbebrachen (Krämer-Badoni 1987; Dangschat 1988; Friedrichs 1998; ▶ Kap. 5, »Gentrification«).

Mittlere Einkommensschichten mit Kindern, denen innenstadtnaher Wohnraum zu teuer und die Problembelastung der Nachbarschaften in den Wohnsiedlungen am Stadtrand zu groß wird oder die Eigentum bilden wollen, ziehen in das städtische Umland. So kann es bei verschärfter Entwicklung der genannten Konzentration von Bevölkerungsgruppen zur sozialen Spaltung der Stadtgesellschaft kommen (Häußermann/Siebel 1988; ▶ Kap. 5, »Segregation«). Aus der »residentiellen Segregation« durch Abwanderung von Familien mit Kindern mittleren und höheren Einkommens aus der Stadt kann eine räumliche Konzentration von Reichtum und Armut entstehen, eine Polarisierung des Stadtraumes in »Siegerräume« und »Verliererräume« (Dangschat 1996).

Eine Politik der Attraktivitätssteigerung und »Festivalisierung«, die auf Kultur- und Erlebnisbedürfnisse gebildeter und einkommensstarker Schichten zielt, schafft die entsprechenden Einrichtungen und bindet städtische Finanzen. Die zunehmende Privatisierung öffentlichen Raumes, beispielsweise durch den Bau von Einkaufspassagen, die Ausweitung von Straßencafés und Parkraumbewirtschaftung, schränkt die Nutzungsvielfalt ein und schließt damit bestimmte NutzerInnen aus (Feldtkeller 1994). Mit der »Ästhetisierung der Innenstadt« für gehobene Ansprüche einkommensstarker Bewohner und Gäste wird, über die Gestaltung der Räume, indirekt eine Nutzungseinschränkung vorgenommen, weil bestimmte Nutzungen unpassend erscheinen und sich so quasi selbst ausschließen. Die Definitionsmacht über Raum wird somit zunehmend bedeutsam (Dangschat 1996; Löw 2001).

Direkte Ausgrenzung und Marginalisierung einkommensschwacher Bewohner geschieht mit den Möglichkeiten des Polizeigesetzes (z. B. Bettelverbot) und der Vertreibung von Drogenszene, Straßenprostitution und Obdachlosen aus den Innenstädten durch verstärkte Polizeipräsenz, Kontrollen und der bereits aus DDR-Zeiten bekannten Videoüberwachung öffentlicher Räume (Hecker 1997). Als »Siegerräume« lassen sich demnach die aufgewerteten Innenstädte, »Kulturpaläste«, »Shopping-Mals« genannte private Einkaufspassagen und die luxussanierten Altbauten der Gründerzeitviertel mit ihren attraktiven und teuren Appartements und Penthouse-Wohnungen identifizieren (Krämer-Badoni 1987). »Verliererräume« entstehen hingegen dort, wo Stadtgebiete von der Stadtentwicklungsplanung vernachlässigt werden, wo sich private Investoren mangels Kaufkraft, Nutzungsvielfalt und vorteilhaftem Image zurückziehen und wo kommunale Belegungspolitik und Armutszuwanderung zu räumlicher Konzentration von Armut und sozialen Problemen führt (Gatzweiler/Strubelt 1988). Solche »Verliererräume« sind typischerweise in ehemaligen Arbeiterwohngebieten der Jahrhundertwende mit schlechter Bausubstanz, in ungünstigen Lagen mit schlechter Verkehrsinfrastruktur und einseitiger Sozialstruktur zu finden (Dangschat 1996). Die politische Zielproblematik sieht Dangschat für die Städte darin, trotz Attraktivitätssteigerung durch Gestaltung und Aufwertung der Innenstädte, die Stadtrandgebiete nicht zu vernachlässigen, weil damit wiederum Folgekosten, Sicherheitsprobleme und Imageschäden produziert würden. Esser und Hirsch (1987) konstatieren, angesichts verstärkten interkommunalen Wettbewerbes, eine Zwei- bis Dreiteilung der Städte:

- einen international wettbewerbsfähigen Teil der Stadt, für Geschäftsleute, Kongress- und Messebesucher, der nicht in jeder Stadt vorhanden sein könne;
- den »normalen« Arbeits-, Versorgungs- und Wohnstadtteil für die mittleren Lagen, der die Funktion eines regionalen Oberzentrums übernimmt;
- der dritte Teil sei die marginalisierte Stadtregion der sogenannten A-Gruppen (Arbeitslose, Arme, Ausländer), der mancherorts zum Teil bereits abgeschottet von den anderen Teilen sei und überwacht würde.

»Die Tatsache, dass die sozialräumliche Gestalt der Städte immer das Ergebnis politisch-sozialer Kräfteverhältnisse, Konflikte und Kompromisse unter ökonomisch-strukturellen, aber historisch und im Kontext gesellschaftlicher Kämpfe sich verändernden Bedingungen ist, gilt heute mehr denn je.« (Esser/Hirsch 1987: 56)

Auf konstitutive Wirkungszusammenhänge der Ökonomie einer Stadt verweist Dieter Läpple (1998) mit seinem Konzept städtischer Teilökonomien und empfiehlt einen »Bottom-up-Ansatz« unter Einbezug spezifisch städtischer Entwicklungsbedingungen, wie historisch gewachsener Produktions- und Wertschöpfungsstrukturen und räumlicher Verflechtungszusammenhänge. Städtische ökonomische Cluster könnten als Schnittmenge zwischen gesamtwirtschaftlich oder global orientierten Branchen und dem städtischen ökonomischen Milieu angesehen werden (Läpple 1998). Entgegen der Ausrichtung von Stadtpolitik auf internationalen Wettbewerb sieht Wendelin Strubelt (1998) durch die Ausdifferenzierung ökonomischer Wachstumsmöglichkeiten durchaus Chancen für strukturell unterschiedliche Entwicklungspfade von Städten. Mit der Kommunikationstechnologie könnte die Subzentrenbildung in Städten gefördert und die dezentrale Konzentration der Nutzungsfunktionen ermöglicht werden. Wohnen, Arbeiten und Erholen könnten räumlich zusammenrücken (Strubelt 1998).

Neben der unterschiedlichen Betroffenheit der Städte vom ökonomischen Strukturwandel halten Häußermann und Siebel (1987) noch andere Faktoren für bedeutsam für das unterschiedliche Ausmaß von sozialen Konflikten in den Städten. Bei großer räumlicher Trennung und breiter Streuung der Nutzungsfunktionen, wie Arbeiten und Wohnen, insbesondere bei großer Zahl von Pendlern aus dem Umland, verteile sich Arbeitslosigkeit auf verschiedene Gebiete einer Stadt bzw. Region und träte nicht räumlich stark konzentriert oder geballt auf.

In Haushalten mit mehreren berufstätigen Personen müsse bei Arbeitslosigkeit eines Mitgliedes nicht gleich die Wohnung aufgegeben werden und in eine andere Wohngegend mit günstigerer Miete oder Sozialwohnraum umgezogen werden. Ländliche Umgebungen von Städten ermöglichten bei hoher Pendlerzahl, die Verknüpfung materieller und sozialer Ressourcen informeller Arbeit im ländlichen Raum mit formeller Lohnarbeit in der Stadt. Bei Wegfall des lohnabhängigen Einkommens könne mit Nachbarschaftshilfe, Nebenerwerbslandwirtschaft und Eigenarbeit sozialer Abstieg und Armut wenigstens verzögert werden (Häußermann/Siebel 1987).

4.4 Räumliche Mobilität

Produktivitätssteigerungen, insbesondere durch die damit verbundenen Entlassungen von Beschäftigten und die Flexibilisierung von Produktionsprozessen, haben mit zu einer »räumlichen Mobilisierung« der Bevölkerung beigetragen. Konsequenzen eines Arbeitsplatzwechsels können dabei sowohl Wohnsitzwechsel als auch Pendeln zwischen bisherigem Wohnsitz und neuer Arbeitsstelle sein. Aus der Zahl der Wohnsitzwechsel über die Gemeindegrenzen innerhalb Deutschlands hinweg lässt sich bezogen auf die Einwohnerzahl eine Mobilitätsziffer aus der Anzahl an Wohnsitzwechseln bezogen auf 1000 Einwohner ermitteln. Sie gibt Auskunft darüber, wie oft EinwohnerInnen eines administrativ bestimmten Gebietes (Gemeinde, Kreis oder Bundesland) ihren Wohnsitz wechseln.

Schon in den 1970er Jahren sind die Mobilitätsziffern in Deutschland gesunken. Diese Entwicklung hatte allerdings mit der Gebietsreform in den Bundesländern zu tun, bei der es zu zahlreichen Eingemeindungen kam. Umzüge in eingemeindete Dörfer wurden fortan als Ortsumzüge registriert und gingen nicht mehr in die Mobilitätsziffer ein. Diese ist in den 1980er Jahren weiter deutlich gesunken, in den 1990er Jahren jedoch wieder in gleichem Maße angestiegen und hat sich seit Mitte der 2000er Jahre eingependelt (Datenreport 2011: 15–17) und ist bis 2018 relativ stabil geblieben (Datenreport 2021: 45).

Für die Bevölkerungsentwicklung in Städten sind darüber hinaus die Wanderungssalden, also die Differenzen zwischen zugezogenen und weggezogenen BewohnerInnen von Bedeutung. Bei den Wanderungssalden ist zu unterscheiden zwischen Außenwanderungen, den Zu- und Wegzügen über die Grenzen eines betrachteten Gebietes (Stadt oder Stadtteil) hinweg und den Binnenwanderungen, also den Zu- und Wegzügen innerhalb des betrachteten Gebietes. Positive Wanderungssalden (mehr Zu- als Wegzüge) können zwar grundsätzlich als Hinweis auf eine gewisse Attraktivität des betrachteten Gebietes verstanden werden, sind aber im Kontext des städtischen Wohnungsmarkts und des Wohnungsbaus, der Bevölkerungsstruktur und des Alters eines Stadtteils sowie der Wohndauer der Bevölkerung zu betrachten, um keine voreiligen Schlüsse zu ziehen. Unter bestimmten Bedingungen können Wanderungssalden Hinweise auf den Charakter von Städten oder Stadtteilen geben. So können überdurchschnittlich hohe Zuzüge von außerhalb einer Stadt in einen Stadtteil, bei etwa gleicher Anzahl an Wegzügen in andere Stadtteile derselben Stadt (negativer Binnenwanderungssaldo) auf den Charakter als »Einwanderungsstadtteil« hindeuten, während geringe Binnenzuzüge in diesen Stadtteil zudem ein Zeichen schlechten Images des Stadtteils sein können, wenn dieser vorwiegend von Menschen, die von außerhalb der Stadt in diesen zuziehen und den Stadtteil noch nicht kennen, als Wohnort gewählt wird. Stadtteile mit hohen Wanderungszahlen und hoher Mobilitätsziffer können auf Wohnlagen für mobile Menschen oder große Veränderungen in Wohnungsangebot und -qualität sowie Veränderungsprozesse in der Bevölkerungsstruktur hinweisen. Wanderungsbewegungen variieren stark mit dem Lebensalter (Datenreport 2021: 45). Die Altersgruppe mit den stärksten Wanderungsbewegungen sind traditionell die 18- bis 35-Jährigen. Mit zunehmendem Alter sinkt die Wanderungsbewegung (Zimmermann 2001). Im gesamtstädtischen Vergleich sind Stadtteile/-viertel mit Zuwanderungsgewinnen nicht zwangsläufig die attraktiveren, sondern der stärkere Zuzug ist möglicherweise dem Umstand geschuldet, dass in anderen Stadtteilen, bei insgesamt knappem Wohnangebot, weniger Wohnraum frei wird.

Das Angebot an Arbeitsplätzen und Wohnungen sowie die Entfernung zwischen Wohnung und Arbeitsplatz entscheiden mit darüber, ob Menschen an ihren neuen Arbeitsort ziehen oder zwischen Wohnung und Arbeitsplatz pendeln. Insgesamt scheint die persönliche räumliche Mobilität, gemessen in Wegstrecken und Wegezeiten, aufgrund der o. g. Veränderungen typisch für moderne Gesellschaften zu sein und in den Nachkriegsjahrzehnten zugenommen (Datenreport 2011: 315 ff.), seit dem Abebben des Wanderungsvolumens zwischen Ost- und Westdeutschland der 1990er Jahre sich jedoch stabilisiert zu haben (Datenreport 2021: 46).

4.5 Zusammenfassung und Arbeitsanregungen

Am Beginn dieses Kapitels stand die Beschreibung zentraler wirtschaftlicher, technologischer und politischer Entwicklungen, die zu weiteren gesellschaftlichen Veränderungen in der zweiten Hälfte des 20. Jhs. führten. Besonders die mit Produktivitätssteigerung, Flexibilisierung von Produktion und Arbeit sowie zunehmender internationaler Arbeitsteilung verbundenen Prozesse führten in fortgeschrittenen Industriestaaten wie Deutschland zu einer Entwicklung, die mit einem Wachstum an unternehmensbezogenen Dienstleistungen und dem Rückgang altindustrieller Produktion, allgemein als »Tertiarisierung« bezeichnet, verbunden ist. Infolge dieser Tertiarisierung kann eine Polarisierung unterschiedlicher Regionen, je nach deren Wirtschaftsstruktur, Chancen und Voraussetzungen für die wirtschaftliche Umstellung, festgestellt werden. Die Scherenentwicklung zwischen Produktions- und Dienstleistungssektor kann zur Polarisierung des Arbeitsmarktes führen, mit entsprechenden Folgen auf individueller wie staatlicher und kommunaler Ebene.

Auf individueller Ebene zeigt sich die Polarisierung des Arbeitsmarktes besonders in Form von Arbeitsplatzunsicherheit, Entwertungen von Qualifikationen und dauerhaften Arbeitsplatzverlusten auf der einen Seite sowie von Arbeitsplatzangeboten für Frauen und Männer mit entsprechenden Qualifikationen, aber auch erhöhten Flexibilitätsanforderungen auf der anderen Seite. Auf staatlicher Ebene zeigt sich die Polarisierung des Arbeitsmarktes vorwiegend in steigenden Kosten zur Finanzierung von Massen- und Dauerarbeitslosigkeit einerseits und in wachsendem Wettbewerb um Standortentscheidungen und geeignete Arbeitskräfte andererseits.

Die durch Produktionsverlagerungen, Zentralisierung von Unternehmensfunktionen und neuen Märkten gekennzeichnete internationale Arbeitsteilung wirkt sich, durch die damit verbundene Umstrukturierung regionaler und kommunaler Wirtschaftsgefüge, auf das Selbstverständnis und die Bedeutung lokaler Politik in den Städten aus. Zunächst sind die Entwicklungschancen der Städte jedoch stark abhängig von deren bisheriger Wirtschaftsstruktur – genauer, vom bisherigen Tertiarisierungsgrad und den örtlichen Voraussetzungen für Standortentscheidungen Wachstum versprechender Branchen und Unternehmensteile. In Folge interkommunaler Wettbewerbssituation verlieren bisher eher verwaltungs- und regelungsorientierte Strategien der Stadtpolitik an Wirksamkeit, zugunsten eher marketingorientierter Strategien der Städte. Die Tendenz in der Stadtpolitik geht also von der Regulation und Restriktion zu Angebot und Attraktion für erwünschte Nutzungen, Investitionen, BesucherInnen und BewohnerInnen.

Welche Folgen die beschriebenen gesellschaftlichen Veränderungen und Entwicklungen für die Menschen in ihrem sozialen und räumlichen Umfeld haben, wird im nächsten Kapitel dargestellt, bevor in Kapitel 6 auf Möglichkeiten der politischen Gestaltung des Zusammenlebens von Menschen in Städten eingegangen werden wird.

Aufgaben und Arbeitsanregungen

- Untersuchen Sie die Stadt, in der Sie studieren oder arbeiten, auf deren »Tertiarisierungsgrad«!
- Welches sind die wichtigsten Einflussfaktoren in Bezug auf die Entwicklung von Städten?
- Vergleichen Sie zwei Städte, die Sie gut kennen, nach deren Chancen und Risiken im interkommunalen Wettbewerb!
- Wodurch können Polarisierungen von Stadtgesellschaften entstehen, und wie wäre gegenzusteuern?
- Finden Sie je drei Beispiele für sogenannte »Verliererstädte« und »Gewinnerstädte« Ihres Landes, und begründen Sie Ihre Zuordnung!
- Welche Folgen kann die Ökonomisierung der Stadtpolitik nach sich ziehen? Nennen Sie einige begründete Beispiele!
- Versuchen Sie den Stadtteil oder die Gemeinde, in der Sie wohnen, aufgrund ihrer Bevölkerungsstruktur, Wanderungsbewegungen und Wohndauer zu analysieren und zu beschreiben!

Literaturempfehlungen

Friedrichs, Jürgen (Hrsg.; 1988): Soziologische Stadtforschung. Kölner Zeitschrift für Soziologie und Sozialpsychologie, Sonderheft 29. Opladen: Westdeutscher Verlag.
Prigge, Walter (Hrsg.; 1987): Die Materialität des Städtischen. Berlin, Boston: Birkhäuser.
Schäfers, Bernhard/Wewer, Göttrik (Hrsg.; 1996): Die Stadt in Deutschland. Soziale, politische und kulturelle Lebenswelt. Opladen: Leske + Budrich.

5 Menschen in ihrem sozialen und räumlichen Umfeld

Auf die Beschreibung historischer und räumlich-baulicher Aspekte der Stadtentwicklung sowie der Theorien zu Stadtleben und -entwicklung folgten Darstellungen gesellschaftlicher Veränderungen und deren Auswirkungen auf Städte und Gemeinden. Eine Reihe technologischer, wirtschaftlicher und politischer Entwicklungen führten zu dem beschriebenen Tertiarisierungsprozess mit den Folgen verstärkten internationalen, -regionalen und interkommunalen Wettbewerbs. In diesem Wettbewerb haben sich aufgrund unterschiedlicher Bedingungen sowohl neue Chancen als auch Risiken ergeben, die teilweise zu Polarisierungen von Regionen, Arbeitsmärkten und Stadtgesellschaften führten. Im Mittelpunkt dieses Kapitels steht die Frage nach den Auswirkungen der genannten Veränderungen auf die Menschen in ihrem sozialen und räumlichen Umfeld. Ziel des Kapitels ist es, Entwicklungen im Nachkriegsdeutschland, mit Schwerpunkt auf den Jahrzehnten um die Jahrtausendwende herum aufzuzeigen, die für die Lebenssituation und -organisation der Menschen in deren sozialen und räumlichen Umfeld von besonderer Bedeutung sind.

Allgemeine Wohlstandsentwicklung und breite Erhöhung des Bildungsniveaus der Bevölkerung haben vielen Menschen in Deutschland zuvor nicht gekannte Möglichkeiten der Lebensgestaltung eröffnet. Technologische Entwicklungen, insbesondere Mobilfunk und Internet, haben die Informations- und Kommunikationsmöglichkeiten unabhängiger von Raum und Zeit gemacht und damit erheblich erweitert. Flexibilisierung von Arbeitsplätzen und Produktionsabläufen bis hin zu Produktionsverlagerungen bzw. zur Differenzierung und Konzentration von Unternehmensteilen zeitigen, zusammen mit dem Anwachsen des Dienstleistungssektors, Auswirkungen auf die Art und Weise der Lebensorganisation der davon betroffenen Menschen. Wie sich Lebensformen und Lebensstile ausdifferenziert und verändert haben, beschreiben die ersten beiden Abschnitte dieses Kapitels. Medizintechnologische Veränderungen haben die Gesundheitsversorgung verbessert. Aus Produktivitätsüberlegungen heraus erfolgte Automatisierungen von Arbeitsgängen haben den Anteil und die Belastung körperlicher Arbeit reduziert. Mehr Menschen in Dienstleistungsberufen verrichten weniger gesundheitsschädigende Tätigkeiten. Diese Entwicklung und nicht zuletzt die Verkürzung der Lebensarbeitszeit durch längere Ausbildungszeiten und Vorruhestandsregelungen können als Gründe für die Erhöhung der Lebenserwartung in den letzten Jahrzehnten angesehen werden. Diese Entwicklungen führten in Verbindung mit den noch aufzuzeigenden Veränderungen von Lebensformen und gleichzeitig niedriger Geburtenraten zu demografischen Veränderungen im Allgemeinen und Bevölkerungsalterung im Speziellen, die Themen des dritten

Abschnitts sein werden. Polarisierungen von Regionen und Arbeitsmärkten sowie Umstrukturierungen regionaler und kommunaler Wirtschaftsgefüge führen dazu, dass Menschen aus ökonomisch benachteiligten Regionen und aus Situationen politischer, ethnischer oder religiöser Unterdrückung und Verfolgung fliehen und in Gebiete, in denen sie bessere (Über-)Lebens- und Erwerbsmöglichkeiten sehen, zuwandern, wovon im vierten Abschnitt dieses Kapitels die Rede sein wird. Rationalisierungsmaßnahmen zur Produktivitätssteigerung, Betriebsverlagerungen als Auswirkungen internationaler Arbeitsteilung und das Absterben altindustrieller Branchen haben alte und neue Muster sozialer Ungleichheit enthüllt, deren Erscheinungsbild hier im fünften Abschnitt beschrieben wird. Mit den Formen von mehr oder weniger freiwilligen sozialräumlichen Konzentrationen von Menschen bestimmter Merkmale (»Segregation«) sowie den Aufwertungsprozessen durch Attraktivitätssteigerungen vormals benachteiligter Gebiete in Städten (»Gentrification«) beschäftigen sich die vorletzten beiden Abschnitte dieses fünften Kapitels. Auf die Konsequenzen aus Lebensbedingungen und -situationen für Interessen und Bedarfe von Menschen in ihrem sozialräumlichen Kontext wird im letzten Abschnitt eingegangen.

5.1 Lebensstile

Lebensstile lassen sich definieren als »relativ stabile Ordnungsformen des Alltags, in denen größere soziale Gruppen Lebensvorstellungen und Lebenslagen auf einen sichtbaren Nenner bringen« (Schwengel 1988: 62). Hermann Schwengel sieht eine historische Linie der bundesrepublikanischen Entwicklung in der Orientierung von Lebensstandard über Lebensqualität zu Lebensstil (s. Kasten). In den ersten beiden Nachkriegsjahrzehnten stand, nach der Befriedigung der Grundbedürfnisse, die Erreichung eines höheren materiellen Lebensstandards im Mittelpunkt. In den 1970er Jahren entwickelte sich durch die Demokratisierungs- und Reformpolitik aus der Kritik am ungleich verteilten privaten Reichtum die Forderung nach allgemeinem öffentlichem Wohlstand, also Wohlstand für alle. Gleichzeitig führten erkennbare Grenzen und Folgen des Wachstums (Club of Rome 1972) zur Kritik am rein quantitativen Maßstab des Lebensstandards und zur Betonung der Verantwortung für die natürlichen und sozialen Umwelten, entgegen vermeintlicher technischer wie gesellschaftlicher Sachzwänge. In den 1980er Jahren folgte die Kritik an mangelnder Autonomie und Verantwortungsdelegation sowie überbordender Bürokratie, die mehr BürgerInnenbeteiligung und Souveränität für die eigene Lebensgestaltung einforderte.

Auf der Basis allgemeinen Wohlstandes und eines differenzierten Sozialsystems wurde den Menschen neben der Arbeit ihre Freizeit immer wichtiger, sodass sich eine differenzierte Umwertung von Arbeit (zwischen Erwerbsarbeit, Hausarbeit, Erziehungsarbeit, gemeinnütziger Arbeit etc.) entwickeln konnte, die auch in der verstärkten Nachfrage nach Teilzeitarbeit ihren Ausdruck fand

(Datenreport 2011). Etwa ab den 1960er Jahren setzte im Nachkriegsdeutschland eine als »Bildungsexpansion« beschriebene Erhöhung des allgemeinen Bildungsniveaus, insbesondere bei den jüngeren Jahrgängen, ein. Während 13-jährige SchülerInnen 1960 noch zu 70 % die Hauptschule, zu 11 % die Realschule und zu 15 % ein Gymnasium besuchten, lag der Anteil der 25- bis 29-Jährigen mit Hauptschulabschluss im Jahr 2018 bei nur noch 16 %, mit Realschulabschluss bei 27 % und mit Abitur bzw. Fachhochschulreife bei 53 % (Datenreport 2021: 119). Diese quantitative und qualitative Erhöhung des Bildungsgrades der Bevölkerung seit den 1960er Jahren war eine wichtige Voraussetzung für die im vorigen Kapitel beschriebene *Tertiarisierungs-Entwicklung*.

Entwicklung vom Lebensstandard über Lebensqualität zu Lebensstilen (nach Schwengel 1988)

Lebensstandard

Forderung:	Befriedigung der Grundbedürfnisse (Essen, Wohnen, Arbeit, Sicherheit) Erhöhung des materiellen Lebensstandards (Gebrauchs- und Konsumgüter, Lohn, Urlaub, Zulagen)
Kritik:	Ungleichverteilung des erwirtschafteten Reichtums Grenzen des Wachstums, Umweltverschmutzung/-zerstörung

Lebensqualität

Forderung:	Allgemeiner und gleicher Wohlstand Verantwortung für soziale und natürliche Umwelt Qualität statt Quantität
Kritik:	mangelnde Autonomie/Verantwortungsdelegation überflüssige Bürokratie

Lebensstile

Forderung:	mehr Souveränität für eigene Lebensgestaltung
Voraussetzungen:	allgemeiner Wohlstand (Einkommen, Lebensstandard etc.) Bildungsexpansion (steigender Anteil höherer Abschlüsse) höhere Bildungsabschlüsse bei Frauen Tertiarisierung (mehr Frauenarbeitsplätze, mehr Teilzeitplätze) höhere Frauenerwerbsquote weniger Arbeit, mehr Freizeit (Arbeitszeitverkürzung, Teilzeit) verändertes Rollenverständnis

In Folge der Bildungsexpansion verbesserten sich die Chancen von Frauen auf dem dienstleistungsorientierten Arbeitsmarkt, wie die gestiegene Frauenerwerbsquote zeigt. So stieg die Erwerbsquote[18] der Frauen von ca. 31 % 1950 auf ca. 46 % 2009 (Datenreport 2011: 101) und zehn Jahre später (in 2019) bei 66 % (Datenreport 2021: 154). Mit verbesserten Bildungs- und Erwerbschancen von Frauen ergaben sich neue Optionen an Lebensformen bei verändertem Rollenverständnis vor allem von Frauen. In der Gesamtbevölkerung hat sich die Einstellung zur Berufstätigkeit von Frauen und Müttern zwar stark verändert, doch meinten 1996 immer noch die Hälfte der Befragten (1982: 70 %), eine Frau solle lieber zu Hause bleiben und sich um Haushalt und Kinder kümmern, wenn der Mann voll im Berufsleben steht (Allbus 1980–1998).

Der Erweiterung von Entscheidungsmöglichkeiten stehen andererseits auch Entscheidungszwänge gegenüber, wie die Erläuterungen von Tertiarisierungsfolgen zeigen (▶ Abb. 8). Mit den Maßnahmen zur Produktivitätssteigerung, wie Kostenminimierung, Rationalisierung und Qualitätsmanagement sowie durch Produktionsverlagerungen und Zentralisierung von Unternehmensfunktionen, gewinnen »Rationalitätsdenken«, »betriebswirtschaftliche Optimierung«, Wettbewerbsorientierung und Konkurrenzdenken als Qualifikationen im Berufsleben zunehmende Bedeutung (Dangschat 1996).

Flexibilisierungen von Produktion, Produktionsprozessen und von Arbeitsplätzen stellen im Zusammenhang mit internationaler Arbeitsteilung[19] erhöhte Anforderungen an die Flexibilität und Mobilität der Beschäftigten (Häußermann 1988). In Folge von Produktivitätssteigerung, Flexibilisierung und internationaler Arbeitsteilung werden Tätigkeitsfelder, Berufs- und Zeitstrukturen ständigen Veränderungen unterworfen. Hieraus ergeben sich permanente Unsicherheiten im Erwerbsverlauf. Sennett (1998) spricht in diesem Zusammenhang von der »Drift« als nicht mehr langfristig planbare Erwerbsperspektive, die bezüglich beruflichen Aufstiegs eher von Seitwärts- als von Aufwärtsbewegungen geprägt sein kann.

Mit den Brüchen im Erwerbsverlauf sind zwangsläufig auch Unsicherheiten der Lebensperspektive verbunden. Aus den beruflichen Unsicherheiten ergeben sich für Sennett (1998) Schwierigkeiten des Einzelnen, ein in sich sinnvoll zusammenhängendes Leben zu gestalten. Rationalitätsdenken, Wettbewerbsorientierung und Konkurrenzdenken wirken sich nach Dangschat (1996) auf das Privatleben insofern aus, als sie in Kombination mit den Unsicherheiten im Erwerbsleben und den Lebensperspektiven zu einer »rationalen Lebensführung« anregen. Demnach bedürfe es der Verdrängung von Sinnfragen, um beruflich rationale Handlungsabläufe nicht zu destabilisieren. Ipsen (1987) spricht in diesem Zusammenhang von der Entwicklung »instrumenteller Rationalität«. Flexibilisierungs- und Mobilitätsanforderungen erschweren einerseits die Entwicklung von Vertrauen, Loyalität und sozialen Bindungen (Sennett 1998). Andererseits zwingen sie, angesichts der Unsicherheiten von Erwerbsverlauf und Lebensperspektiven, zum Offenhalten von Optionen sowohl beruflicher als auch privater Art.

---

18 Erwerbsquote: Anteil an Erwerbspersonen an der Gesamtbevölkerung.
19 Produktionsverlagerungen und Zentralisierung von Unternehmensfunktionen.

5 Menschen in ihrem sozialen und räumlichen Umfeld

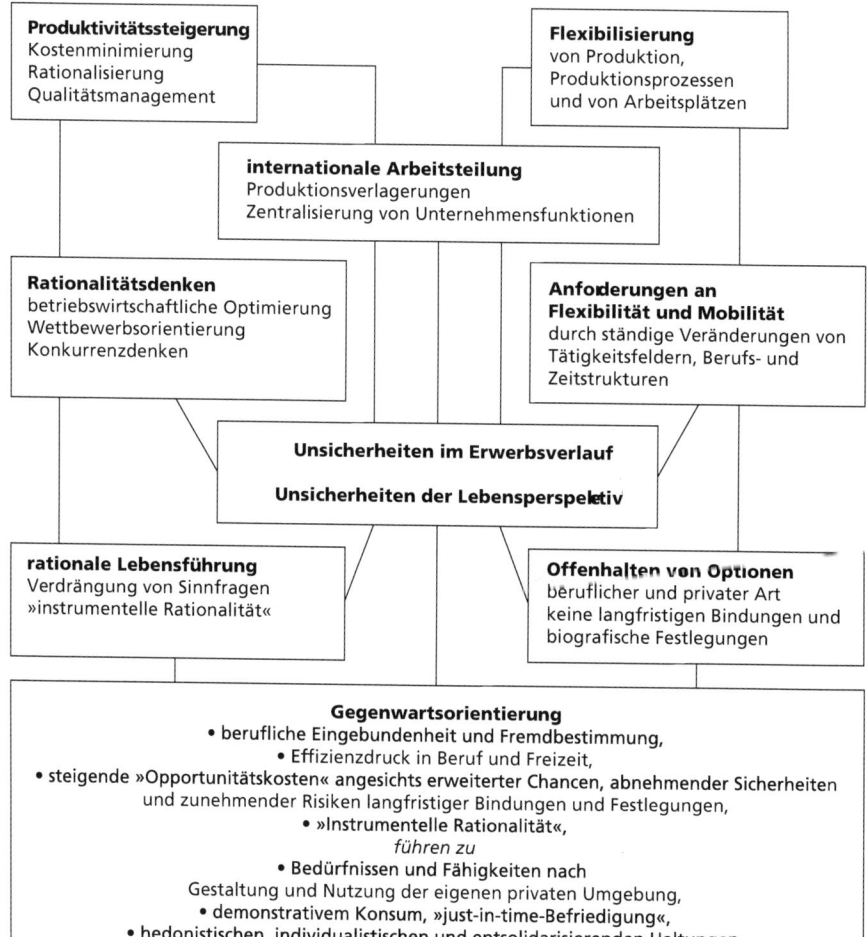

Abb. 8: Einflüsse auf Lebensstilbildung
Quelle: eigene Bearbeitung, Becker 2014

Als Indizien für Unsicherheiten im Erwerbsverlauf können sinkende Erwerbsquoten von Männern und steigende Erwerbsquoten von Frauen in den letzten 50 Jahren sowie die Arbeitslosenquoten und -zahlen von Frauen und Männern angesehen werden (Datenreport 2021). Ergebnisse von Befragungen, nach denen die Befürchtungen arbeitslos zu werden bei ArbeiterInnen und weniger qualifizierten ArbeitnehmerInnen größer sind als bei Angestellten und besser qualifizierten ArbeitnehmerInnen, belegen die o. g. Hypothesen sowie die Befunde zu Chancen und Risiken ökonomischer Veränderungen für unterschiedliche Arbeitnehmergruppen (Datenreport 1999: 483 f.).

Unsicherheiten im Erwerbsverlauf und die gleichzeitig hohe Bewertung von Arbeit und Privatbereich legen das Offenhalten von Optionen in den Lebensentscheidungen der Menschen sowohl beruflicher als auch privater Art nahe. Dem entsprechen die folgenden empirischen Befunde aus der Bevölkerungsstatistik:

1. Das durchschnittliche Heiratsalter ist seit Mitte der 1970er Jahre von 24 Jahren bei (zuvor ledigen) Männern und 22,5 Jahren bei (zuvor ledigen) Frauen (Datenreport 2011: 31) auf 34,5 Jahre bei Männern und 32,1 Jahre bei Frauen in 2019 angestiegen (Datenreport 2021: 57).
2. Die Zahl der Eheschließungen ist von 1950 bis 2019 von 11,0 auf 5,0 pro 1000 EinwohnerInnen gesunken (Datenreport 2021: 57).
3. Die Quoten von Ehescheidungen haben sich dagegen nicht sehr stark verändert (1950 = 2,0; 2019 = 1,8). Diese liegen seit 1950 zwischen 1,0 und 2,4 pro 1000 EinwohnerInnen (Datenreport 2021: 57).
4. In den zehn Jahren von 1999 bis 2019 ist der Anteil der Ehen an den unterschiedlichen Lebensgemeinschaften von 90 % auf 84 % gesunken, während der Anteil nichtehelicher Lebensgemeinschaften von 10 % auf 16 % angestiegen ist. Der Anteil der Paare hat sich im selben Zeitraum von 56 % auf 51,6 % vermindert, während Anteile Alleinstehender von 38 % auf 42 % anstiegen (Datenreport 2011: 26 und Datenreport 2021: 51 f.).
5. Die durchschnittliche Kinderzahl je Frau sank von 2,0 in 1952 bereits seit den 1970er Jahren auf Werte von 1,3 bis 1,4 Kinder pro Frau und liegt 2019 bei 1,54 (Datenreport 2021: 16 f.).
6. Die Geburtenquote (Lebendgeborene pro 1000 Einwohner) hat sich seit 1950 von damals 16,3 auf 8,1 Geburten pro 1000 EinwohnerInnen in 2009 halbiert (Datenreport 2011: 15).
7. Die durchschnittliche Personenzahl pro Haushalt sank in den letzten 100 Jahren von 4,5 auf 2,0 (Datenreport 1999: 37; Datenreport 2011: 209).
8. Der Anteil der Einpersonenhaushalte hat sich in 50 Jahren gravierend erhöht. Während 1950 noch unter 20 % der Haushalte von einer Person bewohnt waren, lag dieser Anteil 1998 bereits bei 35 % (Datenreport 1999: 37).
9. Setzt man die Anzahl der Familien mit minderjährigen Kindern in Relation zur Anzahl der Privathaushalte, so lebten 2011 nur in jedem fünften Haushalt minderjährige Kinder (Destatis 2012).
10. Durch den Anstieg der durchschnittlichen Lebenserwartung von 35,6 Jahren (Männer) und 38,5 Jahren (Frauen) in 1871 auf 78,6 Jahre (Männer) und 83,4 Jahre (Frauen) in 2019, konnte die Vor- und Nacherwerbsphase deutlich

ausgeweitet und damit mehr gestaltbare Zeit gewonnen werden (Datenreport 2021: 19).

Die unter Punkt eins bis zehn aufgeführten Daten scheinen die Tendenz der Menschen zu weniger langfristigen Bindungen und biografischen Festlegungen zu belegen. Beides wirkt verstärkend in gleicher Richtung. Langfristige Bindungen und biografische Festlegungen, wie z. B. feste Partnerschaft, Ehe oder Kindererziehung, bergen in sich das Risiko des Verlustes an Möglichkeiten der Lebensgestaltung, wie Erwerbstätigkeit, berufliche Mobilität und Karriere oder Freizeitgestaltung (Häußermann 1988). Rationale Lebensführung und der Zwang zum Offenhalten von Optionen sind für Sennett (1998) und andere AutorInnen die Hauptgründe für eine tendenzielle »Gegenwartsorientierung«. Starke berufliche Eingebundenheit und Fremdbestimmung würden die Bedürfnisse und Fähigkeiten nach Gestaltung und Nutzung der eigenen privaten Umgebung verstärken (Sachs-Pfeiffer 1988). Hoher Effizienzdruck in Beruf und Freizeit führe zu demonstrativem Konsum, »Just-in-time-Befriedigung«, und fördere hedonistische, individualistische und entsolidarisierende Haltungen (Dangschat 1996).

Angesichts erweiterter Chancen, abnehmender Sicherheiten und zunehmender Risiken langfristiger Bindungen und Festlegungen sieht Haußermann (1988) die »Opportunitätskosten« für entgangene Möglichkeiten der Lebensgestaltung ansteigen. Als »Opportunitätskosten« bezeichnet Häußermann (1988) die eventuell entgangenen Möglichkeiten der Lebensgestaltung, wie z. B. Erwerbstätigkeit, berufliche Karriere, Freizeitaktivitäten oder räumliche Mobilität u. a. durch feste Partnerschaft, Kindererziehung und langfristiges Engagement in Vereinen/Verbänden. Mit der Erweiterung der Möglichkeiten und Optionen einerseits und der abnehmenden Sicherheit beruflicher und privater Lebensperspektiven andererseits wachsen die »Opportunitätskosten«, weil langfristige biografische Festlegungen mehr Risiken mit sich bringen.

»Instrumentelle Rationalität« führe zu starker psychischer Belastung, deren Ausgleich die Suche nach Verzauberung von Ort und Situation sei, so Ipsen (1987). Selbstverwirklichung wird zum zentralen Wert und neuen Leitbild methodischer Lebensführung. Das eigene Ich[20] gilt als Schlüssel zum Erfolg, so Garhammer (2000). Wenn die Grundbedürfnisse gesichert und befriedigt sind, könne »das Schöne«, die »Ästhetisierung des Alltags« im Mittelpunkt stehen und Selbstverwirklichung durch Genuss, Spaß und Erlebnisorientierung zur zentralen Orientierung werden, so Schulze (1992). Gegenwartsorientierung, individuelle Gestaltung und Nutzung der Umgebung sowie unterschiedliche Formen der Selbstverwirklichung ermöglichen bei vorhandenen Wahloptionen die »Ausdifferenzierung von Lebensstilen«.

Das Individuum kann sich im Lebensstil der eigenen Identität versichern, kann den Stil schnell verändern oder auch wechseln wie Rollen (Sachs-Pfeiffer 1988) oder wie Garhammer (2000) es ausdrückt, die Freizeit als soziale Institution zum individuellen Stilausdruck werden. Während Genuss und Spaß in fast

---

20 Leistungen, Fähigkeiten, Persönlichkeitseigenschaften, Wünsche und Bedürfnisse.

allen Lebensbereichen legitim seien, wäre das Freizeitverhalten jedoch beeinflusst von Faktoren wie Bildung, Alter, Geschlecht, Lebensform, Berufsstatus und Einkommen, in der hier aufgeführten Reihenfolge, und somit nicht unabhängig von Klasse und Schicht. Hradil (1999) betont demgegenüber, typische Denk- und Verhaltensmuster seien stärker abhängig von Alter, Bildung und Geschlecht und weniger von Klasse und Schicht. Selbstdefinition und Alltagshandeln seien in Bezug auf ästhetische und kulturelle Verhaltensweisen daher eher Milieu und Lebensstil geprägt, während das Ausmaß gesellschaftlicher und politischer Teilhabe eher abhängig von Schicht, Beruf und Einkommen seien (Hradil 1999).

Garhammer (2000) kommt in seiner Bewertung von Veröffentlichungen zur Lebensstilforschung zu dem Ergebnis, dass verschiedene Lebensstile mit bestimmten Merkmalen sozialer Lage verknüpft seien. Nach wie vor sei eine gewisse Stabilität in den Klassenlagen zu erkennen, z. B. bei höheren Bildungsabschlüssen oder im Status adäquaten Heiratsverhalten (Garhammer 2000: 304). Auch Franz Urban Pappi (2001) verweist auf die als »bildungsmäßige Homogamie« bezeichnete Ehe zwischen Partnern gleichen Bildungsstandes, die in Deutschland immer noch vorherrsche. Er macht jedoch auf die Veränderung der Gelegenheitsstrukturen aufmerksam. So hätten sich beispielsweise durch die Erhöhung der Studierendenzahlen von Frauen die Chancen von Männern auf dem »Heiratsmarkt Universität«, eine Frau mit gleichem Bildungsgrad zu finden, und damit die Ehe-Chancen zwischen Partnern gleichen Bildungsstandes erhöht (Pappi 2001: 605 ff.). So wie die Status adäquate Heirat ein Mechanismus sozialer Schließung sein kann, können Lebensstile auch distinktiv eingesetzt werden, um sich abzugrenzen und/oder andere auszugrenzen. »Lebensstilisierung« kann neben der Sicherung sozialen Überlebens in freiwillig gewählten Gruppen auch zum Symbol und zur Dimension sozialer Ungleichheit werden (Dangschat 1996). Voraussetzung für Klassen übergreifende Stilisierung des Lebens wäre laut Garhammer (2000) ein entwickelter und sozialstaatlich abgesicherter Kapitalismus. Ansonsten blieben untere soziale Schichten, in denen immer noch eher der traditionelle Familiensektor dominiere, von der Pluralität von Lebensformen und -stilen weitgehend ausgenommen. Träger der »Lebensstilisierung« seien eben hauptsächlich mittlere und obere Statuslagen (Garhammer 2000). Beitrag und Bedeutung der Lebensstilkonzepte von Schulze (1992) und »Sinus-Milieus« für Stadtentwicklung und Gemeinwesenarbeit werden in einer Studie von Becker (2008) genauer expliziert und als Grundlage von Untersuchungen zur Lebensqualität in Stadtquartieren konzipiert.

5.2 Lebensformen

Lebensformen, verstanden als Formen privaten menschlichen Zusammenlebens, sind wie erwähnt beeinflusst von sozioökonomischen Entwicklungen, politischen Rahmenbedingungen sowie individuellen Lebensentwürfen und Lebenszyklen.

Wenn sich technologische, ökonomische und politische Veränderungen, wie bereits gezeigt, regional unterschiedlich auswirken, dann liegt die Vermutung nahe, dass sich die verschiedenen Transformationsprozesse auch räumlich unterschiedlich auf Lebensformen der Bevölkerung auswirken. Im Zusammenhang dieser Publikation sind Unterschiede und etwaige Besonderheiten auf lokaler Ebene von Interesse.

Zwar sind die erwähnten Trends zu niedrigeren Geburtenraten und weniger Eheschließungen sowohl in Großstädten als auch in ländlichen Räumen zu beobachten, allerdings auf unterschiedlichem Niveau und in unterschiedlichen Stärken. Die Heiratsquoten nahmen in den 1990er Jahren in den Stadtstaaten stärker ab als in den Flächenländern, wo sie mit Ausnahme der ostdeutschen Bundesländer über dem Bundesdurchschnitt liegen. Die Geburtenraten sind in Baden-Württemberg traditionell am höchsten unter allen Bundesländern. In den Stadtstaaten Hamburg und Berlin dagegen unterdurchschnittlich. Zudem drückten die sehr niedrigen Geburtenraten in Ostdeutschland in den 1990er Jahren den Bundesdurchschnitt. Einpersonenhaushalte stellen in Großstädten fast die Hälfte, in Kleinstädten dagegen nur ein Viertel aller Haushalte (Statistisches Jahrbuch 2000: 63).

Vergleiche der Verteilung von Haushaltstypen zwischen Großstädten und ländlichen Regionen zeigen ähnliche Ergebnisse. Auf der Grundlage einer Analyse des Mikrozensus[21] von 1995 untersuchte Hans Bertram (1998) private Lebensformen nach den beiden Dimensionen »Partnerbeziehungen« und »Generationenbeziehungen«. Als »Partnerbeziehungen« gelten dabei Beziehungen zu Partnern, mit denen eine Lebensgemeinschaft besteht. Unter »Generationenbeziehungen« werden Beziehungen zwischen Großeltern, Eltern und Kindern verstanden. Hinsichtlich des Familienstandes gibt es zunächst nur leichte Unterschiede zwischen städtischem und ländlichem Raum. Die häufigste Form in Stadt und Land ist demnach immer noch die Ehe, jedoch mit höheren Anteilen in den ländlichen Regionen. Ledige und Geschiedene sind in den Städten etwas häufiger als auf dem Land vertreten. Bei mittleren Jahrgängen lassen sich deutliche Unterschiede in den Anteilen von Verheirateten und Ledigen zwischen Stadt und Land feststellen, die umso größer werden, je jünger die Jahrgänge sind (genauere Analysen in Bertram 1998: 115 ff.).

Weil mit der Analyse von Haushaltsdaten, wie sie im Mikrozensus erhoben werden, keine Aussagen über Lebensbeziehungen möglich sind, wird die Netzwerkanalyse hilfreich, die es erlaubt, haushaltsunabhängig Art, Häufigkeit und Struktur von Beziehungen zu erforschen, um beispielsweise auch Partnerbeziehungen von Menschen aus Ein-Personen-Haushalten zu identifizieren. Dabei werden Einzelpersonen nach Menschen und Aktivitäten in ihrem jeweiligen Beziehungsnetz (»egozentriertes Netzwerk«) befragt (Pappi 2001). Untersuchungen von Bertram (1998) zeigten eine starke Familienorientierung der Beziehungen, wobei Eltern und Großeltern die größte Gruppe im Beziehungsnetz darstellen,

---

21 Der »Mikrozensus« ist eine europaweit durchgeführte jährliche Befragung in 1 % aller Haushalte (Datenreport 2011: 25).

noch vor Partnern, Kindern und Freunden. Dieser Befund gilt sowohl für Erwachsene mit Kindern als auch für Kinderlose und dies, obwohl es kaum nennenswerte Anteile von Mehrgenerationenhaushalten gibt (Bertram 1998: 120).

Unter Berücksichtigung der Kontakthäufigkeit dominieren bei Ehepaaren mit Kindern verständlicherweise die Kontakte zu Partnern und Kindern vor Freunden, Eltern und Großeltern. Hier wurden auch keine regionalen Unterschiede festgestellt, sodass Bertram von einem Muster spricht,

> »nach dem diejenigen, die sich für Kinder und Ehe entscheiden, sich gleichzeitig für einen familiären Kontext und ein familienzentriertes Leben entscheiden – egal, ob sie in der Stadt oder auf dem Land leben.« (Bertram 1998: 121)

Freundesbeziehungen spielen für Alltagsinteraktionen der Befragten in den Städten jedoch eine größere, Geschwisterbeziehungen eine geringere Rolle als auf dem Land. Dies gilt sowohl für Verheiratete mit Kindern als auch für Unverheiratete ohne Kinder. Bertram (1998) konstatiert eine deutliche Differenz in den Generationenbeziehungen zwischen städtischen und ländlichen Regionen. Familiäre Lebensformen dominieren eindeutig im ländlichen Raum. Während in den Städten zwar mehr Menschen ohne Kinder, unverheiratet alleine oder mit nichtehelichen Partnern zusammenleben, aber nicht unbedingt wohnen, verzichten sie dennoch nicht auf familiäre Kontakte, sondern pflegen vor allem Beziehungen zu Eltern und Großeltern trotz räumlicher Distanzen.

Strohmeier (1996) betont hingegen die Spaltung der Lebensformen in Haushalte mit Kindern und erwerbslosen Müttern und den Haushalten ohne Kinder und Erwerbstätigkeit beider Partner. Weil Familienleben mit seinen Solidarverpflichtungen behindernd oder einschränkend auf Mobilitäts- und Konsumbedürfnisse wirke, sei die Entscheidung für oder gegen ein familienorientiertes Leben meist eine Frage der Orientierung an traditionalen Motiven oder Berufskarriere, die sich vorwiegend den Frauen stelle. So kämen Frauen, die sich für die traditionelle Familienform mit zwei Kindern und Hausfrauenrolle entschieden, meist selbst aus kinderreichen Herkunftsfamilien mit oft starken Bindungen zur Kirche (Stromeier 1996). Die räumliche Dimension erkennt Strohmeier einerseits im »Nichtfamiliensektor« pluralisierter, kinderloser Lebensformen mit Wanderungsgewinnen mittlerer und oberer Schichten und junger Erwachsener in den Innenstädten, andererseits im weitgehend traditionell organisierten »Familiensektor« mobiler Mittelschichten am Stadtrand und im Umland (▶ Kap. 4 zur Mobilität).

Für die Wohnstandortwahl sind die jeweiligen Lebensbedingungen von Bedeutung. So sind für Wanderungen zwischen Regionen Arbeit, Ausbildung und Freizeit ausschlaggebend, während für die Nahwanderung die Wohnverhältnisse eine größere Rolle spielen. Präferenzen der Wohnverhältnisse sind vorwiegend mehr Wohnfläche, Bildung von Eigentum und die Umweltqualität wie Ruhe, Landschaft, Spielfläche für Kinder etc. (Gatzweiler/Strubelt 1988). Preis- und Angebotsgefälle zwischen Kernstädten, mit meist höheren Wohnkosten und geringerem Angebot, und dem Umland, mit niedrigeren Bodenpreisen sowie Zahlungsfähigkeit und Lebensleitvorstellungen der Menschen, sind weitere Kriterien der Standortwahl. Dementsprechend verzeichnete das Umland von Städten seit den 1970er Jahren eher Wanderungsgewinne junger Familien mit Kindern, während die Kernstädte leichte Gewinne an jungen Erwachsenen (zwischen 18 und 25 Jahren) zu verzeichnen haben. Eine Trendwende hin zum familienorientierten Stadtwohnen scheint sich jedoch abzuzeichnen (▶ Kap. 4.4, »Räumliche Mobilität«).

5.3 Bevölkerungsalterung

Wertschätzungen unterschiedlicher Lebensbedingungen dürften wenigstens zum Teil auch Grund für Wanderungsbewegungen älterer Menschen sein. Denn Fernwanderungen, als »Ruhestandswanderung« aus den Kernstädten, zielen eher in die Nähe urbaner Zentren von Regionen und ländlichen Kreisen, die besonderes Klima, Landschaft, Meer, Alpen oder Mittelgebirge vorweisen können. Nahwanderungen aus den Kernstädten gehen dagegen eher in die hochverdichteten Umlandkreise der Agglomerationen oder in ländliche Kreise (Walther 1998). Außerhalb von Agglomerationen ist Bevölkerungsalterung daher je nach Attraktivität der Region von Ruhestandszuwanderungen abhängig. Innerhalb der Agglomerationen zeigen sich zunehmend geringere Differenzen der Bevölkerungsalterung zwischen Kernstädten und Umland. Diese verlagert sich zum einen auf (attraktive) Randbereiche, zum anderen auf unterschiedliche, zum Teil hoch segregierte Stadtviertel, z. B. mit Einfamilienhaussiedlungen, Altbauquartieren oder Großwohnsiedlungen, mit homogener Alterungsentwicklung und hoher Sesshaftigkeit der gealterten Bevölkerung. Alter der Siedlung, Wohndauer sowie sozialer und ökonomischer Status der Bewohner sind dort die wichtigsten Faktoren der Alterskonzentration (Walther 1998). Insgesamt scheint sich die Schere der Altersentwicklung zwischen Kernstädten und Umland, die vom Wegzug junger Familien und dem Bleiben der alternden Bevölkerung geprägt war, seit Ende der 1980er Jahre wieder zu schließen. Die Anteile jüngerer (unter 20 Jahren) und älterer Menschen (über 65 Jahren) haben sich von 1950 bis 1995 sowohl in Kernstädten als auch im Umland einander angenähert.

Als Gründe nennt Walther (1998) neben der Abwanderung älterer Jahrgänge die Binnenwanderung junger Erwachsener wegen der zunehmenden Attraktivität der City für diese Altersgruppen und die Außenzuwanderung vorwiegend jüngerer Menschen aus dem Ausland in die Städte. Somit ist eine Dekonzentration der Alterung zugunsten der Alterung in der Fläche festzustellen. Bevölkerungsalterung wird also zunehmend flächendeckend, mit geringeren Steigerungsraten in den Kernstädten und größten Steigerungsraten in hochverdichteten Umlandkreisen der Agglomerationen und den ländlichen Kreisen voranschreiten (Walther 1998: 30).

Aus dieser Bevölkerungsalterung ergibt sich eine Reihe von Konsequenzen für die Städte. Lebenszusammenhänge hochaltriger Menschen konzentrieren sich mit zunehmendem Alter und geringer werdender Mobilität auf den Nahbereich. Durch die Zunahme nahräumlich orientierter alter Menschen im Wohnquartier erhöhen sich Bedarf und Nachfrage aller distanzempfindlichen Bevölkerungsteile, wie Alleinerziehende, junge Eltern, behinderte, alte Menschen und Kinder, nach Angeboten und Dienstleistungen vor Ort. Steigender Bedarf und zahlungskräftige Nachfrage können die ökonomische Rentabilität von Versorgungsangeboten und Dienstleistungen und damit die Vielfalt der Infrastruktur im Wohnquartier erhöhen.

Wünsche nach Altern in Selbständigkeit und Vorrang von ambulanten vor stationären Diensten der Altenhilfe bewirken eine Annäherung von Wohnen und Altenhilfe. Auch im Bereich Wohnen ergeben sich Perspektiven in Richtung Wohnumfeld- und Quartierverbesserung durch technische, bauliche, soziale und organisatorische Gebrauchsqualitäten. Der Paradigmenwechsel in Planung und Architektur von der »altengerechten« Spezialisierung des Wohnens zur »altersgerechten« Standardisierung von Grundrissen und veränderbaren Raumaufteilungen ermöglicht flexible und veränderbare Wohnformen je nach Alter und Lebensform (Walther 1998). Neuere Entwicklungen hin zu generationenübergreifenden oder gemeinschaftlichen Wohnprojekten als Perspektive für die dritte oder auch vierte Lebensphase befinden sich derzeit noch in der Pionierphase (Becker 2006a). Zur weiteren Verbreitung braucht es geeignete Raumangebote, Finanzierungsmodelle und Vermittlungsstellen zwischen InteressentInnen. Die aktive Beschäftigung mit der Gestaltung der Lebensumstände im Alter scheint immer noch von Tabus und Verdrängung geprägt zu sein, wie empirische Studien zeigen (Becker 2007). Dennoch kann Bevölkerungsalterung als Chance zur Gestaltung von Wohnen und Nahbereich als Ort der Lebensführung begriffen werden. Die klassischen Qualitäten der europäischen Stadt (▶ Kap. 2.3), wie kompakte Siedlungsstruktur und kurze Wege könnten durch Bevölkerungsalterung gestärkt werden. Städte sind für Walther (1998: 38) dann geeignet, um dort alt zu werden, wenn kleinräumige Vielfalt von Infrastruktur und Wohnsituationen günstige Rahmenbedingungen für verschiedene Lebensformen des Alterns bieten. Neben der Alterung der Gesellschaft nehmen Wanderungsbewegungen deutlichen Einfluss auf die Demografie, also die Zusammensetzung der Bevölkerung, worauf im nächsten Abschnitt eingegangen wird.

5.4 Migration und Zuwanderung

Die Geschichte der Zuwanderung im Nachkriegsdeutschland ist in seinen Anfängen (bis 1950) geprägt durch die Aufnahme von etwa 8 Mio. »Vertriebenen« aus den ehemaligen deutschen oder besetzten Gebieten. Von 1950 bis 1961 kamen ca. 2,6 Mio. »Übersiedler« aus der DDR nach Westdeutschland und halfen, den durch wirtschaftlichen Aufschwung verursachten Arbeitskräftebedarf zu decken (Datenreport 2011: 17). Für den damals steigenden Bedarf an Arbeitskräften wurden seit Anfang der 1960er Jahre sogenannte »Gastarbeiter« aus Anwerbeländern

Südeuropas aufgenommen, die später entweder die angebotenen Rückkehrhilfen nutzten und wieder in ihre Heimatländer zurückkehrten oder nach dem Familiennachzug von Angehörigen dauerhaft in Deutschland blieben. Weitere Zuwanderergruppen waren von 1950 bis 2006 etwa 4,5 Mio. deutschstämmige »Aussiedler« aus Osteuropa und der früheren Sowjetunion (ebd.) sowie Asyl suchende Geflüchtete aus Krisengebieten der Welt, wie z. B. Bürgerkriegsflüchtlinge aus den Balkanstaaten. Von 1954 bis 2009 sind etwa 31 Mio. ausländische Staatsangehörige nach Deutschland gezogen, von denen ca. 24 Mio. wieder ausgereist sind. Somit hat sich ihre Zahl in Deutschland im gleichen Zeitraum auf ungefähr 7 Mio. verzehnfacht und ihr Anteil auf knapp 9 % erhöht (Datenreport 2011: 18 f.). Während der Bevölkerungsanstieg in Deutschland in den ersten beiden Nachkriegsjahrzehnten vorwiegend auf die Zuwanderung von »Vertriebenen« zurückzuführen ist, erklärt sich der weitere Anstieg in den letzten vier Jahrzehnten zu drei Viertel aus Zuwanderungen ausländischer Arbeitsmigranten und Geflüchteten sowie zu einem Viertel »Aussiedlern« (Krummacher 1998)[22]. Die Daten über Zu- und Fortzüge ausländischer Staatsbürger machen deutlich, dass die Migration seit den 1970er Jahren nicht mehr nur von der wirtschaftlichen Lage in Deutschland, sondern von anderen Faktoren wie politischer, ökonomischer oder sozialer Lage im Herkunftsland sowie dem Familiennachzug beeinflusst wird. Auswirkungen haben jedoch auch Maßnahmen zur Zuwanderungsbegrenzung von EU (»Schengenabkommen«) und Bund, wie z. B. der Anwerbestopp von 1974, das Rückkehrhilfegesetz von 1983 oder die Verschärfung des Asylrechts von 1993 (Datenreport 2011: 18). Gleichwohl zeigen die Wanderungsbewegungen der Nachkriegszeit, dass Deutschland de facto ein Einwanderungsland ist. Ohne die zugewanderte ausländische und deutschstämmige Bevölkerung inklusive der Einbürgerungen läge die Bevölkerungszahl Deutschlands heute über 11 Mio. Menschen niedriger, mit den entsprechenden Folgen für Arbeitsmarkt und Sozialversicherungssysteme.

Entsprechend der hohen Zahl an Arbeitsmigranten unter der ausländischen Bevölkerung unterscheidet sich deren Altersaufbau von der Gesamtbevölkerung in Deutschland. In der ausländischen Bevölkerung überwiegt der Anteil der mittleren Altersgruppen im erwerbsfähigen Alter stärker als in der Gesamtbevölkerung. Der Anteil junger Menschen ist höher und der Anteil der älteren Menschen war in der ausländischen Bevölkerung bislang eher unterdurchschnittlich (Datenreport 2011: 19). Aussagen zur Aufenthaltsdauer sind erst bei differenzierter Betrachtung der verschiedenen Gruppen ausländischer Bevölkerungsteile sinnvoll. Hinter der durchschnittlichen Aufenthaltsdauer, die 2010 bei 18,9 Jahren lag, verbergen sich folgende Verteilungen: Von allen zugewanderten und in Deutschland geborenen ausländischen StaatsbürgerInnen lebten im Jahr 2010 rund ein Drittel weniger als 10 Jahre, mehr als ein Viertel zwischen 10 und 20 Jahren und fast 40 % bereits seit mehr als 20 Jahren in Deutschland (Datenreport 2011: 20). Unter Berücksichtigung der Tatsache, dass die 2010 fortgezogenen aus-

---

22 Die im Zuge der Zuwanderungen der Jahre 2015 und 2016 über die Balkanroute und das Mittelmeer nach Deutschland eingereisten ca. 1 Mio. Menschen sind in den genannten Zahlen nicht enthalten.

ländischen Staatsbürger durchschnittlich nur knapp neun Jahre im Land lebten, folgt, dass für mehr als die Hälfte der ausländischen Bevölkerung ihr Aufenthalt in Deutschland auf Dauer angelegt ist.

Weil die Geburtenrate der ausländischen Bevölkerung durchschnittlich höher liegt als die der Gesamtbevölkerung, wird das Bevölkerungswachstum Deutschlands nicht nur von der Zuwanderung ausländischer Staatsbürger, sondern auch durch deren höhere Geburtenrate begünstigt (Datenreport 2011: 20).

In der regionalen Verteilung der ausländischen Bevölkerung gibt es deutliche Unterschiede, weil die Wohnsitzwahl, mit Ausnahme der staatlich gelenkten Flüchtlingsunterbringung, von regionalen Wirtschaftsstrukturen und Erwerbsmöglichkeiten abhängig ist. So verzeichneten 2009 neben den Stadtstaaten Berlin (13,7 %), Hamburg (13,5 %) und Bremen (12,6 %) die Flächenländer Baden-Württemberg (11,8 %), Hessen (11,1 %) und Nordrhein-Westfalen (10,5 %) die höchsten Anteile ausländischer StaatsbürgerInnen. In Ostdeutschland liegen, historisch bedingt, die Ausländeranteile dagegen bei durchschnittlich 2 % (Datenreport 2011: 20). Laut Krummacher (1998) liegt in den großen Ballungsräumen in Westdeutschland der Anteil ausländischer Bevölkerung doppelt so hoch wie in ländlichen Räumen. Über 80 % der ausländischen Bevölkerung leben in Großstädten, gegenüber 58 % der deutschen Bevölkerung. Weil sich innerhalb der großen Städte die ausländische Bevölkerung wiederum kleinräumig, oft in Bezirken minderer Wohnqualität und günstiger Mieten konzentriert, liegt dort der Ausländeranteil nicht selten bei 25–50 %, unter Kindern und Jugendlichen ist er zum Teil noch höher. In den Kernstädten wohnen dreimal so viele Menschen

Die Zuwanderungsbevölkerung in den Städten lässt sich wie folgt differenzieren:		
Mehrheiten von *Einwanderern* mit langer Aufenthaltsdauer und Bleibeabsichten	wachsende **Minderheiten** von *Flüchtlingen, Saisonarbeitern,* Handelstouristen und »*Illegalen*«, mit begrenzter Verweildauer in prekären Lebenslagen	
Minderheit mit sozialer Aufwärtsmobilität »*Migrationsgewinner*«	**Mehrheit** mit sozialen und ökonomischen Unterschichtsmerkmalen und schlechten Lebensbedingungen »*Migrationsverlierer*«	
große Teile mit Integrationsfortschritten in Bezug auf Sprache, Bildung und kulturelle Handlungsmuster	**Teile** in ungeklärter Zwischenposition	relevanter werdende **Minderheit** mit starken Rückzugstendenzen in die eigene ethnische Gruppe

Abb. 9: Zuwanderungsbevölkerung in den Städten
Quelle: eigene Darstellung, Becker 2014 nach Krummacher 1998: 323

ausländischer Staatsbürgerschaften wie in den ländlichen Regionen (Krummacher 1998: 322).

Zuwanderung ist aus historischer Sicht konstitutiver Bestandteil von Stadtentwicklung. Für Städte ist Zuwanderung ausländischer Staatsangehöriger heute überlebenswichtig, denn ohne sie gäbe es größeren Bevölkerungsschwund und große Instabilität der Stadtbevölkerung (Häußermann/Oswald 1997).

Andererseits sind bei aller Unterschiedlichkeit von Migrantengruppen und trotz verbesserter Bildungsabschlüsse der nachfolgenden Einwanderergenerationen, trotz Bildung eines ausländischen Mittelstandes, relativ weit entwickelten Selbsthilfepotentialen und trotz der Konsum- und Wirtschaftskraft ausländischer Bevölkerung und Kleinunternehmer Ausländer in Deutschland stärker von sozialer Ungleichheit in Form von Erwerbslosigkeit und Armut betroffen als der Durchschnitt der deutschen Bevölkerung (vgl. Hradil 1999; ▶ Kap. 5.5). Mit der Konzentration von MigrantInnen in den Städten erhöhen sich dort, je nach Wirtschaftskraft und Arbeitsmarkt, auch Erwerbslosigkeit und Armut mit entsprechenden ökonomischen und sozialen Folgen.

In Bezug auf die Bildung ethnischer Kolonien innerhalb der Städte gibt es sowohl Pro- als auch Contra-Argumente. Heckmann (1992) nennt als Gründe, die für ethnische Koloniebildungen sprechen:

- Hilfe für nachfolgende Neueinwanderer,
- Heimat in der Fremde, zur Stabilisierung der Persönlichkeit,
- kollektive Selbsthilfe bei Alltagsproblemen,
- Reproduktion und Wandel »kulturspezifischer Sozialisation« und soziale Kontrolle der Eigengruppe sowie
- erleichterte kollektive Interessensartikulation und -vertretung.

Demgegenüber führen Esser/Friedrichs (1990) folgende Contra-Argumente ethnischer Koloniebildungen an:

- Instabilität städtischer Gesellschaften durch die Überlagerung von sozialer Ungleichheit und ethnisch-kultureller Spaltung,
- Aktivierung von Stigmatisierungsprozessen seitens der unterprivilegierten Einheimischen, weil sichtbare Andersartigkeit der Fremden als Provokation empfunden wird (Überfremdungsangst),
- Störung der Offenheit zwischen ethnischer Kolonie und Aufnahmegesellschaft durch Rückzug der Migranten,
- Behinderung von Qualifikationen und Kontakten bei Migrantenkindern und -jugendlichen durch fehlende interethnische Kontakte in Schule und Freizeit bei hoher räumlicher Konzentration,
- Selbstgenügsamkeit von ethnischen Kolonien kann zur Mobilitätsfalle und Benachteiligung im Erwerb von Fähigkeiten für interethnischen Wettbewerb werden,
- Zementierung der Unterschichtung von Migranten durch andauernde ethnische Eigenständigkeit.

Häußermann (2007) sieht keine Nachweise für die in der öffentlichen Diskussion als »Parallelwelten« oder »Parallelgesellschaft« bezeichnete extreme Konzentrationen von MigrantInnen in Stadtteilen und die vermeintlichen Zusammenhänge zwischen dem Wohnen in ethnischen Kolonien und Integrationsdefiziten von MigrantInnen.

Aus der gleichen Betroffenheit von sozialer Ungleichheit, aber unterschiedlicher tatsächlicher oder zugeschriebener Zugehörigkeit können sich aus latenter Fremdenfeindlichkeit Konflikte entwickeln, die insbesondere in der Polarisierung zwischen als eingesessenen Einheimischen sich begreifenden »Deutschen« und als Fremde identifizierten »Ausländern« in Erscheinung treten können. Art, Gegenstand und Ausprägung solcher Konflikte sind abhängig von der Aufnahmefähigkeit der Arbeits- und Wohnungsmärkte, dem Diskurs über Migration in Politik und Medien auf der einen Seite sowie von Alter, Status, Konkurrenzwahrnehmung auf dem Arbeits- und Wohnungsmarkt und den interkulturellen Kontakten der jeweiligen Personen auf der anderen Seite (Krummacher 1998). Elias und Scotson (1965/1993) zeigen auf, wie sich aus bestimmten »Figurationen«, also Verflechtungs- und Abhängigkeitsverhältnissen, heraus Konstellationen entwickeln können, in denen sich durch den Prozess der Vorurteilsbildung eine Bevölkerungsgruppe »etablieren« und Zugang zu Privilegien sichern kann, während andere sich nicht nur als »Außenseiter« behandelt fühlen, sondern sich zunehmend auch selbst als minderwertig wahrnehmen.

Krummacher (1998) hält daher eine Kombination von nachteilsausgleichenden baulichen, ökonomischen und sozialen Infrastrukturverbesserungen mit wirksamer Partizipation und Konfliktmoderation für Erfolg versprechend.

Eine defizitorientierte Darstellung der Zuwanderung wird der Thematik und den Menschen jedoch nicht gerecht. Wie in Abbildung 9 gezeigt, ist eine Differenzierung der Migrationsbevölkerung dringend geboten. So verweist Schnur (2008) auf die Bedeutung und Wechselwirkung der Bourdieuschen Kapitalarten und entwickelt ein Schema zur Ermittlung von Optionen von MigrantInnenhaushalten in Abhängigkeit ihrer Ressourcen (Kapitalien). Wiesemann (2008) verweist auf unterschiedliche Wohnmuster und Haushaltstypen von MigrantInnen, die ein sehr differenziertes Bild abgeben. So seien für »ethnisch distanzierte Haushalte« Preis und Wohnfläche ausschlaggebend und hohe Migrantenanteile der eigenen Ethnie, wegen ihres subjektiven Ghettoempfindens, eher abschreckend und störten sich an ethnischer Infrastruktur und traditioneller Lebensweise. »Bildungsorientierte Haushalte« stünden ethnisch segregierten Wohngebieten zwar ablehnend gegenüber, würden sich aber nicht ausdrücklich dagegen abgrenzen. Sie bevorzugten deutsche bzw. einheimische Bevölkerungsstrukturen und seien familienorientiert, d. h. sie haben oder wollen eigene Kinder. Ihnen sei die Bildung der Kinder wichtiger als Nähe zu eigenen Eltern oder Verwandten, und sie wollten Nachteile für ihre Kinder vermeiden. Für »preissensible Haushalte« sei die Finanzierbarkeit des Mietpreises das wichtigste Kriterium. Sie hätten aus ähnlichen Gründen wie bei ethnisch-distanzierten und bildungsorientierten Haushalten keinen Wunsch nach ethnischer Nähe, sondern den Wunsch nach noch besserer Wohnumgebung mit deutschen BewohnerInnen. Ausschlaggebend seien sozioökonomische Lage und fehlende Alternativen auf dem Wohnungsmarkt. Für »Ethnisch-verbundene Haushalte« zielten dagegen Wohnwunsch und Wohnungswahl wegen des lokal zentrierten sozialen Netzwerks von Familie, FreundInnen und Bekannten, auf dasselbe Quartier. Ihnen böten vielfältige innerethnische Kontakte Unterstützung, Schutz vor Isolation und ein »Heimatgefühl«. Haushalte mit ausreichend finanziellen Ressourcen optierten freiwillig für ein ethnisch segregiertes Quartier (Schnur 2008).

5.5 Soziale Ungleichheit in Städten

Die oben beschriebene Ausdifferenzierung von Lebensstilen war auf der Basis allgemeinen gesellschaftlichen Wohlstandes und der damit verbundenen Selbstverwirklichungs- und Erlebnisorientierung bis zum Ende der 1980er Jahre das dominierende Modell fortgeschrittener Industriegesellschaften.

Von den oben beschriebenen technischen, ökonomischen und politischen Veränderungen bzw. deren Chancen und Risiken scheinen nicht alle Bevölkerungsteile gleichermaßen betroffen zu sein. Die beschleunigte Tertiarisierung brachte, wie Esser/Hirsch (1987) konstatieren, zwar neue soziale Bewegungen und Lebensstile hervor, jedoch vorwiegend in mittleren und gehobenen sozialen Lagen. Spaltungen auf dem Dienstleistungsarbeitsmarkt in eher unqualifizierte, schlecht bezahlte einerseits und hoch qualifizierte, gut bezahlte Dienstleistungstätigkeiten andererseits sowie Risiken von Arbeitslosigkeit bedrohen auch den Mittelstand (Häußermann/Siebel 1987). Dieser wird von Auflösungstendenzen nach unten durch beruflich instabile und sozial absteigende Teile sowie nach oben durch beruflich stabile und sozial aufsteigende Teile bedroht, worin Krämer-Badoni (1987) weitere Indizien für gesellschaftliche Spaltung und Polarisierung erkennt. Den Anforderungen der Flexibilisierung des Arbeitsmarktes an breite und professionelle Qualifikationen sowie nach zeitlicher und räumlicher Mobilität können nicht alle Erwerbsfähigen in gleichem Maße gerecht werden (Ipsen 1987). Gefährdungen und Risiken durch Arbeitslosigkeit und Dequalifizierung sieht auch Hradil (1999) bis in die Mittelschichten hineinwirken. Soziale Ungleichheit scheint heute weniger offensichtlich, weil angesichts heterogener Lebensstile Arbeitslosigkeit, Berufsstellung oder Einkommen nicht unbedingt an Kleidung, Aussehen oder Verhalten erkennbar sind. Dennoch deutet einiges darauf hin, dass es zu der individuellen Wertorientierung in Richtung Selbstverwirklichung und Erlebnisorientierung gleichzeitig einen Umkehrtrend in Richtung Sicherstellung der Grundbedürfnisse wie Wohnung, Arbeit und soziale Sicherheit gibt, weil für einen wachsenden Teil der Bevölkerung diese Grundversorgung zunehmend bedroht ist (Hradil 1999; 2004). Im Hinblick auf die alltäglichen Folgen werden Beruf und Lebensform besonders bedeutsam für soziale Ungleichheit. Für die Prägung von Denk- und Verhaltensgewohnheiten sind insbesondere Bildung, Erwerbstätigkeit und Einkommen wichtige Einflussfaktoren. Die Begriffsverwendung von sozialer Ungleichheit orientiert sich an der Definition von Stefan Hradil

(1999: 26). Von sozialer Ungleichheit kann dann gesprochen werden, wenn soziale Unterschiede[23] mit einer Bewertung verbunden sind. Soziale Ungleichheit bezieht sich auf »Güter« (Geld, Arbeit, Gesundheit usw.), die als wertvoll gelten und die die Lebensbedingungen von Menschen verbessern können. Ein Gut gilt dann als wertvoll, wenn damit die erwünschten Vorstellungen der Menschen verwirklichbar sind. Werte von Gütern unterliegen dem gesellschaftlichen Wandlungsprozess. Die Verfügung über bestimmte Güter zur Verwirklichung gesellschaftlich allgemein verbreiteter Ziele bestimmt die Lebens- und Handlungsbedingungen von Menschen und offenbart soziale Ungleichheit. Als ungleich im soziologischen Sinne werden hier nur absolut ungleich verteilte, als wertvoll geltende Güter angesehen, im Gegensatz zu relativer Ungleichheit, die an Verteilungskriterien (wie z. B. Leistung, Bedarf etc.) orientiert ist und oft mit Gerechtigkeit assoziiert wird. Wenn gesellschaftlich als wertvoll geltende Güter aufgrund der Stellung von Menschen in gesellschaftlichen Beziehungsgefügen regelmäßig und nicht nur zufällig oder momentan absolut ungleich verteilt sind, kann von sozialer Ungleichheit gesprochen werden (Hradil 1999: 23 ff.). Ausführliche Erläuterungen zu sozialen Randgruppen, Wohnsituationen, sozialer Mobilität und Beschreibungen benachteiligender Lebenslagen finden sich in Becker (2008: 77–97).

In den Städten sind nicht nur höhere Quoten an Migrationsbevölkerung festzustellen, sondern auch sozial benachteiligte Gruppen (sogenannte »A-Gruppen«), wie ungelernte Arbeiter, Arbeitslose, Arme, Alleinerziehende und Haushalte mit Kindern und geringem Einkommen wohnen zu größeren Teilen in den Städten als in ländlichen Regionen, wie Zimmermann (1996) feststellt. Nach Zimmermann liegen die Arbeitslosenquoten in den Stadtstaaten noch höher als in den Ländern mit strukturschwachen Regionen. Farys und Misoch (1996) konnten Stadt-Land-Unterschiede auch beim Wohngeld nachweisen. Obwohl Sozialhilfe-, Wohngeld- und Arbeitslosenquoten von strukturbedingten Nord-Süd- und Ost-West-Gefällen überlagert werden, weisen die Städte doch erhöhte Quoten im Vergleich zum jeweiligen Bundesland auf. Obwohl derzeit die Altersarmut noch nicht weit verbreitet ist, gibt es doch ältere Menschen, die wegen gebrochener Erwerbsbiografien, Langzeitarbeitslosigkeit oder Sozialhilfebezug ohne hinreichende Alterssicherung leben und ebenfalls Teil der Stadtgesellschaften sind. Städte und insbesondere Kernstädte haben somit eine höhere Belastung an sozial benachteiligten Gruppen zu verkraften und sind gleichzeitig Wohn- und Lebensort vergleichsweise begünstigter Gruppen, familiär ungebundener, einkommensstarker und mobiler junger und alter Menschen. Während sozial benachteiligte Bevölkerung mangels Alternativen in den (Kern-)Städten wohnt, ist es die besondere Attraktivität des Stadtlebens, die vergleichsweise privilegierte Bevölkerung in den Städten hält oder dorthin zieht. Auf die Aspekte möglicher sozialer Polarisierung der Stadtgesellschaften sowie die Verbindungen zwischen sozialer und räumlicher Polarisierung wurde im vorigen Kapitel schon hingewiesen. Kleinräumige Konzentrationen von Bevölkerungsgruppen mit ähnlichen Merkmalen (»Segregation«) in Städten sind Realität und keineswegs neu (Gans 1974).

---

23 Ob biologisch bedingt wie Geschlecht und Alter oder von Menschen gemacht wie Beruf, Familienstand etc.

5.6 Segregation

Vor- und Nachteile »räumlicher Konzentrationen von Wohnstandorten sozialer Gruppen«, genannt Segregation (Dangschat 2008), sind in den letzten Jahren vielfältig beschrieben und beforscht worden. Sowohl die Folgen von Segregationserscheinungen als auch die Möglichkeiten zur Integration sind eher umstritten und schwer nachweisbar. Sogenannte »Kontexteffekte« zwischen Gebieten hoher Problemdichte und Bewohnern in sozialen Problemlagen, wonach »Quartiere der Benachteiligten« zu »Quartieren zusätzlicher Benachteiligung« werden, treten nach Häußermanns (2008) Erkenntnissen nur dort auf, wo hohe Konzentrationen von Bevölkerungsteilen mit starker sozialer Homogenität vorkommen. Wobei diese nur selten von der Stärke der Segregation ethnischer Minderheiten abhängig seien. Eine Besonderheit stelle die Schulsegregation dar. Weil in Großstädten bei hoher Bevölkerungsdichte die Auswahl an Schulen größer sei, könnten dort auch Schulwahloptionen zum Fernhalten von Kindern von bestimmten Schulen führen. Starke Schulsegregation führe zu hoher Abbruchquote von Schülern, hohem Anteil niedriger Bildungsabschlüsse und hohem Anteil arbeitsloser und lehrstellenloser Jugendlicher.

Für Dangschat (1998) stellt sich die bedeutsamere Frage eher nach der Freiwilligkeit des Wohnens sozioökonomisch homogener Bevölkerungsgruppen in räumlichen Konzentrationen.

Der Freizügigkeit mündiger Bürger auf einem marktwirtschaftlich organisierten Wohnungsmarkt stehen Maßstäbe notwendiger gesellschaftlicher Integration und Grenzen der Integrationskraft von Bevölkerung und Organisationen in Wohnquartieren gegenüber. Weil Segregationsprozesse sowohl von kommunalen Eingriffs- und Planungshandlungen, wie z. B. der Belegungspolitik im Sozialwohnraum und der Mischung von öffentlich und privat finanziertem Wohnraum, als auch von privaten Wohnstandortentscheidungen wie der Abwanderung zahlungskräftiger Bevölkerungsteile in gehobenen oder eigenen Wohnraum sowie dem Verbleiben oder Zuwanderung ökonomisch schwacher Schichten abhängen, sind restriktive Strategien zur Vermeidung oder Aufhebung räumlicher Segregation offenbar wenig erfolgversprechend. Krummacher (1998) empfiehlt daher den Abbau erzwungener Segregation durch materielle Hilfen und die Mobilisierung der Selbsthilfepotentiale deutscher wie ausländischer Quartierbevölkerung. Naroska (1988) gibt allerdings zu bedenken, dass Maßnahmen zur Selbsthilfe gerade dort nicht ziehen, wo ein Großteil der Bewohner von sozialen und psychischen Deprivationsprozessen massiv betroffen und deshalb in seiner Artikulations- und Selbstorganisationsfähigkeit geschwächt ist. Indes hält Dangschat (1998) für Stadtbezirke mit besonderer Integrationsaufgabe intensive Infrastrukturausstattungen, insbesondere gute Verkehrsanbindungen und Maßnahmen sozialverträglicher Stadterneuerung als geeignete Gegenstrategie zu residentieller Segregation als freiwilliger Abwanderung und unfreiwilligen Bleibens bestimmter Bevölkerungsteile.

Dass Städte nicht nur von residentieller Segregation und mitunter Abwertung bestimmter Stadtviertel betroffen sind, zeigt die Diskussion über Aufwertungsprozesse innerstädtischer Wohnviertel und deren Folgen unter dem Begriff »Gentrification« seit den 1980er Jahren in Deutschland (Dangschat 1988; Friedrichs 1998; Friedrichs/Kecskes 1996; Holm 2013; Lees u. a. 2010).

5.7 Gentrification

Unter »Gentrification« wird die Erneuerung des Wohnungsbestandes in innerstädtischen Wohnlagen und die Verdrängung unterer sozialer Schichten durch mittlere und obere soziale Schichten verstanden (Dangschat 1988: 272). Im Zuge der Tertiarisierungs-Entwicklung sind, besonders in den Städten mit überregionalem Zentrumscharakter, in den letzten Jahrzehnten verstärkt Arbeitsplätze in Dienstleistungsberufen entstanden (▶ Kap. 4). Durch die Konzentration von Entwicklungs-, Management- und Steuerungsabteilungen sowie von unternehmens- und verwaltungsbezogenen Dienstleistungen in den Innenstädten verbringen mehr Menschen mit hohem Bildungsniveau, qualifizierter Ausbildung und mittlerem bis hohem Einkommen einen Großteil ihrer Zeit in den Innenstädten.

Gleichzeitig erhöhen die o. g. Veränderungen von Lebensformen durch rückläufige Geburtenraten, weniger und spätere Eheschließungen, steigende Scheidungsraten etc. die Zahl der Haushalte und den Anteil kleiner und kinderloser Haushalte, besonders in den Kernstädten. Lebenszyklus-Effekte, wie verlängerte Ausbildungszeiten und frühzeitiges Ausscheiden aus dem Erwerbsleben, erhöhen den Anteil von »Jungen« und »jungen Alten« mit noch nicht oder nicht mehr vorhandenen familiären und beruflichen Bindungen oder Verpflichtungen. Zunehmende Lebensorientierung nach Selbstverwirklichung lassen, bei gestiegenem Wohlstand, Wünsche nach komfortablen und großen Wohnungen aufkommen, wie die Steigerung der durchschnittlichen Wohnraumgrößen pro Person zeigen. Erlebnis- und Konsumorientierung erhöhen die Attraktivität innenstadtnahen Wohnens wegen der Konzentration von Gelegenheiten hoher Erreichbarkeit wie Freizeit, Kultur, Einkauf, Arbeit und Ausbildung (Dangschat 1988). Zwar gelten die Innenstädte eher als Kinder-unfreundlich, wie die Studien von Baldo Blinkert (1996) über Aktionsräume und Spielmöglichkeiten in der Stadt zeigen. Für kinderlose Haushalte spielt dieser Befund jedoch keine große Rolle. Wer sich für einen familienorientierten Lebensstil entscheidet, zog bislang eher in die städtischen Randbereiche oder ins Umland. Die gestiegene Nachfrage nach innenstadtnahem Wohnraum kann dann zur Aufwertung des Wohnungsbestandes führen, wenn der Nachfrage entweder ein preisgünstiges Angebot an Gebäuden in schlechter Bausubstanz oder ein Angebot an Wohnungen in gut erhaltener Bausubstanz gegenübersteht.

Gebäude und Wohnungen mit renovierungsbedürftigem Bauzustand, deren Marktwert unter den Wert ihrer Lage gesunken ist (»Rent-Gap«), sind in der Regel entweder von einkommensschwachen Bevölkerungskreisen bewohnt oder befinden sich im Leerstand. Risikofreudige Menschen mit wenig privaten und beruflichen Verbindlichkeiten, hohem Bildungsniveau, aber geringem Einkommen gelten als klassische »Pioniere«, wenn sie solche Gebäude in zentraler Lage, entweder als günstige Kaufobjekte zur Verwirklichung eines selbstbestimmten Wohn- und Lebensstiles oder zur Renovierung in Eigenarbeit, bei günstiger oder zeitweise kostenfreier Miete interessant finden und nutzen. Im sanierten Wohnungsbestand waren es die relativ niedrigen Einkommensgrenzen und Mietpreisbindungen, die es dem o. g. Personenkreis der »Pioniere« ermöglichten, dort zu wohnen. Nach Ablauf der Mietpreisbindung im geförderten Wohnraum bzw. nach erfolgter Modernisierung durch die neuen Bewohner können diese Wohnquartiere, bei zwischenzeitlich veränderter und aufgewerteter Infrastruktur, interessant für Gruppen höheren sozialen Status bzw. höheren Einkommens, sogenannte »Gentrifier« und damit auch für volatile Investoren, wie Immobilienfonds und Investmentbanken werden.

In Vierteln mit guter, aber nicht modernisierter Bausubstanz ist es meist die Differenz zwischen Mieteinnahmen und Verkaufserlös (»Value Gap«), die bei entsprechender Nachfrage zu Veränderungen führt.[24] Dann werden die Wohnungen entweder durch Eigentümer, die möglicherweise selbst im Gebiet wohnen, oder ebenfalls durch professionelle Investoren modernisiert und als Eigentumswohnungen an Käufer mit hoher Steuerbelastung und Interesse an dauerhaftem Wohnen in guter Wohngegend verkauft (»Incumbent Upgrading«). Wird die Modernisierung sukzessive durch Privateigentümer und BewohnerInnen vorgenommen, verläuft die Aufwertung gewöhnlich langsamer, weniger intensiv und orientiert sich eher an Bedürfnissen und finanziellen Möglichkeiten der BewohnerInnen (Dangschat 1988). Von Gentrification wird meist nur dann gesprochen, wenn Modernisierungsinvestitionen von Personen und Organisationen von außerhalb des Viertels vorgenommen werden und Veränderungen von Wohnungen und Bewohnerschaft schneller und intensiver ablaufen. Allerdings können sich »Incumbent Upgrading« und Gentrification gegenseitig ergänzen oder verstärken (Friedrichs 1998).

Die BewohnerInnenzusammensetzung verändert sich durch Zuzug (»Invasion«) und Zunahme (»Sukzession«) zahlungskräftigerer Schichten in die modernisierten Wohnungen sowie allmählicher Abwanderung und Verminderung bisheriger Bevölkerungsschichten in dem Gebiet. Die »Invasoren« lassen sich grob in zwei idealtypische Gruppen unterscheiden:

- Das sind zum einen jüngere Menschen in unterschiedlichen Haushaltsgrößen ohne Kinder, mit hohem Bildungsniveau und geringem Einkommen, deren Interesse, wegen schulischer, beruflicher, kultureller Einrichtungen, in erster Linie die Citynähe ist und die sich risikofreudig, weder am schlechten Zustand der Gebäude noch an der multikulturellen Bewohnerschaft stören. Klassische »Pioniere« sind z. B. Studierende, SchülerInnen, KünstlerInnen, FotografInnen etc.

---

24 Zu den angebotsorientierten Erklärungen der Gentrification wie »Rent Gap« und »Value Gap« s. die Ausführungen von Friedrichs 1998: 62 ff.

- Die eigentlichen »Gentrifier« sind, laut Friedrichs (1998), mehrheitlich mittleren Alters, leben in Ein- bis Zwei-Personen-Haushalten, vorwiegend ohne Kinder, haben mittleres bis hohes Bildungsniveau und höhere Einkommen. Ihr Interesse am dauerhaften citynahen Wohnen ist von Risikoscheu geprägt, weshalb sie erst zuziehen, wenn die Gegend bereits ein gutes Image habe.

Aufgrund ihrer Risikofreude und ihres geringeren Einkommens ziehen die Pioniere meist zuerst entweder in Viertel mit schlechterer Bausubstanz, wo sie hauptsächlich ärmere und BewohnerInnen in prekären Lebenslagen verdrängen, oder in Sanierungsgebiete, in denen wegen Mietpreisbindung und Einkommensgrenzen günstige modernisierte Wohnungen bestehen. »Gentrifier« folgen entweder den Pionieren, wenn deren Anwesenheit im Viertel zur Veränderung/Verbesserung von Infrastruktur und Image beigetragen hat, oder ziehen in Gebiete mit gut erhaltener Bausubstanz und modernisierten Eigentumswohnungen, in denen sich die Pioniere wegen höherer Mieten und Kaufpreise nicht festsetzen können.

Bei den mit Gentrification bezeichneten Veränderungen der Quartierbevölkerung handelt es sich um einen doppelten »Invasions-Sukzessions-Zyklus«, bei dem in der Regel zuerst untere und unterste soziale Schichten von den zahlungskräftigeren »Pionieren« verdrängt werden, die dann ihrerseits im weiteren Aufwertungsverlauf durch höhere Mieten, veränderte Infrastruktur, höhere Lebenshaltungskosten und Umwandlung von Miet- in Eigentumswohnungen höherer Preissegmente durch »Gentrifier« vertrieben werden.

Empirisch feststellbar ist Gentrification am zunehmenden Anteil an Eigentumswohnungen in einem Quartier, steigenden Zahlen modernisierter Wohnungen, quantitativer wie qualitativer Veränderungen der Infrastruktur und Veränderungen von Haushaltsgrößen, Haushaltseinkommen, Nationalität und Bildungsgrad der Bevölkerung. Wohngebiete, die nahe dem Stadtzentrum liegen, mit attraktiven Gebäuden aus der sogenannten »Gründerzeit« um 1900, in schlechtem baulichem Zustand, mit statusniedrigen BewohnerInnen, niedrigen Mieten und Bodenpreisen und teilweise vorgesehenen Sanierungsmaßnahmen sind nach Friedrichs (1998: 59) besonders anfällig für Gentrification.

Nach Dangschat (1988: 287 f.) haben Faktoren wie Tertiarisierungsentwicklung einer Stadt, Wohnungsknappheit und Lebensqualität, gemessen in Infrastruktur an kulturellen Einrichtungen, qualitativ hochstehenden Läden und Gastronomie besondere Bedeutung für das Auftreten von Gentrification. Auf der Nachfrageseite scheinen veränderte Lebensstile der entscheidende Faktor für die innenstadtorientierte Wohnstandortwahl zu sein. Als eine Folge der Aufwertung von Wohngebieten kann die Modernisierung und damit der Erhalt von verfallendem Wohnraum angesehen werden. Außerdem vermindert Gentrification die Abwanderung statushoher und einkommensstarker Haushalte aus der Stadt ins Umland. Andere Folgen von Gentrification können demgegenüber die Verdrängung älterer und einkommensniedriger Haushalte aus dem Wohngebiet sein. Durch Modernisierung und Umwandlung von Miet- in Eigentumswohnungen gehen dem Teilwohnungsmarkt preisgünstige Wohnungen verloren (Holm 2013). Friedrichs (1998: 62 ff.) merkt kritisch an, man könne Gentrification nur schwer nachweisen, weil sowohl die Bestimmung und Abgrenzung von Pionieren und Gentrifiern, Auswahl und Definition der Gebiete als auch die Art des Bevölkerungsaustausches erhebliche Probleme bereiteten. Die weitere Entwicklung von Gentrification wird wegen der Standortpräferenzen der alternden Nachkriegsgenerationen auch von der infrastrukturellen Situation im Umland und deren Attraktivität für nahräumlich orientierte ältere Menschen abhängen. Außerdem kann ein Preisdruck auf den Wohnungsmarkt, wie er seit der Finanzkrise von 2008 herrscht, angesichts großer Nachfrage nach innenstadtnahem Wohnraum, insbesondere als Kapitalanlage, Aufwertungs- oder besser Preissteigerungsprozesse verschärfen, auch ohne dass der oben beschriebene Verdrängungsprozess die Zwischenstufe der Pioniere durchläuft.

Kommunale Politik steht somit im Konflikt zwischen dem Erhalt preiswerten Wohnraumes und der Zu- oder Abwanderung mittlerer und oberer Einkommensschichten in die Kernstadt oder das Umland. Sozialwohnungen könnten in innenstadtnahen Sanierungsgebieten den Aufwertungsdruck in den Quartiersnachbarschaften verringern (Dangschat 1988). Fraglich ist aber, ob sich integrierte Stadt-(Teil-)Entwicklung gegen wettbewerbsorientierte Stadt-(Marketing-)Politik behaupten kann, wenn innenstadtnaher, attraktiver, gehobener Wohnraum als Werbeobjekt und Standortfaktor eingesetzt wird. Diese Thematik wird im nächsten Kapitel zur Stadtpolitik aufgegriffen und vertieft.

5.8 Hintergründe für Interessen und Bedürfnisse der Bevölkerung in Stadtteilen und Quartieren

Interessen und Bedürfnisse von Menschen entstehen zwar oft ungeplant, ergeben sich bei komplexer Betrachtung jedoch deutlich weniger zufällig und weisen durchaus überindividuelle Strukturen auf, die für die Gestaltung menschlichen Zusammenlebens sehr aufschluss- und hilfreich sein können. Die folgenden Ausführungen basieren auf der Grundlage der oben angesprochenen Debatte über Lebenslagen und Lebensstile und einer Verknüpfung des Milieuschemas von Schulze (1992) mit der am Lebenslagenkonzept von Hradil (1999/2004) orientierten Sozialstrukturanalyse. Aufgrund der verkürzten Darstellung von in vorigen Kapiteln und Abschnitten bereits erläuterten Erkenntnissen wirken die folgenden Aussagen mitunter stark vereinfachend. Der Zweck dieser holzschnittartig vergröberten Darstellung ist die Veranschaulichung begründeter Annahmen über Zusammenhänge zwischen Lebensstilen/Milieus, Lebensformen, Lebensbedingungen, räumlichen Aspekten und Interessen/Bedürfnissen der jeweils betroffenen Menschen.

Lebensformen

In Anlehnung an die weiter oben beschriebenen Zusammenhänge zwischen Lebensformen (Haushaltstypen) und sozialer Ungleichheit, können unterschiedliche Lebensformen und -zyklen differente Interessen und Bedürfnisse generieren. So bringen familienorientierte Lebensformen z. B. Interessen nach kindgerechter Wohnung und Wohnumgebung mit sich. Kinderhaushalte fragen stärker nahräumliche Infrastrukturangebote zur Versorgung mit Gütern des täglichen Lebensbedarfes und flexible Betreuungs- sowie Arbeitsmöglichkeiten nach, um Familie und Erwerbstätigkeit vereinbaren oder am öffentlichen Leben aktiv teilnehmen zu können. Während Kleinkinder, je nach Erziehungsstil, kultureller Orientierung und Mobilität der Eltern, noch vorwiegend auf den Privatbereich und die unmittelbare Wohnumgebung orientiert sind, entwickeln Schulkinder und Jugendliche zunehmendes Interesse an öffentlichen Räumen über das Wohnumfeld hinaus (Schwonke 1974). BewohnerInnen kleiner Haushalte, insbesondere alleinlebende Menschen, sind bei entsprechender Vitalität und Mobilität eher an außerhäuslichen Kontakten und Aktivitäten interessiert und fragen entsprechende Dienstleistungen und Angebote (Freizeit, Kultur, Haushaltshilfen ...) nach. Interessen und Bedürfnisse älterer Menschen differieren je nach Altersphase, Milieuzugehörigkeit und individueller Situation, wie weiter oben bereits dargestellt. Neben dem Alter ist die Erwerbstätigkeit insofern ein weiteres Differenzierungsmerkmal in Bezug auf Interessen und Bedürfnisse, als Erwerbstätigkeit die Chancen außerhäuslicher Kontakte erhöht und damit sowohl die Angewiesenheit auf als auch die Präsenz in Wohnbereich und Nachbarschaft verringern kann (Schwonke 1974: 54 ff.).

Lebensbedingungen

Wie insbesondere klassen- und schichtorientierte Theorien (Hradil 1999) betonen, beeinflussen sozioökonomische Bedingungen die Interessen und Bedürfnisse der in jeweils unterschiedlichen sozialen Lagen befindlichen Menschen. Je geringer das Einkommen, desto weniger Geld steht nach der Befriedigung der Grundbedürfnisse (Nahrung, Kleidung, Wohnen ...) für Güter und Dienstleistungen entsprechend individueller Bedürfnisse, z. B. auf dem Freizeitmarkt, zur Verfügung. Mit steigendem Bildungsgrad erhöhen sich die Interessen an außerhäuslichen Freizeitaktivitäten wie z. B. Museums-, Vortragsbesuchen und Weiterbildung, und desto geringer ist das Interesse an häuslichen Aktivitäten wie Fernsehen, Heimwerken, Verwandte besuchen. Berufe hoher körperlicher Belastung erhöhen mit zunehmendem Alter Bedürfnisse nach Ausruhen zu Hause, Fernsehen, Gartenarbeit und einfacher Unterhaltung. Hingegen bringen Berufe hoher psychischer Belastung eher Bedürfnisse nach außerhäuslichen, ausgleichenden Tätigkeiten geistiger Entspannung, wie Ausgehen und Besuche kultureller Veranstaltungen mit sich. Während Freizeitinteressen un- und angelernter ArbeiterInnen vorwiegend im Erholen von ihren anstrengenden und körperlich belastenden Arbeitsverhältnissen durch Ausruhen, Fernsehen und anderen leichten

Unterhaltungsformen liegen, nutzen FacharbeiterInnen ihre Freizeit häufig zum Aufräumen, Reparieren und für Nebenjobs, erhöhen dabei ihr Einkommen und verbessern ihre handwerklichen Fähigkeiten. Leitende Angestellte und Beamte gehen in ihrer Freizeit dagegen öfter ihren Bildungs- und Beziehungsinteressen nach, indem sie lesen, sich weiterbilden, reisen, Gäste einladen oder besuchen und sich, oft in verantwortlicher Position, an Vereinsaktivitäten beteiligen (Hradil 1999: 470 ff.).

Berufliche und soziale Erfahrungen prägen auch Art und Intensität sozialer Beziehungen. So machen Angehörige unterer beruflicher Statusgruppen häufiger die Erfahrung, dass Erfolg und Existenzsicherung eher durch Befolgung von Regeln als durch aktives Wirken nach außen möglich sind. Hinzu kommen Erfahrungen mangelnder Durchsetzungskraft bei vorhandenen Informations-, Sprach- und Verhaltensdefiziten. Entsprechend gering ist ihr Interesse an der Mitwirkung in verantwortlichen Positionen in Vereinen, politischen Organisationen (Parteien, Bürgerinitiativen) und Selbstverwaltungsgremien (z. B. in Kindergärten, Schulen, Kirchen, Kommune etc.), und umso größer ist das Interesse an privaten Beziehungen und Angelegenheiten. Mittlere und obere Angestellte und Beamte sowie Selbständige machen dagegen öfter Selbstwirksamkeitserfahrungen der Veränderbarkeit und Gestaltbarkeit von Umständen und Lebensverhältnissen aufgrund ihrer beruflichen Stellung, ihres Allgemein- und Spezialwissens und ihrer vielfältigen Kontakte. Ihre Schwellenangst vor Organisationen ist deshalb eher gering, ihr Interesse an Mitwirkung und Gestaltung öffentlicher Angelegenheiten eher groß (Hradil 1999: 450 ff.).

Gesellschaftliche, insbesondere ökonomische Entwicklungen bestimmen je nach Betroffenheit von Bevölkerungsteilen deren politische Interessen und Orientierungen. Untere Berufs- und Einkommensgruppen aus dem rückläufigen Produktionssektor sind am stärksten von den Risiken der Modernisierung betroffen (▶ Kap. 4). Ihre politischen Orientierungen zielen wegen ihrer bedrohten Situation auf ökonomische Sicherheit. Ökonomische und politische Sicherheit, Ruhe und Ordnung sind auch deshalb erwünscht, weil geringe Einkommen nur bei langfristigen Lebensperspektiven und berechenbaren Berufsbiografien positive Zukunftsaussichten eröffnen (Sennett 1998). Dazu wird ein starker Staat benötigt und gewollt, der Ökonomie und innere Sicherheit aktiv beeinflusst. Die aktuellen gesellschaftlichen Veränderungen stehen jedoch eher im Widerspruch zu solcher Art Interessen. Denn während der ökonomische Trend zu Tertiarisierung und »internationaler Arbeitsteilung« die Lage unterer Statusgruppen bedroht, geht der politische Trend der Modernisierung gleichzeitig in Richtung geringerer staatlicher Eingriffe. Daraus resultiert Politikverdrossenheit oder politisches Desinteresse bei den sogenannten »Modernisierungsverlierern«, insbesondere bei un-/angelernten Arbeitern und Arbeitslosen mit einfacher Schulbildung (▶ Kap. 4 und 6). Aufgrund dieser Enttäuschungen und geringer ökonomischer, sozialer und kultureller Ressourcen bestand lange wenig Interesse an politischer Aktivität, was sich mit den neuen populistischen Bewegungen (PEGIDA) und Rechtsparteien (AFD) zu verändern scheint.

Mittlere Statusgruppen sind dagegen stärker an der jeweiligen Situation und dem Zeitgeist orientiert, sofern sie von der ökonomischen und politischen Modernisierung durch bessere Erwerbschancen und größere politische Gestaltungsmöglichkeiten (Bürgerinitiativen, Bürgerbeteiligung etc.; ▶ Kap. 6) profitieren. Ordnungs- und Sicherheitsforderungen spielen bei ihnen daher eine geringere Rolle und beziehen sich eher auf Eigentums- und Vermögensschutz sowie körperliche Unversehrtheit. Im Vordergrund stehen Meinungsfreiheit, individuelle Chancengleichheit, humane Gestaltung menschlicher und natürlicher Umwelt, die weniger mit staatlichen Aktivitäten verbunden sind. Angestellte, Beamte und Selbständige mittlerer und höherer Schul- bzw. Berufsbildung sind daher tendenziell stärker politisch interessiert und aktiver (Hradil 1999: 460).

Räumlich-bauliche Gesichtspunkte

Wenn Interessen und Bedürfnisse nach Lebensstil, Milieuzugehörigkeit, Lebensformen und Lebensbedingungen differieren, spielt die räumliche Verteilung der Bevölkerung in einem Stadtteil/Quartier für Majorisierung oder Minorisierung bestimmter Interessens- oder Bedürfnislagen vor Ort eine entscheidende Rolle. Räumlich-bauliche Aspekte wie Nutzungsmöglichkeiten, Bevölkerungsdichte, Gebäudealter, -zustand, Infrastruktur, Wohnungsbelegungspolitik, Wohnungsmarkt, -größen und Wohnumfeldqualität können raumwirksame Prozesse der Bevölkerungsverteilung vor Ort, wie sie weiter oben (z. B. zu Segregation und Gentrification) beschrieben wurden, beeinflussen.

Sozialräumliche Wahl- und Wohnmilieus

Auf lokaler Ebene zeichnen sich gesamtgesellschaftliche Makromilieus, die ihre Umwelt aufgrund von Alters-, Bildungs- oder Schichtunterschieden in spezifischer Art und Weise wahrnehmen, interpretieren und nutzen, als Mikromilieus in Form von Lebensstilgruppen, Szenen oder Nachbarschaften ab, deren Zugehörige miteinander in unmittelbarem persönlichen Kontakt stehen. Solche Mikromilieus lassen sich in eher traditionelle »Wohnmilieus« und moderne mobile »Wahlmilieus« unterteilen (Herlyn 1998). Für Wohnmilieus, deren Kontakte und Aktivitäten sich auf das unmittelbare Wohnumfeld konzentrieren, sind geringe Mobilität, hohe Bindung an Stadtteil bzw. Wohnquartier sowie ökonomische Kriterien konstituierend (Keim 1979). Als moderne Wahlmilieus sollen hier lokale Szenen und Treffpunkte von Lebensstilgruppen bezeichnet werden, bei denen Erlebnisorientierung, Selbstvergewisserung und Selbstdarstellung im Vordergrund stehen, auf Entscheidungen für bestimmte Orte, Aktivitäten und Personen beruhen und die in der Regel mobil und deshalb örtlich flexibel sind (Keim 1997). Entsprechend unterschiedlich sind die Interessen und Bedürfnisse von Menschen, die solchen Wohn- oder Wahlmilieus zugeordnet werden können. Wohnmilieus sind bei geringem Einkommen und geringer Mobilität auf räumlich gebundene Angebote wie Versorgung, Erholung, Sicherheit etc. angewiesen und deshalb an nahräumlichem Wohnumfeld stärker interessiert. Sachs Pfeiffer (1988: 113 ff.) verweist auf die Problematik, dass Menschen aus Wohnmilieus zwar aufgrund ihrer Immobilität mehr Interesse an ihrem direkten Wohnumfeld haben müssten, bei höherem Alter, niedrigem Bildungsstand und geringer beruflicher Stellung jedoch wenig Bereitschaft und Interesse an der Mitgestaltung ihrer Wohnumgebung haben, insbesondere im Rahmen neuer Formen der Bürgerbeteiligung.

Angehörige von Wahlmilieus dagegen können bei entsprechend höheren Einkommen Angebote, die ihren Interessen und Bedürfnissen entsprechen, an verschiedenen Orten nutzen. Ihr individualistischer Lebensstil erlaubt und fördert die Möglichkeit, Orte, Angebote und Szenen zu wechseln, wenn diese nicht mehr passen oder unangenehm werden. Sie interessieren sich entsprechend ihres größeren Aktionsradius eher für die Belange der Gesamtstadt oder Region. Hoher Bildungsstand, viele Kontakte und gute Ausdrucksfähigkeit versetzen Angehörige von Wahlmilieus in die Lage, ihre Interessen zu artikulieren und sich für eigene Belange öffentlich einzusetzen (Sachs Pfeiffer 1988).

In einer Quartierstudie gelang es Becker (2008), oben beschriebene Wahl- und Wohnmilieus empirisch zu ermitteln und damit milieubedingte Unterschiede der Bewertung von Lebensbedingungen und Lebensqualität in städtischen Quartieren aus Sicht der Bevölkerung nachzuweisen. Eine ausführliche Darstellung der Unterschiede nach Einstellungen, Interessen und Handeln der Bevölkerung sowie typischer Konfliktkonstellationen unterschiedlicher Bevölkerungsteile in Quartieren kann im Rahmen dieses Buches nicht geleistet werden, weshalb hier auf die Studie von Becker (2008) verwiesen wird. Im Folgenden werden jedoch die wesentlichen Erkenntnisse zusammengefasst.

Konsequenzen für das Zusammenleben in einem Stadtteil/Quartier

In den obigen Ausführungen zu Bedingungen und Einflussfaktoren von Interessen und Bedürfnissen wurden einige Zusammenhänge herausgearbeitet, die teilweise auch durch empirische Studien nachweisbar sind (Schulze 1992; Hradil 1999; Becker 2008; Alisch/May 2008). In einem Quartier auftauchende Gegensätze bezüglich Interessen und Bedürfnissen der Bevölkerung spiegeln u. a. eine soziale Distanz zwischen einzelnen Milieus wider. Wenn in einem Quartier starke soziale Distanz zwischen unterschiedlichen Milieus herrscht, dürfte dies Auswirkungen auf das Zusammenleben aller Menschen im Quartier insofern haben, als Kommunikation, Solidarität und Integration eher innerhalb als zwischen den Milieus stattfinden, worauf bereits Elias und Scotson (1965/1993) in ihrer Studie »Etablierte und Außenseiter« hingewiesen haben. Je größer also die Alters- und Bildungsunterschiede der Stadtteilbevölkerung, desto stärker sind die potenziell zu erwartenden Gegensätze in Denk- und Handlungsstilen und desto größer die soziale Distanz (Schulze 1992). Mit zunehmender sozialer Distanz sinkt das Interesse an gemeinsamen Aktivitäten des Zusammenlebens aller Menschen im Stadtteil, wie Kommunikation, Identifikation, Solidarität, öffentliches Engagement und politische Partizipation (Becker 2008). Neben den gegensätzlichen Orientierungen im Denk- und Handlungsstil spielen unterschiedliche aktionsräumliche

Orientierungen und Bedürfnisse, wie sie in Wohn- und Wahlmilieus zum Ausdruck kommen, für das Zusammenleben in einem Stadtteil eine bedeutende Rolle. Mit dem Anteil mittlerer Altersgruppen, kinderloser Haushalte und mittlerer bis höherer Einkommen und Berufsstellungen steigen Mobilität und außerhäusliche Aktionsräume. Je größer Mobilität und außerhäusliche Aktionsräume sind, desto höher ist das Potential überlokaler Kontakte und Kommunikationsbeziehungen. Entsprechend geringer fallen demnach die lokalen quartierbezogenen Kontakte und Aktivitäten aus. Große Anteile an Kinderhaushalten, an betagten, erwerbslosen und armen Menschen in einem Stadtteil/Quartier erhöhen den Anteil von Wohnmilieus geringer Mobilität. Je geringer aber die räumliche Mobilität, desto wichtiger werden häusliche und nahräumliche Aktionsräume, und umso mehr überwiegen lokale Kommunikationsbeziehungen vor überlokalen Beziehungen (Becker 2008). Weil gesellschaftliche Teilhabe wesentlich von ökonomischen (Einkommen) und kulturellen (Bildung) Ressourcen abhängt (Freiwilligensurvey; Hradil 1999), kann die diesbezügliche Zusammensetzung der Stadtteil-/Quartierbevölkerung die Ausprägung bürgerschaftlichen Engagements oder politischer Partizipation im Stadtteil/Quartier beeinflussen. Je mehr jüngere und ältere Menschen geringen Bildungsgrades, Einkommens und beruflicher Stellung (Unterhaltungs- und Harmoniemilieu; nach Schulze 1992) im Stadtteil/Quartier leben, desto geringer wird die zu erwartende gesellschaftliche Teilhabe (bürgerschaftliches Engagement, politische Partizipation; ▶ Kap. 7) der Stadtteilbevölkerung sein.

Im Rückgriff auf die Erkenntnisse der Figurations- und Prozesstheorie Norbert Elias (1970, 1976; 1991; 1993) sind die o. g. potenziellen Zusammenhänge insofern zu relativieren, als allein aus sozialstrukturellen und räumlich-geografischen Daten nicht zwingend auf die Selbstdefinitionen sozialer Gruppen und deren Zuschreibungen bezüglich anderer sozialer Gruppen geschlossen werden kann. Schon die Tatsache, dass Milieubeschreibungen und Zuordnungen auf Angaben der Bevölkerung zu Einstellungen, Orientierungen, Meinungen, Verhalten etc. angewiesen sind, die gewöhnlich in Form von Befragungen erhoben werden, verbietet voreilige Schlüsse und mahnt zur Vorsicht vor der Konstruktion von Artefakten. Infrastrukturell vorhandene oder methodisch qualifiziert gestaltete Gelegenheiten zu Kontakten unterschiedlicher Bevölkerungsteile in Quartieren können allerdings durchaus Konflikte entschärfen und zivilisierende Wirkungen zeitigen, wie die Studie von Becker (2008) zeigt.

5.9 Zusammenfassung und Arbeitsanregungen

Allgemeine Wohlstandsentwicklung und Bildungsexpansion in den Nachkriegsjahrzehnten waren im Verbund mit der Tertiarisierungsentwicklung wesentliche Voraussetzungen für die Ausdifferenzierung von Lebensformen und -stilen. Frauen zogen bildungsmäßig mit den Männern gleich. Dadurch stiegen ihre

Erwerbschancen und mit dem größeren Angebot an Arbeitsplätzen im Dienstleistungsbereich ihre Erwerbsquoten. Mit der Erweiterung von Möglichkeiten veränderte sich das Rollenverständnis, vorwiegend der Frauen. Für Erwerbstätige blieben die durch Produktivitätssteigerung, Flexibilisierung und internationale Arbeitsteilung veränderten Wettbewerbsbedingungen und Anforderungen nicht ohne Auswirkungen. Den Unsicherheiten im Erwerbsverlauf und in der Lebensperspektive stehen erweiterte Chancen und Optionen beruflicher und privater Art gegenüber.

Was weiter oben als »methodische Lebensführung« beschrieben wurde, meint die individuelle Anpassung der Lebensgestaltung an äußere Bedingungen und eigene Bedürfnisse. Die daraus folgende gegenwartsbezogene Lebensorientierung an Selbstverwirklichung bedingt Prioritätensetzungen zu Gunsten kurzfristiger und zu Ungunsten langfristiger biografischer Festlegungen. Niedrigere Geburtenraten, geringere Heiratsneigung und höheres Heiratsalter dürfen als empirische Belege dieser Entwicklung angesehen werden. Lebensstilisierung findet ihren Ort vorwiegend im weniger reglementierten Freizeit- und Konsumbereich. Grundsätzlich neue Lebensformen bzw. Haushaltstypen sind dabei in den letzten Jahrzehnten nicht entstanden, es hat sich eher die Verteilung von Lebensformen und Haushaltstypen verändert, wie beispielsweise die gestiegene Zahl bei gleichzeitiger Verkleinerung der Haushalte deutlich macht.

Selbstverwirklichung, Wahlmöglichkeiten, Optionen beruflicher und privater Lebensgestaltung fußen, wie erwähnt, auf der Teilhabe an allgemeinem Wohlstand und Bildung. Wie in Kapitel 4 deutlich wurde, birgt die Tertiarisierungsentwicklung Chancen und Risiken. Auf der individuellen Ebene sind ungelernte ArbeiterInnen, aus absterbenden Branchen des primären und sekundären Sektors und dem »Jedermanns-Arbeitsmarkt«, eher von den Risiken betroffen. Bildungsabschlüsse und berufliche Qualifikationen sind in tertiarisierten Gesellschaften die wichtigsten Voraussetzungen für die Teilhabe an Erwerbsleben und materiellem Wohlstand. Geringere Teilhabechancen treffen besonders bildungsferne Bevölkerungsteile, aufgrund ihrer familiären oder ethnischen Herkunft. Lebensformen mit Kindern erschweren, wegen der geringeren zeitlichen Flexibilität bei unzureichenden Betreuungsmöglichkeiten die Teilnahme am Erwerbsleben und damit am allgemeinen Wohlstand. Aufstiegschancen werden erschwert durch die nach wie vor starke Trennung der Karrierewege zwischen »Kopf- und Handarbeitern«, durch Karriereunterbrechungen in Folge von Kindererziehungszeiten und durch Unsicherheiten im Erwerbsverlauf auch bei Geringverdienern. Einwanderer mit geringen Sprachkenntnissen und Menschen in Kinderhaushalten mit sozialer Herkunft aus einkommensschwachen bis armen Haushalten und niedrigem Bildungsniveau haben die schlechtesten Bildungs- und Erwerbschancen, die geringsten Einkommen und die schlechtesten Arbeits- und Wohnbedingungen. Für diese Bevölkerungsteile steht eher die Befriedigung der Grundbedürfnisse statt Selbstverwirklichung im Vordergrund. Anspruch und Möglichkeiten der Selbstverwirklichung differieren hier erheblich, entsprechend hoch dürfte die Frustration darüber sein.

Während die veränderten Orientierungen der Nachkriegsgenerationen an Rationalitäts- und Flexibilitätsanforderungen der Arbeitswelt sowie individueller

Selbstverwirklichung u. a. zu niedrigeren Geburtenraten führten, erhöhten technologische (Medizin, Automation), wirtschaftliche (Tertiarisierung) und politische Entwicklungen (Arbeitsschutz und kürzere Wochenarbeitszeit) die Lebenserwartung der Menschen. In volkswirtschaftlicher Hinsicht stehen den wachsenden Finanzierungsproblemen des Sozialversicherungssystems in Folge des erhöhten Altenquotienten wachsende Nachfragegruppen aktiver und mobiler alter Menschen auf dem Konsum-, Reise- und Kulturmarkt gegenüber. Steigende Anteile hochbetagter Menschen, die vorwiegend im privaten Wohnraum verbleiben, erhöhen die Bedeutung mobiler sozialer Dienstleistungen, nahräumlicher Versorgungsinfrastruktur sowie Wohnungs- und Wohnumfeldverbesserungen.

Wirtschaftliche und politische Bedingungen sind ausschlaggebend für Art und Umfang von Migration. Während die Verhältnisse in den Herkunftsländern den Migrationswunsch der Menschen hervorrufen dürften, können politische Entscheidungen und Wirtschaftskraft im Zielland/der Zielregion als ausschlaggebend für die Migrationsentscheidung angesehen werden. Dementsprechend haben sich die Einwanderungszahlen in den letzten Jahrzehnten nach jeweiligen politischen Veränderungen in Deutschland bzw. Europa entwickelt. Die größten Zuwanderungsquoten verzeichnen wirtschaftlich starke Regionen und größere Städte. Obwohl die meisten Zuwanderer (ohne abgelehnte Asylbewerber) auf Dauer im Land bleiben, den Anteil der Bevölkerung im Erwerbsalter erhöhen und damit sowohl die Finanzierung der Sozialversicherungssysteme als auch das Angebot auf dem Arbeitskräftemarkt sichern, sind sie in ihrer Mehrheit nach wie vor rechtlich, politisch, sozial und ökonomisch benachteiligt.

Entwicklungen verschiedener Lebensstile, soziale Ungleichheit, Veränderungen von Lebensformen und Bevölkerungsstruktur durch Alterung und Zuwanderung haben zwar überregionale, gesamtgesellschaftliche Ursachen, aber durchaus regional unterschiedliche Erscheinungsbilder. Dass plurale Lebensformen in den Stadtzentren und familienorientiertes Leben im ländlichen Umland häufiger vorkommen, hat mit der Wohnstandortwahl zu tun, die sich vorwiegend an den jeweiligen Lebensbedingungen orientiert. Arbeits-, Ausbildungs- oder Freizeitmöglichkeiten sind ausschlaggebend für Wanderungen zwischen Regionen. Entsprechend unterschiedlich sind die Anteile z. B. von Zuwanderern, jungen (z. B. Studierenden) oder alten (z. B. RentnerInnen, PensionärInnen) Menschen in der Bevölkerung in Regionen, Städten und ländlichen Kreisen, je nach deren Attraktivität für die unterschiedlichen Gruppen. Bei Nahwanderungen geben dagegen die Wohnverhältnisse den Ausschlag, d. h. die Realisierungsmöglichkeit von Wünschen nach z. B. großen Wohnflächen, Eigentum und Umweltqualität. Preis- und Angebotsgefälle zwischen Kernstädten und Umland sowie Zahlungsfähigkeit und Lebensleitvorstellungen sind weitere Faktoren, die über räumliche Verteilung von Bevölkerungsgruppen entscheiden. Daraus erklären sich Abwanderungen familienorientierter Schichten mittleren Einkommens mit Wohneigentumswunsch aus verdichteten Städten mit hohen Boden- und Baupreisen ebenso wie Konzentrationen einkommensschwacher Familien in innenstadtnahen alten Gebäuden schlechter Qualität oder in Großwohnsiedlungen am Stadtrand. Auch hohe Anteile oder Konzentrationen einkommensstarker Familien in innenstadtnahen Einfamilienhaus- oder Villenvierteln oder gutverdienender, nicht familienorientierter

BewohnerInnen hochwertiger Miet- oder Eigentumswohnungen in Innenstädten erklären sich aus den genannten Faktoren.

Konzentrationen von Menschen mit ähnlichen Merkmalen in Stadtquartieren werden nicht immer als Segregation bezeichnet und nicht in jedem Fall problematisiert. Kaum jemand würde ein innenstadtnahes Einfamilienhausviertel, dessen BewohnerInnen zu einem großen Teil der städtischen Wirtschafts-, Verwaltungs- und Politelite angehören, als hochsegregiertes Viertel bezeichnen. Segregation wird in der Regel dann schwierig für Städte, wenn die hohe Konzentration nicht freiwillig zustande kommt und darüber hinaus die unfreiwillig zusammenlebenden Menschen gleichermaßen um knappe Güter konkurrieren und sich als Konkurrenten wahrnehmen. Wo sich z. B. sozial benachteiligte Gruppen ethnisch unterschiedlicher Herkunft mangels günstiger Wohnungsmarktalternativen in einem Quartier konzentrieren, ist es wegen der Überlagerung sozialer und kultureller Ungleichheit nicht weit zu Auseinandersetzungen rassistischer Prägung. Kleinräumige Vielfalt auf dem städtischen Wohnungsmarkt kann teilweise räumliche Armutskonzentrationen verhindern. Weil Armut und Arbeitslosigkeit in der Regel von begrenzter Dauer sind, kann Vielfalt an Lebensformen, Ethnien, sozialem und beruflichem Status dem drohenden sozialen Abstieg und der Verstärkung benachteiligter Lebenslagen entgegenwirken. Wo diese Vielfalt durch unfreiwillige Konzentrationen fehlt, kann es zu Konflikten, die verhandelbar oder moderierbar sind, oder aber zu Problemen wie der Eskalation von Gewalt kommen.

Kleinräumig gemischte Wohnungsteilmärkte in Städten können nicht nur für nachhaltige bauliche und soziale Aufwertungsprozesse von Stadtvierteln sorgen, sondern auch unfreiwillige Segregation vermindern. Auf das gesamte Stadtgebiet verteilte Infrastrukturinvestitionen, gute öffentliche Verkehrsverbindungen und breit gestreute Belegung öffentlich geförderter Wohnungen sind von unterstützender Wirkung. Gute Qualität näheräumlicher privater und öffentlicher Infrastruktur kommt besonders distanzempfindlichen und immobilen Gruppen wie Haushalten mit Kindern, Alleinerziehenden und älteren Menschen zugute. Zeitlich flexible, kostengünstige und dezentrale Kinderbetreuungsangebote können helfen, Benachteiligungen von Haushalten mit Kindern, insbesondere von Frauen und Alleinerziehenden entgegenzuwirken. Stadt- und Quartierentwicklung wird somit zur Querschnittsaufgabe kommunaler Daseinsvorsorge. Sie muss breit gefächert sein und räumliche, bauliche, ökonomische, demografische und soziale Bereiche integrieren. Soziale Stadtentwicklung und Stadtpolitik werden daher im Zentrum des nächsten Kapitels stehen, in dem Fragen nach konkreter Gestaltung und Handlungsmöglichkeiten gestellt und beantwortet werden.

Aufgaben und Arbeitsanregungen

- Welche Faktoren bedingen die Ausbildung von Lebensstilen?
- Vergleichen Sie die Milieukonzepte von Schulze und Sinus nach deren Kriterien und stellen Sie die wesentlichen Unterschiede dar!
- Welchem Milieu nach Schulze bzw. Sinus würden Sie sich selbst zuordnen?

- Weshalb und wie haben sich Lebensformen in den Nachkriegsjahrzehnten verändert?
- Erläutern Sie die im Text vorkommenden Begriffe »methodische Lebensführung« und »Opportunitätskosten« anhand von eigenen biografischen Beispielen!
- In welcher Richtung und Stärke bewegt sich die demografische Entwicklung in Deutschland?
- Wie lassen sich Ursachen und Beschaffenheit von Wanderungsbewegungen beschreiben?
- Welches sind die Unterschiede zwischen »sozialer Ungleichheit« und »sozialer Benachteiligung«?
- Erstellen Sie eine Übersicht nach Interessen/Bedürfnissen ähnlicher Bevölkerungsteile und deren Hilfe bzw. Engagementpotential!

Literaturempfehlungen

Friedrichs, Jürgen (Hrsg.; 1988): Soziologische Stadtforschung. Kölner Zeitschrift für Soziologie und Sozialpsychologie. Sonderheft 29. Opladen: Westdeutscher Verlag.
Häußermann, Hartmut (Hrsg.; 1998): Großstadt. Soziologische Stichworte. Opladen: Leske + Budrich.
Hradil, Stefan (1999): Soziale Ungleichheit in Deutschland. Opladen: Leske + Budrich.
Schäfers, Bernhard/Wewer, Göttrik (Hrsg.; 1996): Die Stadt in Deutschland. Soziale, politische und kulturelle Lebenswelt. Opladen: Leske + Budrich.
Schäfers, Bernhard/Zapf, Wolfgang (Hrsg.; 2001): Handwörterbuch zur Gesellschaft Deutschlands. Opladen: Leske + Budrich.
Schulze, Gerhard (1992): Die Erlebnisgesellschaft. Kultursoziologie der Gegenwart. Frankfurt/M., New York: Campus, Erstausgabe.

6 Stadtpolitik: Leitbilder, Strategien und Programme sozialer Stadtentwicklung

Städte und ihr Umland sind in ständigen Veränderungsprozessen begriffen. Dies trifft nicht nur in historischer Perspektive zu, sondern gilt auch im Querschnittsvergleich innerhalb und zwischen Ländern und Kontinenten. Art, Ausmaß und Bedeutung gesellschaftlicher Entwicklungen für Städte und die dort lebenden Menschen wurden bereits in den vorigen Kapiteln beschrieben und diskutiert. In diesem Kapitel soll es nun schwerpunktmäßig um die politische Gestaltung der Entwicklung von Städten gehen. Stadtpolitik wird hier im Sinne der Begriffsdifferenzierung[25] zwischen »Polity«, »Politics« und »Policy« verstanden als Politikfeld, das die Gesamtheit heutiger Stadtentwicklung betreffenden Themen umfasst und dabei die unterschiedlichen Politikdimensionen formaler Strukturen und Prozesse einschließt. Dementsprechend werden im Folgenden zunächst die sich herauskristallisierenden wesentlichen Leitbilder moderner Stadtentwicklung als Bewältigungsversuche kommunaler Stadtpolitik vorgestellt. Dabei zoomen wir quasi von der globalen über die europäische bis hinein in die nationale und kommunale Ebene. Wir suchen nach Verbindungen zwischen den bereits beschriebenen Herausforderungen, den aus Leitbildern abgeleiteten konkreten Programmen zur Stadtentwicklung (»Politics«) und den Möglichkeiten der Verankerung wichtiger Entwicklungsprozesse im Alltagsgeschäft (»Polity«) der Stadtpolitik.

Nehmen wir die in den vorigen Kapiteln beschriebenen Entwicklungen auf, so stehen Städte heute vor der Herausforderung, im interkommunalen Wettbewerb um Standortentscheidungen von Unternehmen und Niederlassungsentscheidungen von Wohnbevölkerung zu bestehen. Aufgrund mehr oder weniger

---

25 In den Politikwissenschaften hat sich auch in Deutschland mittlerweile die angelsächsische Begriffsdifferenzierung durchgesetzt, die von drei Dimensionen des Politikbegriffs ausgeht. Mit *Polity* wird die strukturelle Dimension von Politik oder, organisationssoziologisch betrachtet, die institutionelle Ordnung politischer Systeme bezeichnet. Dazu gehören die gesetzlichen Grundlagen ebenso wie die verfassten Organe und staatlichen Organisationen mit Entscheidungsbefugnissen auf den unterschiedlichsten Ebenen wie Bund, Land und Kommune. Aber auch zu Institutionen gewordene und teilweise ungeplante Interaktionen gehören zur formellen, strukturellen und institutionellen Dimension der Politik, genannt »Polity«. Mit *Politics* wird dagegen die Dimension politischer Aktivitäten und Prozesse bezeichnet. Dazu gehören sämtliche politische Verfahren, wie Gesetzgebungsverfahren, Anhörungen, Abstimmungen, Wahlen oder direktdemokratische Beteiligungsverfahren für BürgerInnen. *Policy* als dritte Dimension von Politik wiederum bezeichnet die Inhalte der Politik, die sich konkret in unterschiedliche Politikressorts wie z. B. Arbeit und Soziales (als Bezeichnung eines Ministeriums) aufteilen lassen. »Policy« wird damit im deutschen Sprachgebrauch als Politikfeld wie die Sozial- oder Wirtschaftspolitik verstanden (Nohlen/Schulze 2004).

offen kommunizierter Wertenthaltungen entscheiden sich Stadtpolitik und Kommunalverwaltungen scheinbar zwangsläufig für eine »unternehmerische Stadtpolitik« und führen die Stadt wie ein Unternehmen. So stellt sich die Frage nach den rechtlichen Grundlagen kommunaler Selbstverwaltung und möglichen Anzeichen für Einschränkungen der für viele europäische Städte typischen kommunalen Selbstverwaltung (▶ Kap. 2.3). Die Probleme zeigen sich spätestens dann, wenn EinwohnerInnen merken, dass Sie vorwiegend als Kunden des Unternehmens »Stadt« angesehen und nicht wie BürgerInnen mit entsprechenden Rechten auf Teilhabe, Mitwirkung und Mitentscheidung behandelt werden. Aus solchen Veränderungen lassen sich zunehmende zivilgesellschaftliche Initiativen für ein »Recht auf Stadt« der BürgerInnen erklären (▶ Kap. 6.3). Es ist deshalb nach Perspektiven für ein Recht auf Stadt und den rechtlichen Möglichkeiten von BürgerInnen zu fragen, über Wohl und Wehe ihrer Stadt zu entscheiden und deren Entwicklung mitzugestalten (Becker 2013).

Weil Soziale Arbeit nach Engelke (2004) eine Wissenschaft ist, die sich nicht mit Analysen gesellschaftlicher Verhältnisse begnügt, sondern die durch Handlungsforschung abgesicherte Interventionen entwickelt, mit deren Hilfe soziale Probleme vermieden und bewältigt werden können, werden wir in diesem Kapitel auch danach fragen, wie sich denn eine nachhaltige Stadtentwicklung gestalten lässt. Basierend auf den Grundlagen globaler, europäischer und nationaler Politikprogramme werden auf der Grundlage fundierter Standards professioneller Sozialer Arbeit (Becker 2016a) Empfehlungen als Handlungsanleitung für eine soziale Stadtentwicklung formuliert, die durch das Instrument »Kommunalpolitische Wahlprüfsteine« als Tool zur Intervention in Kommunen ergänzt wird.

6.1 Leitbilder moderner Stadtentwicklung – Bewältigungsversuche kommunaler Stadtpolitik, den Anforderungen gesellschaftlicher Entwicklungen gerecht zu werden

Die oben beschriebenen gesellschaftlichen Herausforderungen in Sachen Demografie, Erwerbsbeteiligung, Migration und Ökologie zeigen sich in den Kommunen oft schneller und werden für die Menschen unmittelbarer spürbar als auf gesamtgesellschaftlicher Ebene. Hier, an ihrem Wohn- und Lebensort, begegnen sich Jung und Alt, Berufstätige und Erwerbslose, Menschen unterschiedlicher Herkunft sowie Menschen mit unterschiedlichen Behinderungen. Sie alle bilden die Gesellschaft auf lokaler Ebene. In den Städten und Gemeinden sind kommunale Verwaltungen und Politik die ersten Ansprechpartner für viele Anliegen der BürgerInnen. Die Gestaltung des Zusammenlebens auf lokaler Ebene ist ihre wichtigste Aufgabe. Um dieser Verantwortung gerecht zu werden, kann sich Stadtentwicklung nicht auf die Gestaltung der räumlich-baulichen Entwicklung im Sinne von Planen und Bauen beschränken. Sie muss alle Politikfelder in den Blick nehmen. Dies lässt sich leicht am Beispiel der demografischen Entwicklung verdeutlichen. So hat die Zunahme älterer und weniger mobiler Menschen Konsequenzen für die Gestaltung von Verkehrswegen und Mobilitätsangeboten (Verkehrspolitik). Sinkende Zahlen von SchülerInnen und Auszubildenden wirken sich auf die Auslastung von Bildungseinrichtungen und das Arbeitskräfteangebot für die örtlichen Betriebe aus (Bildung und lokale Ökonomie). Höhere Anteile an Menschen in der Nacherwerbsphase und geringere Anteile an Beschäftigten wirken sich auf Kauf- und Steuerkraft in Kommunen aus (Kommunale Wirtschaft und Finanzen). Absoluter und relativer Anstieg kleiner Haushalte sowie sinkende Anteile an Haushalten mit Kindern beeinflussen Bedarfe und Nachfrage auf dem Wohnungsmarkt (kommunale Wohnungspolitik). Daneben bringt die demografische Entwicklung steigende Anteile an Menschen mit sich, für die aufgrund geringerer Aktionsradien eine nahräumliche Versorgung wichtig ist (Infrastrukturentwicklung, lokale Sozial- und Kulturpolitik).

So ergeben sich mehrere Dimensionen kommunaler Politik, die gleichermaßen in Leitbildern moderner Stadtentwicklung berücksichtigt werden müssen und im Folgenden kurz skizziert werden.

»Die soziale Stadt«

Ihre Merkmale sind lebendige und vielfältige zivilgesellschaftliche und gemeinnützige Aktivitäten, die getragen werden von einer engagementbereiten und -freudigen Bürgerschaft und der Solidarität zwischen Starken und Schwachen innerhalb der Bürgerschaft. BewohnerInnen einer Stadt sind BürgerInnen mit Rechten und Pflichten, die im Rahmen der kommunalen Selbstverwaltung an der Stadtentwicklung weitgehend zu beteiligen sind (▶ Kap. 7.3). Weitere Merkmale einer sozialen Stadt sind die Verteilung von Ressourcen auf die Stadtteile und deren Ausstattung mit sozialen, verkehrlichen und ökonomischen Infrastrukturangeboten. Stadtteile müssen und können nicht alle gleich sein, aber gleichberechtigt in ihren Ansprüchen und gleichwertig trotz oder wegen ihrer unterschiedlichen Profile.

»Die sichere Stadt«

Merkmale einer sicheren Stadt sind die objektiven Gefahren für Leib und Leben ihrer Bevölkerung, gemessen z. B. am Risiko, Opfer eines Verkehrsunfalls, eines Gewaltdelikts oder von Umweltgefahren zu werden. Weiterhin spielt auch das subjektive Sicherheitsempfinden der Bevölkerung eine Rolle. Deshalb sollte es in einer sicheren Stadt keine Orte geben, die von Bevölkerungsteilen deswegen gemieden werden, weil sie sich dort unsicher fühlen. Teilnahme und Teilhabe an öffentlichen Räumen und Begegnungsmöglichkeiten sind auch Kriterien einer sicheren Stadt.

»Die urbane Stadt«

Kennzeichen einer urbanen Stadt sind Vielfalt und Unterschiedlichkeit von Menschen, Gelegenheiten und Aktivitäten zu unterschiedlichen Tagen und Zeiten. Urbanität bedeutet auch die Chance, Fremde und Fremdes anzutreffen, und die Toleranz des Andersartigen und Andersseins. Damit verbunden sind selbstverständlich auch Spannungen und Konflikte, ohne die Vielfalt und Unterschiedlichkeit nicht denkbar, die aber geprägt von gegenseitiger Wertschätzung sind und konstruktiv bewältigt werden. Konstituierend für die urbane Stadt sind öffentliche Räume, die genau das ermöglichen, was Urbanität ausmacht, nämlich die Schaffung von Gelegenheiten zur Begegnung von Menschen und Aktivitäten unterschiedlicher Art, ohne vorgegebene Zweckbindung.

»Die ökonomisch erfolgreiche Stadt«

Merkmale einer ökonomisch erfolgreichen Stadt sind genügend Arbeitsplätze, die den Menschen ein auskömmliches Einkommen sichern. Um dieses Ziel zu erreichen, muss eine Stadt ihre Standortqualitäten zur Niederlassung von Unternehmen entwickeln, sichern und für einen krisenfesten Branchenmix sorgen. Dafür wiederum bedarf es eines glaubwürdigen und attraktivitätsförderlichen Stadtmarketings. Die Aufgabenerfüllung wird durch eine effiziente Verwaltung gesichert, die ihre Strukturen und Prozesse an die Entwicklungen anpasst und mit professioneller Personalentwicklung für motivierte und engagierte MitarbeiterInnen sorgt. Trotz Wettbewerbsdruck werden in einer ökonomisch erfolgreichen Stadt BewohnerInnen nicht vorwiegend als Kunden gesehen und behandelt, sondern als BürgerInnen, die auch unabhängig von ihrer wirtschaftlichen Leistungsfähigkeit Teilhabe und Mitbestimmungsrechte genießen.

»Die ökologisch erfolgreiche Stadt«

Merkmal einer ökologisch erfolgreichen Stadt ist deren Umgang mit ihren Ressourcen. Dazu gehören Maßnahmen der Begrenzung und Reduzierung klima- und gesundheitsschädlicher Emissionen sowie des Verbrauchs von Energieträgern. Die nachhaltige Bewirtschaftung von Gebäuden, Straßen und Flächen und die Ressourcen-schonende Beseitigung von Abfällen sind weitere Kriterien einer ökologisch erfolgreichen Stadt.

In der folgenden Aufstellung werden in Anlehnung an Lübking (2009) einige Beispiele aufgeführt, wie durch lokale Politik diese Dimensionen konkretisiert werden können:

Lokale Arbeitsmarktpolitik beschäftigt sich zunächst mit der Ansiedelung von Industrie, Gewerbe und Dienstleistungen vor Ort, die vorwiegend Arbeitsplätze auf dem Ersten Arbeitsmarkt schaffen können. Bei Betroffenheit von wirtschaftlichen Strukturproblemen, wie einer hohen Rate an Langzeitarbeitslosigkeit, bestehen daneben auch Möglichkeiten der Schaffung von Arbeitsplätzen auf dem

Zweiten Arbeitsmarkt, z. B. durch Ausbau von Stellen bei öffentlichen Trägern und Behörden. Im Rahmen einer »solidarischen Ökonomie« (▶ Kap. 8) geht es darum, Chancen selbstorganisierter Arbeitsplatzbeschaffung durch Genossenschaftsmodelle oder Beschäftigungsmöglichkeiten auf dem Dritten Arbeitsmarkt in gemeinnützigen Betrieben zu erschließen und zu fördern (Elsen 2011).

Lokale Familienpolitik richtet den Blick auf die »Vereinbarkeit von Familie und Beruf«. Diese wird durch entsprechende Infrastruktur für Kinderbetreuung, auch für Kleinkinder, für Schulverpflegung, Ferienbetreuung, aber auch durch sichere Verkehrswege, die Kinder selbständig nutzen können, sowie durch die nahräumliche Verbindung von Wohnen und Arbeiten gefördert. Eine »familienfreundliche Stadt« stellt die Teilhabe einkommensschwacher Familien am öffentlichen Leben durch Familienermäßigungen sicher, schafft kostengünstigen Wohnraum für Familien und fördert kulturelle und politische Beteiligung von Eltern durch entsprechende Öffnungs- und Veranstaltungszeiten sowie durch flexible Betreuungsangebote nach Zeitpunkt und Dauer.

Lokale Bildungspolitik sichert ein flächendeckendes Angebot an Ganztagsschulen mit Verpflegung, Hausaufgabenbetreuung und Lernhilfen. Sie vermittelt die institutionelle Verknüpfung zwischen Schule, Kulturbetrieb, Musik- und Sportvereinen. Im Sinne des Managing Diversity fördert lokale Bildungspolitik die Inklusion von Kindern und Jugendlichen mit Behinderungen, unterschiedlicher ethnischer und sozialer Herkunft in den Sozialisationsinstanzen wie Kindertagesstätte, Hort und Schule, durch Schaffung räumlicher Voraussetzungen und Förderung qualifizierten Fachpersonals. Lokale Bildungspolitik richtet ihre Bemühungen jedoch nicht nur auf Bildung und Erziehung in Kindheit und Jugend aus, sondern sorgt für die Ermöglichung und Förderung lebenslangen Lernens aller Generationen.

Lokale Sicherheitspolitik sorgt für räumlich-bauliche Voraussetzungen zur Förderung des subjektiven Sicherheitsgefühls der Bevölkerung, durch Gestaltung und Belebung öffentlicher Räume. Im Rahmen kommunaler Kriminalprävention werden subjektive »Angsträume« identifiziert und durch geeignete Maßnahmen verändert und vermieden. Kooperations- und Koordinationsgelegenheiten zwischen Ermittlungs- bzw. Strafverfolgungsorganen, Stadtverwaltung, Schulen und anderen lokalen Akteuren werden genutzt, um objektive Gefährdungen zu ermitteln und Präventionsprogramme zu entwickeln (Glatt/Oßwald 1998).

Lokale Gesundheitspolitik nimmt die Tendenzen zu Bewegungsmangel und Fehlernährung bereits bei jungen Menschen ernst und sorgt für eine Kooperation lokaler Akteure der Institutionen Kita, Schule und Vereine zur Gesundheitsprävention durch Programme zur Förderung von Bewegung und Sport, durch attraktive Gestaltung von Spielplätzen, gesunde Ernährung bei Gemeinschaftsverpflegung in Kita und Schule sowie durch Qualifizierung von Betreuungspersonal in Sachen Gesundheitsprävention und -förderung (vgl. Hurrelmann u. a. 2007).

Lokale Sozialpolitik zeigt sich in erster Linie an der Schaffung gleichwertiger Lebensverhältnisse in allen Stadtteilen, durch die Sicherung bezahlbaren Wohnraums für Menschen mit geringen Einkommen und ein bedarfsgerechtes, nahräumliches Infrastrukturangebot sowie die Unterstützung benachteiligter Bevölkerung und den Abbau von Benachteiligungen, soweit die Ursachen der Benachteiligung im Einflussbereich lokaler Politik liegen.

Beim Versuch der Bewältigung der erwähnten Aufgaben wird zunehmend erkannt und gefordert, dass Stadtentwicklung nicht ausschließlich die Angelegenheit von Kommunalverwaltung und -politik ist und auch nicht auf lokaler Ebene allein bewältigt werden kann. Erforderlich ist der Einbezug möglichst vieler lokaler AkteurInnen aus Verwaltung, Politik, Wirtschaft, Sozialwesen, Kultur und Zivilgesellschaft, die sich zu ihrer gesellschaftlichen Verantwortung auf lokaler Ebene bekennen und die Verantwortlichen auf übergeordneten Ebene einbinden. Dementsprechend finden sich Aktivitäten auf globaler, kontinentaler und nationaler Ebene, die auf die großen Herausforderungen reagieren und politische Programme entwickeln, die im nächsten Abschnitt vorgestellt werden.

6.2 Politische Programme der Stadtentwicklung

Programme der Stadtentwicklung auf globaler Ebene

Angesichts der durch die Blockauflösung (Ost-West) forcierten globalen ökonomischen und ökologischen Entwicklungen Anfang der 1990er Jahre beschäftigte sich die UN-Konferenz für Umwelt und Entwicklung in Rio de Janeiro 1992 mit nachhaltiger Entwicklung sowie dem Umgang mit lebenswichtigen Ressourcen (Lokale Agenda 21). Das von den damaligen Mitgliedern der Vereinten Nationen verabschiedete globale Programm namens »Agenda 21« enthält Maßnahmen unterschiedlicher Politikfelder. Darin wird gefordert, die Lebens- und Wirtschaftsweise der Menschen zukunftsfähig zu gestalten. Die »Agenda 21« spricht außer den internationalen Institutionen und den Nationalregierungen alle politischen Ebenen an und fordert alle Unterzeichnerländer auf, auch auf ihrer Ebene ein solches an Nachhaltigkeit orientiertes Handlungsprogramm zu erstellen. Unter einer nachhaltigen Entwicklung verstand bereits die »UNO-Weltkonferenz für Umwelt und Entwicklung« (1987) eine globale Entwicklung, die die Bedürfnisse heutiger und zukünftiger Generationen decken kann. In Artikel 28 der »Agenda 21« wurde den Kommunen eine besondere Bedeutung bei der Bewältigung der anstehenden Aufgaben zugewiesen. Seither wurden in vielen Städten der Welt kommunale Zielentwicklungsprozesse unter Beteiligung der Bevölkerung, zivilgesellschaftlicher Akteure sowie der Wirtschaft angestoßen, die unter dem Motto »Global denken, lokal handeln« in Leitbilder von Kommunen Eingang gefunden haben. In mehreren Nachfolgekonferenzen in Aalborg (»Charta von Aalborg« 1994), Lissabon, New York, Johannesburg (2002) und wieder Aalborg wurde die »Agenda 21« weiterentwickelt. Mittlerweile existiert mit der 2015 von allen Mitgliedsstaaten der Vereinten Nationen (UNO) verabschiedeten »Agenda 2030« eine globale Vereinbarung für nachhaltige Entwicklung, um den »... weltweiten wirtschaftlichen Fortschritt im Einklang mit sozialer Gerechtigkeit und im Rahmen der ökologischen Grenzen der Erde zu gestalten« (Agenda 2030). Aufbauend auf der Lokalen Agenda 21 hat Katharina Prelicz-Huber (2004) »Indikatoren für die soziokulturelle Entwicklung in Gemeinden, Städten und Regionen« entwickelt, die sich als Leitfaden für eine nachhaltige Entwicklung verstehen und aufgrund ihres hohen Konkretisierungsgrades geeignet für die Arbeit mit Bevölkerung und lokalen Akteuren vor Ort sind. Weitere zur Anwendung in Städten und Quartieren geeignete Instrumente, die auf fundierten und politisch abgesicherten Grundlagen beruhen, finden sich in den folgenden Abschnitten dieses Kapitels.

Politische Programme auf Europäischer Ebene

»Leipzig Charta« der EU

Die »Leipzig Charta« für eine nachhaltige europäische Stadtentwicklung wurde im Mai 2007 verabschiedet. Darin wird die gewachsene europäische Stadt (jeder Größe) als wertvolles und unersetzbares Wirtschafts-, Sozial- und Kulturgut angesehen, das es zu schützen, zu stärken und weiterzuentwickeln gilt (Leipzig Charta EU 2007). Mit einer Nachhaltigkeitsstrategie sollen wirtschaftliche Prosperität, sozialer Ausgleich und gesunde Umwelt bewirkt werden.

Hierzu wird eine integrierte Stadtentwicklungspolitik empfohlen, die durch Koordination der sektoralen Politikfelder für mehr Verantwortungsbewusstsein sorgt. Dazu gehören neben Maßnahmen wie einer Bestandsanalyse von Stärken und Schwächen der Stadt und aller ihrer (Stadt-)Teile auch die Entwicklung einer Vision sowie beständiger Entwicklungsziele für das gesamte Stadtgebiet. Weiterhin wird die Abstimmung teilräumlicher, sektoraler Pläne und politischer Maßnahmen sowie die Sicherung einer ausgeglichenen Entwicklung des Stadtraumes in Bezug auf die geplanten Investitionen vorgeschlagen sowie die Koordination und Moderation, sowohl innerhalb der Stadtverwaltung als auch zwischen allen lokalen Akteuren auf Gesamtstadt- und Stadtteilebene unter Einbezug der BürgerInnen und anderer Beteiligter gefordert.

Handlungsstrategien für eine nachhaltige Stadtentwicklung sehen die Herstellung und Sicherung qualitätsvoller, vielfältiger öffentlicher Räume, die Modernisierung der Infrastrukturnetze, wie z. B. des öffentlichen Stadtverkehrs und die Schaffung einer kompakten Siedlungsstruktur vor. Weiterhin gehören Nutzungsmischung von Wohnen, Arbeiten, Bildung, Versorgung und Freizeitgestaltung in den Stadtquartieren, aktive Innovations- und Bildungspolitik durch Förderung des sozialen und interkulturellen Dialogs, die Zusammenführung lokaler Akteure, die Unterstützung von Netzwerken und die Optimierung von Standortstrukturen zu den Bestandteilen der Handlungsstrategie.

Besondere Aufmerksamkeit wird für benachteiligte Stadtquartiere im gesamtstädtischen Kontext reklamiert, um die Herausforderungen und Probleme aus dem wirtschaftlichen und sozialen Strukturwandel wie Arbeitslosigkeit, soziale Ausgrenzung und die Spaltung der Stadtgebiete zu bewältigen. Dies soll durch soziale Wohnraumpolitik, soziales Monitoring und frühzeitige Interventionen in

Stadtquartieren, im Rahmen aktiver und intensiver Dialoge zwischen BewohnerInnen, Politik und wirtschaftlichen Akteuren geschehen. Handlungsziele, wie die Stärkung der lokalen Wirtschaft und der lokalen Arbeitsmarktpolitik, sollen durch ökonomische Stabilisierungsmaßnahmen in benachteiligten Stadtquartieren, die Förderung sozialwirtschaftlicher Einrichtungen und bürgernaher Dienstleistungen, die Schaffung und Sicherung von Arbeitsplätzen, Erleichterung von Existenzgründungen und nachfrageorientierte Qualifikationsmaßnahmen erreicht werden. Eine aktive Bildungs- und Ausbildungspolitik sieht eine aktivierende Kinder- und Jugendpolitik vor, die an Bedürfnissen der Kinder und Jugendlichen in benachteiligten Stadtquartieren ansetzt, sowie eine sozialraumorientierte Kinder- und Jugendpolitik, die Teilhabe- und Verwirklichungschancen in benachteiligten Stadtgebieten verbessert. Die Förderung leistungsstarken und preisgünstigen städtischen Nahverkehrs dient auch der Stärkung der Wohn- und Lebensqualität bislang benachteiligter Stadtteile, insbesondere in Stadtgebieten mit hoher Verkehrslärmbelastung und schlechter Anbindung an das öffentliche Verkehrsnetz. Im Folgenden findet sich ein »*Instrument zur Überprüfung von Stadt(Teil-)Entwicklung auf der Basis der ›Leipzig Charta‹*«, an Hand dessen kommunale Stadtpolitik überprüft werden kann (▶ Tab. 2). Dabei geht es darum, mittels eines Fragenkatalogs zu überprüfen, in wie fern die Empfehlungen der »Leipzig Charta« vor Ort umgesetzt werden können. Mittlerweile haben die Staaten der EU die Leipzig Charta erneuert und um Aspekte wie Gemeinwohlorientierung und integrierter Stadtentwicklung (disziplin- und ressortübergreifende Kooperation und gesamtstädtische Perspektive) erweitert (Neue Leipzig Charta 2020).

URBAN I + II

URBAN I + II waren Programme der EU zur wirtschaftlichen und sozialen Wiederbelebung von Krisen betroffener Städte und Stadtrandgebiete zur Förderung einer dauerhaften Städteentwicklung. Die erste Runde der Gemeinschaftsinitiative URBAN (»URBAN I«) lief von 1994 bis 1999 in 118 Städten der EU und wurde mit über 900 Mio. Euro unterstützt.

Durch Unterstützung des Europäischen Parlaments wurde eine zweite Runde (»URBAN II«) beschlossen, die von 2000 bis 2006 andauerte. Diese wurde vom Europäischen Fonds für regionale Entwicklung (EFRE) im Umfang von 730 Mio. Euro gefördert und belief sich auf Gesamtinvestitionen von rund 1600 Mio. Euro.

URBACT – ein Programm der Europäischen Kommission

Mit URBACT unterstützt die Europäische Kommission den Erfahrungs- und Wissensaustausch zwischen den europäischen Städten, aber auch weiteren an der Stadtentwicklung beteiligten Akteuren. Bis Ende 2011 beteiligten sich 255 Städte, darunter viele aus Deutschland, an den durch URBACT ins Leben gerufenen Netzwerken und Arbeitsgruppen. »URBACT-Lichtblicke« zeigen Beispiele von deutschsprachigen Projekten dieses Programms als regelmäßige Austauschplattform (URBACT 2021).

Europäischer Sozialfonds (ESF; ESF+)

Der Europäische Sozialfonds (ESF) ist wohl das älteste Förderprogramm auf europäischer Ebene, denn er existiert bereits seit Gründung der Europäischen Wirtschaftsgemeinschaft (EWG) im Jahr 1957. Er dient der Verbesserung von Beschäftigungschancen durch Unterstützung von Maßnahmen in Ausbildung und Qualifizierung und soll zum Abbau von Benachteiligungen auf dem Arbeitsmarkt beitragen. Die finanziellen Mittel aus dem Europäischen Sozialfonds können öffentliche Verwaltungen, Nichtregierungsorganisationen, Wohlfahrtsverbände sowie Sozialpartner erhalten, die im Bereich Beschäftigung und soziale Eingliederung aktiv sind. Die Vergabe richtet sich nach Kriterien, die in den ESF-Richtlinien und den ESF-Förderprogrammen des Bundes und der Länder festgelegt sind. Für die Förderung wird jeweils von der EU ein zeitlicher Rahmen gesteckt, innerhalb dessen Mittel aus dem EU-Strukturfonds bereitgestellt werden. Zur Umsetzung der Ziele des ESF-Programms hatte Deutschland ein »Operationelles Programm des Bundes für den Europäischen Sozialfonds in der Förderperiode 2014–2020« aufgelegt. Mit dem neuen Programm ESF+ sollen Menschen bei der Bewältigung wirtschaftlicher und sozialer Herausforderungen unterstützt wurden. Die derzeitige Förderperiode läuft von 2021 bis 2027 und soll noch stärker auf den Gedanken eines sozialeren Europas ausgerichtet sein und den bisherigen ESF, den bisherigen Europäischen Hilfsfonds für die am stärksten benachteiligten Personen (EHAP), die Jugendbeschäftigungsinitiative (YEI) und das EU-Programm für Beschäftigung und soziale Innovation (EaSI) unter einem Dach zusammenfassen.

Instrument zur Überprüfung von Stadt-(Teil-)Entwicklung auf der Basis der »Leipzig Charta«

Tabelle 2 stellt ein Instrument dar, anhand dessen kommunale Stadtpolitik auf den Prüfstand gestellt werden kann. Es geht darum, mittels eines Fragenkatalogs zu überprüfen, inwiefern die Empfehlungen der »Leipzig Charta« vor Ort umgesetzt werden.

Tab. 2: »Leipzig Charta«; Soll-Ist-Vergleich

Empfehlungen der »Leipzig Charta«	Umsetzung im Stadtteil/Quartier
Teil 1: Integrierte Stadtentwicklungspolitik	
Analyse der Stärken und Schwächen der Stadt und all ihrer Stadtteile	Welche Instrumente zur Analyse von Stärken und Schwächen (z. B. *Sozialstruktur-/Sozialraumanalyse*) wurden/werden eingesetzt?

6.2 Politische Programme der Stadtentwicklung

Tab. 2: »Leipzig Charta«; Soll-Ist-Vergleich – Fortsetzung

Empfehlungen der »Leipzig Charta«	Umsetzung im Stadtteil/Quartier
Entwicklung einer *Vision* sowie beständiger *Entwicklungsziele* für das gesamte Stadtgebiet	Gibt es bereits ein *städtisches Leitbild* oder wird dies derzeit entwickelt?
Entwicklung einer *Vision* sowie beständiger *Entwicklungsziele* für den *Stadtteil*	Wurde auf Basis eines städtischen *Leitbilds* auch für *Stadtteile/Quartiere* ein solches entwickelt?
Abstimmung teilräumlicher, sektoraler *Pläne und politischer Maßnahmen* sowie die Sicherung einer ausgeglichenen Entwicklung des Stadtraumes in Bezug auf die geplanten Investitionen	Gibt es ein *Programm zur integrierten Stadt-(Teil-)Entwicklung?*
Koordination und Moderation innerhalb der Stadtverwaltung sowie zwischen allen lokalen Akteuren auf Gesamtstadt- und Stadtteilebene	Gibt es eine stadtteil-/quartierbezogene verwaltungsinterne *Lenkungsgruppe* und/oder eine *Koordinierungsgruppe*?
Koordination auf lokaler und stadtregionaler Ebene unter *Einbezug* der *BürgerInnen und anderer Beteiligter*	Welche *Koordinationsgremien* (z. B. Stadtteilkonferenz), *Beteiligungsformen* oder Instrumente gibt es?
Handlungsstrategien für eine nachhaltige Stadt-(Teil-)Entwicklung	
Herstellung und Sicherung qualitätsvoller, vielfältiger *öffentlicher Räume*	Was wird zur Entwicklung und Verbesserung von *Straßen und Plätzen* sowie der *Spiel-/Frei- und Grünflächen* im Stadtteil getan?
Modernisierung der Infrastrukturnetze wie z. B. öffentlicher Stadtverkehr	Welche Programme und Maßnahmen existieren zur Modernisierung der *Infrastruktur*?
Schaffung einer kompakten *Siedlungsstruktur*	Welche Programme und Maßnahmen existieren zur Steuerung von *Altbausanierung und Neubau im Innen- und Außenbereich*?
Nutzungsmischung von Wohnen, Arbeiten, Bildung, Versorgung und Freizeitgestaltung in den Stadtquartieren	Gibt es einen *Rahmen- oder Bebauungsplan* zu Erhalt und/oder Schaffung einer vielfältigen Nutzungsmischung?
Aktive Innovations- und *Bildungspolitik* (durch Förderung des sozialen und interkulturellen Dialogs, Zusammenführung lokaler Akteure, Unterstützung von Netzwerken, Optimierung von Standortstrukturen etc.)	Welche *Maßnahmen + Projekte* gibt es zur Bildungs-, Kunst- und Kulturförderung sowie zur Förderung des sozialen und interkulturellen Dialogs?
Teil 2: Besondere Aufmerksamkeit für benachteiligte Stadtquartiere im gesamtstädtischen Kontext ..., um die Herausforderungen und Probleme aus dem wirtschaftlichen und sozialen Strukturwandel wie Arbeitslosigkeit, soziale Ausgrenzung und die Spaltung der Stadtgebiete zu bewältigen	

Tab. 2: »Leipzig Charta«; Soll-Ist-Vergleich – Fortsetzung

Empfehlungen der »Leipzig Charta«	Umsetzung im Stadtteil/Quartier
Soziale Wohnraumpolitik	Wie wird die Versorgung mit preiswertem Wohnraum sichergestellt, und wie wirksam sind diese Instrumente?
Soziales Monitoring und frühzeitige Interventionen in Stadtquartieren	Wird ein *standardisiertes Monitoring* durch *regelmäßige Erhebungen* zur Selbst- und Fremdevaluation praktiziert?
Aktive und intensive *Dialoge zwischen BewohnerInnen, Politik und wirtschaftlichen Akteuren*	Mit welchen Instrumenten und Maßnahmen werden BürgerInnen, Lokalpolitik und lokale Wirtschaft in Kontakt gebracht?
Handlungsstrategien für eine nachhaltige Stadt-(Teil-)Entwicklung **Stärkung der lokalen Wirtschaft und der lokalen Arbeitsmarktpolitik**	
Ökonomische Stabilisierungsmaßnahmen in *benachteiligten Stadtquartieren*	Wie wird sichergestellt, dass kommunale Wirtschaftsförderung auch die *lokale Ökonomie auf Stadtteilebene* berücksichtigt?
Förderung *sozialwirtschaftlicher Einrichtungen* und bürgernaher Dienstleistungen	Welche *dauerhaften* sozialwirtschaftlichen *Einrichtungen* und bürgernahe *Dienstleistungen* sind durch kommunale Förderung entstanden?
Schaffung und Sicherung von *Arbeitsplätzen*	Wie viele und welche Arbeitsplätze wurden durch *kommunale Maßnahmen* gesichert oder geschaffen?
Erleichterung von *Existenzgründungen*	Wie viele und welche dauerhaften Existenzgründungen entstanden durch *kommunale Förderung*?
Nachfrageorientierte *Qualifikationsmaßnahmen*	Wie viele und welche nachfrageorientierten Qualifikationsmaßnahmen entstanden durch *kommunale Förderung*?
Handlungsstrategien für eine nachhaltige Stadt-(Teil-)Entwicklung **Aktive Bildungs- und Ausbildungspolitik**	
Aktivierende Kinder- und Jugendpolitik, die an Bedürfnissen der Kinder und Jugendlichen in benachteiligten Stadtquartieren ansetzt	Welche Bedarfe von Kindern und Jugendlichen in den benachteiligten Stadtquartieren wurden womit realisiert?
Sozialraumorientierte Kinder- und Jugendpolitik, die Teilhabe- und *Verwirklichungschancen* in benachteiligten Stadtgebieten verbessert	Mit welchen sozialraumorientierten Maßnahmen wurden welche Verwirklichungschancen von Kindern und Jugendlichen in welchen benachteiligten Stadtteilen verbessert?
Förderung des leistungsstarken und preisgünstigen städtischen Nahverkehrs zur Stärkung der Wohn- und Lebensqualität bislang benachteiligter Stadtgebiete	

Tab. 2: »Leipzig Charta«; Soll-Ist-Vergleich – Fortsetzung

Empfehlungen der »Leipzig Charta«	Umsetzung im Stadtteil/Quartier
Insbesondere in Stadtgebieten mit hoher *Verkehrslärmbelastung* und schlechter *Anbindung an das öffentliche Verkehrsnetz*	Welche *Maßnahmen* wurden *ergriffen* (z. B. Optimierung des Liniennetzes, Instandsetzung von Bushaltestellen, Einrichten von Taxiständen, Umleitung des Schwerlastverkehrs, Rückbau von Straßen)?

Quelle: Eigene Darstellung, Becker 2014

Programme der Stadtentwicklung auf nationaler Ebene

Nationale Stadtentwicklungspolitik

Die Forderungen der oben beschriebenen »Leipzig Charta« richten sich an alle Mitgliedsstaaten der Europäischen Union, so auch an Deutschland. In der Bundesdrucksache 16/9234 wurde im Jahr 2008 von der damaligen Bundesregierung ein Konzept der Nationalen Stadtentwicklungspolitik für Deutschland vorgelegt (Nationale Stadtentwicklungspolitik 2008). Grundlage dafür war das von einer Expertengruppe im Auftrag des Bundesministeriums für Verkehr, Bau und Stadtentwicklung im Jahr 2007 vorgelegte Memorandum »Auf dem Weg zu einer Nationalen Stadtentwicklungspolitik« (Memorandum 2007). Dieses Memorandum skizziert Herausforderungen der Stadtentwicklung in Deutschland und empfiehlt ausdrücklich, gemeinsam mit Kommunen und Ländern eine nationale Position zu städtischen Fragen zu entwickeln. Durch die Bündelung und Abstimmung von Handlungskonzepten und Förderprogrammen soll deren Wirksamkeit erhöht werden. Darüber hinaus enthält das Memorandum Vorschläge für eine inhaltliche Ausrichtung dieses Politikfeldes.

Ziele der Nationalen Stadtentwicklungspolitik sind die inhaltliche Schärfung der Position des Bundes in der Stadtentwicklung, schnellere Anpassung vorhandener Instrumente und Programme wie z. B. der Städtebauförderung an neue Herausforderungen und eine stärkere Sensibilisierung der Öffentlichkeit für Probleme und Chancen der Städte. Weiterhin sollen neue Partner für die Stadtentwicklung gefunden und die Position Deutschlands auf europäischer Ebene gefestigt werden. Der Strategieansatz »Nationale Stadtentwicklungspolitik« versteht sich als Ergänzung zur bereits existierenden Stadtentwicklungspolitik in Kommunen und auf Länderebene. Deren bislang erfolgreiche Strategien sollen unterstützt, erweitert und optimiert werden. Für die Soziale Arbeit besonders interessant ist das explizit benannte ...

> »... Angebot an alle Verantwortlichen aus Politik, Verwaltung, Zivilgesellschaft, sozialen und planenden Berufen und Wissenschaft. Sie [die Nationale Stadtentwicklungspolitik; Anmerkung des Verf.] zielt darauf, neue Kooperationen zu fördern und die Themen Stadt, Zusammenleben in der Stadt, urbane Qualitäten und Good Governance stärker im gesellschaftlichen und politischen Diskurs zu verankern.« (Nationale Stadtentwicklungspolitik 2008: 5)

Nationale Stadtentwicklungspolitik umfasst die beiden Strategieelemente »Gute Praxis«, womit die Anpassung der vorhandenen Programme an die veränderten sozialen, stadtstrukturellen und ökologischen Rahmenbedingungen gemeint ist, und die »Projektreihe für Stadt und Urbanität«, die auf eine verbesserte Außendarstellung der Themen zielt. Mit dem sogenannten Strategieelement »Gute Praxis« sollen die bisherigen Instrumente und Förderprogramme des Bundes eine langfristige Perspektive verfolgen und sich in der Fortentwicklung von Förderung, Gesetzgebung und Forschung niederschlagen. Damit wird zwar die Kritik an zeitlich befristeter Projektfinanzierung und programmatischer Abhängigkeit durch Regierungswechsel (vgl. den Abschnitt »Bund-Länder-Programm die ›Soziale Stadt‹«, in diesem Band, zu Kürzungen nichtinvestiver Maßnahmen) aufgenommen, aber keine Abschaffung der Befristung von Förderprogrammen vorgeschlagen.

Städtebauförderung, wird als »Kerninstrument« der Nationalen Stadtentwicklungspolitik bezeichnet, weil und wenn diese als ...

> »... multidimensionales Instrument ... mehrere politische Zielsysteme, vor allem die der Wirtschafts- und Strukturpolitik, der Infrastrukturpolitik, der Sozial- und Gesundheitspolitik, der Bildungspolitik und der Beschäftigungspolitik« (Nationale Stadtentwicklungspolitik 2008: 6)

... auf kommunaler Ebene verbindet. Dabei sollen Städte und Gemeinden aller Größenklassen, also sowohl die Großstädte als auch der ländliche Raum, von der Förderung profitieren. Die wirtschaftliche, soziale und kulturelle Bedeutung der Städtebauförderung wird zum einen in ihren Wirkungen für Wirtschaft und Arbeitsmarkt durch öffentliche und private Bauinvestitionen gesehen. Zum anderen führe Städtebauförderung zu Verbesserungen des Lebensumfeldes der BürgerInnen. Dafür bedürfe es jedoch deren regelmäßiger Beteiligung und Mitentscheidung bei der Verwendung der Fördermittel, wie sie in den beiden Programmen »Soziale Stadt« und »Aktive Stadt- und Ortsteilzentren« vorgesehen sind. Die mittlerweile seit 50 Jahren existierende Städtebauförderung gliedert sich in sieben Handlungsfelder auf:

1. *Städtebauliche Sanierung und Entwicklung* wird seit 1971 zur »Beseitigung von städtebaulichen Missständen« eingesetzt.
2. *Erhaltung historischer Städte* ist ein seit 1991 zunächst in Ostdeutschland eingesetztes Programm städtebaulichen Denkmalschutzes und zur Belebung der historischen Innenstädte.
3. *Sozial benachteiligte Stadtteile* wurde im Jahr 1999 als Programm »Stadtteile mit besonderem Entwicklungsbedarf – Soziale Stadt« für »Menschen in belasteten bzw. benachteiligten Stadtteilen« entwickelt. Merkmale sind integrierte Handlungskonzepte und fachübergreifend gebündelte Maßnahmen in benachteiligten Quartieren unter Beteiligung der Bevölkerung. Seit 2006 gibt es ergänzende Förderungen im Rahmen der »Modellvorhaben sozial-integrativer Projekte« und zusätzliche Förderung über den Europäischen Sozialfonds (ESF)-Bundesprogramm »Soziale Stadt« für Projekte zur »Beschäftigung, Bildung und lokalen Ökonomie«

4. *Stadtumbau Ost* ist ein Programm der Stadtentwicklungspolitik in den ostdeutschen Bundesländern zur Stabilisierung von Städten und Gemeinden die von demografischem und wirtschaftlichem Strukturwandel, Arbeitslosigkeit und Wohnungsleerstand besonders betroffen sind.
5. *Stadtumbau West* ist 2004 gestartet, um auch in westdeutschen Bundesländern den durch wirtschaftlichen Strukturwandel, rückläufige Bevölkerungszahlen, Wohnungsleerstände und hohe Arbeitslosenquoten forcierten Aufwand an städtebaulichen Maßnahmen zu fördern.
6. *Lebendige Innenstädte* ist ein 2008 aufgelegtes Programm zur Stärkung der Innenstädte. Unter dem Label »Aktive Stadt- und Ortsteilzentren« können die Fördermittel für Investitionen zur Profilierung der Standorte, wie z. B. die Aufwertung des öffentlichen Raumes, Bau- und Ordnungsmaßnahmen für die Wiedernutzung von Grundstücken, City-Management oder die Teilfinanzierung von Verfügungsfonds, die unter privater Beteiligung gebildet werden, eingesetzt werden.
7. *Klimagerechte Stadt* ist ein 2008 geschlossener »Investitionspakt« zwischen Bund, Ländern und Kommunen zur energetischen Modernisierung der sozialen Infrastruktur in den Kommunen. Er soll den Klimaschutz voranbringen, den Investitionsstau bei der sozialen Infrastruktur in finanzschwachen Kommunen abbauen und einen Beitrag für Wachstum und Beschäftigung sowie für Bildung und Familie leisten.

Rechtliche Rahmenbedingungen wurden durch das am 01.01.2007 in Kraft getretene Gesetz zur Erleichterung von Planungsvorhaben für die Innenentwicklung der Städte (BGBl. I, S. 3316 vom 21.12.2006) im Baugesetzbuch verändert. Durch Beforschung von Modellvorhaben und Gutachten zur wissenschaftlichen Politikberatung sollen zukunftstaugliche Lösungen entwickelt und Entscheidungshilfen gewonnen werden.

Die Nationale Stadtentwicklungspolitik umfasst neben dem o. g. Handlungsbereich »Gute Praxis« die »Projektreihe für Stadt und Urbanität« als Ergänzung um flexible, zeitlich befristete und teilweise experimentelle Programmbausteine. Mit dieser Projektreihe sollen unterschiedliche Akteure in Stadtentwicklungsstrategien eingebunden und die öffentliche Aufmerksamkeit für Stadtentwicklung erhöht werden. Ab Ende 2007 wurde diese längerfristig angelegte Projektreihe begonnen und die ersten innovativen Stadtentwicklungsprojekte durch das Bundesministerium für Verkehr, Bau und Stadtentwicklung (BMVBS) gefördert. Den Kriterien Innovation, Umsetzbarkeit, Einbeziehung von Partnern, Kommunizierbarkeit und Mehrwert für die Nationale Stadtentwicklungspolitik wird besondere Bedeutung beigemessen. Weil die ökologischen, wirtschaftlichen, sozialen und kulturellen Herausforderungen unserer Zeit in der Stadt aufeinandertreffen, wie auf der Internetseite der nationalen Stadtentwicklungspolitik zu lesen ist, hat sich mittlerweile die Themenpalette erweitert auf »Koproduktion, Bauen und Wohnen, Sozialer Zusammenhalt, Klima und Umweltschutz, Digitale Transformation, Wirtschaft und Arbeit Mobilität, Gesundheit und Sport, Bildung und Kultur, Städtebau und öffentlicher Raum« (Nationale Stadtentwicklungspolitik 2021). Die Tatsache, dass in den ausgewählten Stadtentwicklungsprojekten u. a.

auch der Bereich »Soziales« als thematischer Schwerpunkt auftaucht, belegt die Relevanz dieses Programms für Soziale Arbeit im Handlungsfeld der sozialen Stadtteilentwicklung und Gemeinwesenarbeit.

»Weißbuch Innenstadt – Starke Zentren für unsere Städte und Gemeinden« (2011)

Im Oktober 2010 wurde auf Initiative des Bundesministeriums für Verkehr, Bau und Stadtentwicklung (BMVBS) ein bundesweiter Diskussionsprozess über die Entwicklungen deutscher Innenstädte in Gang gesetzt, der im Jahr 2011 zum Ergebnis der Veröffentlichung des »Weißbuchs Innenstadt« führte. Darin sind, orientiert an den verschiedenen Funktionen von Innenstädten wie »Orte des Handels«, »Wirtschaftsraum und Arbeitsort«, »Wohnort«, »Orte sozialer und ethnischer Integration«, »Orte von Kultur, Baukultur und Stadtleben«, Herausforderungen und Lösungsvorschläge benannt, die in kommunalen Leitbildern oder Stadtentwicklungsstrategien berücksichtigt werden sollten und quasi den Weg zu »starken Zentren für Städte und Gemeinden« weisen sollen.

Wenn Innenstädte als Orte des Handels fungieren und damit ihre traditionellen »Marktfunktionen« erfüllen sollen, wäre auf die Vielfalt an Geschäften zu achten, die zur Lebendigkeit der Innenstädte und Ortszentren beitragen. An aktuellen Entwicklungen werden der Strukturwandel im Einzelhandel, die Krise der Kauf- und Warenhäuser und der Trend zur Abnahme inhabergeführter Einzelhandelsgeschäfte genannt, die eine Gefahr für Attraktivität und Abwechslungsreichtum in den Stadtzentren darstellen. In der Integration innerstädtischer Einkaufszentren in die räumlich-bauliche Struktur der Städte wird eine der größten aktuellen Herausforderungen für die Stadtentwicklung gesehen. Lösungen zur Stärkung von Stadtzentren als Handelsorte lägen demnach in der Neuausrichtung kommunaler Flächenpolitik und in der Entwicklung von Einzelhandelskonzepten auf regionaler Ebene.

Innenstädte können heute als Wirtschaftsraum und Arbeitsort wieder geeignet und attraktiv sein. Durch die als Tertiarisierung bezeichnete Schwerpunktverschiebung der wirtschaftlichen Sektoren vom Produktions- hin zum Dienstleistungsbereich sind viele Arbeitsplätze in administrativen, kaufmännischen und handwerklichen Berufen entstanden, deren Betätigungsorte durchaus für Innenstädte geeignet sind. Für emissionsarme Gewerbebetriebe werden die Innenstädte wieder als Standorte interessant. Unternehmen achten zunehmend auf die Standortqualitäten der Innenstädte, wenn und wo sich Wohnen und Einkaufen, Arbeit und Freizeit nahräumlich verbinden lassen. Das Weißbuch Innenstadt betont die Perspektiven, die brachliegende Gewerbeareale und leerstehende historisch wertvolle Gebäude bieten können und empfiehlt den Kommunen, stärker auf eine Nutzungsmischung in den Stadtzentren zu achten.

Im Rahmen der Nutzungsmischung werden die Innenstädte auch als attraktive Wohnorte wiederentdeckt. Dazu braucht es neben breiter Infrastrukturausstattung und guten Wohnbedingungen auch entsprechenden Wohnraum, nicht nur für kleine kinderlose Haushalte, sondern auch bezahlbaren Wohnraum für Familien. Ein enges Nebeneinander unterschiedlicher Wohnlagen ist kennzeichnend für Stadtzentren und gleichzeitig konstituierendes Merkmal städtischen Lebensraums. Das Weißbuch Innenstadt mahnt kommunale Wohnkonzepte und innovative Strategien für das Wohnen im Altbaubestand als Lösungsansätze an.

Damit neue Lebensstile und Milieus, die sich häufig in innerstädtischen Quartieren konzentrieren und zu Vielfalt beitragen, auch eine Bereicherung darstellen und nicht zu sozialen und ethnischen Polarisierungen führen, werden Bemühungen um Integration und gesellschaftlichen Zusammenhalt im Rahmen der Stadtentwicklung gefordert. Dazu müssten besonders benachteiligte Stadtquartiere gestärkt werden, indem Bildungseinrichtungen ausgebaut werden und die Wirtschaft in den Stadtquartieren unterstützt wird.

Zur Mobilität in Innenstädten konstatiert das Weißbuch Innenstadt eine zunehmende Verkehrsbelastung in den Innenstädten. Eine effiziente, sichere, sozial- und umweltverträgliche Mobilität erfordere intelligente Mobilitätskonzepte, die einen Mix unterschiedlicher Mobilitätsformen vorsehe. Schwerpunkte müssten auf attraktive Fuß- und Radwegekonzepte sowie zuverlässige und bezahlbare öffentliche Verkehrssysteme gelegt werden. Neue Logistikkonzepte für Liefer- und Kurierverkehr sollten erarbeitet werden.

Identitätsstiftende Wirkung für die BürgerInnen haben nach wie vor die in den Stadtkernen angesiedelten kulturellen Anziehungspunkte und Plätze, die Kirchen und Baudenkmale. Hotellerie und Gastronomie, Freizeiteinrichtungen, Sport-, Musik- und Kulturveranstaltungen tragen zur Belebung der Zentren bei. Die Bedeutung bürgerschaftlich oder ehrenamtlich organisierter Kultur- und Freizeitprojekte werden als Ergänzung zu den öffentlichen und privatwirtschaftlichen Angeboten ebenso betont wie Chancen, die sich der Kreativwirtschaft insbesondere in den Innenstadtrandlagen ergeben.

In den Analysen des Weißbuchs Innenstadt kommen stadtsoziologische Erkenntnisse über die Zusammenhänge von Vielfalt, Nutzungsmischung und sozialräumlicher Begegnung unterschiedlicher BewohnerInnen und Akteure deutlich zum Vorschein (▶ Kap. 3). Gleichzeitig gehen die Darstellungen über die im Programm Nationale Stadtentwicklungspolitik teilweise vorzufindenden normativen Setzungen und, wie im Falle der durchgängig geforderten Aufwertungsprozesse, affirmativen Forderungen hinaus und beinhalten durchaus kritische Problembeschreibungen.

Bund-Länder-Programm die »Soziale Stadt«

Das Städtebauförderungsprogramm »Stadtteile mit besonderem Entwicklungsbedarf – Soziale Stadt« des Bundesministeriums für Verkehr, Bau und Stadtentwicklung (BMVBS) und der Länder wurde im Jahr 1999 mit dem Ziel gestartet, die »Abwärtsspirale« in benachteiligten Stadtteilen aufzuhalten und die Lebensbedingungen vor Ort umfassend zu verbessern. Das Programm »Soziale Stadt« startete im Jahr 1999 mit 161 Stadtteilen in 124 Gemeinden; 2019 waren es bereits 965 Gesamtmaßnahmen in 544 Städten und Gemeinden (Soziale Stadt 2021).

Die rechtlichen Grundlagen des Programms basieren u. a. auf Artikel 104b Grundgesetz, § 171e Baugesetzbuch und der jährlich abzuschließenden Verwaltungsvereinbarung zwischen Bund und Ländern, dem »Leitfaden zur Ausgestaltung der Gemeinschaftsinitiative ›Soziale Stadt‹« (Soziale Stadt 2012). Beim Deutschen Institut für Urbanistik (DIFU) war zum Zweck des Informations- und Erfahrungsaustauschs zwischen den an der Programmumsetzung Beteiligten eine »Bundestransferstelle Soziale Stadt« eingerichtet. Mittlerweile firmiert diese Stelle unter der Bezeichnung »Bundestransferstelle sozialer Zusammenhalt« und wird von der empirica ag Berlin betrieben (empirica ag). Das Programm Soziale Stadt wird auf Bundesebene durch das Bundesamt für Bauwesen und Raumordnung (BBR) fachlich-wissenschaftlich betreut. Diese Betreuung beinhaltet die Berichterstattung zur Umsetzung der Maßnahmen, das Monitoring, die Konzipierung und Begleitung von Evaluierungen, den Wissenstransfer sowie die Politikberatung bei der Weiterentwicklung des Programms. Umgesetzt wird das Programm von den Ländern und Kommunen, die sich auch finanziell daran beteiligen müssen.

Ziele des Programms sind, die physischen Wohn- und Lebensbedingungen sowie die wirtschaftliche Basis in den Stadtteilen zu stabilisieren und zu verbessern, die Lebenschancen durch Vermittlung von Fähigkeiten, Fertigkeiten und Wissen zu erhöhen sowie das Gebietsimage, die Stadtteilöffentlichkeit und die Identifikation mit den Quartieren zu stärken. Der integrative Ansatz des Programms Soziale Stadt zeigt sich darin, dass Maßnahmen und Projekte aus allen Politikbereichen realisiert werden und häufig mehrere Politikbereiche zugleich abdecken. Die Realisierung von Maßnahmen und Projekten in den inhaltlichen Handlungsfeldern der Sozialen Stadt erfordert den Aufbau eines leistungsfähigen Koordinierungs-, Kooperations- und Partizipationsmanagements, das in den instrumentell-strategischen Handlungsfeldern angelegt ist.

Zu diesen instrumentell-strategischen Handlungsfeldern gehören integrierte Entwicklungs- bzw. Handlungskonzepte ebenso wie der Gebietsbezug, womit verbunden wird, dass unterschiedliche kommunale Abteilungen untereinander ressortübergreifend und mit anderen Behörden gebietsbezogen kooperieren, um ihre Ressourcen zum Zweck einer umfassenden Quartierentwicklung zu bündeln. Die Aufgabe der Steuerung einer solchermaßen verstandenen integrierten Quartierentwicklung soll durch ein professionelles Quartiermanagement übernommen werden. Dabei sollte die im Verwaltungshandeln verbreitete »Top-Down-Perspektive« durch Aktivierung und Beteiligung der BürgerInnen eine breitere Verankerung an der Basis der Bevölkerung im Quartier erfahren. Wie bei Projekten üblich werden Projektförderungen im Rahmen des Bund-Länder-Programms Soziale Stadt mit der Maßgabe der Evaluierung der Projektziele verbunden. Ein kriterienbasiertes Monitoring hilft dabei, die Entwicklung des Projektes im Blick zu behalten und Steuerungsbedarf entdecken und belegen zu können. Sehr breit angelegt ist der Katalog der möglichen inhaltlichen Handlungsfelder. Dieser reicht von Arbeitsmarkt bezogenen Themen wie Beschäftigung, Qualifizierung und Ausbildung bis zu Themen lokaler Ökonomie, wie z. B. der Wertschöpfung im Fördergebiet, dem Wohnungsmarkt und der Wohnungsbewirtschaftung. Themen des Zusammenlebens unterschiedlicher sozialer und ethnischer Gruppen, von Stadtteilkultur, aber auch unterschiedlichen sozialen Aktivitäten, gehören ebenso zu den Handlungsfeldern wie die Themenbereiche Schule und Bildung, Gesundheitsförderung oder Sport und Freizeit. Mehr im baulichen Bereich sind die Handlungsfelder der Gestaltung von Wohnumfeld und öffentlichem Raum sowie Umweltthemen angesiedelt, während über die Gestaltung der sozialen oder verkehrlichen Infrastruktur eher die Imageverbesserung und Öffentlichkeitsarbeit in den Blick genommen werden. Die Bundesarbeitsgemeinschaft Soziale Stadtentwicklung und Gemeinwesenarbeit (BAG) formulierte hierzu in einem »Positionspapier zur Sozialen Stadt« ihre Erfahrungen und Anforderungen (BAG-Positionspapier 2004: 144 ff.).

Die Möglichkeit, innerhalb des Programms Soziale Stadt auch Projekte und Maßnahmen im nichtbaulichen Bereich zu finanzieren, wurden in der Vergangenheit nicht nur rege genutzt, sondern trugen auch dazu bei, die Ziele des integrierten Entwicklungskonzepts dieses Programms zu stärken und vielfältige Kooperationsprojekte zu initiieren. Dennoch beschloss der Bundestag 2010 eine deutliche Kürzung der Bundesmittel für das Programm Soziale Stadt um mehr als 70 %, von 95 Mio. Euro in 2010 auf 28,5 Mio. Euro in 2011, die vorwiegend die Fördermittel für nichtinvestive Maßnahmen betreffen. Zusätzlich wurde die Förderung von Modellvorhaben eingestellt, wodurch eine erhebliche Veränderung und Verlagerung zu Lasten der sozialpolitischen Ziele des Programms verbunden war (Programme des Bundes 2012: 27).

Eine Untersuchung von Franke (2011) zu den Effekten gebietsbezogenen Verwaltungshandelns, wie sie im Bund-Länder-Programm Soziale Stadt erwartet werden, benennt Vorteile aus den unterschiedlichen Perspektiven von Verwaltung und Quartiermanagement. Aus Sicht der Verwaltungsebene können demnach die Überwindung sektoraler (z. B. Jugendhilfe, Gesundheitsdienste, Arbeitsförderung etc.) zugunsten ganzheitlicher, gebietsbezogener Perspektiven sowie die größere Nähe zu Problemlagen vor Ort als Vorteile gelten. Der Gebietsbezug biete darüber hinaus eine Basis für Kooperationen unterschiedlicher Akteure innerhalb und außerhalb von Politik und Verwaltung und böte die Möglichkeit effektiven Ressourceneinsatzes. Aus Sicht des Quartiermanagements bietet sich laut Franke die Möglichkeit, (Problem-)Zusammenhänge vor Ort besser zu erkennen, Ressourcen vor Ort besser nutzen und lokale Akteure stärker beteiligen zu können. Verbesserungsbedarf wird hingegen in der Verstetigung ressortübergreifender Kooperationsgremien, der Anwendung des Gebietsbezugs auf die Gesamtstadt und damit der Implementierung des Gebietsbezugs als kommunaler Daueraufgabe gesehen. Weiterhin bedürfe es der Qualifizierung von VerwaltungsmitarbeiterInnen für integrierte gebietsbezogene Aufgaben und ausreichender Zeit für integrierte Ansätze zur Gebietsentwicklung. Letztlich bedürfe es ganzheitlicher Gebietsanalysen im Vorfeld von Gebietsabgrenzungen. Deutlich wird auch in der Untersuchung von Franke, dass es ein Bekenntnis von Politik und Verwaltung zu den spezifischen Funktionen benachteiligter Stadtteile im Kontext der Gesamtstadt braucht, damit Quartierentwicklung nicht als Einzelmaßnahme begriffen und als »Flickwerk« behandelt wird.

Neben der von einem Bündnis aus Verbänden und Initiativen auf Bundes- und Landesebene (Bündnis für eine soziale Stadt 2011) vorgebrachten Kritik an der vorwiegenden Förderung baulicher Maßnahmen sowie an der Kürzung der nichtinvestiven Mittel werden seit Bestehen des Programms dessen befristete Förderung, die einer nachhaltigen Entwicklung zuwiderläuft, ebenso kontrovers diskutiert wie die Dominanz lokaler Akteure, die durch das Programm Soziale Stadt ungewollt forciert wird (Krummacher 2003).

Instrument zur Überprüfung der Umsetzung des Programms Soziale Stadt im Quartier

Analog zu dem unten aufgeführten Instrument zur Überprüfung kommunaler Stadtpolitik dient der folgende Fragenkatalog als Soll-Ist-Vergleich zwischen den Empfehlungen des »Programms Soziale Stadt« und dessen Umsetzung vor Ort in Stadtteil/Quartier. Wie werden die Empfehlungen der »Sozialen Stadt« im Stadtteil/Quartier umgesetzt?

Tab. 3: »Soziale Stadt«; Soll-Ist-Vergleich

Empfehlungen der »Sozialen Stadt«	Umsetzung im Stadtteil/Quartier
Ziele des Programms	
Die physischen Wohn- und Lebensbedingungen sowie die wirtschaftliche Basis in den Stadtteilen zu stabilisieren und zu verbessern	Welche Maßnahmen zur Sanierung und Modernisierung von Gebäuden, Wohnungen, Straßen und Plätzen werden vorgenommen? Mit welchen Maßnahmen werden lokale Unternehmen und Einzelhandel in den Entwicklungsprozess einbezogen und vernetzt?
Die Lebenschancen durch Vermittlung von Fähigkeiten, Fertigkeiten und Wissen zu erhöhen	Welche Maßnahmen zur Bildung- und Qualifizierung der Bevölkerung werden durchgeführt?
Gebietsimage, Stadtteilöffentlichkeit und die Identifikation mit den Quartieren zu stärken	Mit welchen Maßnahmen und Instrumenten werden die Einschätzungen lokaler Akteure zum Gebietsimage und lokaler Identifikation eingeholt, und welche Ergebnisse sind feststellbar?
Instrumentell-strategische Handlungsfelder der »Sozialen Stadt«	
Integrierte Entwicklungs- bzw. Handlungskonzepte	Welche integrierten Handlungskonzepte wurden von welchen Gremien entwickelt und beschlossen?
Gebietsbezug: begründete Gebietsfestlegung (Gebietsgröße, Probleme, Potentiale)	Welches Gebiet wurde, nach welchen Kriterien, als Programmgebiet definiert?
Ressourcenbündelung: ämter- oder dezernatsübergreifende Lenkungsgremien zur Steuerung der Programmumsetzung	Welches Lenkungsgremium wurde in welcher Besetzung installiert? Wem wurde weshalb die Projektleitung übertragen?

6.2 Politische Programme der Stadtentwicklung

Tab. 3: Soziale Stadt«; Soll-Ist-Vergleich – Fortsetzung

Empfehlungen der »Sozialen Stadt«	Umsetzung im Stadtteil/Quartier
	Welche Koordinationsgremien wurden gebildet, und wer ist darin vertreten?
Quartiermanagement: strategischer Ansatz zum systematischen Aufbau von selbsttragenden und nachhaltig wirksamen personellen und materiellen Strukturen zur Entwicklung des Quartiers (Verwaltungsebene: ressortübergreifende Arbeitsgruppe und kommunaler Gebietsbeauftragter; Quartierebene: Stadtteilbüro mit GWAler; Intermediäre Ebene: Moderator/Mediator)	Wie ist das Quartiermanagement auf Verwaltungsebene geregelt? Gibt es eine moderierende Stelle auf der Intermediären Ebene? Welche unterstützende Stelle gibt es auf Quartierebene?
Aktivierung und Beteiligung: Bevölkerung und andere lokale Akteure (Unternehmen, Verbände, Vereine etc.) beteiligen, vernetzen und individuelle Problemlösungskompetenzen verstärken	Welche Beteiligungsformate existieren für Bevölkerung und andere lokale Akteure (z. B. Stadtteilkonferenz, Stadtteilteam, Planning for Real, Planungswerkstatt, aktivierende Befragungen, Runde Tische, AGs, Bürgerforen, Bürger-Infoabende, Stadtteilfeste)? Welche Art Beteiligung ist dabei möglich (Information, Mitwirkung, Mitbestimmung, Selbstorganisation)? Wie stark und oft werden die Beteiligungsmöglichkeiten genutzt?
Evaluierung: Wichtiges Instrument von Qualitätsmanagement und Politiksteuerung; Ziele: Herstellung von Transparenz hinsichtlich komplexer Wirkungszusammenhänge; Vermittlung von Handlungs- und Erfahrungswissen; Beitrag zur Qualifizierung von Strategien, Konzepten und Projekten; Erkennen von Fehlentwicklungen; Aufzeigen von Umsteuerungsmöglichkeiten	Welche Maßnahmen und Instrumente der Selbstevaluation werden eingesetzt? Welche Maßnahmen und Instrumente der Fremdevaluation werden eingesetzt?
Monitoring: regelmäßige Erhebung von Kontextindikatoren (soziodemografische und ökonomische Situation des Programmgebietes im Vergleich zur Gesamtstadt) zur Erfassung der Entwicklungstendenzen und handlungsrelevante Rahmenbedingungen darstellen und diese mit geeigneten Instrumenten erfassen	Welcher Art standardisiertes Monitoring wird durch regelmäßige Erhebungen durchgeführt? Welche Daten werden dazu erhoben?
Inhaltliche Handlungsfelder	
Beschäftigung Qualifizierung und Ausbildung Wertschöpfung im Gebiet Soziale Aktivitäten und soziale Infrastruktur	Welcher Veränderungsbedarf besteht? Wie wurde dieser ermittelt? Mit welchen Maßnahmen wird dieser bearbeitet?

Tab. 3: Soziale Stadt«; Soll-Ist-Vergleich – Fortsetzung

Empfehlungen der »Sozialen Stadt«	Umsetzung im Stadtteil/Quartier
Schule und Bildung	
Gesundheitsförderung	
Umwelt und Verkehr	
Stadtteilkultur	
Sport und Freizeit	
Zusammenleben unterschiedlicher sozialer und ethnischer Gruppen	
Wohnungsmarkt und Wohnungsbewirtschaftung	
Wohnumfeld und öffentlicher Raum	
Imageverbesserung und Öffentlichkeitsarbeit	

Quelle: Eigene Erarbeitung, Becker 2014

Weitere Programme zur Stadt(teil)- und Quartierentwicklung

Weil sich im Laufe der Jahre eine große Anzahl an unterschiedlichen Förder-, Forschungs- und Modellprogrammen entwickelt hat, entstand eine fast unübersichtliche »Förderlandschaft«. Deshalb wurde im Rahmen der Nationalen Stadtentwicklungspolitik ein Bedarf erkannt, Politikbereiche mit Auswirkungen auf die Stadtentwicklung stärker miteinander zu verzahnen und zu integrieren. So kam es zur Beauftragung eines Forschungsauftrages an das Deutsche Institut für Urbanistik (DIFU) mit dem Ziel, Programme des Bundes aller Ressorts für die nachhaltige Stadtentwicklung und die Soziale Stadt zu recherchieren und Potentiale für eine bessere Bündelung dieser Programme zu identifizieren. Die Ergebnisse des Forschungsprojekts sollen einen Beitrag dazu leisten, die häufig aufwändige und schwierige Bündelung der verschiedenen Förderaktivitäten vor Ort zu erleichtern. Betrachtet werden dabei folgende sechs Handlungsfelder:

- Bürger für ihre Stadt aktivieren – Zivilgesellschaft
- Chancen schaffen und Zusammenhalt bewahren – Soziale Stadt
- Innovative Stadt – Motor der wirtschaftlichen Entwicklung
- Städte besser gestalten – Baukultur
- Die Stadt von morgen bauen – Klimaschutz und globale Verantwortung
- Die Zukunft der Stadt ist die Region – Regionalisierung

Zum Zeitpunkt Juni 2011 ergab die Datensammlung eine Beteiligung von mindestens zehn verschiedenen Ministerien, die zusammen mehr als 130 Förderprogramme und 13 Wettbewerbe verantworten, die wiederum in 21 Gesetzen verankert sind (Programme des Bundes 2012: 7).

Eine Zusammenstellung von Schwerpunktthemen der Nationalen Stadtentwicklungspolitik nach der Anzahl von Projekten zeigte, dass die Anzahl der im sozialpolitischen Bereich angesiedelten Programme »Chancen schaffen« etwa gleichauf mit Programmen im Bereich Wirtschaftsförderung lagen (Programme des Bundes 2012: 20).

Welche Programme für die Kommunen die größte Bedeutung hatten, wurde in einer Tabelle (Programme des Bundes 2012: 27) dargestellt, aus der sich die jeweiligen Fördersummen ablesen lassen. Daraus wird ersichtlich, dass die eher auf Städtebau und Sanierung ausgerichteten Programme wie »Soziale Stadt«, »Städtebauliche Sanierungs- und Entwicklungsmaßnahmen Ost/West« und »Stadtumbau Ost/West« deutlich mehr Fördermittel generierten als die stärker sozialpolitisch ausgerichteten Programme wie »Lernen vor Ort«, »Soziale Stadt – Bildung, Wirtschaft, Arbeit im Quartier (BIWAQ)«, »Stärken vor Ort« oder »XENOS – Integration und Vielfalt«. Im Folgenden werden diese Programme kurz beschrieben, um deren Ausrichtung, Adressaten und Einbettung zu erläutern.

Die Programme im Schwerpunktthemenbereich »Chancen schaffen und Zusammenhalt bewahren – soziale Stadt« zielten alle im weitesten Sinne auf die Integration unterschiedlichster Bevölkerungsgruppen sowie die Teilnahme und Teilhabe aller Bürger. Zentrale Anliegen einer nachhaltigen Stadtentwicklungspolitik sind die Bekämpfung sozialer Ausgrenzung in der Stadt bzw. die Stärkung von Integration und sozialer Kohäsion.

Mittlerweile erfolgte eine Weiterentwicklung der Städtebauförderung des Bundes. So wird ab 2020 das Programm »Soziale Stadt« mit dem neuen Programm »Sozialer Zusammenhalt – Zusammenleben im Quartier gemeinsam gestalten« fortentwickelt[26]. Die Programmziele bestehen weiterhin darin, die Wohn- und Lebensqualität sowie die Nutzungsvielfalt in den Quartieren zu erhöhen, die Integration aller Bevölkerungsgruppen zu unterstützen und den Zusammenhalt in der Nachbarschaft zu stärken. Mit dem neuen Programm sollen das Quartiersmanagement und die Mobilisierung von Teilhabe und ehrenamtlichem Engagement stärker betont werden, so das zuständige Bundesministerium des Inneren, für Bau und Heimat.

Außer den erwähnten Programmen gibt es noch weitere staatliche Förderungs- und Forschungsprojekte, die nicht spezifisch auf Gemeinwesenarbeit bzw. Quartierarbeit ausgerichtet sein müssen, sondern Quartier- und Stadtentwicklung nur mittelbar betreffen. Eine Vorstellung sämtlicher Bund- und Landesprogramme würde den Rahmen dieser Publikation deutlich überschreiten und Gefahr laufen, schnell an Aktualität zu verlieren, weshalb auf weiterführende Informationsquellen verwiesen wird (s. unter »Programme des Bundes 2021«).

---

26 Unter folgendem Link steht ein Flyer zu »Soziale Stadt – Das Programm der Städtebauförderung für benachteiligte Stadt- und Ortsteile« zum Download zur Verfügung: https://www.staedtebaufoerderung.info/StBauF/DE/Programm/SozialeStadt/Flyer_SozialeStadt_2019_bf.html?nn=770998 (08.03.2021).

Weitere Programme mit öffentlicher und privater Partnerschaft

Urban Improvement Districts (BID, NID, HID)

Auf eine Finanzierungsform, die Modelle der »Urban Improvement Districts«, die als sogenannte »Public-Privat-Partnership« bezeichnet werden können, weil es sich um eine Kooperationen zwischen staatlichen (Landes- und Kommunalbehörden) und privaten Organisationen handelt, soll an dieser Stelle noch hingewiesen werden. Es handelt sich dabei um gebietsbezogene Intervention zum Bestandschutz und zur Entwicklungsförderung von Geschäfts-, Nachbarschafts- oder Wohngebieten, die in den nächsten Abschnitten kurz beschrieben werden.

»Business Improvement District« (BID)

»Business Improvement Districts« (BIDs) stellen, in Anlehnung an nordamerikanische Modelle, eine Art freiwilliger Selbstverpflichtung dar, die auf Basis gesetzlicher Regelungen auf Länderebene in Form von »Public-Private-Partnerships« konkretisiert werden. Aufgrund privater Initiative seitens Grundeigentümern oder Einzelhändlern, wird ein offizielles Verfahren eingeleitet, dessen Grundlage ein verbindlicher Maßnahmen- und Finanzierungsplan ist, worüber es ein Abstimmungsverfahren mit Quorum, also einer erforderlichen Mindestbeteiligung gibt.

Kommt ein BID zustande, werden in einem räumlich abgegrenzten Gebiet, während eines festgelegten Zeitraums, Maßnahmen zur Stärkung des Geschäftszentrums eingeleitet und umgesetzt. Einnahmen werden aus einem Aufschlag auf die Grundsteuer generiert. Ein BID ist demnach ein eigentümerorientiertes Konzept, bei dem sich Eigentümer und Gewerbetreibende auf freiwilliger Basis zusammenschließen, um in einem klar abgegrenzten Gebiet für eine befristete Zeit Maßnahmen zur Aufwertung aufzustellen und durch Eigenfinanzierung und Selbstbesteuerung zu realisieren. Ziele dieser Maßnahmen können in der Stärkung der Einzelhandesstruktur, der Verbesserung des städtischen und geschäftlichen Umfeldes und der Attraktivitätssteigerung und Revitalisierung von Geschäftsstraßen und Kerngebieten liegen. Einen Überblick über Modelle in Deutschland, deren Ziele und Wirkungen, findet sich bei Hecker (2010).

»Housing Improvement District« (HID), »Neighbourhood Improvement District« (NID)

Nach ersten Erfahrungen mit BIDs in Deutschland in den 2000er Jahren folgten zwischenzeitlich Modelle zur Übertragung des BID-Konzepts auf Wohngebiete, den sogenannten »Housing Improvement Districts« (HID) und den »Neighbourhood Improvement Districts« (NID). Dabei sind deutliche Unterschiede zu beachten. Während zur Errichtung von BIDs lediglich die Einzelhändler und Grundeigentümer einbezogen sind, herrscht in Wohn- und Mischgebieten eine heterogene Akteursstruktur vor. Neben Eigentümern und BewohnerInnen wirken Vereine, Schulen, Kirchen u. a. Institutionen auf die Qualität von Nachbarschafts- und Wohngebieten ein. Die Handlungsfelder sind damit komplexer, denn die Maßnahmenpalette eines HID oder NID ist groß und reicht von baulicher Aufwertung über Sicherheit und Pflege bis zur Gebietsvermarktung. Zudem ruht in HIDs und NIDs ein höheres Konfliktpotential durch die Konfrontation unterschiedlicher Interessen. So treffen ökonomisch orientierte Interessen von EigentümerInnen auf eher lebensweltlich orientierte Interessen von BewohnerInnen, wobei nach den Konzepten von HID und NID die EigentümerInnen die Hauptakteure sind. So steht dem Eigennutzinteresse von EigentümerInnen das Allgemeinwohl gegenüber und muss austariert werden. Weitergehende Beschreibungen zum HID und NID finden sich in Gorgol (2008).

Vor- und Nachteile von Urban-Improvement-Modellen

Als Vorteil können die durch gesetzliche Absicherung der Konzepte und durch Beteiligung der Kommunen erreichbare sichere Finanzierung von Entwicklungsprozessen angesehen werden. Die Urban-Improvement-Modelle basieren auf dem in vorigen Kapiteln bereits problematisierten Leitbild einer unternehmerischen Stadtpolitik, die sich mittels »Public-Privat-Partnerships« tendenziell aus dem operativen Geschäft aktiver kommunaler Verantwortung zurückzieht und der Privatwirtschaft zunehmend die Gestaltung der Aufgaben überlässt. Dies kann zu Schwerpunktsetzungen bezüglich der Gewerbeförderung, der Aufwertung des öffentlichen Raums im Sinne von »sicher und sauber« und damit auch zur Vertreibung von eher unerwünschten BürgerInnen und Aktivitäten aus den Stadt- und Stadtteilzentren, verbunden mit Konzentrationen und Segregation an anderen Orten führen, die weniger im Zentrum des Interesses stehen. Problematisiert werden muss an dieser Stelle auch, dass Abhängigkeiten seitens der Kommunen entstehen können, wenn die Stadtgestaltung nur noch dann und dort möglich wird, wo und wenn PrivateigentümerInnen dies für nötig und lohnenswert ansehen. Eine gesamtstädtische Entwicklungsperspektive, die alle Teile einer Stadt gleichermaßen in den Blick nimmt und die Gesamtheit der Lagen und ihrer Besonderheiten in die Entwicklung einbezieht, muss sich am Gemeinwohl orientieren und für sozialen Ausgleich sorgen. So wäre auch denkbar, als Finanzierungsquelle einen Grundsteueraufschlag zu erheben und für deren Verwendung die demokratisch legitimierten Wege einer kommunalen Selbstverwaltung zu nutzen, um Entwicklungsprojekte in Quartieren zu initiieren und durchzuführen. Grundsätzlich stellt sich dann auch die Frage, ob und in welchem Maße durch Aufwertungsprozesse preissensible Mieter zu Leidtragenden von Aufwertungsprozessen werden und durch welche Maßnahmen eine Vertreibung aus rein wirtschaftlichen Gründen vermeidbar wäre. BewohnerInnenstrukturen eines Quartiers sind also im Blick zu behalten und bei dessen Entwicklung zu berücksichtigen. Zur Bedeutung von Urban-Improvement-Modellen im Rahmen kommunaler Stadtpolitik s. Pütz (2008).

Finanzierungsmöglichkeiten von Gemeinwesenarbeit

Weil es für Gemeinwesenarbeit bislang keine ähnlich abgesicherte und gesetzlich geregelte Finanzierungsgrundlage, wie z. B. für die Kinder- und Jugendhilfe durch das SGB VIII gibt, sind die Akteure in diesem Handlungsfeld auf Förderprogramme, Stiftungen, Fundraising oder andere Modelle angewiesen, deren gemeinsames Manko u. a. in der zeitlichen Befristung und Projektbezogenheit liegt. Damit wird eine nachhaltige Entwicklungsperspektive für Gemeinwesenarbeit schwer umsetzbar. In diesem Band können nicht alle einzelnen Finanzierungsmöglichkeiten für Gemeinwesenarbeit benannt und beschrieben werden. Ein Überblick über Stiftungen, Fundraising und Sponsoring als Finanzierungs-Modelle für Gemeinwesenarbeit findet sich ansatzweise in »Akquisos«, einem Newsletter der Bundeszentrale für politische Bildung. Außerdem hat die Sektion GWA der Deutsche Gesellschaft für Soziale Arbeit ein Forschungsprojekt zur Erhebung der unterschiedlichen Finanzierungsarten für Gemeinwesenarbeit in Deutschland, Österreich und der Schweiz gestartet, dessen Ergebnisse zum Zeitpunkt der Drucklegung dieser Publikation leider noch nicht veröffentlicht sind, aber möglicherweise zukünftig auf der Internetseite der DGSA[27] zu finden sein werden.

»Sozialraumbudgets«

Ein anderes Konzept der Finanzierung fallunabhängiger Quartierarbeit stellen sogenannte Sozialraumbudgets dar, für die es derzeit allerdings noch kein einheitliches Modell gibt. Das Grundprinzip ist, gesetzliche Leistungen für fallbezogene Einzelfallhilfe, die – vorwiegend im Rechtskreis des SGB VIII – auf individuellen Rechtsansprüchen beruhen, mit fallübergreifenden und fallunabhängigen Finanzierungsanteilen zu ergänzen, die auf ein bestimmtes, meist geografisch oder administrativ-statistisch abgrenzbares Gebiet, einen Stadtteil oder ein Stadtviertel begrenzt sind und auf der Basis von Leistungsverträgen von Trägern Sozialer Arbeit erbracht werden. Ein Einblick und erprobte Beispiele aus verschiedenen Bundesländern finden sich in Budde/Früchtel/Hinte (2006). Kritische Anmerkungen, insbesondere von Wohlfahrt (2003, 2005), begleiten die Diskussionen um Sozialraumbudgets. Weil im Kontext dieses Bandes das Handlungsfeld der sozialen Stadtentwicklung und Gemeinwesenarbeit im Zentrum steht und deshalb nicht sämtliche Formen von sozialraumorientierter Sozialer Arbeit beschrieben werden sollen und können, beschränken wir uns an dieser Stelle auf die Erwähnung von »Sozialraumbudgets«. Wir sind uns darüber im Klaren, und dies soll hier ausdrücklich betont werden, dass sich aus der Verbreitung der als Handlungskonzept Sozialer Arbeit zu verstehenden Sozialraumorientierung (▶ Kap. 1; Becker 2020b) die Notwendigkeit ergibt, über »Sozialraum als Steuerungsdimension« (Hinte/Litges/Springer 1999) kommunaler Sozialpolitik fachlich und politisch zu diskutieren und zu streiten.

---

27 Siehe Forschungsprojekt zur »Verankerung von Gemeinwesenarbeit« unter: https://www.dgsa.de/sektionen/gemeinwesenarbeit/ (08.03.2021).

Beispiel »Offenburger Konzeption Stadtteil- und Familienzentren«

Ein Modell, das zwar ebenfalls Synergieeffekte anderer Dienstleistungen und bereits institutionalisierter sozialer Infrastruktur nutzt, ist die »Konzeption Stadtteil- und Familienzentren«, das die Stadt Offenburg in Baden-Württemberg seit den 1990er Jahren praktiziert (Becker 2004). Es basiert auf einem Koordinations- und Kooperationsmodell, das auf Kindertagesstätten als Regeleinrichtungen aufsetzt und ergänzt wird um Hortarbeit, offene Kinder- und Jugendarbeit, Erwachsenen- und Seniorenarbeit. Die Einrichtungen sind als Stadtteilzentren auf die gesamte Bewohnerschaft eines Stadtteiles ausgerichtet und verstehen sich als Treffpunkt aller Generationen und Drehscheibe für unterschiedlichste Aktivitäten der BürgerInnen. Diese Stadtteil- und Familienzentren sind städtisch regelfinanziert und bestehen grundsätzlich aus den drei Bereichen Kita und Hort, offene Kinder- und Jugendarbeit sowie Erwachsenenarbeit. Die LeiterInnen der Stadtteil- und Familienzentren sind mit 50 % Stellenanteil als GemeinwesenarbeiterInnen tätig und als solche für die Koordination und Vernetzung aller Organisationen im Stadtteil verantwortlich. In Stadtteilen mit besonderen Problematiken und Entwicklungsbedarf, gibt es teilweise weitere Personalanteile für besondere Aufgaben der Gemeinwesenarbeit. Alle Beschäftigten eines Stadtteil- und Familienzentrums arbeiten nach dem Handlungskonzept der Sozialraumorientierung. Ausführliche Darstellungen des Konzepts der Stadtteil- und Familienzentrum, sowie eine Evaluation dessen Wirkungen findet sich in Becker (2008) und der »Konzeption Offenburger Stadtteil- und Familienzentren« (Stadt Offenburg 2004).

6.3 Recht und Stadt

Durch den verschärften interkommunalen Wettbewerb um Standortfaktoren, Investitionen, Fachkräfte und Fördermittel entsteht zunehmender Druck zur Deregulierung zugunsten von Attraktivitätssteigerungen als Standort. Gleichzeitig wird der politische Einfluss von Kommunen eingeschränkt, weil sie unter Wettbewerbsbedingungen weniger Restriktionsmöglichkeiten und Druckmittel durchsetzen können. So kommt es zur Veränderung von Selbstverständnis und Bedeutung lokaler (Kommunal-)Politik. Diese geht einher mit einer zunehmenden Ökonomisierung kommunaler Stadtpolitik (»Public-Private-Partnership«, Outsourcing öffentlicher Aufgaben etc.), einer Ausrichtung von Stadtverwaltungen auf unternehmerische Führung (Lean Management/neues Steuerungsmodell) und verstärkten Marketingstrategien (City-ManagerInnen, kommunales Eventmarketing und »Festivalisierung« des öffentlichen Stadtlebens sowie bauliche Aufwertung und Möblierung von Innenstädten) der Kommunen (▶ Kap. 4.3). Dabei werden BürgerInnen aus wettbewerbsorientierter Perspektive tendenziell zu KundInnen von Produkten und Dienstleistungen umdefiniert. BürgerInnen ge-

nießen im Rahmen der kommunalen Selbstverwaltung jedoch Bürgerrechte, ein
»Recht auf Stadt« und nicht nur konsumorientierte Kundenrechte. Mit Bürgerrechten sind Aufenthalts-, Beteiligungs- und (Mit-)Entscheidungsrechte verbunden. Diese werden durch Sicherheitsmaßnahmen wie Videoüberwachung im öffentlichen Raum, Vertreibung von Wohnungslosen und KünstlerInnen aus dem öffentlichen (Stadt-)Raum sowie durch schleichende Umwidmungen von öffentlichem in privaten Raum, z. B. für Gastronomiezwecke, in Frage gestellt. Gleichzeitig stellt sich die Frage nach der bürgerlichen Selbstverwaltung der Stadt, also dem Ausbalancieren der Machtpotentiale zwischen Markt, Staat und Zivilgesellschaft angesichts der kommunalen Überschuldung insbesondere von Kommunen in strukturschwachen Regionen (▶ Kap. 4.2 und 4.3).

Rechtsgrundlagen kommunaler Selbstverwaltung

Welche Möglichkeiten haben Kommunen in Deutschland, ihre politischen Vorstellungen selbstbestimmt umzusetzen? Dazu soll der Blick zunächst auf die Rechtsgrundlagen kommunaler Selbstverwaltung gerichtet werden.

Auf europäischer Ebene wurden, ebenfalls in den 1990er Jahren, durch den Maastrichter Vertrag 1992 sowie im Vertrag von Amsterdam 1997, den Kommunen durch die Zusicherung des »Subsidiaritätsprinzips« Selbstverwaltungsrechte und Gestaltungsfreiheit eingeräumt bzw. zugesichert (Naßmacher 2011). In Deutschland garantiert das Grundgesetz in Artikel 28 (2) das Selbstverwaltungsrecht der Kommunen, »alle Angelegenheiten der örtlichen Gemeinschaft im Rahmen der Gesetze in eigener Verantwortung zu regeln«. Diese Gewährleistung der Selbstverwaltung umfasst auch die Grundlagen der finanziellen Eigenverantwortung. Hierzu dürfen die Kommunen über Gewerbesteuerhebesätze eigene wirtschaftskraftbezogene Steuerquellen nutzen.

Mit Artikel 72 (2) GG liegt darüber hinaus eine Rechtsgrundlage vor, die für die Regionen des Bundesgebietes »gleichwertige Lebensverhältnisse« fordert und damit einer Polarisierung von Regionen nach unterschiedlichen Lebensverhältnissen widerspricht.

Die rechtliche Stellung der Städte und Gemeinden in Deutschland

Den Städten und Gemeinden wird in Deutschland gemäß Grundgesetz das Recht eingeräumt, »alle Angelegenheiten der örtlichen Gemeinschaft im Rahmen der Gesetze in eigener Verantwortung zu regeln« (Art. 28 (2) GG). Um ihre Aufgaben gewährleisten zu können, wird den Kommunen im Rahmen ihrer Selbstverwaltung zur Sicherung der finanziellen Eigenverantwortung auch die Nutzung von Steuerquellen zugestanden.

Im Rahmen der allgemeinen Daseinsvor- und -fürsorge obliegt den Kommunen, Aufgaben in nahezu allen Politikfeldern, von Bauen, Verkehr, Infrastruktur, über Wirtschaft und Soziales bis hin zu Bildung, Kultur und Sport, zu erfüllen. Die Kommunen haben eigene Personal-, Organisations- und Finanzhoheit. Ihre Zuständigkeiten werden nur zum Teil durch Bundesgesetze, wie beispielsweise im

Baugesetzbuch oder im Sozialgesetzbuch (vgl. SGB II, SGB VIII und SGB XII) geregelt, denn es gilt der Grundsatz, dass durch Bundesgesetze Gemeinden und Gemeindeverbänden Aufgaben nicht übertragen werden dürfen (Art. 84 (1) GG). Aufgaben und Zuständigkeiten ergeben sich insbesondere durch landesrechtliche Vorgaben, die in jeweiligen Gemeindeordnungen konkretisiert werden. Dort sind auch die Gemeindeverfassungen rechtlich geregelt, die sich zwischen den Bundesländern durchaus unterscheiden und grob nach norddeutschen und süddeutschen Ratsverfassungen unterteilt werden können (zu den Besonderheiten und Unterschieden der Ratsverfassungen in Deutschland s. Wehling 2006).

BürgerInnen genießen Aufenthalts-, Beteiligungs-, Versammlungs- und Mitentscheidungsrechte, die in Bundes- und Landesgesetzen bzw. den einschlägigen Gemeindeordnungen verankert sind. Im Baurecht sind u. a. Rechte und Pflichten von Eigentümern, Mietern, Pächtern wie z.B. die Auskunftspflicht (§ 138 BauGB) sowie Beteiligungs- und Mitwirkungsmöglichkeiten der Betroffenen (§§ 137, 138, 139 BauGB) geregelt. Neben den Beteiligungsrechten von Bewohnern bei Stadtsanierungsprojekten sind insbesondere die Rechtsgrundlagen von »Bürger- und Einwohnerversammlungen« (z.B. Art. 18 GO Bay, § 20a GO B-W, § 16b GO S-Hol, § 16 GO R-Pf), Anhörungsrechten bei Gemeinderatssitzungen, z.B. durch »Bürgerfragestunden« (vgl. § 16c GO S-Hol, § 16a GO R-Pf bzw. Regelungen durch Geschäftsordnungen der Stadt-/Gemeinderäte), »Bürgerantrag« (z.B. § 20b, 3 GO B-W), »Bürgerbegehren/Bürgerentscheid« und auch die Einrichtung von Beiräten sachkundiger BürgerInnen (wie z.B. Integrations-/Migrationsbeiräte, Seniorenbeiräte, Jugendparlament, Quartiersbeiräte etc.), in den Gemeindeordnungen der Länder geregelt.

Einschränkungen kommunaler Selbstverwaltung

Die verfassten Rechte kommunaler Selbstverwaltung werden durch unterschiedliche Entwicklungen zunehmend eingeschränkt. Zum einen werden durch Bundes- und Landesgesetze bzw. Programme den Kommunen immer mehr Aufgaben zugewiesen, ohne dass dafür auch entsprechende finanzielle Mittel zur Verfügung gestellt werden (Naßmacher 2011). Sei es die Einführung der Ganztagesschule, die lediglich mit einem Investitionszuschuss für die Kommunen zur Umgestaltung der Schulgebäude einherging, das Recht auf einen Kindergartenplatz für Kinder ab drei Jahren, die Forderungen nach Krippenplätzen für unter dreijährige Kinder, Forderungen nach kostenfreien Kitaplätzen oder zuletzt das sogenannte »Bildungspaket« für Familien von ALG-II-Beziehern mit Kindern. Die Kostenbelastung der Kommunen steigt, ohne dass deren Einnahmesituation sich dementsprechend anpassen kann. Gleichzeitig werden die Eigenanteile der Kommunen an Bundesprogrammen, wie z.B. Bund-Länder-Programm für »Stadtteile mit besonderem Entwicklungsbedarf – Soziale Stadt«, erhöht und/oder deren Förderrahmen gekürzt, wie zuletzt die Förderung »nichtinvestiver Maßnahmen« und »Modellprojekte« (s. o.).

Kommunen geraten durch ihre Einnahmeausfälle bei steigender Kostenbelastung in die Verschuldung. Davon sind, wie in Kapitel 4 beschrieben, vorwiegend die Kommunen in strukturschwachen Regionen betroffen, weil diese erhöhte Belastungen durch Sozial- und Umweltkosten zu tragen haben und andererseits, wegen der wirtschaftlichen Probleme von Firmen und Einwohnern, mit sinkenden Steuereinnahmen auskommen müssen. Diese Situation versuchen viele Kommunen durch die Auslagerung öffentlicher Aufgaben an Privatfirmen (»Outsourcing«) zu bewältigen. So werden städtische Versorgungsbetriebe veräußert, Bäder und Kultureinrichtungen privatisiert, oder es wird durch Partnerschaften mit Privatunternehmen (»Public-Privat-Partnership«) versucht, den Kapitalaufwand zu reduzieren. Auch Verkäufe städtischer Grundstücke und Wohnungsbestände gehören zum Repertoire der Kommunen beim Versuch, die Schuldenlast zu drücken. Neben der Einschränkung der kommunalen Einflussmöglichkeiten auf privatisierte Dienstleistungen, wie Grünpflege, Kultur, Energiever- und Müllentsorgung, wird durch die Abhängigkeit von privaten Investoren auch im Bereich der Stadtplanung und -entwicklung die verfassungsmäßig garantierte kommunale Selbstverwaltung vermindert (Naßmacher 2011).

Wenn sich die Verschuldungssituation so zuspitzt, dass die Stadt ihren Haushalt nicht mehr ausgleichen kann, verliert sie weiter an Gestaltungskraft, denn dann kommt es zum Eingriff der Kommunalaufsichtsbehörde in die kommunale Selbstverwaltung. Solche »Nothaushaltskommunen« dürfen nur noch sogenannte Kassenkredite zur Liquiditätssicherung aufnehmen und, ohne Genehmigung der Kommunalaufsicht, keine weiteren Ausgaben vornehmen (Holtkamp 2011). Wenn eine Stadt nur noch Kassenkredite zur Liquiditätssicherung aufnehmen kann bzw. darf, bedeutet dies meist das Ende für freiwillige Leistungen, also Maßnahmen der Gemeinwesenarbeit, offener Jugendarbeit, Kunst und Kultur, für die es keine zwingende gesetzliche Verpflichtung gibt. Für die BürgerInnen einer solchen »Nothaushaltskommune« reduzieren sich ihre Mitwirkungs- und Entscheidungsmöglichkeiten, und die Stadt verliert ihre nachhaltigen Entwicklungsmöglichkeiten. Sowohl durch die Privatisierung öffentlicher Aufgaben als auch durch über Verschuldung verursachte »Zwangsverwaltung« verlieren die Bürger also tendenziell das Mandat für die Selbstverwaltung ihrer Stadt.[28]

Von BürgerInnen zu KundInnen

Besonders die Strategien der unternehmerischen Stadtführung, die auf interkommunalem Wettbewerb fußt und zu verstärkter Marketingorientierung der Stadtpolitik führt, verändern nicht nur Selbstverständnis und Bedeutung lokaler Politik, sondern auch Bild und Stellung des/der BürgerIn.

Mit der Privatisierung öffentlicher Aufgaben durch den Verkauf öffentlichen Eigentums, wie Wohnungen und städtische Betriebe, verändert sich das Verhältnis des/der BürgerIn zu diesen Privatbetrieben insofern, als sie diesen nicht mehr als anspruchsberechtigte BürgerInnen, sondern nur noch als KundInnen auf dem Wohnungs- oder Anbietermarkt gegenüberstehen. Leistungsansprüche aufgrund

---

28 Zum Ausmaß der kommunalen Verschuldungssituation s. den Artikel von Lars Holtkamp in APuZ 7–8, 2011: 13–19.

von Bürgerrechten werden dabei teilweise durch Kriterien wie Zahlungsfähigkeit von KundInnen ersetzt. Die Strategien der Marketingorientierung, wie City-Management, Aufwertung der Innenstädte, Vermarktung des öffentlichen Raumes für gastronomische Zwecke oder Eventmarketing, schränken die Handlungs- und Bewegungsfreiheit der BürgerInnen in ihrer Innenstadt ein, weil der Aufenthalt auf privatisierten Flächen unter Konsumzwang gestellt oder per Hausordnungen das Verhalten der BürgerInnen reglementiert werden kann (▶ Kap. 4).

Auf diese Weise werden bestimmte Bevölkerungsteile wie Jugendliche, wohnungslose oder bettelnde Menschen von vormals oder eigentlich öffentlichen Plätzen vertrieben. Mittels Videoüberwachung, Bettel- oder Alkoholverboten zur »Säuberung der Innenstädte« soll die Stadt von unerwünschten Personen und Tätigkeiten befreit und für erwünschte Kundenkreise wie zahlungskräftige CitynutzerInnen attraktiv gemacht werden.

Perspektiven für ein Recht auf Stadt

Befinden sich die Kommunen angesichts ihrer struktur- und standortbedingter Situation und Verschuldung in einer aussichtslosen Lage, die zwingend zum Ende der kommunalen Selbstverwaltung führen muss? Es gibt einige Hinweise, die durchaus noch Hoffnung aufkommen lassen. So verweist Holtkamp (2011) auf die gängige Praxis einiger Kommunen in Nordrhein-Westfalen, die sich auch als »Nothaushaltskommunen« in ihrer Situation eingerichtet und dennoch eine Eigenständigkeit, wenn auch auf geringem Niveau, erhalten haben. Hintergrund ist, dass die kommunale Selbstverwaltung, wie oben erwähnt, im Grundgesetz stark verankert und von höchsten Gerichten auch geschützt wird. Über direktdemokratische Beteiligungsformen wie »Bürgerbegehren« und »Bürgerentscheid« ist es möglich, Eingriffe der Kommunalaufsichtsbehörde abzuwehren, wenn diese wesentliche Dienstleistungen oder Einrichtungen in der Stadt aus finanziellen Gründen abschaffen bzw. schließen will.

Angelika Vetter (2008) berichtet von der Euro-Barometer-Befragung 2008, nach der die Bevölkerung den Einfluss lokaler und regionaler Politikebenen auf die Lebensbedingungen der Bevölkerung als sehr hoch einschätzt. Berücksichtigt man den weiteren Befund des Euro-Barometers 2008, wonach es einen signifikanten Zusammenhang zwischen dem Vertrauen der Bevölkerung in lokale bzw. regionale Politik und nationaler Politik gibt, bedeutet dies, dass eine vertrauensvolle Lokalpolitik durchaus vertrauensfördernde Wirkung auf nationale Politik hat, der allgemeinen Politikverdrossenheit entgegenwirken könnte und damit das Vertrauen in die Demokratie stärkt.

In einer Studie über den Bürgerbeteiligungsprozess zur Kommunal- und Verwaltungsreform in Rheinland-Pfalz werden außerdem starke Verbindungen von engagementorientierten und repräsentativen Beteiligungsformen nachgewiesen, die zeigen, welche Möglichkeiten von Kombinationen repräsentativer und direktdemokratischer Beteiligungsformen bestehen (Sarcinelli u. a. 2011).

Die Leipzig-Charta der EU (2007) stellt die Partizipation und soziale Entwicklung der Städte in den Rahmen der Herausforderungen an Städte im 21. Jh. und gewichtet diese neben ökonomischen und ökologischen Aspekten gleichwertig. Die Erhaltung der bürgerlich geprägten kommunalen Selbstverwaltung spielt darin eine hervorgehobene Rolle.

Auf lokaler Ebene bestehen in Deutschland dank kommunaler Selbstverwaltungsstrukturen nach wie vor Gestaltungsmöglichkeiten der physischen Stadtstruktur. So können die BürgerInnen einer Stadt über die kommunale Selbstverwaltung auf räumlich-bauliche Umgebungsqualität und Gelegenheitsstrukturen für Engagement, z. B. in Form von sozialer Infrastruktur, auf die Vielfalt öffentlichen Lebens Einfluss nehmen und damit die lokalen Voraussetzungen urbaner Lebensart und zivilisierter Lebensweise gestalten. Die o. g. Befunde sprechen für die Qualitäten der »europäischen Stadt«, die trotz aller durchgemachter und vermeintlicher Krisen gute Voraussetzungen für Vielfalt städtischen Lebens bietet (▶ Kap. 2.3; Häußermann 2001). Wie in Kapitel 4 über die Ökonomisierung der Stadtpolitik erwähnt wird die Gestaltungskraft lokaler Politik zwar von überlokalen Entwicklungen eingeschränkt, doch haben insbesondere die Städte in Mitteleuropa aufgrund ihrer historischen Entwicklung ihrem im globalen Vergleich langsameren Wachstum, ihrer begrenzten Größe und ihrer traditionell hohen Nutzungsmischung, die noch oder wieder den Reiz des Wohnens im Zentrum bietet, gute Voraussetzungen, ihre relative lokalpolitische Selbständigkeit zur Erhaltung oder Erhöhung der Lebensqualität der Stadtbevölkerung zu nutzen (Kaelble 2001).

In einigen Städten Deutschlands haben sich mittlerweile Initiativen und Aktionsbündnisse für ein »Recht auf Stadt« gebildet, die gegen Segregation, Polarisierung, Kommerzialisierung und Vertreibung in den Städten arbeiten und mehr direkte Partizipationsmöglichkeiten der BürgerInnen an der Kommunalpolitik fordern (z. B. »Recht auf Stadt« Hamburg[29]). Solche zivilgesellschaftlichen Initiativen für ein Recht auf Stadt bilden einen Gegenpol zur konstatierten Ökonomisierung der Stadtentwicklung und reklamieren das Mandat des/der BürgerIn zur sozialen Gestaltung der Stadtentwicklung im Rahmen politischer Interessens-Aushandlungsprozesse.

6.4 Empfehlungen für eine nachhaltige Stadt- und Quartierentwicklung

Auf der Basis der bisherigen Ausführungen zur Stadtpolitik werden im Folgenden zehn Empfehlungen für Kommunen auf ihrem Weg zu einer sozialen Stadt- und Quartierentwicklung formuliert. Diese Empfehlungen basieren auf einschlägigen Erfahrungen des Autors aus der Kommunal- und Organisationsberatung zu Themen der Stadt- und Quartierentwicklung und werden fundiert

---

29 http://www.rechtaufstadt.net/ (08.03.2021).

6.4 Empfehlungen für eine nachhaltige Stadt- und Quartierentwicklung

durch Erkenntnisse aus eigenen Forschungsprojekten (Becker 2020c; 2008; 2007; 2004) sowie durch Ergebnisse einer empirischen Studie zu Erfolgsfaktoren sozialer Quartierentwicklung, die durch Untersuchung von Projekten des Bund-Länder-Programms »Soziale Stadt« ermittelt wurden (GdW 2010). Hilfreiche Grundlagen sind weiterhin die »Leitstandards GWA« von Hinte/Lüttringhaus/Oelschlägel (2007: 277 ff.), die Empfehlungen für ein hochwertiges Quartiermanagement von Grimm/Hinte/Litges (2004: 88 ff.), das »BAG-Positionspapier« (2004; ▶ Kap. 6.2) sowie die in Kapitel 7 näher beschriebenen diversen Empfehlungen und Checklisten zur Bürgerbeteiligung und zum bürgerschaftlichen Engagement. Zusammengefasst ergeben sich daraus zehn Empfehlungen, die in folgender Liste benannt und danach jeweils einzeln kurz expliziert werden, um dementsprechend anschließend daraus spezifische Empfehlungen zu formulieren (s. graue Kästen).

> **Empfehlungen für eine nachhaltige soziale Stadt-/Quartierentwicklung**
>
> 1. Integriertes Entwicklungskonzept
> 2. Konsequente Quartierorientierung
> 3. Kontinuierliches Stadt(teil)-Monitoring
> 4. Ernsthafte Bürgerbeteiligung
> 5. Gelegenheiten für Begegnung und Engagement
> 6. Vernetzung und Ressourcenerschließung
> 7. Transparenz und schrittweißes Vorgehen
> 8. Öffentlichkeitsarbeit
> 9. Verstetigung durch Kooperation
> 10. Anerkennungskultur

Quelle: eigene Bearbeitung, Becker 2013

1 Integriertes Entwicklungskonzept

Sowohl die oben beschriebene »Leipzig Charta« als auch die »Nationale Stadtentwicklungspolitik« in Deutschland proklamieren die Trias der ökonomischen, ökologischen und sozialen Stadtentwicklungspolitik. Um dieser Trias auch auf kommunaler Ebene zu einer Balance zu verhelfen, bedarf es eines ganzheitlichen, integrierten kommunalen Entwicklungskonzepts. Angesichts zunehmender Polarisierungen und Spaltungsgefahren in Gesamt- und Stadtgesellschaften ist ein besonderes Augenmerk auf den sozialen Ausgleich zwischen privilegieren und benachteiligten Bevölkerungsteilen zu legen. Bei steigender Attraktivität der Städte als Lebens- und Wirtschaftsraum wird Wohnen und Einkaufen in Städten immer teurer und der Aufenthalt für Menschen in prekären Lebenslagen in Städten immer seltener möglich. Weil immer deutlicher wird, dass Märkte nicht alles richten können, ist trotz interkommunalen Wettbewerbs eine aktive Steuerung durch Stadtpolitik wieder nötiger.

6 Stadtpolitik: Leitbilder, Strategien und Programme sozialer Stadtentwicklung

> Es bedarf einer kommunalen integrierten Strategie, die traditionelles »Ressortdenken« überwindet und als gemeinsame Stadtentwicklung konzipiert, kommuniziert und kooperativ mit allen Beteiligten (Politik, Verwaltung, Wirtschaft, Bürgerschaft) gemeinsam gestaltet wird.
> Eine neue aktive Stadtpolitik ist erforderlich, die sich auch auf Felder wie lokale und solidarische Ökonomie, kommunale Wohnungsversorgung, kommunale Arbeitsbeschaffung wagt und dort gestaltend eingreift, wo Märkte versagen.
> Es wird empfohlen, eine verwaltungsinterne »Steuerungsgruppe Stadtentwicklung«, bestehend aus DezernentInnen und AmtsleiterInnen, einzurichten. Diese »Steuerungsgruppe Stadtentwicklung« beruft ein »Team Stadtentwicklung«, bestehend aus den kommunalen Funktionsbereichen (allgemeine) Stadtentwicklung, (bauliche) Stadtplanung, (soziale) Stadtplanung und Wirtschaftsförderung ein, dessen Aufgabe die inhaltliche und operative Bearbeitung ressortübergreifender Themen ist (▶ Abb. 10, S. 170).

Zur Schaffung guter Wohn- und Lebensbedingungen sind unterschiedliche Bereiche wie Wohnen, Verkehr, Freizeit, Soziales, Gesundheit, Wirtschaft etc. gleichermaßen zu beachten. Entwicklungsmaßnahmen in diesen Politikfeldern müssen untereinander verknüpft werden, damit sie sich im Rahmen der Gesamtstadtentwicklung zielgerichtet sinnvoll ergänzen können. Hierzu sind eine Koordination von Maßnahmen sowie die Moderation unterschiedlicher Interessen von Fachabteilungen und Akteuren auf Gesamtstadtebene erforderlich und als Aufgabe der Kommune zu verstehen (GdW 2010: 9).

2 Konsequente Quartierorientierung

Profil, Situation und Problemlagen können sich zwischen städtischen Quartieren stark unterscheiden, weshalb Entwicklungskonzepte gebraucht werden, die auf unterschiedliche Quartiere zugeschnitten sind und sowohl Probleme als auch Potentiale des jeweiligen Quartiers berücksichtigen. Zur Umsetzung einer solchen konsequenten und durchgängigen Quartierorientierung bedarf es verwaltungsinterner Koordination durch Personen, die sich in Stadtteil und Quartier gut auskennen und bei der Bevölkerung bekannt sind. Diese Koordination kann durch Installation von »Gebietsbeauftragten« innerhalb der kommunalen Verwaltung institutionalisiert werden.

> Für jeden Stadtteil sind »Stadtteil-KoordinatorInnen« als Tandem aus Mitarbeitenden der Ressorts Bauen und Soziales zu berufen, die dem »Team Stadtentwicklung« gegenüber verantwortlich sind und sowohl verwaltungsinterne Koordinationsaufgaben übernehmen als auch gegenüber anderen Behörden sowie gegenüber den lokalen Akteuren aus den jeweiligen Stadtteilen/Quartieren, für die sie zuständig sind, als Ansprechpartner auftreten (▶ Abb. 10).

3 Kontinuierliches Stadt(teil)-Monitoring

Um die spezifischen Stadtteilbelange, die Besonderheiten, Probleme und Potentiale der Quartiere identifizieren und im gesamtstädtischen Kontext vergleichen zu können, bedarf es einer fundierten Datenbasis relevanter Zielkriterien und deren kontinuierlicher Beobachtung und Fortschreibung. Durch eine »Stärken-Schwächen-Analyse« können zunächst grundsätzliche Handlungserfordernisse identifiziert und Anknüpfungspunkte für Interventionen gefunden werden (GdW 2010: 8). Durch ein kontinuierliches Monitoring können Steuerungsbedarfe rechtzeitig erkannt und Wirkungen von Interventionen feststellbar werden. Über entsprechende Kontakte zwischen Kommunalverwaltung, lokaler Wirtschaft und zivilgesellschaftlichen Institutionen kann ein Wissenstransfer in Form von Entwicklungsforen befördert werden. Feedbacks von BürgerInnen können indirekt über GemeinwesenarbeiterInnen und direkt durch Bürgerbefragungen eingeholt werden (GdW 2010: 14).

> Ein standardisiertes Monitoring ermöglicht einen ständigen Überblick über Veränderungen wesentlicher Parameter und dient damit der Analyse und Steuerung von Entwicklungsprozessen.
>
> Auf der Grundlage des standardisierten Monitorings wären weitere Maßnahmen der »formativen« (Überprüfungen und Veränderungen im laufenden Prozess, z. B. durch Gruppendiskussion, gezielte Beobachtung, »aktivierende Befragung«) sowie der »summativen« Evaluation (Bewertung der Zielerreichung und Wirkungen als Zwischen- oder Endauswertung von Programmen/Maßnahmen) möglich. Empfohlen wird, neben den prozessbegleitenden (»formative Evaluation«) Selbst- und Fremdevaluationsmaßnahmen, mindestens alle zehn Jahre eine Gesamtbewertung des Entwicklungsprozesses (»summative Evaluation«) vorzunehmen und dazu auch das Instrument einer repräsentativen und kleinräumigen Befragung der Bevölkerung einzusetzen.
>
> Grundsätzlich sollte das Instrument der Bevölkerungsbefragung allerdings nicht zu oft angewandt werden, weil Rücklaufquote und Qualität der Ergebnisse bei zu häufiger Anwendung stark abnehmen können. Auf jeden Fall aber empfiehlt sich, eine Befragung zu Beginn und Ende eines neuen Entwicklungsprozesses in Stadtteilen oder Quartieren durchzuführen. Als Richtwert wird empfohlen, etwa alle fünf Jahre, mindestens jedoch alle zehn Jahre eine Befragung durchzuführen.

4 Ernsthafte Bürgerbeteiligung

Der Erfolg von Projekten zur Quartierentwicklung hängt auch vom Engagement der BewohnerInnen für ihr Quartier ab, denn nur wenn die Bevölkerung mitwirkt und ihr »Knowhow« einbringt, gelingen nachhaltige Maßnahmen.

> »Ein zentrales Ziel der sozialen Quartiersentwicklung liegt in der Schaffung selbsttragender Strukturen zwischen den Menschen in einem Quartier, denn soziale Netzwerke tragen wesentlich dazu bei, stabile Nachbarschaften zu bilden.« (GdW 2010: 9)

Mit dem Einsatz im und für das eigene Quartier verändert sich auch das Image eines Quartiers, weil in der Wahrnehmung Außenstehender von einer engagierten Quartierbevölkerung auf lohnenswerte und attraktive Lebensbedingungen und das Lebensumfeld geschlossen wird, denn wäre dies nicht der Fall, würden »engagementgeübte« BewohnerInnen das Quartier eher verlassen, als sich zu engagieren.

Gelingende Bürgerbeteiligung setzt voraus, dass Beteiligung auf allen Beteiligungsstufen von Information und Diskussion über Mitbestimmung, Entscheidungskompetenzen bis zur Selbstorganisation erwünscht, ermöglicht und gefördert wird (▶ Kap. 7.2 und 7.3). Hierzu bedarf es Vertrauen in Verwaltung und Politik, Transparenz und Verlässlichkeit der Beteiligungsmöglichkeiten sowie entsprechender Gestaltungsspielräume. Weil es auch »engagementungeübte« Menschen gibt, deren Bedürfnisse und Interessen im Sinne des allgemeinen Gleichstellungsgrundsatzes (GG Art. 3, i. V. m. AGG) Berücksichtigung finden müssen, sind Möglichkeiten der Interessenserschließung und Willenserkundung (wie z. B. durch »aktivierende Befragungen«, ▶ Tab. 6, S. 206–208) zu entwickeln und in Maßnahmen zu überführen.

> Ernsthafte Bürgerbeteiligung bedeutet, lokale Akteure als ExpertInnen für ihre Lebensverhältnisse anzusehen und ihnen Mitsprache-, Entscheidungs- und Gestaltungsgelegenheiten zu gewähren.
>
> BewohnerInnen, die kontinuierlich und verlässlich beteiligt werden, erhalten Übung darin, ihre Expertise (Wissen, Können, Erfahrungen) bezüglich der Themen und Potentiale des Stadtteiles in das lokale Geschehen kritisch einzubringen. Das bedeutet, dass über Jahre hinweg und kontinuierlich vielfältige Gelegenheiten der Beteiligung am Stadtteilgeschehen zu schaffen, zu erhalten, zu sichern und auszubauen sind. Dabei sollten differenzierte Beteiligungsformen geschaffen werden:
>
> - Einrichtung von Arbeitsformen zur Beteiligung von BürgerInnen, die von der Verwaltung zur Begleitung städtischer Planungen und Vorhaben eingesetzt und geleitet werden (▶ Abb. 11, S. 171, z. B. »Bürgerwerkstatt«),
> - Ermöglichung und Anregung von Arbeitsformen der bürgerschaftlichen Selbstorganisation für Anliegen aus Stadtteil/Quartier, die von BürgerInnen selbst initiiert und geleitet oder von GemeinwesenarbeiterInnen moderiert werden (▶ Abb. 11, z. B. »Bürgertisch«),
> - Ermöglichung und Anregung eines regelmäßigen öffentlichen Beteiligungsformats als Plenum zum Austausch unterschiedler Meinungen, Ideen, Interessen (▶ Abb. 11, z. B. »Bürgerforum«),
> - Installation eines Gremiums (z. B. »Stadtteilkonferenz« oder »Quartiersrat«), in dem unter städtischer Leitung (StadtteilkoordinatorInnen) alle Organisationen und Initiativen aus dem Stadtteil/Quartier zusammenkommen, um die Belange des Stadtteils/Quartiers zu beraten und Empfehlungen an Verwaltung und Gemeinderat zu geben (▶ Abb. 10, S. 170, »Stadtteilkonferenz«),

- Schaffung von Transparenz über die verschiedenen Beteiligungsformate durch klare Begrifflichkeiten, die deutlich machen, ob die Initiative dafür von der Verwaltung oder BürgerInnen selbst ausgeht (z. B. »Bürgerwerkstatt« sowie »Stadtteilkonferenz« als Verwaltungsinitiative; bzw. »Bürgertische« und »Bürgerforum« als BürgerInneninitiative; ▶ Abb. 11),
- Mit der Einführung eines Stadtteilbudgets können Selbstorganisation und Selbstverantwortung des bürgerschaftlichen Engagements auf Stadtteilebene gestärkt werden. Das Budget könnte aus Finanzmitteln aus dem gesamtstädtischen Haushalt für öffentliche Aufgaben sowie aus privaten Finanzmitteln akquiriert werden (z. B. von Wohnungsunternehmen oder Immobilieneigentümern für z. B. Spielplatzbau und Unterhaltung, Grünpflege, Kunst am Bau etc.), über dessen Verwendung die »Stadtteilkonferenz« entscheidet.

5   Gelegenheiten für Begegnung und Engagement schaffen

Damit die Anliegen der BürgerInnen ihren Weg finden, bedarf es eines Treffpunktes sowie einer Anlaufstelle im Quartier, die räumlich (zentral) und strategisch (verschiedene Nutzungen ermöglichend) so günstig liegt, dass dort Ideen und Potentiale zusammenkommen, gebündelt werden und Wirkungen erzeugen können (GdW 2010: 13). Außer Räumen braucht es verlässliche AnsprechpartnerInnen vor Ort, die aufgrund ihrer Ausbildung und Qualifikation in der Lage sind, Anliegen und Bedarfe von BürgerInnen aus ihren lebensweltlichen Bezügen heraus erkennen und Selbstwirksamkeit stärkend sowie Selbstverantwortung berücksichtigend aufgreifen, unterstützen und fördern zu können. Solche Kompetenzen können von SozialarbeiterInnen grundsätzlich und insbesondere in Gemeinwesenarbeit ausgebildeten Fachkräften erwartet werden (Becker 2016a).

Gelegenheiten für Begegnung und Engagement können durch Bereitstellung von Räumen in Stadtteilen/Quartieren geschaffen werden (z. B. »Stadtteilbüro«, »Quartierstreff/-laden«, »Stadtteilzentrum«, »Begegnungszentrum«). Diese Räume müssen der Bevölkerung als Treffpunkte sowohl für gesellige (private und öffentliche) Anlässe als auch für bürgerschaftlich-gemeinnützige Zwecke zur Verfügung stehen. Um die Nutzung für die Bevölkerung möglichst kostengünstig zu gestalten und gleichzeitig das Engagementpotential zu erhöhen, kann eine kostenlose Nutzung an einen gemeinnützigen Beitrag zugunsten des Stadtteils/Quartiers gekoppelt werden (z. B. Mitwirkung am Stadtteilfest, Organisation einer öffentlichen Veranstaltung im Quartier). Vielfältige Aktivitäten unterschiedlicher Bevölkerungsteile stellen sich ein, wenn durch Raumangebot und Technik parallele Nutzungen möglich und unterschiedliche Funktionalitäten (Vorträge, Diskussionen, Kochen, Musik und Tanz etc.) gegeben sind. Damit die Räume auch für entfernungssensible oder mobilitätseingeschränkte Bevölkerungsteile möglichst gut erreichbar sind, ist auf eine zentrale Lage im Stadtteil/Quartier und barrierefreie Erreichbarkeit zu achten. Zwischenzeitlich hat sich auch ein gastronomisches Angebot mit Verpflegungsmöglichkeit (z. B. Mittagstisch) als hilfreiche Begegnungsgelegenheit herauskristallisiert (vgl. Modellprojekt »Mehrgenerationenhäuser«). Ein solches Gastronomieangebot lässt sich neben der damit verbundenen Engagementgelegenheit zusätzlich auch zur Schaffung von Beschäftigungsmöglichkeiten nutzen. Verbindungen zwischen Quartierbevölkerung und Kommunalverwaltung oder -politik lassen sich dann herstellen, wenn der Gemeinderat und oder dessen Ausschüsse ihre Sitzungen abwechselnd in Räumen in Stadtteilen/Quartieren abhalten und damit symbolisch auf die Quartierbevölkerung zugehen.

6 Vernetzung und Ressourcenerschließung

Wie unter »2. Konsequente Quartierorientierung« bereits erwähnt, ist für die qualitätsvolle Steuerung von Stadt- und Quartierentwicklung eine leistungsfähige und kompetente Koordination innerhalb der Kommunalverwaltung sowie zwischen Kommune und anderen Behörden ebenso erforderlich wie eine professionelle Moderation zur Vernetzung und Vermittlung zwischen den Interessen lokaler Akteure. Dadurch werden interne und externe Kommunikation qualifiziert und Reibungsverluste aufgrund von fehlenden Absprachen, Informationslücken oder Missverständnissen vermindert.

Soziale Stadtentwicklung erfordert die Einbindung und Kooperation aller betroffenen Akteure. Hierzu zählen neben der Stadtverwaltung und Institutionen (wie Schule, Polizei, Arbeits- und Sozialverwaltung etc.) und den BürgerInnen auch Initiativen und Organisationen der Zivilgesellschaft (Kirchen, Wohlfahrtsverbände, andere sozial-karitative Organisationen, Bürger-/Lokalvereine etc.) sowie die Organisationen der Wirtschaft (Unternehmen, Handwerksbetriebe, Einzelhändler, Freiberufler etc.). Quartierfonds gelten als hilfreiche Instrumente zur Stärkung der Gemeinschaft, Förderung der Quartieridentifikation und Anerkennung bürgerschaftlichen Engagements (GdW 2010: 12).

Die o. g. Empfehlungen für klare Beteiligungsstrukturen (▶ Abb. 10 und 11) treffen auch auf die Erfordernisse zur Vernetzung und Ressourcennutzung zu. Folgende Aspekte und Empfehlungen sollen hier ausdrücklich erwähnt werden:

- Bei einer baulichen Nutzungsmischung in Stadtteil/Quartier kann das Potential einer starken Präsenz von Gewerbe- und Industriebetrieben genutzt werden. Die in Stadtteil/Quartier angesiedelten Gewerbe- und Industriebetriebe haben zwar nicht zwangsläufig auch einen starken Bezug zu Stadtteil/Quartier. Dennoch können die in Stadtteil/Quartier angesiedelten Gewerbe- und Industriebetriebe eine wichtige Ressource bei prekären Be-

schäftigungs- und damit auch Einkommenssituationen der Bevölkerung darstellen, die es zu erschließen gilt.
- Für Gastronomie- und Einzelhandelsbetriebe in Stadtteil/Quartier ist die nahräumliche Kundschaft durchaus bedeutsam. Eine Vernetzung des Einzelhandels in Stadtteil/Quartier sowie dessen Einbindung in die Stadtteil-/Quartierentwicklung wäre daher eine lohnende Aufgabe für die Entwicklung von Kompetenzen und Ressourcen.
- Ein Schulzentrum mit Park stellt in Sachen Naherholungsraum sowie Bildungs- und Begegnungszentrum eine ebenfalls starke Ressource für Stadtteil/Quartier dar. Auch wenn manche Schulen keine originär Quartier bezogenen Organisationen sind, sondern gesamtstädtische oder gar überregionale Einzugsbereiche haben, sind ihre Räume und die darin stattfindenden Aktivitäten doch Teil des Stadtteil-/Quartiergeschehens. Zusätzlich wird die Kooperation der in Schulzentren vertretenen Organisationen angesichts der potenziellen Anfälligkeit großer Areale für Vandalismus und illegale Handlungen wegen der geringen sozialen Kontrolle besonders bedeutsam und wichtig.
- Die lokalen Akteure lassen sich durch Implementation und Nutzung von Vernetzungsformaten wie z. B. »Stadtteilkonferenz« oder »Quartiersrat« in die Entwicklung des Stadtteils/Quartiers einbeziehen, sodass ein kontinuierlicher Austausch institutionalisiert wird und Kooperation nicht auf Krisen und Konflikte beschränkt bleibt.

Speziell die sozialen Organisationen und Dienstleistungen sollten sich eigens eine kontinuierliche fachliche Vernetzungs- und Kooperationsplattform mit Fokus Stadtteil-/Quartierbezug schaffen (z. B. »Stadtteilteam« oder »Runder Tisch Soziales«)

7 Transparenz und schrittweises Vorgehen

Bei Stadt- und Quartierentwicklungen sind Interessengegensätze nicht zu vermeiden. Umso wichtiger ist die Über- und Durchschaubarkeit von Problem- und Interessenlagen für alle Beteiligten. Transparenz über Gegebenheiten, Betroffenheiten, Interessenlagen und Planungs- sowie Entscheidungsprozesse schafft Vertrauen in der Bevölkerung und bei lokalen Akteuren und lässt Entscheidungen nachvollziehbarer werden. Kommunikationswege und Informationsfluss müssen möglichst transparent, pragmatisch und verlässlich sein, denn wenn sich Vertrauen zwischen Verwaltung und Bevölkerung entwickelt und erhalten bleibt, werden die vorhandenen Kommunikationswege genutzt und begangen.

Komplexe Entwicklungsprojekte erfordern professionelle Prozessgestaltung mit Zwischenschritten und Projektbausteinen zur Reduktion der Komplexität. Ein schrittweises Vorgehen ermöglicht auch bei langfristigen und langwierigen Entwicklungs-/Veränderungsphasen Erfolgswahrnehmungen bei den Beteiligten (GdW 2010: 10).

> Bei anstehenden Stadt- und Quartierentwicklungsmaßnahmen können Grundlagen der Situationsbewertung und Veränderungs-/Planungsabsichten dadurch transparent gemacht werden, dass auf die Bevölkerung und lokalen Akteure frühzeitig zugegangen wird. Hierzu lassen sich die eingeführten Beteiligungsformate (s. o.) nutzen. Das Interesse der Bevölkerung ist umso größer, je eher Erfahrungen mit Projekten vorliegen, in deren Verlauf sich BürgerInnen für ihr Quartier bereits engagiert haben und einige davon vielleicht sogar kontinuierlich dabeigeblieben sind. Dabei kommt es darauf an, dass es Gelegenheiten gibt, die es den jeweils Interessierten ermöglichen, punktuell, themenbezogen und zeitlich begrenzt aktiv zu werden, ohne sich und ihre direkte Umgebung (wie Familie, Nachbarn, Arbeitgeber) zu überfordern. Hilfreich sind daher projekthafte Entwicklungsphasen mit begrenzter Ziel- und Aufgabenstellung, zeitlich begrenzter Beteiligungsperspektive und Aufgaben bezogenen Budgets.

8 Öffentlichkeitsarbeit

Gelungene, erfolgreiche Projekte können sowohl innerhalb als auch außerhalb des Stadtteils/Quartiers Vorbildfunktion erfüllen und Nachahmungseffekte auslösen. Solche Effekte des Voneinander-Lernens können durch entsprechende Öffentlichkeitsarbeit seitens Stadtverwaltung und Gemeinwesenarbeit verstärkt werden (GdW 2010: 10).

> Es ist auf eine intensive und ausführliche Öffentlichkeitsarbeit mit starker Verankerung in der Bevölkerung zu achten, die auch die Selbstorganisationsfähigkeit der Quartierbevölkerung berücksichtigt.
> Eine Stadtteil-/Quartierzeitung, die von verschiedenen Institutionen wie Kirchen, Vereinen, Schulen etc. getragen und genutzt sowie durch eine ehrenamtliche pressebeauftragte Person aus dem Stadtteil/Quartier ergänzt wird, kann zur Verstärkung und Koordination der Public-Relation-Aktivitäten beitragen.
> Wenn Gemeinderats- und Ausschusssitzungen auch dezentral in den Stadtteilen/Quartieren tagen, gibt es für erfolgreiche Stadt-/Quartierentwicklungen öffentlichkeitswirksame Anknüpfungspunkte zu deren medialer Vermittlung.

9 Verstetigung durch Kooperation

Nachhaltige Stadt- und Quartierentwicklung stellt sich ein, wenn Entwicklungsprozesse und Projekterfolge durch die Nutzung vorhandener und/oder neu geschaffener Strukturen langfristig gesichert werden können. Auf eine Verstetigung der im bisherigen Entwicklungsprozess erfolgten positiven Entwicklung eines Stadtteils/Quartiers hinzuwirken, ist gemeinsame Aufgabe der Kommune als zuständige Behörde für die Sicherung der allgemeinen Daseinsvor-/-fürsorge sowie lokaler Wirtschaft inklusive Wohnungswirtschaft, die von der positiven Stadtteil-/Quartierentwicklung auch wirtschaftlich profitieren. Über die finanzielle Beteiligung von Kommune, Wohnungswirtschaft und lokaler Wirtschaft ist vor Ort ebenso zu verhandeln wie über die Akquise von Fördergeldern aus Bundes- und Landesmitteln (GdW 2010: 12).

Während sich bauliche Maßnahmen in aller Regel zeitlich, räumlich und finanziell begrenzen lassen, sind strukturelle Voraussetzungen für nachhaltige Quartierentwicklung eher langfristig und auf Dauer angelegt.

> Wenn sich bestimmte Maßnahmen und Projekte als erfolgreich für die nachhaltige Stadtteil-/Quartierentwicklung erwiesen haben, sind diese auf Dauer zu sichern. Dazu zählen z. B. Räumlichkeiten für Begegnungs- oder Stadtteil-/Quartierzentren und Personalstellen zur Koordination und Moderation von Akteuren und Aktivitäten im Stadtteil/Quartier. Aber auch die Beteiligungsformate sollten nicht ohne Not ausgetauscht, verändert oder ausgesetzt werden. Denn durch hohe Transparenz und kontinuierliche, ernsthafte Beteiligung von Bevölkerung und lokalen Akteuren erworbene Glaubwürdigkeit von Verwaltung und Politik ist auch auf kommunaler Ebene ein fragiles Gut, das ständiger erfahrungsbasierter Bestätigung bedarf.

10 Anerkennungskultur

Die Freiwilligensurveys (FWS) zeigen, dass es durchaus großes Engagement und Interesse für gemeinnützige Aufgaben, insbesondere an der Gestaltung des direkten Lebensumfeldes in Stadtteilen/Quartieren gibt. Deutlich wird jedoch auch, dass Engagementpotentiale in der Bevölkerung ungleich verteilt sind und von vorhandenen Ressourcen abhängen. Daher kommt es stark darauf an, Gelegenheiten für Beteiligung unterschiedlicher Bevölkerungsteile zu schaffen und diese kontinuierlich und verlässlich zu nutzen. Förderlich wäre auch eine Anerkennungskultur, die Beteiligung an gemeinnützigen und bürgerschaftlichen Aktivitäten unabhängig von Art und Umfang wertschätzt und öffentlich anerkennt.

> Weil »neues Engagement« eher punktuell, themenbezogen, lebenslagenabhängig und zeitlich begrenzt sein kann, empfiehlt es sich, BürgerInnen für ihr Engagement dort zu danken, wo es auftritt – also nicht in großen zentralen Veranstaltungen, sondern vor Ort und zeitnah.
>
> Dies kann durch Aushänge über engagierte MitbürgerInnen in Stadtteil-/Quartierzentren, durch Presseartikel über Personen und deren Aktivitäten, durch anerkennende Erwähnung von Tätigkeiten, die von kommunalen Repräsentanten ausgesprochen werden, durch logistische Unterstützung von Initiativen von BürgerInnen und durch Aufwandsentschädigung für engagierte Menschen, die nicht über hohe Einkommen und Vermögen verfügen, geschehen.

6 Stadtpolitik: Leitbilder, Strategien und Programme sozialer Stadtentwicklung

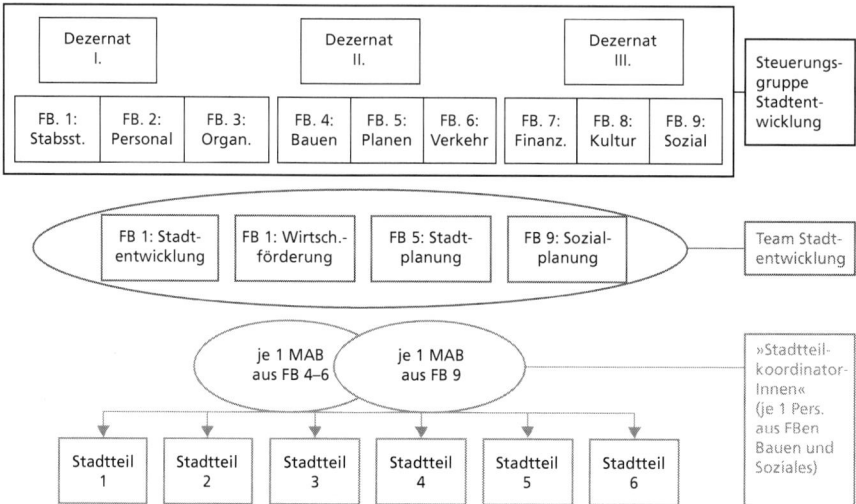

Abb. 10: Koordinations-/Vernetzungsmodell Stadt-(Teil-)Entwicklung
Quelle: eigene Darstellung, Becker 2014

Erläuterungen zur Abbildung 10: Die »Steuerungsgruppe Stadtentwicklung« setzt sich zusammen aus dem/r OberbürgermeisterIn und den Beigeordneten bzw. allen Dezernatsleitungen sowie den Leitungen der Organisationsstufe unterhalb der Dezernate, gewöhnlich als Ämter oder Fachbereiche bekannt. Aufgaben sind die Entwicklung und Steuerung der strategischen Ziele und Leitbilder der Stadtentwicklung nach Beschlusslage des Gemeinderates. Als Entscheidungs- und Steuerungsgrundlage dient das Monitoring zur Stadtentwicklung. Die »Steuerungsgruppe Stadtentwicklung« setzt das »Team Stadtentwicklung« ein, das interdisziplinär, aus Fachkräften der für soziale, bauliche, ökonomische und politische Stadtentwicklung zuständigen Fachabteilungen besetzt wird. Aufgaben dieses »Teams Stadtentwicklung« sind die Erstellung und Aufbereitung des Monitorings der Entwicklung der Gesamtstadt und seiner Stadtteile, die Vorbereitung von Entscheidungen sowie die Fachaufsicht und Steuerung der »StadtteilkoordinatorInnen«.

Die StadtteilkoordinatorInnen werden als Tandem aus Fachkräften der Fachbereiche/Ämter Soziales und Bauen für jeden Stadtteil (der aus mehreren Quartieren besten kann) gebildet. Ihre Aufgabe ist die verwaltungsinterne Koordination zwischen Fachbereichen/Ämtern der Stadtverwaltung sowie Stadtverwaltung und allen Akteuren auf Stadtteil- bzw. Quartierebene. Die Sicherstellung des Informationsflusses innerhalb der Verwaltung und zwischen Verwaltung und Stadtteil/Quartier bedarf der Präsenz vor Ort und der Beteiligung an den verschiedenen Beteiligungsformaten.

Erläuterungen zur Abbildung 11: In diesem Schaubild wird die Aufteilung der Beteiligungsformate nach ihrer Mandatierung deutlich. Von BürgerInnen initiierte und möglichst selbstverantwortlich gestaltete Beteiligungsformate, wie das »Bürgerforum« als Meinungs- und Willensbildungsplattform sowie die »Bürgerti-

6.5 Instrument der »Kommunalpolitischen Wahlprüfsteine«

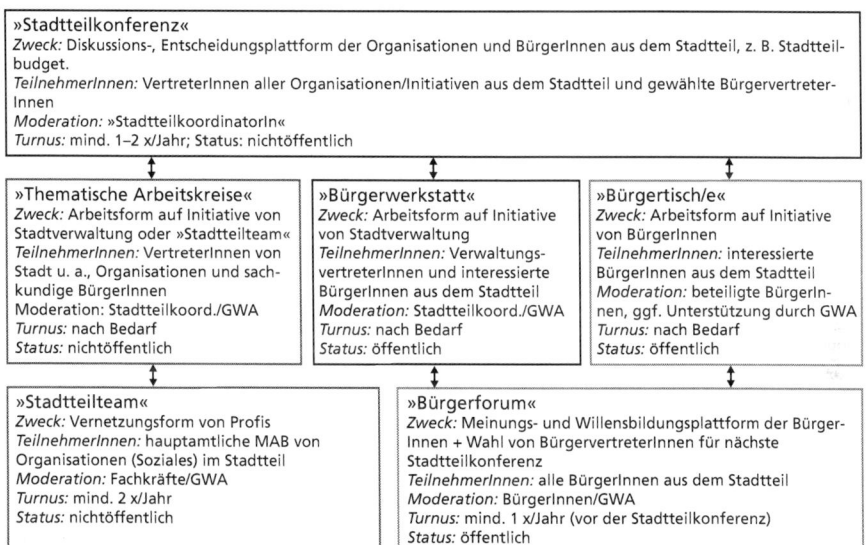

Abb. 11: Beteiligungs- und Vernetzungsmodell auf Stadtteilebene
Quelle: eigene Darstellung, Becker 2014

sche«, die auf Anregung von BügerInnen zu deren ureigensten Anliegen gebildet werden, sind als »Bottom-up-Formate« im Schaubild unten rechts und direkt darüber angeordnet. Beteiligungsformte, die quasi »top down« von der Kommunalverwaltung eingesetzt werden, wie »Bürgerwerkstatt« als problem- oder themenorientierte Beteiligungsform der Stadtverwaltung oder »Stadtteilkonferenz« als Interessenaushandlungsgremium aller Organisationen und Initiativen im Stadtteil/Quartier, sind im Schaubild in der Mitte bzw. ganz oben angeordnet. Ergänzt werden diese »bottom up«- bzw. »top down«-Beteiligungsformate durch Vernetzungsgremien wie »Stadtteilteam« und »Arbeitskreise«, die von Organisationen und Fachkräften im Stadtteil/Quartier besetzt bzw. gebildet werden und im Schaubild links übereinander angeordnet sind.

6.5 Instrument der »Kommunalpolitischen Wahlprüfsteine«

Orientiert an den oben beschriebenen Leitbildern auf europäischer (»Leipzig-Charta«) und nationaler Ebene (»Nationale Stadtentwicklungspolitik«) sind im Folgenden sogenannte »Prüfsteine zur Kommunalwahl für eine zukunftsorientierte und nachhaltige soziale Stadtentwicklung« formuliert, die eine Operationalisierung der Leitbilder moderner Stadtentwicklung einerseits und, bei entsprechender Anpassung, eine Übertragung auf die jeweils vorhandenen örtlichen Verhältnisse ermöglichen.

Tab. 4: »Kommunalpolitische Wahlprüfsteine«

Leitbilder moderner Stadtentwicklung: Was wollen die KandidatInnen (Kommunalwahl) als GemeinderätInnen tun, damit ihre Stadt ...	
Stadt für alle (Urbanität)	... eine (urbane) Stadt für alle bleibt/wird, ... • ... in der alle Altersgruppen (jung wie alt) wohnen, • in der sich viele unterschiedliche Ethnien und Kulturen begegnen, • in der Wohnen, Arbeiten, Bilden, Feiern und Konsumieren gleichermaßen stattfinden, • in der Arm und Reich leben und sich begegnen, • in der es Straßen und Plätze gibt, auf denen nicht nur Autos fahren oder stehen, sondern vielfältiges Leben stattfindet, • in der Spannungen und Konflikte untereinander ausgehandelt und zivilisiert ausgetragen werden, • in der sich jede/r sicher bewegen und aufhalten kann?
Wirtschaftlich erfolgreiche Stadt (Prosperität)	... eine wirtschaftlich erfolgreiche Stadt bleibt/wird, ... • ... in der es Arbeitsplätze für alle gibt, • in der ein krisenfester Branchenmix existiert, • in der die Verwaltung engagiert, zielorientiert und wirkungsvoll arbeitet, • in der BürgerInnen, Verwaltung und Wirtschaft für ein gutes Image der Stadt arbeiten, das auf Fremde anziehend wirkt?
Ökologisch orientierte Stadt (Nachhaltigkeit)	... eine ökologisch orientierte Stadt bleibt/wird, ... • ... in der die Flächenversiegelung reduziert wird, • in der Luft-, Wasser- und Bodenverschmutzung wirksam reduziert werden, • in der Lärm-, Gestank- und Hitzeerzeugung wirksam reduziert werden, • in der regenerative Energiequellen immer stärker genutzt werden, • in der Stadtleben und Naturerleben ohne größere Mobilitätserfordernisse vereinbar sind, • in der öffentliche Verkehrsmittel so attraktiv sind, dass PKWs nicht zwingend erforderlich sind?
Soziale Stadt der BürgerInnen (Soziales und Zivilgesellschaft)	... eine soziale und bürgerschaftlich orientierte Stadt bleibt/wird, ... • in der die BürgerInnen an allen wesentlichen Entwicklungen beteiligt werden, • in der alle BürgerInnen ihre Interessen organisieren und öffentlich vertreten können, • in der gebildete, wohlhabende und stadtbekannte BürgerInnen Rücksicht auf weniger gebildete, wohlhabende und stadtbekannte BürgerInnen nehmen, • in der alle Stadtteile reelle Chancen auf ihre Weiterentwicklung und Attraktivität erhalten,

Tab. 4: »Kommunalpolitische Wahlprüfsteine« – Fortsetzung

Leitbilder moderner Stadtentwicklung: Was wollen die KandidatInnen (Kommunalwahl) als GemeinderätInnen tun, damit ihre Stadt ...
• in der Wohnung, Arbeit, Kultur, Freizeitgestaltung und Konsum nicht zum Luxusgut werden,   • in der eine gute Infrastruktur in jedem Stadtteil das öffentliche Leben und die Grundversorgung auch für weniger mobile Bevölkerungsteile sichert?

Quelle: Eigene Erarbeitung, Becker 2014

6.6 Zusammenfassung und Arbeitsanregungen

In diesem Kapitel wurden, aufbauend auf der Beschreibung der für Städte heute wesentlichen Herausforderungen und Entwicklungen, deren Bewältigungsstrategien näher beleuchtet. Dabei standen zunächst die Leitbilder moderner und nachhaltiger Stadtentwicklung im Fokus. Weil Leitbilder eher Vorstellungen oder Konstruktionen erwünschter Zustände darstellen, wurde der Frage nachgegangen, durch welche Politikmaßnahmen die deklarierten oder erwünschten Zustände versucht werden, in die Realität zu überführen. Hierzu wurden prominente politische Programme zur Förderung nachhaltiger und sozialer Stadtentwicklung benannt und in ihren wesentlichen Zügen beschrieben. Die Rolle der BürgerInnen als Souveräne des (kommunal-)politischen Geschehens wurde deshalb besonders thematisiert, weil es in den vorigen Kapiteln deutliche Hinweise auf eine Aushöhlung der kommunalen Selbstverwaltung im Allgemeinen und der Rechtsstellung der BürgerIn im Besonderen gab. Ob und wie BürgerInnen sich ihr Recht auf Stadt erhalten können und welche rechtlichen Möglichkeiten der Einflussnahme auf Stadtentwicklung BürgerInnen in Deutschland haben, wurde ausführlich diskutiert.

Für Soziale Arbeit im Handlungsfeld der sozialen Stadtentwicklung und Gemeinwesenarbeit ergeben sich zahlreiche Ansatzpunkte zur Intervention im Sinne einer nachhaltigen und sozialen Stadtentwicklung, die in den Kapiteln 6.4 und 6.5 durch »Empfehlungen für eine nachhaltige Stadt- und Quartierentwicklung« sowie durch die »Kommunalpolitischen Wahlprüfsteine« als Handlungsanregungen für Politik und Praxis verstanden werden.

Dieser Anwendungsorientierung folgend, werden im nächsten Kapitel fachliche Handlungsansätze und Methoden vorgestellt, die zeigen, wie nach den Regeln der fachprofessionellen Kunst, dem »State of the Art«, Ziele Sozialer Arbeit im Handlungsfeld sozialer Stadtentwicklung und Gemeinwesenarbeit umgesetzt werden können.

Aufgaben und Arbeitsanregungen

- Welche Argumente belegen die Bedeutung einer Balance der unterschiedlichen Dimensionen der o. g. Leitbilder nachhaltiger Stadt- und Quartierentwicklung?
- Nennen Sie mindestens drei Vor- und Nachteile von Projektförderungen für Stadt(Teil)-/Quartierentwicklung!
- Welche Mitbestimmungs- und Mitwirkungsrechte haben BürgerInnen in Deutschland auf kommunaler Ebene? Nennen Sie drei Formen direktdemokratischer Mitwirkung und deren Rechtsgrundlagen!
- Beschreiben Sie die wesentlichen Unterschiede zwischen KundInnen und BürgerInnen, und benennen Sie jeweils die Bedeutung dieser Unterschiede und deren Relevanz für die Betroffenen!
- Skizzieren Sie die Spezifika Ihres Auftrages und Ihrer Aufgaben als SozialarbeiterIn für die drei Ebenen der Quartierarbeit (Quartier – intermediäre Ebene – Gesamtstadt-/Verwaltungsebene)!
- Entwerfen Sie kommunalpolitische Wahlprüfsteine für die Stadt, in der Sie wohnen!

Literaturempfehlungen

Becker, Martin (2020d): Quartierarbeit als professionelle Soziale Arbeit zur Verminderung oder Verhinderung von Erfahrungen einer »Bürgerschaft 2. Klasse« aus sozialraumorientierter Perspektive; unter: https://bildungsforschung.org/ojs/index.php/bildungsforschung/article/view/289/341 In: Mutabazi Eric & Wallenhorst Nathanaël (Hrsg.): Bürger zweiter Klasse? Bildungsforschung. Band 1, Nr. 17; unter: https://bildungsforschung.org/ojs/index.php/bildungsforschung/issue/view/35 (02.03.2020).

Becker, Martin (2008): Lebensqualität im Stadtquartier. Einflussfaktoren, Wirkungen und Handlungsmöglichkeiten. Saarbrücken: VDM-Verlag.

Franke, Thomas (2011): Raumorientiertes Verwaltungshandeln und integrierte Quartiersentwicklung. Doppelter Gebietsbezug zwischen »Behälterräumen« und »Alltagsorten«. Wiesbaden: VS Research.

Leipzig Charta EU (2007): Leipzig Charta zur nachhaltigen europäischen Stadt. Bundesministerium für Verkehr, Bau und Stadtentwicklung (Hrsg.). Berlin.

7 Methodisches Handeln

Wie in der Einleitung bereits erwähnt und angekündigt, handelt es sich bei dem vorliegenden Band nicht um ein Methodenbuch, sondern soziale Stadtentwicklung und Gemeinwesenarbeit wird als Handlungsfeld Sozialer Arbeit mit seinen theoretischen Grundlagen, rechtlichen und politischen Rahmenbedingungen und Handlungsmöglichkeiten vorgestellt. In diesem Kapitel steht nun die Konkretisierung von Handlungsmöglichkeiten an. Begonnen wird mit der Sozialraumanalyse als Methode zur Gewinnung von Erkenntnissen über Strukturen und Prozesse in Stadtteilen und Quartieren, die sich gleichzeitig als Aktionsforschung versteht, d. h., die gewonnenen Erkenntnisse werden jeweils wieder in den Untersuchungsprozess eingebracht; damit wird auch in den Untersuchungsprozess eingegriffen und dieser verändert.

Weil für das Handlungsfeld der sozialen Stadtentwicklung und Gemeinwesenarbeit, für welches BürgerInnenbeteiligung konstituierend ist, die Bevölkerung eines Quartiers als AdressatInnen Sozialer Arbeit gelten (▶ Kap. 1), gehören Partizipationsgestaltung und Engagementförderung zu den wesentlichen Aktivitäten der Fachkräfte Sozialer Arbeit in und mit Gemeinwesen. Den Erklärungsmodellen und Grundlagen von Partizipation und Engagement ist deshalb der zweite Abschnitt dieses Kapitels gewidmet, in dessen dritten Abschnitt zehn Thesen zur BürgerInnenbeteiligung die vorigen Erkenntnisse zusammenfassen. Der vierte Abschnitt bietet sodann eine Übersicht von Methoden und Techniken zur Gestaltung von Interventionen im Handlungsfeld, die als Fundgrube für die praktische Gestaltung von Interventionen gedacht ist.

7.1 Sozialraumanalyse

Ursprung, Begriff und Grundlagen

Die Sozialraumanalyse hat ihren Ursprung in der in Kapitel 3 bereits erwähnten »Chicago-School« der 1920er Jahre, als von Park, Burgess u. a. (1925) erstmals systematische, raumbezogene Analysen über Zusammenhänge von Raum-, Bevölkerungs- und Sozialstruktur vorgenommen wurden. Im Fokus standen Unterschiede verschiedener Stadtgebiete nach Bewohnerstruktur und Raumnutzung. Daher kommt der Begriff »Social Area« oder »Sozialraum« als Zusammenspiel räumlicher und sozialer Kontexte. Während zu Beginn eine starke Orientierung an sozial- und raumstrukturellen Indikatoren im Vordergrund standen und diese mit den geografischen Abgrenzungen im Sinne eines absoluten Raumbegriffs (▶ Kap. 3.6) in Zusammenhang gebracht wurden, entwickelten sich mit der Zeit dynamische Modelle, die menschliche Aktionsräume zunehmend in die Sozialraumanalyse einbezogen (Riege/Schubert 2005) und auf einem relationalen Raumbegriff beruhen (Lefèbvre 1977; Löw 2001).

Mit der Sozialraumanalyse wird das Ziel verfolgt, Zusammenhänge zwischen räumlichen Strukturen und sozialen Prozessen zu identifizieren. Es geht darum, sich durch Erhebung und Vergleich sowohl quantitativer Daten zur Raum-, Sozial- und Bevölkerungsstruktur als auch qualitativ zu bearbeitender Erkenntnisse über Aktionsräume, subjektive Bedeutungszuschreibungen, Raumkonstruktionen sowie Aneignungs- und Kommunikationsprozesse ein Bild von Quartieren als sozial und räumlich konstruierten Lebensräumen machen zu können.

Die auf der sozial- oder humanökologischen Raumanalyse der Chicagoer Schule aufbauenden »Social Area Analysis« gingen davon aus, dass Menschen ähnlicher Lebensstandards, Lebensweise und gleicher ethnischer Herkunft in einem gleichen Typus des »sozialen Raums« leben und sich deshalb »soziale Räume« in ihrer Charakteristik von anderen unterscheiden. Bis in die 1950er Jahre gingen die Analysen deshalb in den folgenden Schritten vonstatten:

1. Abgrenzung von Raum-Zonen
2. Beschreibung ihrer raumfunktionalen Charakteristik
3. Ermittlung der Beziehung zu anderen Gebieten
4. Feste soziale und physische Potentiale (»historische Trägheit«)

Die Verfahren der Sozialraumanalyse im deutschsprachigen Raum schlossen zunächst ebenfalls von sozioökonomischen Strukturmustern auf sozialkulturelle Raumtypologien und waren nach der von Hamm (1984) beschriebenen Typologie wie folgt gekennzeichnet:

- komparativ (Vergleich von Städten und deren Teilräumen)
- dynamisch (Vergleich über Zeiträume)
- relational (Beziehungen zwischen Teilräumen)
- Mehrebenenansatz (Verknüpfung struktureller Raumebene mit personaler Handlungsebene sowie Berücksichtigung der Ebenen: Kommune – Land – Staat – transnational)

Kritik

Das o. g., quasi traditionelle, strukturbezogene und auf dem Raumverständnis als Behälter fußende Konzept der Sozialraumanalyse hat zwar heute noch Relevanz, was sich an Darstellungen von Sozialatlanten und Kartierungen empirisch feststellbarer Verteilungen von Bevölkerung nach sozialen Merkmalen in geografisch definierten Gebieten manifestiert. Weil ein einseitiger Blick auf strukturelle

Faktoren keine eindeutigen Schlüsse auf das komplexe Geschehen im »Raum« zulässt, verkürzt die Sozialraumanalyse, in ausschließlich sozial- und raumstruktureller Perspektive, das komplexe Geschehen der tatsächlichen Nutzungen, wie von Neckel (1997) kritisiert. In der Folge entwickelte sich ab den 1960er Jahren ein ganzheitlicher Ansatz. Dabei wurden, unter Berücksichtigung von Struktur- und Verhaltensperspektive, die Aktionsräume der Menschen zunehmend beachtet und untersucht.

In der sogenannten Aktionsraumforschung werden Zusammenhänge aktionsräumlichen Verhaltens und der Organisation des Raumes in zeitlicher Perspektive unter Berücksichtigung individueller und gruppenbezogener Motivationen und Handlungen untersucht. Aktionsraumforschung berücksichtigt Verhaltensmuster, die sich über unterschiedliche Raumeinheiten und Zeitpunkte erstrecken. Es ergibt ein räumliches Interaktionsmuster von Wegen, Fahrten und Aufenthalten. Dabei werden auf einer »Subjektebene« mögliche Einflussfaktoren für Verhalten im und Nutzungen von Raum betrachtet. Dazu gehören subjektive Motive und Denkweisen, die ein mögliches Verhalten vorbestimmen und als Verhaltens-*Prädispositionen* betrachtet werden können. Soziale Rollen und persönliche Charakteristika sind wegen ihrer Wirkung auf angeeignetes Verhalten als Verhaltens-*Konditionierung* zu berücksichtigen. Motive und Prädispositionen forcieren die Nutzung realer Gelegenheiten des Raumes oder können die Aneignung des Raumes auch verhindern. Auf der »Raumebene« beeinflusst einerseits die Verfügbarkeit von Gelegenheiten und andererseits die Wahrnehmung der Qualität des Raumes die Verhaltensweisen. Räumliche Gelegenheiten schaffen Möglichkeiten und geben Anreize für mehr oder weniger kommunikatives Verhalten bzw. soziale Bindungen. Beide Ebenen stehen demnach in Wechselwirkung zueinander. Empirisch wird in der Aktionsraumforschung nach räumlichen Interaktionsmustern von Menschen im geografisch definierten Raum und den Interaktionen zugrunde liegenden Motiven und Interessen gefragt. Mit Methoden der Befragung und Beobachtung werden Nutzungen, zurückgelegte Wege und Aufenthaltsort über Zeit festgehalten und analysiert. Ein prominentes Beispiel ist die Burano-Methode (▶ Kap. 7.4), bei der die Interaktion im öffentlichen Raum beobachtet, kartiert und nach Kommunikations- und Verhaltensmustern untersucht wird (Riege/Schubert 2005).

Entwicklungen

Auf den wissenschaftlichen Wurzeln der Phänomenologie von Edmund Husserl und Alfred Schütz (1932) wird in den 1970er und 1980er Jahren die Bedeutung der Konstitution des Raumes mit unterschiedlicher Sinngebung durch die NutzerInnen des Raumes stärker berücksichtigt. Nicht (nur) Strukturdaten geben Auskunft über den Charakter eines Raumes, sondern auch die subjektiven Sinnzusammenhänge. Für die Soziale Arbeit hat maßgeblich Thiersch (2009) das Konzept der Lebensweltorientierung beschrieben, das eine starke Subjektivität und Verstehensmethodologie erfordert (▶ Kap. 1).

Die »Phänomene« der alltäglichen Erfahrungen von Menschen entscheiden durch deren Intentionalität und subjektive Sinngebung über die jeweilige Bedeutung bzw. Bedeutungszuschreibung des Raumes. Diese können für unterschiedliche Menschen und Menschengruppen sehr heterogen sein und bedürfen der Vergewisserung bzw. der Aushandlung. So werden beispielsweise durch Moderation von Nutzungskonflikten in Stadtteilen/Quartieren die unterschiedlichen Sinnzuschreibungen und Bedeutungen insbesondere des öffentlichen Raumes deutlich und können verhandelbar gemacht werden. Auch Stadtteilerkundungen/Quartierbegehungen mit der Bevölkerung können der Identifikation sozialräumlicher Dimensionen dienen.

In der soziografischen Forschung, deren prominenter Vorläufer die »Marienthalstudie« von Jahoda u. a. (1933) darstellt, werden sozialräumlich differenzierende Analysen zur Betrachtung des Lebens in einzelnen Stadträumen vorgenommen. Zur Betrachtung des Lebens in Stadtteilen/Quartieren, die sowohl geografische Abgrenzungen und Strukturmerkmale als auch subjektive Einschätzungen berücksichtigt, werden Methoden zur multiperspektivischen und mehrdimensionalen Analyse eingesetzt. Beobachtungen, quantitative und qualitative Erhebungen inklusive Dokumentenanalysen sollen auch unterschiedliche kulturelle und ethnische Raumaneignungsmuster aufdecken.

Perspektiven, Methodik und Konsequenzen

Aus makrosoziologischer Perspektive wird davon ausgegangen, dass gesellschaftliche Verhältnisse und Strukturen (wie z. B. soziale Ungleichheit) und Entwicklungen wie Individualisierung, Pluralisierung von Lebensformen, Tertiarisierung oder Ökonomisierung die Sozialstruktur, Lebensverhältnisse, Nutzungs- und Wahrnehmungsmuster vor Ort, in Städten und Quartieren, also auf der Ebene physisch-geografischer sozialräumlicher Kontexte bestimmen. Das heißt, die Verteilung von Ressourcen oder »Kapitalbesitz« (ökonomisches, kulturelles, soziales Kapital) im Sinne Bourdieus (1983; 1985) wird auf gesamtgesellschaftlicher Ebene durch Machtverhältnisse verursacht und verdichtet sich auf lokaler Ebene, ist dort aber weder ursächlich verankert noch nachhaltig wirksam beeinflussbar.

Aus mikrosoziologischer Perspektive werden die lokalen sozialen Räume konstituiert und konstruiert durch die Sinnzuschreibung/-bewertung und Interdependenzen ihrer NutzerInnen (vgl. Phänomenologie, Schütz 1932; Figurations- und Prozesstheorie, Elias 1976; 1993; 1999). Aus der Makroperspektive lassen sich in der Struktur der Stadt(teile) gesellschaftliche Verhältnisse ablesen. Dies geschieht durch Untersuchung sozialräumlicher Strukturen auf den Grundlagen des sozialökologischen Ansatzes, den Community-Study-Methoden bzw. der »Social Area Analysis« (s. o.). In Städten und Quartieren sind (gesamt-)gesellschaftliche Verhältnisse nicht wirksam zu beheben oder zu verändern (z. B. strukturelle Arbeitslosigkeit, soziale Gerechtigkeit …) (vgl. Perspektivenstreit ▶ Kap. 3).

Aus der Mikroperspektive können auf der Basis der Lebenswelt-/Milieuansätze und durch Analysen sozialräumlicher Nutzungsmuster, aus den Phänomenen auf lokaler Ebene, Aussagen über Zusammenhänge in der Gesamtgesellschaft gemacht werden. Handlungsstrategien auf lokaler Ebene können zur konkreten Gestaltung lebensweltlicher Kontexte Wirkung entfalten (z. B. Lokale Ökonomie, Partizipation, Infrastruktur, subjektive Sicherheit ...). Durch die Verbindung beider Perspektiven und der interdisziplinären Kooperation zwischen bau-, verwaltungs-, sozialwissenschaftlichen Professionen können integrierte ganzheitliche Analysekonzepte entwickelt und durchgeführt werden.

Gesamtstädtischer Ansatz und Stadtgebietsansatz

Riege und Schubert (2005) schlagen eine methodische Typologie für die Sozialraumanalyse vor, die einen gesamtstädtischen Ansatz mit einem Stadtgebietsansatz verbindet. Während bei ersterem administrativ abgegrenzte Gebiete einer Stadt miteinander verglichen werden, legt der zweite Ansatz das Augenmerk auf die innere Differenzierung von Strukturen und Qualitäten eines bestimmten Stadtgebietes. Dabei können sowohl die strukturelle Raumebene als auch die Ebene der personalen Handlungen untersucht und miteinander verbunden werden.

Gesamtstädtischer Ansatz

Administrativ abgrenzbare Gebiete einer Stadt werden untereinander verglichen. Dabei werden sozioökonomische Indikatoren aus der kommunalen Statistik wie bevölkerungsstrukturelle Merkmale (Alter, Geschlecht, Nationalität, HH-Größe, Zu-/Wegzüge ...), Bildungsstruktur (Schulabschluss), materielle Lage/Bedürftigkeit (Sozialhilfe, Wohngeld, ALG II ...), Wohnsituation (Belegung, Ausstattung, Anteile von Miet-/Eigentum/öffentlich geförderter Wohnbau), Fachstatistiken (Arbeitslosigkeit, Pflege, Behinderung, ASD-Interventionen, Jugendhilfestatistik ...) erhoben und untersucht, um von Strukturmustern zur Unterscheidung von Stadtgebieten, Stadtteilen/Quartieren mit besonderem Handlungs-/Entwicklungs-/Interventionsbedarf zu identifizieren.

Städtische Gebiete intern differenzierender Ansatz

Innere Struktur und Qualitäten eines in der Stadt ausgewählten Gebietes werden unter Einbezug quantitativer wie qualitativer Datenprofile mit Hilfe eines Methodenmix aus struktur- und verhaltensanalytischen Komponenten auf den Analyseebenen physische Raumabgrenzung/Gliederung, quantitative Datenanalyse zur sozialstrukturellen Profilbildung, Bestandsbeschreibung zu Problemen/Ressourcen/Potentialen und empirische Erfassung von Nutzungsräumen inklusive individueller Nutzungsperspektiven untersucht.

Beschreibung der Vorgehensweise

Im Rahmen der Sozialraumanalyse ist das Bestreben, einen Überblick über alle lokalen Akteure zu erhalten, die sich für die Entwicklung eines »sozialräumlich« beschreibbaren Gebiets engagieren bzw. die auf dessen Entwicklung Einfluss nehmen können. Dabei sollen räumlich-bauliche, natürliche und materielle Bedingungen und Gelegenheiten sowie die Infrastruktur privatwirtschaftlicher, staatlicher und freigemeinnütziger Angebote, Dienstleistungen und Aktivitäten erhoben, dokumentiert und bewertet werden. Hierzu erforderlich sind neben der Untersuchung harter Daten und Fakten auch nichtmaterielle Ressourcen, soziale Prozesse und subjektive Einschätzungen der Menschen vor Ort. Aus den erworbenen Kenntnissen lassen sich durch die Sozialraumanalyse Stärken und Schwächen für Stadtteile oder Quartiere ermitteln und darstellen. Die einzelnen Schritte werden im Folgenden näher vorgestellt.

Historische Analyse

Weil die historische Entwicklung einer Stadt durchaus heute noch den Charakter derselben prägen kann, wie in Kapitel 2 dargestellt, können Erkenntnisse aus der Historie einer Stadt wertvolle Hinweise für das Verständnis der örtlichen Gegebenheiten liefern. Entstehungszeitpunkt, Entstehungszweck und Alter einer Ansiedlung geben Auskunft über die zugrunde liegende Idee der räumlichen Struktur, die z. B. auf eine römische Siedlung mit typischem Gitternetzmuster der Anlage von Gebäuden und Wegen oder auf eine enge und kleinteilige mittelalterliche Siedlung rund um eine Burg oder Kirche zurückgeht oder aber die Merkmale eines »Trabantenstadtteils« des 20. Jhs. mit seiner typischen Nutzungstrennung von Wohnen und Arbeiten zeigt. Während die Anlage der Siedlung die Raumstruktur durch Gebäude und Verkehrswege prägen kann, wirken die Entstehungsanlässe, wie ein an der Kreuzung überregionaler Verkehrswege entstandener Handelsort oder ein Residenzort geistlicher und/oder weltlicher Macht, möglicherweise bis heute nach, weil und wenn sich diese Funktionen tradiert und erhalten haben und der »alte« Handelsort heute noch als Messestandort bzw. der ehemalige Residenzort heute noch als Verwaltungssitz etabliert ist, was in beiden Fällen u. a. bedeutsam für die aktuellen sozialen und ökonomischen Entwicklungsperspektiven einer Stadt sein kann. Selbstverständlich ist nicht von einer absoluten Prädestination für eine heutige Ansiedlung durch ihre historische Entwicklungsgenese auszugehen, denn die räumlich-baulichen Strukturen können sich im Laufe der Jahrhunderte durch Zerstörungen, geplante Eingriffe und ungewollte Ereignisse gravierend verändert haben. Es sind also zum einen Entstehungsgrundlagen, die Anlässe oder Zwecke von Siedlungen, wie Lage an Wasser- oder Landwegen, Vorkommen von Bodenschätzen, Ansiedlungen politischer oder kultureller Machtzentren (Residenz-/Hauptstadt, Kirchen, Klöster, Universitäten etc.), die mögliche Konsequenzen für heutige Standortfaktoren (Verkehrswege, Industrieansiedelung, Handelsplatz, touristische Attraktivität, Kulturstätte, Wissenschaftscluster etc.) nach sich ziehen können. Weiterhin können sich Alter und jeweilige Entstehungsepochen mit ihren charakteristischen Merkmalen auf die aktuelle Situation von Städten und Gemeinden auswirken, weil und wenn die Vielfalt einer Stadt mit jeder Entwicklungsepoche größer oder aber durch die Epochen typischen räumlich-baulichen Strukturen zu sehr eingeschränkt wird (▶ Kap. 2 und 3; Benevolo 1993; Fouquet 2009).

Räumlich-bauliche Analyse

Neben historischen Quellen bietet sich zur Analyse und Beurteilung räumlich-baulicher Voraussetzungen von Städten und Stadtteilen die Kartenbetrachtung nach topografischen Bedingungen und Vorbestimmungen durch die bauliche Struktur an. Mit der Analyse von natürlichen (z. B. Meer, Flüsse, Seen, Berge, Täler, Wald oder Feld) oder materiellen (wie Bauformen oder Verkehrsachsen von Straßen und Bahnlinien) Grenzen können Raumabgrenzungen als räumliche Grenzlinien und Barrieren identifiziert werden. Räumlich-bauliche Grenzlinien beeinflussen nicht nur das Raumempfinden der Bevölkerung (Feldkeller 1994) und damit deren subjektive »Quartierdefinition«, sondern sie können Aktionsräume von Menschen mit Mobilitätseinschränkungen bestimmen und als Exklusionsfaktoren wirken. So können beispielsweise vielbefahrene Straßen eine Barriere für Kinder und Menschen mit Gehbehinderungen darstellen, während unbeleuchtete Wege und unbelebte Parks oder Unterführungen ängstliche Menschen davon abhalten können, diese zu nutzen (vgl. Glatt/Oßwald 1998).

Wie in den vorigen Kapiteln zu den theoretischen Grundlagen von Stadtentwicklung beschrieben, lässt sich, orientiert an der stadtsoziologischen Forschung und auf der Basis historischer Stadtentwicklung, der »physische Charakter« einer Stadt und seiner (Stadt-)Teile anhand bestimmter räumlich-baulicher Aspekte beschreiben. Neben Baunutzung und -struktur gelten Größe, Heterogenität an Menschen und Nutzungen, Bevölkerungsdichte und Dynamik der Entwicklung als wesentliche Merkmale urbaner Siedlungen und Voraussetzung urbanen Lebens (Wirth 1938). So wird durch eine dichte Bebauung, wie sie in mittelalterlichen Stadtkernen oder in den »Gründerzeitvierteln« des Industriezeitalters (z. B. »Dresdner Neustadt«) vorzufinden sind, die Belebung eines Stadtviertels und damit die Wahrscheinlichkeit erhöht, Heterogenität an Menschen und Aktivitäten und damit fremde Menschen und fremdes Verhalten anzutreffen, was nach Simmel (1903), Wirth (1938), Barth (1961), Elias (1976) und Sennett (1990) als Voraussetzung für urbanes und zivilisiertes Leben gilt. Nach Jane Jacobs (1963) und Andreas Feldkeller (1994) beeinflussen u. a. Anordnung und Gestaltung von Gebäuden und Wegen die Belebung des öffentlichen Raums, weil damit Gelegenheiten, Menschen zu treffen, geschaffen oder vermieden werden. Anordnungen von Gebäuden und Verkehrswegen sowie Grünanlagen und Plätzen lassen sich über das Kartenstudium relativ gut erkennen und analysieren. Nicht zu erkennen sind aus den topografischen Karten und Stadtplänen in der Regel jedoch Gebäudegrößen, Angaben zur baulichen Nutzung, Bevölkerungszahlen und -dichte sowie Daten zur Bevölkerungszusammensetzung. Hierfür braucht es die Analyse von Aggregatsdaten und Befragungsdaten zur Sozial- oder Infrastruktur, die im Folgenden erläutert werden.

Sozialstrukturanalyse

Unter Sozialstrukturanalysen versteht man die Klassifizierung von Administrationsräumen durch soziale Indikatoren. Zur strukturellen Profilbildung werden in der Regel quantitative Aggregatsdaten nach strukturanalytischen Modellen (vgl. »Social Area Analysis«) analysiert. Darstellungen der Sozialstruktur richten sich meist nach den Gebietseinteilungen der kommunalen Verwaltung, also den statistischen Bezirken, Wahl- oder Schulbezirken, je nach Einteilung der vorhandenen statistischen Daten. Problematisch ist mitunter die fehlende Übereinstimmung zwischen administrativen Gebietseinteilungen (Stadtteile/-viertel) und den physischen bzw. subjektiv von der Bevölkerung wahrgenommenen Raumstrukturen (Quartiere). Gebietseinteilungen folgen oft eigenen fachlichen Handlungslogiken, die z. B. Planungsräume der Stadtplanung, Schulbezirke der Schulverwaltung, Wahlbezirke der Landesverwaltung, Zuständigkeitsbezirke der Sozialverwaltung oder die Gebietseinteilung der Arbeitsverwaltung in den Fokus nehmen und selten deckungsgleich sind, was den kleinräumigen Vergleich der jeweiligen Daten erschwert. Nicht alle Städte und Gemeinden verfügen über eigene Abteilungen zur Erhebung und Aufbereitung ihrer statistischen Daten. Zwar existieren auf Landes- und Bundesebene statistische Ämter mit weitreichenden Erhebungspotentialen, kleinräumige Daten, wie sie für die Analyse von Stadtvierteln oder Quartieren benötigt werden. Diese sind aber nicht nur aus datenschutzrechtlichen, sondern auch aus Gründen begrenzter Finanz- und Arbeitszeitressourcen oft schwierig zu erhalten. Ein durch Analysen der Sozialstruktur entwickeltes Profil von Stadtteilen/-vierteln bildet soziale Positionen der Bevölkerung nach sozioökonomischen Merkmalen ab. Damit können Gebiete als benachteiligt oder auch als die dort lebende Bevölkerung benachteiligend beschrieben und kartiert werden. Wichtig für den Querschnittvergleich zwischen Städten untereinander oder zwischen Stadtteilen/-vierteln innerhalb derselben Stadt sind relationale Bezugsgrößen, die durch Verknüpfung von absoluten Zahlen der Verteilung bestimmter Merkmale mit relationalen Zahlen der Bevölkerung pro Gebietseinheit ermittelt werden. Auch Geburtenraten oder Wanderungsbewegungen sind in Relation zur Gesamtbevölkerung zu ermitteln, um aussagefähige Größen zu erhalten. Für die Analyse von Entwicklungen sind weiterhin Längsschnittdaten erforderlich, mit denen sich dieselben Merkmale von Untersuchungsobjekten über eine Zeitreihe hinweg erheben und vergleichend darstellen lassen. Von Querschnittanalysen wird gesprochen, wenn Daten zu einem bestimmten Zeitpunkt an unterschiedlichen Orten erhoben werden. Welche Daten jeweils erhoben werden, ist abhängig von der Fragestellung, dem Untersuchungsgegenstand und dem Anlass der Sozialraumanalyse. Orientierung bieten Monitoring-Verfahren, die z. B. im Rahmen des Bund-Länder-Programms »Stadtteile mit besonderem Entwicklungsbedarf – Soziale Stadt« entwickelt wurden und in den Programmgebieten Anwendung finden (vgl. Monitoring Soziale Stadtentwicklung 2008).

Aus der Verknüpfung räumlich-baulicher und sozialstruktureller Daten lassen sich über Kartierungs- und Zonierungsmethoden, wie sie in der Sozial-/Humangeografie angewandt werden (vgl. Lichtenberger 1998), sozial-räumliche Profile oder Sozialatlanten entwickeln, womit sich soziodemografische und sozialstrukturelle Verteilungen im geografischen Raum visualisieren lassen. Der Raum gilt dabei als eine Art »Container« oder Hülle und ist eher statisch als dynamisch. Im Rahmen der Sozialraumanalyse wird versucht, diesen Mangel durch ergänzende Analysen von Aktionsräumen und subjektiven Lebensweltdeutungen der Bevölkerung zu beheben. Bedeutung erhalten diese Darstellungen zur Beurteilung der Heterogenität oder Homogenität von Bevölkerung (Gans 1974) sowie zur Ermittlung räumlicher Segregationserscheinungen (Dangschat 1998) und damit zur Analyse möglicher Benachteiligungen von Bevölkerungsteilen, womit ein zentrales Anliegen Sozialer Arbeit berührt wäre (Engelke 2004).

Infrastrukturanalyse

Durch die Analyse und Darstellung des infrastrukturellen Bestands können Potentiale und Ressourcen eines Stadtgebietes ermittelt und beschrieben werden. Zum infrastrukturellen Bestand können sowohl soziale und kulturelle Infrastruktureinrichtungen und Dienste, informelle Beziehungsnetze, Vereine und Assoziationen als auch privatwirtschaftlich/gewerbliche Einrichtungen und Dienstleistungen, Träger von Bildungs-/Ausbildungsmaßnahmen oder lokale Akteure und Schlüsselpersonen örtlicher Institutionen, Organisationen und zivilgesellschaftlicher Interessen-/Einflusskreise zählen. Zunächst sind zur Klassifikation der Infrastruktur die für die »Lebensqualität im Stadtquartier« wichtigsten Kategorien zu identifizieren. In einer Untersuchung von Becker (2008) wurden solche theoriegestützt auf der Basis des Verständnisses von Urbanität (▶ Kap. 3) nach Georg Simmel (1903) und Hans-Paul Bahrdt (1961) ermittelt. Als Kategorien kommen in Frage: Gesundheit und Hygiene, Gastronomie, Haushalts- und Lebensmittel, Kleidung und Schmuck, Unterhaltungs- und Kommunikationstechnologie, Transport und Verkehr, Betreuung und Pflege, Soziales, Bildung, Kultur, Beratung, Handwerk, Gewerbe und Industrie etc. Wie in Kapitel 5 beschrieben, ist die subjektive Bedeutungszuschreibung des Infrastrukturangebotes abhängig von jeweiligen Lebenslagen und Lebensstilen, denn für nahraumsensible Menschen ist möglicherweise eine fußläufige Erreichbarkeit der Einkaufsmöglichkeiten von Gütern des täglichen Bedarfs wesentlich wichtiger als für sehr mobile Menschen, für die räumliche Entfernungen oder bauliche Barrieren weniger relevant sind.

Zur Untersuchung und Bewertung des Infrastrukturangebotes innerhalb bestimmter Stadtgebiete sind zunächst Anzahl und örtliche Lage der Angebote zu erheben. Als Quellen hierfür können lokale Branchenbücher, amtlich dokumentierte Gewerbeanmeldungen und das Internet dienen. Weiter sind die Gebietsabgrenzungen vorzunehmen, wobei die diversen Gebietseinteilungslogiken, wie oben benannt, zu berücksichtigen sind. Weil die absoluten Zahlen keine hinreichende Bewertungsgrundlage bilden, sind Relationen zwischen der Anzahl von Infrastrukturangeboten und Bevölkerungszahl zu bilden, die den Vergleich zwischen Gesamtstadt und Teilräumen (wie Stadtteile/-bezirke) ermöglichen. Zur Beurteilung der Bedeutung von Infrastrukturangeboten für nahraumsensible Menschen mit Mobilitätseinschränkungen sind zusätzlich geografische Abgrenzungen z. B. der fußläufigen Erreichbarkeit der Infrastrukturangebote vorzunehmen. Wenn beispielsweise davon ausgegangen wird, dass eine maximale Gehzeit von 15 Minuten zumutbar ist, können Radien fußläufig erreichbarer Infrastrukturangebote von z. B. 500 Metern entwickelt werden, die sowohl Auskunft über die Erreichbarkeit eines Infrastrukturangebotes für bestimmte Menschen an bestimmten Wohnorten sowie über den Deckungsgrad eines Infrastrukturangebotes in einem bestimmten Gebiet geben können. Weil für die Nutzungsqualität von Infrastrukturangeboten auch objektive Fakten wie beispielsweise Öffnungszeiten von Geschäften oder Fahrzeiten von Verkehrsmöglichkeiten und subjektive Faktoren wie Aussehen und Präsentation von Bedeutung sind, sind Daten nicht nur aus Dokumentenanalysen zu gewinnen, sondern auch durch Begehungen und Beobachtungen vor Ort zu erheben.

Dies gilt auch für die Erhebung von Daten zu Nutzungs- und Betätigungsmöglichkeiten von nichtstaatlichen, nichtkommerziellen, sondern zivilgesellschaftlichen Angeboten von Vereinen bzw. Aktivitäten von Initiativen und Netzwerken. Solche lassen sich über Dokumentenanalysen einschlägiger Publikationen, Pressemitteilungen und ebenfalls durch Begehungen, teilnehmende Beobachtung, aber auch durch Netzwerkanalysen (Stegbauer 2008; Jansen 2006) erheben.

Einen ersten Überblick über mögliche Nutzungsvorgaben geben die Bebauungspläne von Städten, in denen festgelegt ist, wo welche Arten baulicher Nutzung zugelassen sind. Damit können Städte ihre Teilgebiete vorstrukturieren und Vielfalt von Aktivitäten bzw. Nutzungsmischung forcieren oder auch einschränken. Während in den Zeiten nach der Industrialisierungsphase die Nutzungstrennung als das Gebot der Stunde galt und in der »Charta von Athen« (Le Corbusier 1957) festgeschrieben wurde, können in den heutigen nachindustriell und dienstleistungsgeprägten Städten die Funktionsbereiche baulicher Nutzung wie Wohnen, Gewerbe, Freizeit, Einkauf durchaus kleinräumig gemischt werden, ohne dass es zu wechselseitigen Störungen durch Emissionen kommen muss. Instrumente zur Analyse der Vielfalt an Angeboten und Nutzungen eines Gebietes werden von Schönig (2008) ausführlich erläutert.

Lebensweltanalyse und Aktionsraumanalyse

Das Leben in einem Quartier lässt sich weniger an räumlich-baulichen oder infrastrukturellen Voraussetzungen festmachen, sondern zeigt sich letztlich im raum-zeitlichen Verhalten der Menschen, an deren alltäglichen Nutzungsmustern und subjektiven Bedeutungszuschreibungen. Diese können durch qualitative Betrachtungen von Raumstrukturen sichtbar gemacht werden. Zur Analyse räumlicher Nutzungs- und Verhaltensmuster bietet die Feldforschung durch qualitative Befragungen mittels narrativer Interviews, fokussierten Leitfadengesprächen oder Gruppendiskussion vielfältige Möglichkeiten (vgl. Flick 2012).

Zur Abbildung von Nutzungsstrukturen eignet sich besonders die teilnehmende Beobachtung, wie sie z. B. nach der Burano-Methode (Riege/Schubert

2005) oder in dem von Alber (1997) beschriebenen »Street-Reading« Anwendung findet (▶ Kap. 7.4). Zur Identifizierung der Praktiken von Bewohnergruppen werden auch ethnografische Methoden angewandt, die z. B. von Lindner (2000) beschrieben wurden. Subjektive Nutzungsaspekte können durch Erhebung von Erlebnissen, Erfahrungen und Wahrnehmungen der Bevölkerung erschlossen werden. Hierzu bieten sich Formen wie Ortsbegehungen, Stadtteilspaziergänge oder Stadtteilerkundungen mit lokalen Schlüsselpersonen, mit VertreterInnen bestimmter Bevölkerungsteile wie Kindern, Jugendlichen, Frauen, alten Menschen, NeubewohnerInnen etc. an, die sich mittels Fotos oder Videoaufzeichnung dokumentieren lassen (Deinet 2005). Auf die Beteiligung der Bevölkerung und deren Aktivierung zielende Methoden sind z. B. die Aktionsforschung (Moser 1997) sowie die aktivierende Befragung (Lüttringhaus/Richers 2003) angewiesen.

Einordnung der Sozialraumanalyse im Kontext integrierter Stadt-(Teil-)Entwicklung

Wie durch die obige Beschreibung deutlich geworden sein dürfte, ist die Sozialraumanalyse eine Methode der interdisziplinären und mehrdimensionalen Betrachtung eines Gebietes, das sowohl räumlich-materiell als auch sozial und politisch strukturiert und konstruiert wird. Daher werden topografische Voraussetzungen, bauliche Bedingungen und demografische wie sozialstrukturelle Verteilungen ebenso in die Untersuchung einbezogen wie individuelle Nutzungen, Aktionsräume und deren subjektive Bedeutungszuschreibungen. So verstandene »sozialräumliche Kontexte« sind nicht isoliert zu betrachten, sondern in ihrer Einbindung innerhalb einer Gesamtstadt, Region oder eines Landes. Einflussfaktoren gesamtgesellschaftlicher und gar globaler Entwicklungen, die in den vorigen Kapiteln beschrieben wurden, sind zu berücksichtigen, wozu Riege und Schubert (2005) ein Schichtenmodell entwickelt haben, das die Ganzheitlichkeit der Sozialraumanalyse betont und anschaulich macht. Als Beurteilungs- und Bewertungsmaßstäbe bezüglich Stärken und Schwächen von Stadtteilen/Quartieren als Ergebnisse der Sozialraumanalyse bieten die in Kapitel 6 vorgestellten supranationalen Leitbilder und Programme nachhaltiger integrierter Stadtentwicklung eine brauchbare, weil fachlich fundierte und politisch basierte Grundlage.

7.2 Partizipation und Engagement am öffentlichen Leben

Begriffe und Bedeutungen

Beteiligung oder Teilhabe (Partizipation) an gesellschaftlichen Entscheidungsprozessen kann auf verschiedene Weise stattfinden. Schäfers (1995: 239 f.) unterscheidet Beteilungsformen der *Mitbestimmung* im Arbeits- oder Wirtschaftsbereich (z. B. Personalvertretung), im Bildungssektor (Schüler-/Elternvertretung oder universitäre Selbstverwaltung) oder im Verbands- und Vereinswesen (Organe der Selbstverwaltung wie Mitgliederversammlungen) von *Demokratisierung* in Form von institutionalisierter Beteiligung an primär politisch relevanten Entscheidungsstrukturen und -prozessen (z. B. Wahlen und Parlamente). *Politische Partizipation* kann allgemeiner als Beteiligung der Öffentlichkeit an politischen und sozialen Planungs- und Entscheidungsprozessen verstanden werden. Unter dem Begriff *bürgerschaftliches Engagement* kann nicht jede Form zivilgesellschaftlichen Engagements subsumiert werden, denn Engagement ist nur insofern sozial und bürgerschaftlich, als es nicht primär oder gar ausschließlich Privat- oder Partialinteressen dient (Braun 2001a: 97). Nach Annette Zimmer (1996) fallen darunter:

1. Einfache Mitgliedschaften und ehrenamtliche Tätigkeiten wie z. B. in Parteien, Verbänden, Gewerkschaften, politischen Gremien und Vereinen
2. Freiwillige unbezahlte Mitarbeit in karitativen oder gemeinwohlorientierten Einrichtungen wie Krankenhäusern, Schulen, Museen oder Bibliotheken
3. Formen direktdemokratischer Bürgerbeteiligung wie Volksbegehren oder Volksentscheiden
4. Beteiligung an Protestaktionen in Bürgerinitiativen oder sozialen Bewegungen

Für Roth (2000) zählen zu bürgerschaftlichem Engagement:

1. Konventionelle und neue Formen politischer Beteiligung, z. B. kommunalpolitische Ehrenämter, Mitarbeit in Parteien oder Gewerkschaften, gesetzlich geregelte oder unkonventionelle Partizipationsformen
2. Freiwillige bzw. ehrenamtliche Wahrnehmung öffentlicher Funktionen, z. B. als Schöffe, Wahlhelfer, in Elternbeiräten oder Bürgervereinen
3. Klassische und neue Formen sozialen Engagements, z. B. in Wohlfahrtsverbänden oder Hospizgruppen
4. Klassische oder neue Formen gemeinschaftsorientierter, von Solidarvorstellungen geprägter Eigenarbeit wie Nachbarschaftshilfe, Genossenschaften, Seniorenservice-Zentren, Tauschringen etc.
5. Klassische und neue Formen gemeinschaftlicher Selbsthilfe und anderer gemeinschaftsbezogener Aktivitäten wie Familienhilfe, Selbsthilfegruppen etc.

Die Partizipationsbewegung in Deutschland

In der Geschichte der BRD entwickelte sich in den 1960er Jahren aus der Kritik an autoritären Strukturen eine politische Partizipationsbewegung, die sich für mehr Selbstbestimmung und Emanzipation einsetzte. Die Studentenbewegung nahm zunächst die Strukturen an den Hochschulen ins Visier und weitete ihre Kritik dann auf andere gesellschaftliche Bereiche bis hin zur antikapitalistischen Systemkritik aus (Wollmann 1998). Forderungen nach Kontrolle staatlicher

Macht, ausgelöst durch die Notstandsgesetzgebung der großen Koalition aus CDU/CSU und SPD Ende der 1960er Jahre, mündeten angesichts fehlender Repräsentanz im Parlament in die »Außerparlamentarische Opposition« (APO). Anfang der 1970er Jahre waren die Kommunalreformen zur Bildung größerer Verwaltungseinheiten sowie Städtebau- und Sanierungspolitik weitere Felder direktdemokratischer Partizipationsaktivitäten. Diese fanden ihre Form in Bürgerinitiativen zu vorwiegend lokal begrenzten Themen (z. B. Startbahn-West Frankfurt/M.) sowie in sozialen Bewegungen größeren Umfangs zu gesamtgesellschaftlichen Themen wie Frauen-, Anti-Atomkraft-, Ökologie- oder der Friedensbewegung. Anfang der 1970er Jahre griff die unter dem Wahlmotto Willi Brandts (»mehr Demokratie wagen«) angetretene sozial-liberale Bundesregierung Ansätze zur Demokratisierung der Gesellschaft auf und erweiterte Bürgerbeteiligungsmöglichkeiten, insbesondere im Baurecht. So wurde 1971 die Erörterungspflicht eines Sozialplanes bei städtischen Sanierungsmaßnahmen nach dem Städtebauförderungsgesetz im Baurecht verankert. Die Novelle des Bundesbaugesetzes von 1976 brachte eine vorgezogene Bürgerbeteiligung in kommunalen Bauleitplanungsverfahren mit sich. In beiden Fällen blieb das »Letztentscheidungsrecht« jedoch beim Kommunalparlament erhalten (Wollmann 1998: 137). Kommunale Maßnahmen für mehr Bürgernähe zielten in den 1980er Jahren zunächst auf mehr Transparenz von Entscheidungsprozessen und Service-Verbesserungen für die BürgerInnen (Reichard 1994). Zwischenzeitlich dürften politische Beteiligungsformen wie die Bildung von Bürgerinitiativen zum Standard bürgerlicher Interessensvertretung geworden sein, und sie werden selbst von politischen Parteien zu Wahlkampfzwecken instrumentalisiert, wie die »Doppelpass-Kampagne« der CDU in Hessen Anfang der 1990er Jahre zeigte, wobei es um die Verhinderung der doppelten Staatsbürgerschaft von Bewohnern der Bundesrepublik mit Migrationshintergrund ging. In den 1990er Jahren avancierte die Sorge um den Verbleib oder die Rückkehr der BürgerInnen in die Politik zur zentralen Debatte. Allenthalben beschäftigten sich staatliche Stellen in Bund, Ländern und Kommunen mit Ausmaß und Förderungsmöglichkeiten bürgerschaftlichen Engagements. So setzte der Deutsche Bundestag Ende 1999 eine Enquete-Kommission »Zukunft des bürgerschaftlichen Engagements« ein (Braun 2001a: 83). Die Landesregierung Baden-Württemberg veröffentlichte 1997 ihre erste Landesstudie »Bürgerschaftliches Engagement in Baden-Württemberg« (Landesstudie 1997). Es wurde ein europäisches »Netzwerk Bürgerschaftliches Engagement/EUROBes« installiert, das von der Geschäftsstelle »Bürgerschaftliches Engagement/Seniorengenossenschaften« des baden-württembergischen Sozialministeriums koordiniert wird (SIGMA 1999). Unter dem Titel »Von der traditionellen Sozialpolitik zur neuen Wohlfahrtskultur?« veröffentlichte das Institut für Landes- und Stadtentwicklungsforschung des Landes Nordrhein-Westfalen (ILS) im Auftrag des Ministeriums für Stadtentwicklung und Verkehr des Landes Nordrhein-Westfalen eine Schrift zum Freiwilligen Sozialen Engagement und zu lokaler Infrastruktur (ILS 64). Im Auftrag des Bundesministeriums für Familie, Senioren, Frauen und Jugend wurde mit dem ersten »Freiwilligensurvey« 1999 eine bundesweite Studie zum Ehrenamt durchgeführt, deren fünfte Welle für 2019 durchgeführt wurde. Beispielhafte Entwicklungen wie diejenigen rund um das Bauprojekt »Stuttgart 21« deuten einerseits auf hohe Erwartungen in Teilen der Bevölkerung zur Mitwirkung an politischen Entscheidungen hin und zeigen andererseits Grenzen eines repräsentativ demokratischen Willens- und Entscheidungsfindungssystems auf. Forderungen nach direktdemokratischen Beteiligungsformen[30] und öffentliche Aushandlungsforen, wie das von Heiner Geißler geleitete Vermittlungsverfahren zu »Stuttgart 21« oder internetbasierte Meinungsbildungs- und -äußerungsforen wie Campact[31], sind Beispiele für aktuelle Entwicklungen in Deutschland, die Fragen der politischen Beteiligung der Bevölkerung erneut aufwerfen.

Die Debatte um bürgerschaftliches Engagement

Neben den Fragen politischer Partizipation spielen die Themen »Wohlfahrtsstaat« und »Arbeitsgesellschaft« eine bedeutende Rolle. Das Sozialstaatsmodell als nationalstaatlich organisiertes System des Ausgleichs zwischen Wirtschaft, Politik und Wohlfahrt nicht nur erwerbstätiger Bürger wird durch die gesellschaftlichen Veränderungen seit Mitte der 1970er Jahre insbesondere durch zunehmende internationale Verflechtungen in seiner Leistungsfähigkeit geschwächt (▶ Kap. 4). Gleichzeitig geriet das Modell des Sozialstaates von zwei konträren Seiten in die Kritik. Liberal-konservative Kreise sehen wohlfahrtsstaatliche Absicherungen und Anspruchsdenken als Marktbremse und betonen die Bedeutung von Wettbewerb und Konkurrenz für die Entwicklung von Eigeninitiative und Unternehmergeist. Von linksalternativer Seite, insbesondere aus der Selbsthilfebewegung, richtete sich die Kritik gegen Bürokratisierung, Verrechtlichung und Professionalisierung sozialer Dienste, die den/die BürgerIn in seinen/ihren Fähigkeiten zu Selbstorganisation und gegenseitiger Hilfe entmündige (Braun 2001a). Liberal-konservative Forderungen nach Entstaatlichung und Privatisierung treffen sich mit Vorstellungen von sozialem Pluralismus und nichtinstitutionellen sozialen Bewegungen im linksalternativen Lager. Aus dieser Synthese ergeben sich neue Definitionen sozialstaatlicher Aufgaben, die eine Verantwortungsteilung zwischen Staat und Gesellschaft sowie mehr Bürgerorientierung vorsehen. In Anlehnung an Veränderungen von Selbstverständnis und Bedeutung lokaler Politik, die sich an neuen Steuerungsmodellen und Marketingstrategien öffentlicher Verwaltungen zeigen, sollen/wollen sich öffentliche Verwaltungen auf Gewährleistungsfunktionen beschränken und Vollzugs- sowie teilweise auch Finanzierungsverantwortung an freie Träger oder Bürger abgeben (Becker 2020d; ▶ Kap. 4 und ▶ Kap. 6). Hierbei würden gleichzeitig auch Gelegenheiten für bürgerliches Engagement geschaffen (Braun 2001a: 86). Bezogen auf den Arbeitsmarkt wurde angesichts einer ebenfalls seit Mitte der 1970er Jahre sich mit jeder Wirtschaftskrise kumulativ erhöhenden Arbeitslosigkeit die Zukunft der Arbeitsgesellschaft diskutiert (Offe 1984). Anhaltende Arbeitslosigkeit und Schwinden der als »Normalarbeitsverhältnis« bezeich-

---

30 https://www.mehr-demokratie.de/aktionen/jetzt-ist-die-zeit-volksentscheid-bundesweit/ (09.03.2021).
31 www.campact.de/

neten dauerhaften Vollzeitbeschäftigung bringen nicht nur die sozialen Sicherungssysteme in Finanzierungsnöte, sondern stellen auch die gesellschaftliche Integrationsfunktion von Erwerbsarbeit in Frage. Folglich werden einerseits Forderungen nach gleichwertiger Anerkennung gesellschaftlich wichtiger Tätigkeiten in Familie, Vereinen und sozialen Initiativen neben der Erwerbsarbeit laut. Andererseits sollen mit sogenannter Bürgerarbeit auch arbeits- und sozialpolitische Probleme gelöst werden, indem sich dadurch die Nachfrage nach Erwerbsarbeit vermindert (Bundesprogramm Bürgerarbeit). Ideen zur Einführung eines entsprechenden Grundeinkommens als Ersatz von Transferleistungen, wie es in Konzepten der Partei der »Grünen« bereits Anfang der 1980er Jahre propagiert wurde und von Götz Werner (2007), dem Gründer einer großen Drogeriemarktkette, prominent vertreten wird, scheint bislang trotz nachweisbarer Finanzierbarkeit (Opielka 2009) kaum Chancen auf Umsetzungserfolg zu haben. Partizipationsbewegung, Krise des Sozialstaates und Krise der Arbeitsgesellschaft haben großes Interesse an bürgerschaftlichem Engagement ausgelöst. Aus allen drei Perspektiven wird im engagierten Bürger, in dessen Selbstorganisation, Partizipation und möglichst selbstlosen Einsatz die Lösung gesehen. Auf die Debatte um Krise, Abbau oder Umbau des Sozialstaates in einen »aktivierenden Staat« und die damit verbundenen Rollenzuschreibungen für die Zivilgesellschaft, bürgerschaftliches Engagement und die Soziale Arbeit (Dahme/Wohlfahrt 2005) wird an anderer Stelle in diesem Kapitel noch weiter eingegangen werden.

Die Hoffnungen, mit bürgerschaftlichem Engagement sozial- und arbeitsmarktpolitische Probleme lösen zu können, scheinen eher unrealistisch. Denn gerade diejenigen Bevölkerungsteile, die von Veränderungen wie der Reduzierung von Sozialleistungen und struktureller Arbeitslosigkeit am stärksten betroffen sind, haben in der Regel am wenigsten Einkommens-/Bildungs- und Beziehungs-Potential für gesellschaftliches Engagement und können es sich finanziell am wenigsten leisten, unentgeltliche Tätigkeiten zu verrichten (Becker 2008: 297 ff.).

Die Frage der politischen Dimension bürgerschaftlichen Engagements wird ebenfalls kritisch diskutiert. Einerseits scheinen Projekte bürgerschaftlichen Engagements eher auf soziales als auf politisches Engagement ausgerichtet zu sein (Braun 2001a: 90), andererseits kann noch keine Rede von einem Machtgleichgewicht zwischen repräsentativ-demokratischen und direkt-demokratischen Institutionen sein. In Deutschland sind direkt-demokratische Partizipationsformen, anders als in der Schweiz, noch mit erheblichen Verfahrenshindernissen verbunden (Wollmann 1998: 141). Allerdings schafft gerade die Verbindung repräsentativer und direkter politischer Partizipationsformen Beteiligungsmöglichkeiten durch gemeinsame Konfliktaustragung, spart damit Kosten für Fehlentscheidungen und verhindert die Durchsetzung von Partialinteressen. Was bringt nun aber Menschen dazu, sich bürgerschaftlich zu engagieren, und wie lässt sich dieses theoretisch begründen?

Begründungen und Motive bürgerschaftlichen Engagements

Evers (1998) unterscheidet zwei idealtypische Begründungszusammenhänge bürgerschaftlichen Engagements. Zum einen sind das individualistisch-liberale Ansätze, die auf Rational-Choice-Theorien und utilitaristischen Annahmen sowie psychologischen Handlungstheorien beruhen. Hier stehen die Neigungen und Interessen des Einzelnen im Mittelpunkt. Bereitschaft zum Engagement wird ausgehend vom Menschenbild des »homo oeconomicus« mit Nutzenerwartungen erklärt. Die Entscheidung für oder gegen Engagement erfolge nach Kosten-Nutzen-Abwägungen. Vom eigenen Engagement profitieren auch andere, die sich ihrerseits hierfür erkenntlich zeigen, sodass es zu einem gegenseitigen Austausch von Leistungen komme. Individuelle Interessenverfolgung erzeuge als Ergebnis Solidarität. Außer den Nutzenerwartungen, die eine Form extrinsischer Motivation darstellen, wird Engagement aus modernisierungstheoretischer Sicht auch mit direkter Bedürfnisbefriedigung oder Sinngebung, also intrinsischer Motivation in Verbindung gebracht. Hintergrund ist der von Schulze (1992) beschriebene, vorwiegend in den Nachkriegsgenerationen anzutreffende Orientierungswandel von »Welt-verankerter« zu »Ich-verankerter« Selbsteinordnung, bei der subjektive Vorlieben zur bedeutsamsten Richtschnur individuellen Handelns werden. Engagement im liberal-individualistischen Sinne beruht demnach nicht auf Pflichtbewusstsein oder moralischen Normen, sondern Nutzenerwartungen und Selbstverwirklichung sind die Motive des Einsatzes für das Gemeinwohl. Erklärt man Engagement aus Nutzenerwartungen, erhält die Konvertierbarkeit von Ressourcen zunehmende Bedeutung, denn wer über vielseitig austauschbare ökonomische, kulturelle und/oder soziale Ressourcen verfügt, hat mehr »Tauschmasse«, wird interessanter als Tauschpartner, hat mehr Nutzenoptionen (z. B. in Form beruflicher Aufstiegsmöglichkeiten) und hegt damit entsprechend hohe Nutzen erwartungen. Geringe oder einseitige Ressourcen bedeuten geringe oder einseitige Tauschmasse und bedingen, bei geringen Nutzenoptionen, entsprechend niedrige Nutzenerwartungen. Somit lässt sich unterschiedliches Engagement aufgrund unterschiedlicher Verteilung ökonomischen, kulturellen oder sozialen Kapitals erklären (Bourdieu 1983). Engagement wäre demnach abhängig von gesellschaftlicher Ressourcen- und Chancenverteilung, einschließlich vertikaler sozialer Mobilität, womit sozialer Aufstieg z. B. bezüglich beruflicher oder statusorientierter Positionen gemeint ist. Wenn Engagement mit Interessen und Bedürfnissen von Engagierten begründet wird, können Interessen von hilfsbedürftigen Menschen oder gesellschaftliche Notwendigkeiten leicht in den Hintergrund geraten. Mit diesem Ansatz lassen sich sowohl stärkere Mitgliederfluktuation als auch kürzere Amtszeiten von FunktionsträgerInnen in freiwilligen Assoziationen erklären. Engagement ist dann wechselhaft, unverlässlich und nicht geeignet für dauerhaften kontinuierlichen Hilfebedarf.

Wenn Selbstverwirklichung ein Phänomen von Wohlstandsgesellschaften (Schulze 1992) ist, können individualistische Ansätze Engagement nur unter Wohlstandsbedingungen und nur für Menschen erklären, deren Grundbedürfnisse im Sinne Maslows (1954) befriedigt sind. Liberal-individualistische Ansätze erklären somit vorwiegend prestigeträchtiges oder Vorteile versprechendes Engagement. Pflichtbewusstsein oder Idealismus als Motiv bleiben außen vor bzw. müssen als individuelle Form der Selbstverwirklichung definiert werden.

Den Gegenpol zu individualistisch-liberalen Begründungen bilden kommunitaristische und republikanische Ansätze, die stärker an Gemeinschaft bzw. Gemeinwesen orientiert sind. Diese diskutieren Engagement entweder im Sinne von Solidarität und Hilfsbereitschaft vor dem Hintergrund gemeinsamer Werte (Kommunitarismus) oder im Sinne von Partizipationsgelegenheiten im Rahmen von Bürgerrechten und -pflichten (Partizipationsbewegung). Die kommunitaristische Bewegung um Bellah (1985) und Etzioni (1998) sieht die Gesellschaft als Mosaik von Gemeinschaften, deren Mitglieder sich aufgrund gemeinsamer Werte solidarisch und hilfsbereit verhalten. Engagement gründet nach kommunitaristischer Idee auf der Zugehörigkeit zu Gemeinschaften, deren Unterstützung sich das Individuum sicher sein kann, solange es sich dem Gemeinschaftsleben anschließt und deren geltende Werte an-/übernimmt. Engagement in und für die Gemeinschaft lebt demnach von Solidarität und Hilfsbereitschaft auf der Basis geteilter Werte und nicht von individuellen Abwehrrechten und Rechtsbeziehungen.

Engagementbereitschaft in Abhängigkeit von der Bildung von und der Zugehörigkeit zu Gemeinschaften kann bedeuten, dass Nicht-Zugehörige oder Ausgeschlossene als nicht engagementbereit bzw. -würdig angesehen werden, frei nach dem Motto: Wer keiner Gemeinschaft angehört, will sich nicht engagieren, und wer sich nicht engagieren will, darf auch nicht mit Unterstützung der Gemeinschaft rechnen. Unklar bleibt darüber hinaus, welche Werte, außer Solidarität und Hilfsbereitschaft, als verbindlich gelten sollen und wie ein Wertekonsens innerhalb und zwischen verschiedenen Gemeinschaften hergestellt werden kann. Individualistisches Engagement aus Nutzenkalkül oder Selbstverwirklichungsmotiven kann aus kommunitaristischer Sicht eher bewertet denn erklärt werden, selbst wenn es gemeinwohldienende Wirkung haben sollte.

Im Gegensatz dazu liegt der Schwerpunkt republikanischer Ideen auf der politischen Verfassung der Gesellschaft, die ihren Mitgliedern sowohl Rechte als auch Pflichten auferlegt (Barber 1994; Sarcinelli 1993; Naschold 1996). Engagement für das Gemeinwesen resultiert aus der Existenz des mündigen Bürgers, der sich für das politische Gemeinwesen interessiert, sich an Diskussions- und Entscheidungsprozessen beteiligt und sich aus Einsicht in die Notwendigkeit für das Gemeinwohl einsetzt. Engagement ergibt sich demnach aus der bloßen Existenz von (Partizipations-)Möglichkeiten und Notwendigkeiten quasi von selbst. Voraussetzung dafür sind umfangreiche Information, Transparenz und Partizipationsgelegenheiten in Entscheidungsprozessen. Interindividuelle Unterschiede bezüglich Engagementbereitschaft sind mit diesem Ansatz nur schwer erklärbar.

Einflussfaktoren auf bürgerschaftliches Engagement und politische Partizipation

Entsprechend den unterschiedlichen Ansätzen zur Erklärung von bürgerschaftlichem Engagement ergeben sich zwangsläufig auch unterschiedliche Einflussfaktoren. Aus kommunitaristischer Sicht haben räumliche und soziale Nähe in Bezug auf die Bindungskraft von Gemeinschaften eine große Bedeutung für Entstehung und Ausmaß bürgerschaftlichen Engagements. Damit bestimmen räumliche und soziale Nähe, über Solidarität und Identifikation mit der Gemeinschaft, das Maß an bürgerschaftlichem Engagement. Wie im Kapitel über moderne Stadtentwicklung beschrieben, beeinflussen räumliche Faktoren wie Größe einer Stadt, Bevölkerungsdichte und Heterogenität die Interaktionen der Menschen, weil in größeren Städten hoher Dichte und Verschiedenheit der Bevölkerung die Chancen, auf so viele Gleichgesinnte zu treffen, dass daraus ein gemeinsames Engagement entstehen kann, größer sind als in Kleinstädten oder Dörfern. Es sei daher kein Zufall, dass die sozialen Innovationen der letzten Jahrzehnte überwiegend von großen Städten ihren Ausgang genommen hätten, so Erika Spiegel (1998: 45). Neben dieser »sozialwirksamen Raumstruktur« ist bei Friedrichs (1977) auch von der Umkehrvariante, der »raumwirksamen Sozialstruktur« die Rede, wonach BewohnerInnen bestimmter Merkmale in bestimmten Gegenden konzentriert sein können und damit Zusammenhänge zwischen persönlichen Merkmalen, Gebäudestruktur und Wahlverhalten feststellbar werden. Friedrichs meint damit Zusammenhänge zwischen geringem sozialen Status (Einkommen, Bildung, Berufsstellung), niedrigem räumlichen Status (Wohnqualität) und geringer Wahlbeteiligung (1977: 192 ff.). Auf den scheinbar banalen Einfluss von Zeitstrukturen auf gesellschaftliche Partizipation verweist Dietrich Henckel (1998: 310 ff.), indem er die Pluralisierung von Zeitrhythmen problematisiert. Beschleunigung und Flexibilisierung von Zeitstrukturen durch Ausweitung von Betriebszeiten bei gleichzeitiger Arbeitszeitreduzierung sowie veränderten Beschäftigungsverhältnissen in Form von Zeitverträgen, Mehrfachbeschäftigungen, Leiharbeit und Teilzeitarbeit würden es immer schwerer machen, Termine für gemeinsame Engagementaktivitäten zu finden. Darüber hinaus bestehen je nach Branche und beruflicher Stellung deutliche Unterschiede bezüglich eigener Zeitautonomie, d. h. der selbständigen Verfügbarkeit über Arbeits- und Freizeit. Weil in gemeinschafts- und gemeinwesenorientierten Ansätzen zur Erklärung von bürgerschaftlichem Engagement, der Vermittlung von (moralischen bzw. republikanischen) Werten besondere Bedeutung zukommt, werden Erziehung und Sozialisation zu wichtigen Einflussfaktoren. Während kommunitaristische Ideen vom traditionellen Familienbild ausgehen, wobei ein Elternteil sich vollständig der Erziehung der Kinder widmen und damit die eigenen Werte weitergeben solle, setzen republikanische Ansätze eher auf die Vermittlung verfasster Rechte und Pflichten mittels öffentlicher Erziehung und der Einübung von Partizipationsformen. Soziale Herkunft kann durchaus verhaltensprägende Wirkungen haben, allerdings nicht unbedingt immer im Sinne geplanter oder absichtsvoller Erziehung. Bildung und Berufsstellung bedingen entsprechende Erfahrungen, die sich ihrerseits wiederum auf Erziehungsziele und -verhalten auswirken, wie Hradil nachweist (1999: 441). Soziale Unterschiede werden somit reproduziert und beeinflussen über Sprachentwicklung, Mediennutzung und Leistungsbereitschaft das Potential und die Bereitschaft zu bürgerschaftlichem Engagement. Erziehung und Sozialisation sind insofern nur indirekte Einflussfaktoren auf Engagement, als sie für Weitergabe und Reproduktion von Wertvorstellungen oder sozialen Unterschieden sorgen.

Aktivitäten des mündigen und engagementbereiten Bürgers dürften darüber hinaus von Informationen und Gelegenheiten abhängen. So unterstreicht Ulrich Sarcinelli (1997) die Bedeutung massenmedialer Wirklichkeitsvermittlung und -konstitution. Seiner Meinung nach haben Massenmedien Kultivierungskraft und strukturieren die Realitätswahrnehmung. Schwonke (1974) hingegen hält Teilhabe und öffentliche Kommunikation über politische Themen für weniger abhängig von medialer Vermittlung als von Anschaulichkeit und Konkretion der Themen sowie von Interessenrelevanz und Betroffenheit der BürgerInnen. Ansonsten schreibt auch er ökonomischen, kulturellen und sozialen Ressourcen und den Organisationsformen politischer Aktivitäten unterschiedlichen Einfluss zu.

Wie im Zusammenhang mit liberal-individualistischen Ansätzen zur Erklärung von bürgerschaftlichem Engagement bereits erwähnt, werden Art und Ausmaß an sozialem und politischem Engagement von ökonomischen, kulturellen und sozialen Ressourcen sowie Lebensformen, -erfahrungen und Alter beeinflusst. Menschen unterer Statusgruppen, die aufgrund ihrer sozialen und beruflichen Lage die Erfahrung gemacht haben, dass Existenzsicherung und Erfolg eher durch die Befolgung von Regeln als durch aktives Wirken nach außen möglich sind und obendrein Sprache, Wissen und Verhaltensvariabilität nicht zu ihren Stärken zählen können, sehen weder für sich noch für andere einen großen Nutzwert in sozialem oder politischem Engagement (Hradil 1999: 451). Demgegenüber sehen Menschen mittlerer und höherer Statusgruppen, wegen deren Erfahrungen von Veränderbarkeit und Steuerbarkeit eigener Lebensverhältnisse und Lebenssituationen durch Geld, Besitz, Bildung, Macht, Prestige, Sprachkompetenz und/oder vielerlei sozialer Kontakte, in der Teilnahme an gesellschaftlichen Organisationen oder Initiativen eher Möglichkeiten der Selbstverwirklichung, Einwirkung oder Kontakterweiterung und damit entsprechenden Nutzwert. Interesse und Beteiligung an Politik sind laut Hradil (1999: 454) stark abhängig von der jeweiligen Betroffenheit gesellschaftlicher, insbesondere ökonomischer Krisen, der Einschätzung der eigenen Lage und der individuellen Zufriedenheit.

Aus Verbindungen räumlicher und sozialer Einflussfaktoren ergeben sich unterschiedliche Formen aktionsräumlicher Mobilität, die Auswirkungen auf Art und Ausmaß bürgerschaftlichen Engagements haben. Immobile Menschen haben wegen ihrer freiwilligen oder zwangsläufig nahräumlichen Orientierung einen höheren Bedarf an dauernder Einflussnahme und Gestaltung ihrer räumlichen und sozialen Umwelt. Soziale Kontrolle ist erwünscht und wird als Ausdruck von Verantwortung und Identifikation mit dem unmittelbaren Wohnumfeld verstanden. In kleinen sekundären Netzwerken werden Kenntnisse über privates und öffentliches Alltagsleben vor Ort ausgetauscht. Partizipation und Engagement konzentrieren sich je nach kulturellem Kapital auf direkte, eher handfeste Aktivitäten im hausnahen Bereich. Der Blick für die Gesamtgemeinde/ Stadt und das Gemeinwohl ist weniger ausgeprägt. Im Rahmen neuer Partizipationsformen haben weniger mobile Menschen oft Probleme, ihre Bedürfnisse zu artikulieren (Sachs Pfeiffer 1988). Mobile überlokal orientierte Menschen sind wegen ihres größeren Aktionsradius eher an der Gesamtstadt bzw. ihren Aktionsräumen interessiert. »Mobile« verstehen sich bei höheren Wissens- und Sprachkompetenzen sowie größerer Beziehungsnetze oft als Sprachrohr oder ÜbersetzerInnen gesellschaftlicher Belange. Damit übertragen sie, mehr oder weniger absichtlich, ihre Wert- und Lebensstilsysteme auf vermeintlich unbedarftes oder weniger informiertes Publikum und festigen durch zahlreiche und intensive Teilnahme an vielen unterschiedlichen Partizipationsformen ihre Macht als neuer »Wertadel«, wie Sachs Pfeiffer (1988) kritisch anmerkt.

Nach dieser eher theoretischen Explikation soll im Folgenden die empirische Bedeutung der genannten Einflussfaktoren auf bürgerschaftliches Engagement und politische Partizipation allgemein dargestellt werden.

Empirische Befunde zu bürgerschaftlichem Engagement

Bevor Aussagen über Art und Ausmaß bürgerschaftlichen Engagements und politischer Partizipation in Stadtteilen gemacht werden, sollen zunächst Daten zu gesellschaftlichem Engagement außerhalb des privaten Nahbereichs betrachtet werden.

Nimmt man den Organisationsgrad der Bevölkerung in Bezug auf Mitgliedschaften in Organisationen und Vereinen als Maß für gesellschaftliche Teilhabe, dann hat nach wie vor die große Mehrheit der Bevölkerung Anteil am gesellschaftlichen Leben, das sich in Organisationen und Vereinen abspielt. Nur etwa zwei Fünftel der Bevölkerung Deutschlands sind in keinem Verein oder einer anderen Organisation Mitglied (Datenreport 2011: 374). Innerhalb der beiden Jahrzehnte um die Jahrtausendwende herum sind die Mitgliederzahlen allerdings nicht mehr gestiegen, sondern entweder gleichgeblieben oder gesunken, insbesondere bei Parteien, Kirchen und Gewerkschaften. Bei Letzteren allerdings u. a. bedingt durch die Tertiarisierung und den damit verbundenen höheren Anteil von Personengruppen mit geringerem Organisationsgrad unter den Erwerbstätigen, wie Frauen und Angestellte. An der Spitze der Rangliste nach Mitgliederanteilen stehen die Sportvereine mit knapp 30 % der Bevölkerung, gefolgt von Kultur- und Musikvereinen, anderen Hobbyvereinen und Wohltätigkeitsvereinen (Datenreport 2011: 374 ff.). In Berufsverbänden, insbesondere den Gewerkschaften, sind mit über 10 Mio. etwa ein Viertel aller Erwerbstätigen organisiert. Lediglich knapp 3 % der wahlberechtigten Bevölkerung Deutschlands sind in politischen Parteien selbst Mitglied (Datenreport 2011: 375 f.). Zwar haben die beiden großen Kirchen mit je knapp 24 Mio. vergleichsweise viele Mitglieder, innerhalb der Kirche aktiv sind nach eigenen Angaben jedoch nur etwa ein Viertel davon (Datenreport 2011: 354 ff.). Unter den Vereinen gibt es durchaus strukturelle Unterschiede bezüglich ihrer Mitglieder. Generell sind Männer stärker in Vereinen organisiert, mit Ausnahme von kirchlichen Vereinen, Turn- und Tanzgruppen, wo die Frauen in der Überzahl sind. In kirchlichen Vereinen, Musik- und Gesangvereinen sind ältere Menschen überrepräsentiert. In Sportvereinen haben jüngere Menschen höhere Anteile, allerdings mit abnehmender Tendenz. Von 1984 bis 1998 nahm der Anteil 18- bis 34-Jähriger in Sportvereinen von 40 % auf 35 % ab (Datenreport 1999: 536 f.).

In politischen Organisationsformen wie Gewerkschaften, Parteien und Bürgerinitiativen sind immer noch mehr Männer als Frauen und mehr Menschen mit höheren Bildungsabschlüssen organisiert. Während Männer in den Gewerkschaften stärker und in Bürgerinitiativen schwächer dominieren, haben Gewerkschaften mehr Mitglieder mit niedrigen Bildungsabschlüssen, Bürgerinitiativen dagegen mehr mit hohen Bildungsabschlüssen (Datenreport 2011: 358 ff.).

Stagnierende oder sinkende Mitgliederzahlen von Vereinen und Organisationen, das zunehmende Wegbleiben junger Leute selbst aus Sportvereinen und die oben dargestellte Debatte um Sozialstaat, Arbeitsgesellschaft und politische Teilhabe haben in den 1990er Jahren zu empirischen Forschungen über bürgerschaftliches Engagement geführt. Aufgeschreckt von ersten Ergebnissen, die im internationalen Vergleich ein geringeres Maß an bürgerschaftlichem Engagement in Deutschland aufzeigten, griff die Politik das Thema auf. Es folgten politische Kampagnen für mehr freiwilliges und bürgerschaftliches Engagement, wie die Einsetzung einer Enquete-Kommission »Zukunft des bürgerschaftlichen Engagements« (Bundestagsdrucksache 14/2351) und die Ausrufung des »Internationalen Jahres der Freiwilligen« im Jahr 2001 durch die UNO sowie die Ausschreibung eines Wettbewerbes zur Auszeichnung kommunaler Bürgeraktionen im Jahr 2000 durch das Innenministerium Baden-Württemberg (Az: 2-2205.08-00/1).

Veränderte Untersuchungsdesigns, Definitionen und Erhebungskategorien führten zu neuen Ergebnissen, die ein Niveau bürgerschaftlichen Engagements in Deutschland ähnlich dem europäischer Nachbarstaaten nachwiesen (Braun 2001a: 98 f.). In Baden-Württemberg wurden in der zweiten Hälfte der 1990er Jahre im Auftrag des Sozialministeriums drei Studien zum bürgerschaftlichen Engagement, für eine Kleinstadt, für das Bundesland und bundesweit, mit jeweils ähnlichem Instrumentarium und somit untereinander vergleichbar erstellt (Geislingen-Studie 1995, Landesstudie 1997, SIGMA 1999). Die vom baden-württembergischen Sozialministerium bei SIGMA (Sozialwissenschaftliches Institut für Gegenwartsfragen Mannheim) in Auftrag gegebenen Studien sind stark an die kommunitaristische Argumentationslinie angelehnt. In der Geislingen-Studie offenbarten sich Unterschiede in Einstellungen und Motivation, insbesondere zwischen junger und älterer Generation. Jüngere hatten demnach mehr Hilfsnetze, auch unabhängig von Nachbarschafts-beziehungen, waren weniger »privatistisch« eingestellt und offener für solidarisches Handeln, empfanden weniger »soziale Kälte« (unpersönliche Beziehungen), waren integrationsfreudiger gegenüber ausländischen Mitbürgern und trauten sich mehr öffentliches Engagement zu als die Generation der über 65-Jährigen. »Pflichtbewusstsein« als Motiv für bürgerschaftliches Engagement war nur noch bei über 70-Jährigen nennenswert ausgeprägt. »Helfen« gilt vor allem bei Frauen in der Nachfamilienphase und älteren Menschen, die damit aktiv bleiben wollen, als Grund für Engagement. Während der »Gestaltungswille« für jüngere (20–40 Jahre) und mittlere Altersgruppen (40–60 Jahre) das Hauptmotiv ist, beanspruchen Jugendliche (unter 20 Jahre) besonders den eigenen Nutzen in Form von Kommunikationskontakten oder die Verwirklichung eigener Interessen (»Ich-Bezug«) als Motiv. Nur in den mittleren Altersgruppen treffen alle o. g. Motivkreise zusammen, mit Schwerpunkt auf dem Hilfeaspekt und dem Gestaltungswillen. Die Bereitschaft zum Engagement steigt mit der Höhe des Bildungsabschlusses. Einstellungen und Motive für bürgerschaftliches Engagement unterscheiden sich nach den Ergebnissen der Geislingen-Studie also vorwiegend nach Alter und Bildung. Somit stimmen diese Befunde mit den Befunden von Schulze (1992) überein. Engagement-Aktivitäten unterscheiden sich nach Lebenssituationen und Arten von Organisationen. In Vereinen dominieren Männer und jüngere Altersgruppen (Sportvereine). Frauen in der Nachfamilienphase sind eher in der Hilfe und Pflege für andere tätig. In selbstorganisierten Gruppen und Initiativen finden NeubürgerInnen eher Zugang als in traditionellen Vereinen. Engagement-Notwendigkeiten werden in erster Linie im sozialen Engagement für bestimmte Personengruppen wie Kinder, Jugendliche, alte und hilfsbedürftige Menschen gesehen. An zweiter Stelle stehen Themen wie Verkehrssituation und Stadtgestaltung. An (staatlicher) Unterstützung von Land und Stadt wünschten sich die Geislinger Befragten eher Personal, Schulung und Anerkennung als Geld und Sachleistungen (Geislingen-Studie 1995).

Die o. g. landesweite Studie von 1997 bestärkte in ihren Ergebnissen die Bedeutung von Eigeninteressen und Nutzungserwartungen als Motive für bürgerschaftliches Engagement. An Problemkreisen auf Landesebene benannten die Befragten aus Baden-Württemberg an erster Stelle Arbeitslosigkeit, Wirtschaftssituation und Finanzen, auf kommunaler Ebene Verkehr, Stadtplanung und Infrastruktur und im persönlichen Nahbereich ökonomische und soziale Sicherheit. Kriminalität, Anonymität oder Egoismus spielten nur eine untergeordnete Rolle. Diese Befunde geben realistische und auf guter Information beruhende Einschätzungen zu Lösungskompetenzen von Staat, Wirtschaft, Kommunen und Bürgerschaft wieder. Die Befragten setzen im Übrigen bürgerschaftlichem Engagement dort deutliche Grenzen, wo der Privatbereich des Einzelnen beginnt. Das heißt, sie sehen bürgerschaftliches Engagement nicht als geeignet zur Lösung privater Probleme im persönlichen Nahraum an. Engagement-Bereitschaft und die Überzeugung, etwas bewegen zu können, ist bei jungen Generationen (unter 40 Jahre) größer als bei der ältesten (über 70 Jahre). Bei den Jüngeren gibt es darüber hinaus weniger Vorbehalte gegenüber dem Engagement mit und für Fremde (Landesstudie 1997). In der bundesweiten Studie mit Schwerpunkt auf dem Verhältnis der Generationen untereinander wird deutlich, dass zwischen den Jüngsten und den Ältesten kaum Kontakte bestehen. Dies beruht jedoch weniger auf gegenseitiger Ablehnung als vielmehr auf mangelnden Kontaktgelegenheiten sowie jeweils unterschiedlichen Interessen und Vorlieben, die dem Einzelnen, ob jung oder alt, wichtiger sind als intergenerationale Kontaktwünsche (SIGMA 1999). Die o. g. Befunde wurden durch den Freiwilligensurvey (2009) der Bundesregierung im Wesentlichen bestätigt, machen aber auch deutlich, dass die Privaten (Hilfs-)Netze abnehmende Tendenz zeigen und sich ein Trend zur Verlagerung sozialer Beziehungen in den öffentlichen Bereich abzeichnet. MigrantInnen haben laut Freiwilligensurvey ähnliche Organisationsraten wie die einheimische Bevölkerung, und Frauen mit Migrationserfahrung engagieren sich ebenfalls eher im Innenbereich von Organisationen, während die Männer eher Führungspositionen einnehmen und sich um die Außenvertretung von Organisationen kümmern. In den Gewerkschaften sei die Repräsentanz von MigrantInnen höher als in allen anderen Organisationen der Gastgesellschaft (Thränhardt 2008). Weil die Vernetzung innerhalb von Migrantenorganisationen und zwischen diesen und anderen Organisationen stark ausgeprägt ist, sieht Thränhardt ein großes Integrationspotential durch die Existenz von Migrantenorganisationen, sofern die

Migrationsbevölkerung einen entsprechend hohen Integrationsgrad in solchen Organisationen aufweist.

Kritische Anmerkungen zu bürgerschaftlichem Engagement

Es gibt plausible Gründe für die Annahme, dass fortgeschrittene Industriegesellschaften (Schwengel 1999) oder postindustrielle Gesellschaften (Bell 1975) Formen politischer Beteiligung ihrer BürgerInnen finden müssen (Dahrendorf 1999), die dem in solchen Gesellschaften vorherrschenden Menschenbild des autonomen Individuums (Capra 1982) entsprechen, und deshalb die Beteiligung der BürgerInnen zwangsläufig einen hohen Stellenwert in Leitbildern und Zielbeschreibungen genießen und gleichzeitig sich deren Nichterfüllung als soziales Problem in diesen Gesellschaften konstituiert. Andererseits wurden zu den »Herausforderungen des Sozialstaates« (Kaufmann 1997) unter der Überschrift der »Krise des Sozialstaates« seit den 1990er Jahren, ausgehend von einer »Überforderung des Staates« (Ellwein/Hesse 1997), Konzepte diskutiert, die einen starken Sozial- oder Wohlfahrtsstaat in Frage stellen (Hildemann 2000), den »Staat neu denken« (Behrens/Heinze 1997) und als Ergebnis dessen einen »aktivierenden« (Mezger/West 2000) oder »ermunternden« (Bandemer/Blanke 1999) Staat proklamieren. Wenn in »Bürgergesellschaft und aktivierendem Staat Eckpunkte für einen neuen Gesellschaftsvertrag« (Bürsch 2002) gesehen werden, verwandelt sich aus dieser Perspektive die repräsentative unversehens in eine multiple, als komplexes Gefüge von Formen und Arrangements zu verstehende Demokratie (Nolte 2011) und der Wohlfahrtsstaat zur Wohlfahrtsgesellschaft (Evers/Olk 1996). Mit der Figur einer Postdemokratie wird die Diskussion darüber geführt, ob die Aufrechterhaltung der Institutionen der repräsentativen Demokratie mit gleichzeitigem Legitimationsverlust durch Enteignung der Partizipationsrechte auf Seiten der BürgerInnen einhergeht oder ob sich lediglich die Formen der demokratischen Beteiligung ändern (Nolte 2011). »Bürgerbeteiligung in der Postdemokratie« (Jörke 2011) kann trotz oder gerade aufgrund der Etablierung neuer und unkonventioneller Beteiligungsformen die soziale Spaltung der Gesellschaft verschärfen.

Die weiter oben bereits erwähnten empirisch feststellbaren Unterschiede in der Nutzung traditioneller Beteiligungsformen repräsentativer Demokratie, wie des Wahlrechts, machen deutlich, dass insbesondere Menschen mit niedrigen Bildungsabschlüssen, niedrigen Einkommen und schlechten Aussichten auf dem Arbeitsmarkt diese Beteiligungsformen immer weniger nutzen und gleichzeitig auch an den immer häufiger auftretenden unkonventionellen Beteiligungsformen, wie runden Tischen oder Bürgerforen, in geringerem Maße beteiligt sind, weil sie deren Voraussetzungen oft nicht erfüllen. Demgegenüber scheinen gerade die unkonventionellen »neuen Formen« der Beteiligung vorwiegend von gut ausgebildeten »Modernisierungsgewinnern« praktiziert zu werden, wie der Hamburger Schulstreit zeigte, wo 2010 die BürgerInnen aus den wohlhabenden Stadtgebieten mit ihrer überdurchschnittlichen Beteiligung am Volksentscheid für eine Mehrheit gegen das Vorhaben des Senats zur Einführung der sechsjährigen

Primarschule für alle Kinder sorgten (Jörke 2011). Die beiden mit der Idee der Demokratie verbundenen Versprechen, die gleiche Teilhabe am politischen Prozess und die Angleichung der Lebensverhältnisse verlangen also sowohl nach politischen Beteiligungsrechten, die allen BürgerInnen offenstehen, als auch nach der sozialen Egalität. Wenn sich nun soziale Lagen einschränkend auf die Beteiligung am politischen Prozess auswirken, steht das demokratische Versprechen in Frage (Böhnke 2011).

Förderung bürgerschaftlichen Engagements

Aus den obigen Ausführungen ist für Soziale Arbeit der Auftrag abzuleiten, bei Beteiligungsprozessen diejenigen Bevölkerungsteile verstärkt in den Fokus zu nehmen und zu fördern, die aufgrund ihrer sozialen Lage besonders benachteiligt sind, und diesen bei widerstrebenden Interessen von BürgerInnen in Stadtteilen/Quartieren zur Stimme zu verhelfen.

Eine Untersuchung von Sauter (2004) zur Mobilisierung von Bewohnerengagement im Rahmen des Programms »Soziale Stadt« kommt zum Ergebnis, dass Aktivierung und Beteiligung zwar hohe Wertschätzung genießt, aber eher geringe Praxisrelevanz verzeichnet. Nur ein kleiner Teil der Bevölkerung sei zum Engagement bereit und fähig, weshalb Bewohnerengagement eine dauerhafte professionelle Unterstützung benötige. Engagementförderung müsse an den vor Ort vorhandenen Strukturen andocken, und die Bevölkerung sollte mehr Entscheidungskompetenzen erhalten, so Sauter, und das kommunale Verwaltungshandeln brauche eine explizite Raumorientierung (▶ Kap. 6.4). Zur Förderung bürgerschaftlichen Engagements von MigrantInnen, aber nicht nur diesen, schlägt Schwarze (2008) die beteiligungsorientierte Entwicklung eines Förderkonzeptes vor, das sowohl Elemente zur Stärkung der internen Strukturen von Organisationen als auch zur Stärkung der Mitwirkungskompetenzen in öffentlichen Gremien beinhaltet. Solche Konzepte wären mit allen Akteuren der Zivilgesellschaft abzustimmen und zu vernetzen und stadtweit zu verankern. Eine lokale Bestandsaufnahme vorhandenen Engagements durch aktivierende Befragung, Sozialraumanalyse oder andere Methoden könnte eine Grundlage der Konzeptentwicklung darstellen. Eine »Anerkennungskultur«, die verschiedene Formen der Anerkennung von Engagement (öffentliche Ehrungen, Verdienstauszeichnungen, Einladung zu öffentlichen Anlässen und kommunalen Events etc.) berücksichtigt, ergänzt um organisatorische Unterstützung (z. B. Anlauf- und Vermittlungsstelle für Engagement, Raumvergabe an Initiativen, Nutzung von Presse-Verteilern etc.), Qualifizierungsangebote für Vereinsmitglieder in Kooperation mit lokalen Bildungsanbietern (Vereinsrecht, Finanzen, Fundraising, Sponsoring, PR-Arbeit, Projektmanagement, Wahlrecht, politische Gestaltungsmöglichkeiten etc.) und die Schaffung von Vernetzungs- und Kooperationsstrukturen (z. B. AG-Bürgervereine, Stadtteilkonferenz etc.; ▶ Kap. 6.4), kann zur Unterstützung von bürgerschaftlichem Engagement beitragen. Speziell für die Beteiligung von MigrantInnen werden aufsuchende Kontaktaufnahme, die Nutzung persönlicher Kontakte und informeller Kanäle für die persönliche Ansprache durch MultiplikatorInnen sowie eine von Aufrichtigkeit, partnerschaftlichem Umgang, Vertrauen und Geduld geprägte Haltung empfohlen (Schwarze 2008).

Um das Thema Bürgerbeteiligung aus der Perspektive von sozialer Stadtentwicklung und Gemeinwesenarbeit in einem dieser Veröffentlichung angemessenen Rahmen zu konkretisieren und abzuschließen, werden im nächsten Abschnitt zehn Thesen formuliert, in denen aus Sicht des Autors die wesentlichen Gesichtspunkte angesprochen, jedoch nicht abschließend behandelt werden.

7.3 Thesen zur Bürgerbeteiligung

1 Bürgerbeteiligung ist vielfach erwünscht, relativ weit verbreitet und zunehmend möglich

Die dauerhafte Existenz des bundesweiten Netzwerks Bürgerschaftliches Engagement (BBE) mit entsprechenden Netzwerken auf Länderebene zeigt die gesellschaftspolitische Relevanz der Thematik. Mit der mittlerweile fünften Welle des Freiwilligensurvey (FWS)[32] werden Längsschnittdaten zur Verbreitung diverser Arten von Beteiligung in Deutschland erhoben, die eine weite Verbreitung bürgerschaftlicher Partizipation belegen. Fachliteratur (vgl. Lüttringhaus/Richers 2003; Ackermann 2004 u. a.), Publikationen von Ministerien (vgl. BMVBS 2012) und Stiftungen (vgl. Stiftung Mitarbeit 2012) weisen auf zahlreiche kleinere und größere Initiativen und Aktivitäten an vielen Orten hin und zeigen Möglichkeiten der Partizipation von BürgerInnen am gesellschaftspolitischen Geschehen auf.

2 Bürgerbeteiligung nutzt den BürgerInnen zur Artikulation ihrer Interessen/Anliegen und zur Stärkung des Selbstwertgefühls

Gerade Menschen, deren Berufs- und Lebensbiografie eher von Vernachlässigungserfahrungen geprägt sind und sie gelehrt haben, wenig oder nichts für die Allgemeinheit beitragen zu können und auch nicht diesbezüglich angefragt worden zu sein, können durch auf ihre Lebenssituation und zu ihren Ressourcen passende Beteiligungsformen Selbstwirksamkeitserfahrungen machen und erleben, dass die Organisation von Bürgerinteressen durchaus erfolgreich sein kann.

---

32 Die fünfte Welle des Freiwilligensurveys 2019 wurde als Publikation Pandemie bedingt auf das Jahr 2021 verschoben, vgl. https://www.dza.de/forschung/fws (10.03.2021).

3 Bürgerbeteiligung nutzt Stadtteilen und Quartieren zur Verbesserung der Lebensqualität und zur Verbesserung des Stadtteil-Images

Die Erfahrungen mit den Bund-Länder-Programmen für »Stadtteile mit besonderem Entwicklungsbedarf – Soziale Stadt« haben gezeigt, dass die Orientierung der Stadtentwicklung auf sozialräumlicher Ebene zu Verbesserungen in Stadtteil und Quartier führen können, wenn dabei die Bevölkerung einbezogen wird und sie ihr Know-how als ExpertInnen für ihr räumliches und soziales Lebensumfeld einbringen kann (vgl. AKZENT 2011).

4 Bürgerbeteiligung nutzt den Gemeinden zur Entwicklung besserer Lösungen bei politischen Entscheidungen

Zu dieser Erkenntnis kam das Bundesministerium für Verkehr, Bau und Stadtentwicklung in seinem Abschlussbericht zur Bürgerbeteiligung im Rahmen der Planung von Großvorhaben im Verkehrssektor (BMVBS 2012). Dieser Bericht ist dementsprechend als Handbuch für eine gute Bürgerbeteiligung konzipiert und berücksichtigt wesentliche Erkenntnisse und Erfahrungen aus der Bürgerbeteiligung Sozialer Arbeit (Lüttringhaus/Richers 2003).

5 Bürgerbeteiligung kann ausgenutzt werden zur Durchsetzung von Partialinteressen, zur Verschleierung von Manipulation, zur Entpolitisierung durch »Folklorisierung«, zum Konkurrenzkampf gesellschaftlicher Gruppen sowie zur Ausgrenzung von Bevölkerungsteilen

Wenn gesellschaftliche Gruppen, die ohnehin über mehr und höheres Sozialkapital verfügen und sich dann noch für Anliegen einsetzen, die eher ihre Partialinteressen als das Gemeinwohl in den Vordergrund stellen, wie z. B. die Verhinderung eines Kinderspielplatzes, einer Einrichtung für Menschen mit Behinderungen oder einer Schwerpunktpraxis für Substitutionsbehandlungen suchtkranker Menschen in ihrem Wohngebiet, dann stellt sich die Frage nach der Aushandlung von Interessen unterschiedlicher Bevölkerungsteile und den Chancen der Gleichberechtigung der Anliegen. Wenn Behörden vermeintliche Bürgerbeteiligung auf expertokratische Art und Weise betreiben, die in keinster Weise dazu geeignet ist, dem Bürgerwillen zum Ausdruck zu verhelfen, weil sehr gut vorbereitete ExpertInnen umfangreiche Informationen präsentieren, lediglich ihre eigenen Schlüsse daraus ziehen und weder Nachfragen noch Diskussionen ermöglichen, liegt der Verdacht von Manipulation und deren Verschleierung nahe. Wenn Organisationen die Bevölkerung zur Teilnahme an Veranstaltungen mobilisieren, ohne diesen die verschiedenen Stufen der Beteiligung (s. These 7) zu ermöglichen, um damit im Konkurrenzkampf z. B. zwischen Wohlfahrtsverbänden eine bessere Position einzunehmen, wird Bürgerbeteiligung für Organisationszwecke instrumentalisiert. Wenn ausschließlich Begegnungsformen, die geselligen Charakter und keine thematische und politische Fokussierung haben, praktiziert und als Beteiligungsformen deklariert werden, kann von der »Folklorisierung« von Beteiligung gesprochen werden. Damit soll nicht in Abrede gestellt werden, dass unterhaltsame und gesellige Formen der Begegnung und Beteiligung wichtige Bestandteile nachhaltiger Partizipation sein können. Aber wenn sozial benachteiligte Menschen nicht ernst genommen und nicht durch ernsthafte Analysen und sorgfältig vorbereitete Methoden in Beteiligungsprozesse einbezogen werden, schließt Bürgerbeteiligung diese Bevölkerungsteile aus, wie Chantal Munsch (2004) kritisiert.

6 Bürgerbeteiligung braucht sowohl Teilhabegewährung durch Beteiligungsangebote und -möglichkeiten seitens der Entscheidungs- und Maßnahmeträger als auch Beteiligungsnachfrage, Interesse und tatsächliche Teilnahme seitens der BürgerInnen

Weil die beste Beteiligungsabsicht von Maßnahmen- oder Entscheidungsträgern ins Leere läuft, wenn sie von niemandem in Anspruch genommen und genutzt wird, müssen Beteiligungsangebot und -nachfrage in Einklang gebracht werden. Um nicht einzig nach dem Prinzip »Trial and Error« verfahren zu müssen, empfiehlt sich, nach den Anliegen, Betroffenheiten und Interessen der Bürgerschaft zu forschen. Hierzu eignet sich in besonderer Weise die aktivierende Befragung, bei der methodisch sowohl Informationen generiert, Einschätzungen und Deutungen erfasst als auch Ressourcen erhoben und Ideen entwickelt werden können, für deren Umsetzung die Befragten wegen der selbst benannten Betroffenheit am ehesten motiviert sein dürften. Das Handbuch von Lüttringhaus und Richers (2003) gibt dazu ausführliche und hilfreiche Anregungen. Einen Erfahrungsbericht über eine aktivierende Befragung in einem Stadtteil bieten Martin Albert und Julia Wege (2012).

7 Bürgerbeteiligung geschieht auf unterschiedlichen Stufen der Beteiligung, die sich nach ihrer Intensität und Aktivität unterscheiden lassen

Die in Abbildung 12 dargestellten »Beteiligungs-Stufen« sind als aufeinander aufbauende Stufen zu verstehen, bei denen jede Stufe auch die Basis der darunter liegenden Stufen benötigt. Die Größe (Flächenumfang) der Stufen suggeriert eine weitere empirische Verbreitung, was durchaus beabsichtigt ist, denn es wird davon ausgegangen, dass »Information« die am weitaus häufigsten genutzte Beteiligungsstufe darstellt, wohingegen die Stufen der »Mitwirkung«, »Mitentscheidung« oder gar der »Selbstorganisation« in der Praxis nach oben hin abnehmend verbreitet sein dürften. Bedeutung und Intensität der Beteiligung steigen mit jeder nach oben ansteigenden Stufe. Eine nachhaltige Beteiligung geht von einem ganzheitlichen Ansatz aus, der alle Beteiligungsstufen bedient. Anlässe und Möglichkeiten der Beteiligung können jedoch mit unterschiedlichen Beteiligungsstufen korrespondieren. Bleibt die Beteiligung auf der untersten Stufe, also im Bereich der Informationen stehen, werden die Wirkungen der Beteiligung weniger Reichweite erzielen, weil die beteiligten BürgerInnen nicht ins Handeln (Stufe »Mitwirkung«) kommen, nicht die Erfahrung machen, dass sie Einfluss nehmen (Stufe »Mitentscheidung«) und Autonomie gewinnen (Stufe »Selbstorganisation«) können. Nähere Erläuterungen finden sich in diesem Band sowie im »Handbuch für eine gute Bürgerbeteiligung« (BMVBS 2012) und bei Lüttringhaus/Richers (2003).

Abb. 12: Beteiligungsstufen
Quelle: eigene Bearbeitung, Becker 2014, nach BMVBS 2012 und Lüttringhaus/Richers 2003

8 Bürgerbeteiligung erfordert auf unterschiedlichen Stufen der Beteiligung unterschiedliche Voraussetzungen und Bedingungen

Die Beteiligung durch Information erfordert Betroffenheit der BürgerInnen von der jeweiligen Situation und Interesse an der jeweiligen Thematik, über die informiert wird. Betroffenheit wiederum ist abhängig von Lebenslage, Lebensstil und sozialräumlicher Orientierung der Menschen. Bildungsstand und Vorwissen von BürgerInnen sind wesentliche Faktoren für die Art und Weise der Informationsverarbeitung und -aneignung. Auf der Stufe der Mitsprache und Mitwirkung sind niedrig- oder hochschwellige Zugänge, Zeitressourcen, Orte und Zeiten von Mitwirkungsgelegenheiten und Beteiligungserfahrungen entscheidende Bedingungen für Engagement. Ob und wie stark BürgerInnen mit- oder selbst entscheiden können und die Gelegenheiten dazu nutzen, hängt neben gesetzlichen Regelungen und politischen Strukturen auch von Eigentums- und Machtverhältnissen einerseits sowie von den Menschenbildern und Demokratieverständnissen der Beteiligten Akteure andererseits ab. Wer im Sinne eines funktionalistischen Menschenbildes davon ausgeht, dass Menschen nur unter Anweisung und Kontrolle zur Einhaltung von Absprachen und Normen fähig sind, wird sich in Beteiligungsprozessen anders verhalten als eine Person, die von einem humanistisch autonomieorientierten Menschenbild ausgeht (vgl. McGegor 1986; Capra 1982). Eine Checkliste zur Bürgerbeteiligung mit einem Fragebogen zur Gestaltung von Bürgerbeteiligung und Beispielen für Spielregeln in einem Beteiligungsprozess sowie einen Methodenkoffer haben die Stadt Essen und deren Kooperationspartner, die Firma »PlanKom«, unter dem Titel »Standards der Bürgerbeteiligung – Checkliste für Projektverantwortliche« entwickelt, der ausdrücklich zur Weiterverwendung durch Kommunalverwaltungen empfohlen wird und über dessen »respektlose Aneignung und vielfältige Verwendung in der kommunalen Praxis« sich die AutorInnen ausdrücklich freuen (Checkliste Bürgerbeteiligung 2011). Einen »Verhaltenskodex für die Bürgerbeteiligung im Entscheidungsprozess« haben internationale Nichtregierungsorganisationen (INGOs 2009) im Rahmen einer Konferenz beim Europarat im Oktober 2009 verabschiedet. Darin werden Ziele, Rahmenbedingung für die Bürgerbeteiligung, Parameter der Zivilgesellschaft, Grundlagen und Voraussetzungen der Bürgerbeteiligung, verschiedene Ebenen der Beteiligung, die Phasen des politischen Entscheidungsprozesses sowie fachübergreifende Werkzeuge und Mechanismen für die Bürgerbeteiligung beschrieben.

9   Die Problematik von Bürgerbeteiligung liegt u. a. in der potenziellen Spaltung zwischen Engagement-geübten und -erfahrenen vermeintlichen »AktivbürgerInnen« und Engagement-ungeübten und -unerfahrenen vermeintlichen »PassivbürgerInnen«

Weil viele, auch neuere Formen der Beteiligung wie Runde Tische, Stadtteilkonferenzen etc. in der Regel einen bereits hohen Bildungs- und Informationsgrad, sprachliche Gewandtheit, diszipliniertes Verhalten, Sachorientierung statt Emotionalität und Zeit erfordern, werden Menschen, die ihre Stärken nicht in diesen Kompetenzen sehen oder aufgrund ihrer Lebenserfahrung nicht glauben, etwas zum Wohle der Allgemeinheit beitragen zu können, tendenziell von Beteiligung ausgeschlossen (Munsch 2003; 2004). Wie BürgerInnen mit unterschiedlichen Fähigkeiten und Motivation mittels entsprechend angepasster Methoden beteiligt werden können, zeigt Ina Zimmermann (2012) am Beispiel der Evaluation im Rahmen des Programms »Soziale Stadt«.

Weitere Probleme entstehen durch Angst vor Machtverlust auf Seiten von PolitikerInnen, die befürchten, sich nicht mehr als »MacherInnen« darstellen und ihre informellen Kontakte nicht mehr als Vorteile nutzen zu können, oder durch Verständigungsprobleme und Vorurteile zwischen Angehörigen unterschiedlicher Disziplinen und Akteuren (StadtentwicklerInnen, VerkehrsplanerInnen, WirtschaftsfördererInnen, ArchitektInnen, SozialarbeiterInnen, Grund-/HauseigentümerInnen, MieterInnen, KommunalpolitikerInnen etc.), die unterschiedliche Perspektiven, Interessen, Lösungs- und Bewältigungsideen haben. ArchitektInnen sehen sich möglicherweise als »KünstlerInnen und GestalterInnen« durch Bürgerbeteiligung in ihrer Kreativität und Schöpfungskraft beschränkt und ihre Ideen/Geschöpfe zerredet. »NaturwissenschaftlerInnen« und »TechnikerInnen« sehen möglicherweise vorwiegend ihre Daten und Fakten (Vorgaben) und wenig Spielräume für Diskussionen »technischer Lösungen«. Bürgerbeteiligung kann somit tendenziell als zusätzliche »Störgröße«, als unkalkulierbarer Zeitfresser und Belastung gesehen werden.

Damit wird Moderation zu einer wichtigen Aufgabe. Weil sich ehrenamtliche Mitwirkungsstrukturen und hauptamtliche Arbeitsstrukturen der öffentlichen

Verwaltungen oft an Arbeitskapazitäten, Arbeitszeiten, Bevormundungen und Formalismen reiben, entstehen unangemessene Erwartungen, beispielsweise zu Zeitpunkt und Tempo der Ideenrealisierung. Enttäuschte Erwartungen demotivieren. Missverständnisse und Enttäuschungen können zu Vorurteilen über »die Politik«, »die Verwaltung, Ämter oder Bürokratie«, »die InvestorInnen«, »die BürgerInnen« werden. Hinzu kommt, dass neue Kommunikationsanforderungen selten mit zeitlichen Entlastungen versehen werden. Somit können durch unrealistische Vorgaben für unpopuläre Entscheidungen, für die es keinen Verhandlungsspielraum gibt, nicht selten psychische Belastungen entstehen. Nachhaltigkeit und Verstetigung von BürgerInnenbeteiligung wird in und durch Projektmanagement und -finanzierung eingeschränkt, denn Projektfinanzierungen beenden oft die Beteiligung nach Ende des Projektes. Projektmanagement als zeitlich begrenztes Quartiermanagement baut Kontakte und Beziehungen auf, die danach brachliegen oder wenn sie personengebunden, bei Weggang der Person nicht mehr nutzbar sind (vgl. Hüttinger/Selle 2003).

10 Die Beteiligung von Engagement ungeübten Menschen kann gelingen, wenn die Voraussetzungen für reelle und adäquate Beteiligungschancen für alle Bevölkerungsteile geschaffen werden

Dazu gehören dezentral, auf Quartierebene angesiedelte Beteiligungsgelegenheiten, die geprägt sind von offenem, vertrauensvollem Zuhören, um die Themen der Menschen herausfinden und aufgreifen zu können. Es sind adäquate Beteiligungsformen zu finden, die zu den Menschen und ihrer Situation passen und eine kontinuierliche Beteiligung ermöglichen, aber nicht voraussetzen. Hierzu sind lebensweltorientierte Veranstaltungsorte zu wählen, die eine niedrige Schwellenangst auslösen und unverbindliche Teilnahmemöglichkeiten bieten, die auch geringe Arbeitsdisziplin und hohe Emotionalität tolerieren. Durch ansprechende und auffällige Ankündigungen kann die Bevölkerung auf Aktivitäten aufmerksam gemacht werden. Durch die Verbindung von Reden und praktischem Tun sowie dem Aufzeigen konkreter Handlungsmöglichkeiten kann bei aktiver, unterstützender Moderation die Eigenständigkeit und das Selbsthilfepotential der BürgerInnen gefördert werden. Zur Sicherung nachhaltiger Beteiligungsstrukturen sollte ein Koordinationsgremium aller Organisationen im Stadtteil/Quartier existieren, wobei eine Trennung von BewohnerInnen- und Organisationsvertretung (BewohnerInnenrat aller BewohnerInnen; Trägerrat aller Organisationen) sicherstellen sollte, dass nicht Bewohnerinteressen von Organisations-/Trägerinteressen dominiert werden. Gleichwohl braucht es eine strukturelle Zusammenführung von BewohnerInnen- und Organisationsvertretung (BewohnerInnenrat + Trägerrat = Stadtteil-/Quartiergremium; z. B. Stadtteilkonferenz), um Interessensgegensätze und Gemeinsamkeiten bewältigen und nach außen vertreten zu können. Dieses Stadtteil-/Quartiergremium hätte außerdem die Aufgabe, AnsprechpartnerIn für Stadtverwaltung und Quartiermanagement zu sein, und könnte als Träger einer professionellen Quartierarbeitsstelle fungieren. Mit der Sicherung einer überparteilichen Moderation von Beteiligungs-/Aktivierungsprozessen kann das Risiko, dass BürgerInnen durch Beteiligung oder Aktivierung instrumentalisiert werden, vermindert werden (vgl. die Vorschläge ▶ Kap. 6).

Tab. 5: Beteiligungsmatrix

Beteiligungsstufen Adressaten	Information	Mitwirkung	Entscheidung	Selbstorganisation
Jugendliche				
Ältere				
Alleinerziehende				
MigrantInnen				
NeubürgerInnen				
Arme				
andere				

Quelle: eigene Bearbeitung, Becker 2014

Erläuterungen: Die in Tabelle 5 dargestellte »Beteiligungsmatrix« dient als Grundlage zur Entwicklung maßgeschneiderter Beteiligungsformen. Je nach Situation und AdressatInnenkreis können auf der Grundlage der Erkenntnisse über Beteiligungsvoraussetzungen der jeweiligen AdressatInnen geeignete Methoden und Techniken für jede Stufe der Beteiligung ausgesucht oder selbst entwickelt werden. Es empfiehlt sich, einen Ideenspeicher mit Methoden und Techniken aus der Fachliteratur (z. B. Ackermann 2004; Budde/Cyprian/Früchtel 2007; Deinet 2009; Galuske 2007; Lüttringhaus/Richers 2003) und der eigenen beruflichen Erfahrungen zu erstellen und diese auf ihre Eignung für die jeweilige Beteiligungsstufe und den jeweiligen AdressatInnenkreis zu überprüfen. Somit lässt sich ein Gerüst für ein Konzept der Beteiligung erstellen, das den Anforderungen an nachhaltige Beteiligung, wie sie in den o. g. Thesen diskutiert wurden, gerecht wird.

7.4 Übersicht über Methoden und Techniken

Wie in der Einleitung zu diesem Kapitel angekündigt, werden im Folgenden Methoden und Techniken zur Gestaltung von Interventionen im Handlungsfeld sozialer Stadtentwicklung und Gemeinwesenarbeit in einer Übersicht dargestellt.

7 Methodisches Handeln

Um den Rahmen dieser Veröffentlichung nicht zu sprengen, sind die einzelnen Methoden und Techniken nur kurz stichwortartig beschrieben und mit Quellen versehen, in denen ausführliche Beschreibungen der Methoden und Techniken zu finden sind. Die ausgewählten Methoden und Techniken sind den drei Anwendungsbereichen der Erforschung und Entwicklung von Stadtteilen und Quartieren, der Beteiligung der Bevölkerung und der Vernetzung lokaler Akteure zugeordnet. Diese Übersicht erhebt keinen Anspruch auf Vollständigkeit, sondern kann und sollte weiterentwickelt werden.

Tab. 6: Übersicht über Methoden und Techniken zur Erforschung und Entwicklung von Stadtteilen und Quartieren

Kurzbezeichnung	Kurzbeschreibung	Quelle
»Sozialraumanalyse«	sozialräumliche Analyse von Strukturen und Prozessen von Raum-/Bau-/Infrastruktur, Kommunikation, Vernetzung und Aktionen der Bevölkerung in Quartieren	Becker (2021); ▶ Kap. 7.1
»Sozialstrukturanalyse«	Erhebung von Daten zur Sozialstruktur in Gebieten	Becker (2021); ▶ Kap. 7.1
»Sozialreportage«	auf die Aneignung historischer Sozialräume durch Kombination verbaler und fotografischer Techniken bezogene Darstellungsmethode	Deinet 2009: 213 ff.
»Planning für Real«, »Planen am Modell«	Erstellung eines Quartiermodells unter Beteiligung der Bevölkerung	Dorfmann/Gibson 1981; Deinet 2009: 256 ff.
»Stadtteilbegehung«	von Fachkräften durchgeführte strukturierte Beobachtung von Stadtteilen und Quartieren	Deinet 2009: 65 ff.
»Stadtteilerkundung« mit ExpertInnen	Methode zur Erschließung eines Stadtteils/Quartiers durch ortskundige »ExpertInnen« (vgl. oben zur »ExpertInnenbefragung«)	Budde u. a. 2007b: 134 ff.
»Weitwinkelscan« bzw. Checkliste	Techniken zur Stadtteilerkundung und Stadtteilbeschreibung	Budde u. a. 2007b: 129 ff.
»Nadeltechnik«	liefert Überblick über beliebteste und wichtigste Aufenthaltsorte bestimmter Bevölkerungsteile	Budde u. a. 2007b: 138 f.; Deinet 2009: 72 ff.
Kartierungs-Methoden und »subjektive Landkarten«	Kartierungen subjektiver kognitiver (Re-)Konstruktionen von Menschen in Quartieren	Schönig 2008: 102 ff.; Werlen 2004; Budde u. a. 2007b: 127 f.; Deinet 2009: 75 ff.
Expertenbefragung/ Befragung von Schlüsselpersonen	als ExpertInnen kommen sowohl lokale Fachleute, Funktionsträger, Menschen, die sich aufgrund beruflicher oder ehrenamt-	Schönig 2008: 98 f.; Deinet 2009: 70 ff.

7.4 Übersicht über Methoden und Techniken

Tab. 6: Übersicht über Methoden und Techniken zur Erforschung und Entwicklung von Stadtteilen und Quartieren – Fortsetzung

Kurzbezeichnung	Kurzbeschreibung	Quelle
	licher Tätigkeit sehr gut im Quartier auskennen, und auch BewohnerInnen als »ExpertInnen ihrer Lebenswelt« in Frage	
»aktivierende Befragung«, »aktivierendes Gespräch«, »aktivierende Beratung«	Befragung von Menschen in Quartieren nach deren Themen und Interessen, zur Aktivierung der Selbsthilfe durch Verknüpfung von Analyse und Aktion	Budde u. a. 2007b: 299 ff.; Schönig 2008: 122 ff.; Deinet 2009: 185 ff.
»Burano-Methode«	Beobachtung alltäglicher Nutzungen des öffentlichen Raums durch verschiedene NutzerInnen zu verschiedenen Zeiten	Burano-Gruppe 1972
»Street Corner Society«	klassische Feldforschung durch Beobachtung in/von Quartieren	Budde u. a. 2007b: 115–121
Beobachtung im Stadtteil	Teilnehmende Beobachtung von Menschen an öffentlichen Orten	Budde u. a. 2007b: 122 f.
»Autofotografie«	Visualisierung subjektiver Perspektiven bestimmter Bevölkerungsteile	Budde u. a. 2007b: 125; Deinet 2009: 78 f.
»Open Space«	Tagungsmethode für Großgruppen, die auf Kreativität und Selbstorganisation setzt	Owen 2001; Deinet 2009: 245 ff.
»World Café«	Workshop-Methode für Großgruppen, zur Erhebung kollektiven Wissens durch vielfältige Kommunikation	Brown/Isaacs 2007
»Zukunftswerkstatt«	Tagungsmethode für Großgruppen, mit Phasen von Kritik, Ideen und Umsetzungsmöglichkeiten	Jungk/Müllert (1995/1981); Deinet 2009: 255 ff.
»Perspektivenwerkstatt«	konsensorientierte Vermittlungsmethode zur integrativen Stadtentwicklung	Zadow 1997
»Planungszelle«/ »Bürgerforen«	Beteiligungsmethode, bei der zufällig ausgewählte BürgerInnen selbständig ein »Bürgergutachten« erstellen	Dienel 1978/2002
»Streetwork«	lebensweltorientierte, aufsuchende Arbeit im öffentlichen Raum zur niedrigschwelligen Kontaktaufnahme und Kontaktpflege mit der Bevölkerung	Galuske 2007: 268 ff.
»Cliquenraster«, »Cliquenportrait«	Erfassung von Kultur-/Szenegruppen in Quartieren	Budde u. a. 2007b: 125 ff.; Deinet 2009: 79 ff.
»Ressourcencheck«	Herausarbeitung von Stärken, Potentialen und Interessen von Individuen, Gruppen und Quartieren	Budde u. a. 2007b: 60 ff.

Tab. 6: Übersicht über Methoden und Techniken zur Erforschung und Entwicklung von Stadtteilen und Quartieren – Fortsetzung

Kurzbezeichnung	Kurzbeschreibung	Quelle
»One-to-Ones«	Nutzung und Schaffung alltäglicher Gelegenheiten, ins Gespräch mit MultiplikatorInnen zu kommen, die im Quartier eine Bedeutung haben	Budde u. a. 2007b: 175 ff.
»Village Storming«	Aufbau eines funktionierenden Beziehungssystems innerhalb eines noch neuen Quartiers	Budde u. a. 2007b: 139 ff.

Quelle: eigene Bearbeitung, Becker 2014

Tab. 7: Übersicht über Methoden und Techniken zur Ermöglichung und Förderung von Bürgerbeteiligung und Engagement

Kurzbezeichnung	Kurzbeschreibung	Quelle
»Kompetenzkartierung«, »Kompetenzwerkstatt«	Technik zur Sammlung von Informationen über Kompetenzen von Menschen im Quartier	Budde u. a. 2007b: 181 ff.; Schubert u. a. 2003
»Ressourcenkartei«	Technik zur Dokumentation von Informationen über Kompetenzen von Menschen im Quartier	Budde u. a. 2007b: 187 ff.
»Zeitbudgets«	gibt Aufschluss über die Zeitverwendung und Aktionen von Menschen im Quartier	Deinet 2009: 81 ff., 131 ff., 180 ff.
»Eco-Mapping«	zur Entdeckung von Ressourcen in Netzwerken der Bevölkerung	Budde u. a. 2007b: 91 ff.
»Arbeit mit dem Willen«	Erarbeitung von Interessen und Umsetzungswillen von Menschen zur Formulierung von Zielen	Budde u. a. 2007b: 75 ff.
»Beteiligungsmatrix«	Instrument zur Gestaltung von Beteiligungsaktivitäten unter Berücksichtigung von Beteiligungsstufen und -ressourcen der Bevölkerung	Becker (2021); ▶ Kap. 7.3; ▶ Tab. 5
»Beteiligungs- und Vernetzungsmodell auf Stadtteilebene«	Aufteilung von Beteiligungsformaten nach deren Mandatierung durch Verwaltung, BürgerInnen oder lokale Akteure	Becker (2021); ▶ Kap. 6; ▶ Abb. 11
Bürgerversammlung, -anhörung/-antrag/-begehren etc.	in den jeweiligen Gemeindeordnungen verankerte politische Partizipationsformen	Becker (2021); ▶ Kap. 6.3.1;Budde u. a. 2007b: 286 ff.; Schönig 2008: 190 ff.
»Kommunalpolitische Wahlprüfsteine«	Operationalisierung der Leitbilder moderner Stadtentwicklung, die bei entsprechender Anpassung eine Übertragung auf	Becker (2021); ▶ Kap. 6; ▶ Tab. 4

7.4 Übersicht über Methoden und Techniken

Tab. 7: Übersicht über Methoden und Techniken zur Ermöglichung und Förderung von Bürgerbeteiligung und Engagement – Fortsetzung

Kurzbezeichnung	Kurzbeschreibung	Quelle
	jeweilige örtliche Verhältnisse ermöglichen	
»Community Organizing«	Methode der Exploration von Themen, Ermittlung von Kompetenzen und Aktivierung zur Selbstorganisation von BürgerInnen zur Durchsetzung ihrer Interessen	FOCO 1997; Budde u. a. 2007b: 306 ff.
Straßentheater und unsichtbares Theater	Methoden kreativer Darstellungsformen im öffentlichen Raum zur Information und zum Anstoß-Erregen in der Öffentlichkeit	Budde u. a. 2007b: 271 ff.
»Bürgerpanel«	Beteiligungsmethode für eher ungeübte BürgerInnen	Klages u. a. 2008
»Bürgerausstellung«	künstlerische Darstellung realer Lebenssituationen lädt die BetrachterInnen zur Beteiligung ein	Schophaus u. a. 2002
»Mediation im Gemeinwesen«	Konfliktvermittlung im Stadtteil von Fachkräften und/oder BürgerInnen als Konfliktlotsen	Götz/Schäfer 2009

Quelle: eigene Bearbeitung, Becker 2014;
zur Kurzbeschreibung und Quelle der folgenden Kurzbezeichnungen ▶ Tab. 6: »Sozialraumanalyse«, »Sozialstrukturanalyse«, »Stadtteilbegehung«, »Stadtteilerkundung«, Aktivierende/s Gespräch/Befragung/Beratung, Kartierungsmethoden, »Nadeltechnik«, »Open Space«, »World Café«, »Zukunftswerkstatt«, »Planungszelle«, »Planning für Real«, »One-to-Ones«

Tab. 8: Übersicht über Methoden und Techniken zur Vernetzung lokaler Akteure

Kurzbezeichnung	Kurzbeschreibung	Quelle
»Koordinations-/Vernetzungsmodell Stadt-(Teil-)Entwicklung«	Modell zur Koordination und Vernetzung sozialraumorientierter Aktivitäten in Kommunen	Becker (2021); ▶ Kap. 6; ▶ Abb. 10
»Stadtteilkonferenz«	Vernetzungs- und Kooperationsform für Organisationen und Initiativen im Stadtteil/Quartier	Becker (2021); ▶ Kap. 6; ▶ Abb. 11; Becker 2008
»Runder Tisch«	Organisationsform gleichberechtigter Teilnahme zur Entwicklung gemeinsamer Lösungen	Haus 2002
Netzwerkarbeit im Quartiermanagement	Aufgabenraster für das Management von Netzwerken in Quartieren	Budde u. a. 2007b: 144 ff.

Tab. 8: Übersicht über Methoden und Techniken zur Vernetzung lokaler Akteure – Fortsetzung

Kurzbezeichnung	Kurzbeschreibung	Quelle
»Organization Mirror«	Technik zur Erkundung der Fremdbilder zwischen Organisationen als Netzwerkpartner im Quartier	Budde u. a. 2007b: 144 ff.
Organisationen gewinnen	Vorgehen zur Kontaktaufnahme und Kooperationsanbahnung	Budde u. a. 2007b: 152 ff.
Quartier-Projekte	Entwicklung und Gestaltung von Kooperationsprojekten von lokalen Akteuren	Budde u. a. 2007b: 167 ff.; Willener 2007

Quelle: eigene Bearbeitung, Becker 2014;
zur Kurzbeschreibung und Quelle der folgenden Kurzbezeichnungen ▶ Tab. 6: »Sozialraumanalyse«, »Open Space«, »World Café«, »Zukunftswerkstatt«, »Expertenbefragung«, »One-to-Ones«

7.5 Zusammenfassung und Arbeitsanregungen

Nachdem in den vorigen Kapiteln die fachlichen Grundlagen des Handlungsfeldes sozialer Stadtentwicklung und Gemeinwesenarbeit bearbeitet wurden, stand in diesem Kapitel die Konkretisierung von Handlungsmöglichkeiten an. Begonnen wurde mit der Sozialraumanalyse als zentraler Analysemethode zur Gewinnung von Erkenntnissen über Strukturen und Prozesse in Stadtteilen und Quartieren sowie als professionelle Handlungsfundierung. Eine Sozialraumanalyse empfiehlt sich daher nicht nur zu Beginn einer Quartierentwicklung oder eines Quartierprojektes zu erstellen, sondern sollte, wie in Kapitel 6 im Zusammenhang mit den Empfehlungen zur nachhaltigen sozialen Stadtentwicklung erwähnt, in regelmäßigen Abständen, etwa im Fünf- bis Zehn-Jahres-Rhythmus, durchgeführt und dokumentiert werden.

Basierend auf der Erkenntnis, dass soziale Stadtentwicklung nur mit und nicht für Menschen in ihrem sozialräumlichen Umfeld nachhaltige Wirkungen zu erzielen vermag, gehört BürgerInnenbeteiligung in Form von Partizipationsgestaltung und Engagementförderung zu den wesentlichen Aktivitäten der Fachkräfte Sozialer Arbeit in und mit Gemeinwesen. Erklärungsmodelle und Grundlagen von Partizipation und Engagement sowie die kritische Betrachtung dessen, was mit diesen Begriffen transportiert wird, waren Inhalte des zweiten Abschnitts dieses Kapitels. Mit der Übersicht von Methoden und Techniken zur Gestaltung von Interventionen im Handlungsfeld wurde eine »Schatzkiste« für die praktische Gestaltung von Interventionen geschaffen, die gerade für Fachkräfte in der Praxis und Studierende, die sich das Handlungsfeld neu erschließen, eine wertvolle Fundgrube einsetzbarer Methoden und Techniken sein kann.

Aufgaben und Arbeitsanregungen

- Entwickeln Sie ein Konzept für eine Sozialraumanalyse exemplarisch für einen Stadtteil/ein Quartier Ihrer Wahl!
- Finden Sie Argumente zur Erklärung studentischen Engagements an Ihrer Hochschule jeweils für alle der im Text vorgestellten vier Erklärungsansätze für bürgerschaftliches Engagement!
- Erstellen Sie auf der Basis eines der vorgestellten Erklärungsansätze für Engagement einen Flyer, der BewohnerInnen eines Stadtteils/Quartiers zum Engagement animieren soll! Begründen Sie die Auswahl des von Ihnen gewählten Erklärungsansatzes!
- Entwickeln Sie anhand der im Text vorgestellten Beteiligungsmatrix ein Beteiligungskonzept für einen Stadtteil/ein Quartier mit Angabe von AdressatInnen und ausgewählten Methoden und Techniken sowie mit Zuordnung zur jeweiligen Beteiligungsstufe! Bedienen Sie sich bei der Auswahl der Methoden und Techniken der Übersichtstabellen in Kapitel 7.4!

Literaturempfehlungen

Ackermann, Paul (2004): Bürger Handbuch. Basisinformationen und 66 Tipps zum Tun. Schwalbach: Wochenschauverlag.

Becker, Martin (2019): Beteiligungs- und Vernetzungsmodelle auf Stadtteil- und Quartierebene. In: Riede, Milena/Döring, Frank (Hrsg.): Gemeinwesenarbeit und lokale Demokratie. mitarbeiten.skript 13, S. 23–41. Bonn: Stiftung Mitarbeit.

Budde, Wolfgang/Cyprian, Gudrun/Früchtel, Frank (2007b): Sozialer Raum und Soziale Arbeit. Fieldbook: Methoden und Techniken. Wiesbaden: VS-Verlag.

Riege, Marlo/Schubert, Herbert (Hrsg.; 2005): Sozialraumanalyse: Grundlagen, Methoden, Praxis. Wiesbaden: VS-Verlag.

8 Herausforderungen sozialer Stadtentwicklung und Gemeinwesenarbeit

Mit den exemplarischen Darstellungen der Sozialraumanalyse sowie den Hintergründen und Auswirkungen von Partizipation und Engagement von BürgerInnen als wesentlichem Bestandteil Sozialer Arbeit im Handlungsfeld sozialer Stadtentwicklung und Gemeinwesenarbeit wurde dem Anspruch einer Handlungswissenschaft entsprochen, nicht nur Analyse- und Erklärungswissen zu produzieren, sondern durch die Entwicklung wirksamer Interventionen auch Handlungswissen zu schaffen.

In diesem letzten Kapitel des vorliegenden Bandes der Reihe »Handlungsfelder Sozialer Arbeit« soll auf der Basis der bisherigen Ausführungen zu Geschichte, Grundlagen und Entwicklung sozialer Stadtentwicklung und Gemeinwesenarbeit der Fokus auf Herausforderungen gerichtet werden, die sich den Fachkräften in diesem Handlungsfeld Sozialer Arbeit stellen. Weil diese im bisherigen Text noch nicht ausreichend erwähnt oder problematisiert werden konnten, sollen diese Themen wegen ihrer zukünftigen Bedeutung an dieser Stelle auf jeden Fall angesprochen werden.

Gesundheitsförderung im Quartier

Zunächst lassen sich in den letzten Jahren einige Entwicklungen konstatieren, die aus einer kulturkritischen Haltung (gesellschaftliche Veränderungen werden als tendenzielle Fehlentwicklungen interpretiert) heraus einen eher pädagogischen Auftrag an Soziale Arbeit in und mit Gemeinwesen formulieren. Hinweise auf Bewegungsmangel, Fettleibigkeit und »falsche«, weil ungesunde Ernährung von Kindern, Jugendlichen, aber auch erwachsenen Menschen dienen als Begründung für Handlungsprogramme (»Aktiv werden für Gesundheit – Arbeitshilfen für Prävention und Gesundheitsförderung im Quartier« 2008), die unter dem Stichwort »Gesundheitsförderung im Quartier« der Sozialen Arbeit im Handlungsfeld der sozialen Stadtentwicklung und Gemeinwesenarbeit ein Mandat für pädagogisches Handeln in Quartieren zuweisen. Dass die Gesundheitsförderung dabei gelegentlich auf sozial benachteiligte Menschen als AdressatInnen fokussiert und auf Fördergebiete des Bund-Länder-Programms »Soziale Stadt« (Gesundheitsförderung 2009) zielt, lässt den Eindruck entstehen, es ginge eher um Symptombehandlung (gesündere Ernährung und Bewegung) als um Ursachenbeseitigung sozialer Benachteiligung. Die Herausforderung Sozialer Arbeit im Handlungsfeld sozialer Stadtentwicklung und Gemeinwesenarbeit besteht darin, die Schaffung gesunder Lebensbedingungen in Stadtteilen und Quartieren als deklariertes Ziel sozialraumorientierter Gesundheitsförderung auf die Veränderung z. B. hoher Arbeitslosigkeit, schlechter Wohnbedingungen oder starker Verkehrsbelastungen zu beziehen und nicht bei der Förderung von Bewegung und Ernährung stehenzubleiben. Denn Letzteres dürfte sich nicht ohne Weiteres mit dem fachlichen Standard der Gemeinwesenarbeit und ihrer Ausrichtung an den Themen der (benachteiligten) Bevölkerung vereinbaren lassen (▶ Kap. 1).

Urban Gardening/Urban Agriculture

Hinter Begriffen wie »Urban Agriculture«, »urbane Landwirtschaft«, »Urban Gardening«, »Guerilla Gardening«, »Community Gardening«, »Gemeinschaftsgärten« oder »urbane Gärten« verbergen sich unterschiedliche Ansätze und Ausformungen einer Bewegung, die sich rund um die Nutzung von Grünflächen in (Groß-) Städten für unterschiedliche Zwecke dreht (Müller, C. 2011). Das Spektrum reicht vom Anbau von Lebensmitteln zu Zwecken preisgünstiger und/oder gesunder Ernährung oder ökologischen Anbaus über die Verhinderung von weiterer baulicher Verdichtung in Innenstädten durch Schließung von Baulücken und Überplanung bisheriger Grünflächen bis hin zur Schaffung von Begegnungs- und Kommunikationsgelegenheiten unter der Bevölkerung in Quartieren oder Nachbarschaften. Dabei deutet der Begriff der »Gemeinschaftsgärten« auf mögliche Inklusions-/Exklusionsproblematiken hin, denn Gemeinschaften können sich im Sinne von Sennett (1983) als eher homogene und Öffentlichkeit ausschließende Zusammenschlüsse verstehen und entwickeln.

Für die Soziale Arbeit im Handlungsfeld sozialer Stadtentwicklung und Gemeinwesenarbeit scheint sich die Herausforderung an der Beantwortung der Frage festzumachen, ob und inwiefern »Urban Gardening« geeignet ist, die Lebensbedingungen und das Zusammenleben von Menschen in Städten und Quartieren zu verbessern, ohne soziale Benachteiligungen zu verstärken, sondern diese zu vermindern.

Lokale, solidarische Ökonomie/Gemeinwesenökonomie

Das o. g. Thema »Urban Gardening« gehört bereits partiell zum Themenbereich lokaler Ökonomie. Vor dem Hintergrund der starken Ökonomisierung aller Lebensbereiche, die zu Beginn der 1990er Jahre mit den in Kapitel 4 beschriebenen Entwicklungen forciert wurden, entstand eine Gegenbewegung zu dem weiter oben konstatierten Rückzug staatlichen Handelns auf seine Steuerungsfunktionen. Diese Bewegung fordert nicht nur staatliche Eingriffe in den Markt, sondern setzt auf die Möglichkeiten solidarischer Selbstorganisation gemeinnütziger, bedarfsorientierter, demokratischer und nicht primär gewinnorientierter Unternehmensformen (Elsen 2011). Aus einer Reihe von Initiativen sind Arbeits-, Einkaufs- oder Wohngenossenschaften, aber auch Tauschkreise oder Lokalwährungen entstanden, die versuchen, in ihrem sozialen und räumlichen Umfeld ihre Lebenssituation und -verhältnisse zu verändern. Andere Aspekte lokaler Ökonomie sind die Sicherung und Weiterentwicklung der Nahraumversorgung, die, wie in den vorigen Kapiteln beschrieben, für viele Menschen zunehmende Bedeutung erhält. Die Herausforderung für Soziale Arbeit im Handlungsfeld sozialer Stadtentwicklung und Gemeinwesenarbeit besteht darin, auf lokalpolitischer Ebene Aufmerksamkeit und Gehör zu finden für die Einforderung des grundgesetzlich verankerten Sozialstaatsgebots einer *sozialen* Markwirtschaft und deren Operationalisierung durch nachteilsausgleichende Investitionen in benachteiligten Stadtgebieten, durch vergünstigte Nutzungsmöglichkeiten öffentlicher Gebäude und Räume für gemeinnützige Initiativen wie Quartiersläden, Einkaufs- und Begegnungsräume, Arbeitsprojekte oder die Einrichtung von Quartierbudgets (▶ Kap. 6) zur Verwendung für besondere Zwecke in Stadtteilen und Quartieren.

Soziale Nachhaltigkeit und neue Wohnungsfrage

Globale Probleme wie Klimawandel, Umweltzerstörung oder Ernährungssicherung verlangen eine Politik, die Ökologie, Ökonomie und soziale Gerechtigkeit verbindet (vgl. »Lokale Agenda 21«, ▶ Kap. 6). Soziale Arbeit ist als Handlungswissenschaft Teil praktischer Sozialpolitik und sorgt mit ihren Interventionen für sozialen Ausgleich. Am Beispiel der Steigerung der Mietzinsen in den attraktiven Städten Deutschlands lässt sich das Dilemma derjenigen Städte aufzeigen, die neuerdings wieder wachsende Bevölkerungszahlen zu verzeichnen haben. Deren Attraktivität führt im Nachgang der Finanzkrise von 2008 und der Suche von Vermögenden nach sicheren Anlagemöglichkeiten zu einer starken Nachfrage nach Immobilien und damit zu einer Verknappung und Verteuerung von Wohnraum. Dadurch entsteht die Gefahr der Vertreibung von Bevölkerung in prekären Lebenslagen, die sich das Wohnen in den attraktiven Städten nicht mehr leisten kann. Die Herausforderung für Soziale Arbeit im Handlungsfeld sozialer Stadtentwicklung und Gemeinwesenarbeit besteht darin, die Bedeutung der sozialen Mischung der Stadtbevölkerung für ein zivilisiertes Zusammenleben und die soziale Stadtentwicklung plausibel machen zu können. Hierbei können Studien, die einen Zusammenhang zwischen sozialer Gerechtigkeit und Glücksempfinden nachweisen, hilfreiche Grundlagen bieten (Wilkinson/Pickett 2009). Gleichwohl sind Wechselwirkungen zwischen Raum- und Sozialstruktur bislang empirisch schwer nachweisbar (Ziegler 2011). Dabei darf allerdings nicht davon ausgegangen werden, dass soziale Probleme, deren Ursachen nicht auf kommunaler oder Quartierebene liegen, durch Interventionen Sozialer Arbeit auf Stadt oder Quartierebene zu lösen seien. Sehr wohl bearbeitbar, im Sinne der Gegenstandsbeschreibung Sozialer Arbeit (Engelke 2004), ist die Vermeidung, Verminderung und Bewältigung sozialer Probleme durch Unterstützung der davon betroffenen Bevölkerung, z. B. durch Verbesserung der Teilhabemöglichkeiten an Bildung, Arbeit, Wohnen und Freizeit. Hierzu dient eine integrierte Stadt- und Quartierentwicklung, die Maßnahmen der Arbeitsintegration, Bildung und Wohnen, der soziokulturellen Integration und bei der Verbesserung der individuellen Problemlagen vor Ort ansetzt und diese mit städtebaulichen

Entwicklungsmaßnahmen unter Beteiligung der Bevölkerung verknüpft (Programms Projets Urbains 2011).

Soziale Arbeit als intermediäre Instanz

In den obigen Ausführungen kommt die Problematisierung von Auftrag und Rolle Sozialer Arbeit im Kontext sozialer Stadtentwicklung und Gemeinwesenarbeit zum Ausdruck. Oliver Fehrens (2008) Frage, wer denn das Gemeinwesen organisiere, wird von ihm selbst mit der Aufgabenzuschreibung Sozialer Arbeit als intermediärer Instanz beantwortet. Sozialer Arbeit im Handlungsfeld sozialer Stadtentwicklung und Gemeinwesenarbeit käme mithin die Aufgabe zu, als Vermittlerin sowohl vertikal zwischen Verwaltung und Quartierbevölkerung als auch horizontal zwischen lokalen Akteuren im Stadtteil/Quartier zu agieren. Das Ziel wäre, über zivilgesellschaftliche Integration von benachteiligten Bevölkerungsteilen zur Verhinderung der demokratischen Spaltung der Gesellschaft (▶ Kap. 6 und ▶ Kap. 7), die aus der sozioökonomischen Spaltung resultiert (▶ Kap. 4), beizutragen. Damit spricht Fehren implizit die Soziale Arbeit konstituierenden Rollen an, die in den verschiedenen Mandaten Sozialer Arbeit (Gesellschafts-/Organisations-/BürgerInnen-/Professions-/Selbstmandat als Fachkraft) grundgelegt sind. Die besondere Herausforderung für Fachkräfte Sozialer Arbeit im Handlungsfeld sozialer Stadtentwicklung und Gemeinwesenarbeit liegt darin, die Rollenklarheit zwischen parteilicher Haltung und Arbeit für die benachteiligte Bevölkerung auf der Stadtteil-/Quartierebene, vermittelnder Tätigkeit auf intermediärer Ebene und koordinierenden Aufgaben auf der Verwaltungs- und kommunalpolitischen Entscheidungsebene zu gewährleisten (▶ Kap. 6.4) und bei Dilemmata nach berufsethischen Grundsätzen zu entscheiden.

Pandemie bedingte Begegnungs- und Kontakteinschränkungen

Die wohl aktuellste gesellschaftliche Entwicklung stellt die im Jahr 2020 ausgebrochene Corona-Pandemie dar. An dieser Stelle wird versucht, die Frage nach möglichen Folgen der Corona-Pandemie und deren Eindämmungsmaßnahmen auf Soziale Arbeit und deren Handlungskonzept Sozialraumorientierung aufzuwerfen. Eine vertiefte Auseinandersetzung mit dem Thema kann hier nicht geleistet werden, es gibt jedoch einige Hinweise darauf, dass die psychosozialen Folgen der Maßnahmen zur Eindämmung der Corona-Pandemie tendenziell zu Lasten sozial benachteiligter bzw. vulnerabler Menschen geht (Harrer 2020). Insbesondere die unter »Physical Distancing« zu verstehende Vermeidung physischer Kontakte und analoger Kommunikation trifft einen Teil der Bevölkerung besonders hart. Physische (Face-to-Face) Kontakte sind für Menschen, die aus unterschiedlichen Gründen (Technik, Finanzen, Interessen etc.) keinen oder wenig Zugang zu digitalen Medien haben, zentrale Grundlagen sozialer Beziehungsgestaltung. Armutsbevölkerung, wohnungslose und Multiproblem belastete Menschen profitieren bislang von »niedrigschwelligen« Angeboten, wie z. B. Pflasterstuben, Fixerstuben, Drogencafés, Anlaufstellen für straffällig gewordenen Menschen, die im Alltag der betreffenden Menschen, bei physischer Barrierefreiheit, gut und ohne großen Aufwand und Voraussetzungen (Anmeldung, Terminvereinbarung und Öffnungszeiten) erreichbar sind. Wenn aus gesundheitshygienischen Gründen physische Kontakte eingeschränkt oder unmöglich werden, finden Menschen mit o. g. Merkmalen und Betroffenheiten kaum oder gar keine niedrigschwelligen Möglichkeiten mehr, verzichten deshalb gezwungenermaßen auf Kontakte und nehmen in Folge dieses Verzichts schwierige Situationen wie Obdachlosigkeit, Einsamkeit, Entzug oder Mittellosigkeit in Kauf. Diese Situation widerspricht dem Lebensweltansatz und lässt professionelles Handeln nach diesem Konzept kaum mehr zu, weil die Ausrichtung an der Lebenswelt von Seiten der »professionellen HelferInnen« mangels narrativen Zugängen verschlossen bleibt und damit auch die Selbstdeutung der Lebenswelt durch die Betroffenen bei den Fachkräften nicht (mehr) ankommt. Für die am Handlungskonzept Sozialraumorientierung ausgerichtete Soziale Arbeit stellen die angesprochenen Pandemie bedingten Einschränkungen bezüglich physischer Kontakt- und Begegnungsgelegenheiten sowie räumlicher Mobilität große Herausforderungen dar. Fachliche Analyse, Zugang, Verknüpfung und Bearbeitung sozialer und räumlicher Kontexte (Nachbarschaften, Szenen, Aktionsräume, Netzwerke persönlicher, privater, öffentlicher und professioneller Beziehungen) werden in dem Maße erschwert, wie die physischen Kontakte eingeschränkt und nicht durch mediale Kontakte ersetzbar sind.

Dass Gemeinwesenarbeit dennoch auch mit Abstand möglich ist, zeigt die BAG (2020) Soziale Stadtentwicklung und Gemeinwesenarbeit durch Beispiele von Räumen für Online-Gruppen wie das digitale Netzwerke »humbhub«[33] oder des regionalen Netzwerks »freiburghaeltzusammen«[34] in Freiburg. Dass die Digitalisierung, wie in anderen gesellschaftlichen Bereichen wie dem Bildungssystem, dem Ämter- und Behördenwesen oder dem Einzelhandel, auch in der Sozialen Arbeit weiterentwickelt werden kann und wird, scheint offensichtlich. Allerdings ist dabei zu beachten, dass die Erreichbarkeit bzw. Teilhabe aller Bevölkerungsteile mittels digitaler Kommunikation nur gelingen kann, wenn die gesellschaftlichen Voraussetzungen dafür geschaffen werden, damit bisher bereits benachteiligte Bevölkerungskreise mangels Internetzugängen, Equipment und finanzieller Leistungsfähigkeit durch verstärkte Nutzung digitaler Kommunikationsformen zukünftig nicht noch stärker exkludiert werden.

Die dem Handlungskonzept der Sozialraumorientierung immanente politische Orientierung im Sinne der Berücksichtigung und Mitgestaltung gesellschaftspolitischer Prozesse macht dieses Konzept anschlussfähig an gesellschaftliche Entwicklungen, so auch der derzeitigen Corona-Pandemie. Wenn sich Tendenzen des *Rückzugs in die Privatsphäre* und die *Verschärfung sozioökonomischer Problemlagen* verstärken, ist Soziale Arbeit als systemrelevante (intermediä-

---

33 https://www.humhub.com/de (11.03.2021).
34 https://freiburghaeltzusammen.de/start (11.03.2021).

re) Instanz (Fehren 2008) gefragt, ihren Beitrag zum Erhalt des sozialen Zusammenhalts der Gesellschaft und stabiler sozialer Beziehungen zu leisten. Das Handlungskonzept Sozialraumorientierung kann insbesondere in seinen Anwendungsfeldern, der Gemeinwesenarbeit und dem Quartiermanagement, zu Selbstwirksamkeitserfahrungen, Solidarisierungsprozessen und zur Demokratieförderung beitragen, wie die BAG Soziale Stadtentwicklung und Gemeinwesenarbeit in ihrer Stellungnahme »Gemeinwesenarbeit ist systemrelevant« schreibt (BAG 2020).

Ziel dieser knappen Themenansprache war es, Denkanstöße zu möglichen (Aus-)Wirkungen der Pandemie auf Soziale Arbeit nach dem Handlungskonzept Sozialraumorientierung zu geben. Mögliche betriebs- und volkswirtschaftliche Folgen von im Laufe der Pandemieentwicklung getroffener Entscheidungen und Maßnahmen standen nicht im Fokus dieses Beitrags. Interessant wäre es durchaus, bisherige Maßnahmen zur Unterstützung gemeinnütziger und privatwirtschaftlicher Betätigungen in der Pandemie kritisch zu betrachten und nach Analogien zur Förderung generell sozial vulnerabler Bevölkerung zu hinterfragen. Ob aus den dargelegten, vergleichsweise restriktiven Maßnahmen der Einschränkungen individueller Freiheiten zum Schutz gesundheitlich vulnerabler Menschen und zu Gunsten des Allgemeinwohls ein Politikwechsel vom liberalistisch gewährleistenden »schwachen Staat« zum fördernden und aktiven »starken Staat« abgeleitet werden kann und sich entwickeln wird, bleibt eine vorläufig noch ungeklärte Frage, die der weiteren Untersuchung bedarf. In diesem Zusammenhang dürfte es spannend zu beobachten sein, ob und wie zukünftig gesundheitliche und soziale Vulnerabilität gesellschaftspolitisch gewichtet werden[35].

---

35 Eine ausführlichere Darstellung der Fragestellung wird in einem Artikel auf socialraum.de voraussichtlich noch 2021 publiziert werden (www.socialraum.de; 11.03.2021).

Abbildungs- und Tabellenverzeichnis

Abbildungen

Abb. 1:   Schaubild Quartiermanagement 25
Abb. 2:   Konzepte und Arbeitsfelder Sozialer Arbeit 35
Abb. 3:   Ebenen der Sozialraumorientierung.......................... 40
Abb. 4:   Handlungskonzepte Sozialer Arbeit 43
Abb. 5:   Technologische, ökonomische und politische Veränderungen ... 80
Abb. 6:   Erwerbstätige nach Wirtschaftsbereichen, Deutschland
          1882–2010 83
Abb. 7:   Folgen ökonomischer Veränderungen für die Städte 90
Abb. 8:   Einflüsse auf Lebensstilbildung 102
Abb. 9:   Zuwanderungsbevölkerung in den Städten 111
Abb. 10: Koordinations-/Vernetzungsmodell Stadt-(Teil-)Entwicklung 170
Abb. 11: Beteiligungs- und Vernetzungsmodell auf Stadtteilebene 171
Abb. 12: Beteiligungsstufen 202

Tabellen

Tab. 1: Folgen, Risiken und Chancen ökonomischer Veränderungen 86
Tab. 2: »Leipzig Charta«; Soll-Ist-Vergleich 138
Tab. 3: »Soziale Stadt«; Soll-Ist-Vergleich 148
Tab. 4: »Kommunalpolitische Wahlprüfsteine« 172
Tab. 5: »Beteiligungsmatrix« 205
Tab. 6: Übersicht über Methoden und Techniken zur Erforschung
        und Entwicklung von Stadtteilen und Quartieren 206
Tab. 7: Übersicht über Methoden und Techniken zur Ermöglichung
        und Förderung von Bürgerbeteiligung und Engagement 208
Tab. 8: Übersicht über Methoden und Techniken zur Vernetzung
        lokaler Akteure 209

Literaturverzeichnis

Ackermann, Paul (2004): Bürger Handbuch. Basisinformationen und 66 Tipps zum Tun. Schwalbach: Wochenschauverlag.
AG GWA der Victor-Gollancz-Stiftung (Hrsg.; 1974): Reader zur Theorie und Strategie von Gemeinwesenarbeit. Frankfurt/M.
Agenda 2030; unter: https://www.bmz.de/de/themen/2030_agenda/ (11.03.2021)
»Aktiv werden für Gesundheit – Arbeitshilfen für Prävention und Gesundheitsförderung im Quartier« (2008); unter: http://www.gesundheitliche-chancengleichheit.de/:arbeitshilfen (09.02.2013).
»Akquisos«: Newsletter der Bundeszentrale für politische Bildung. Bonn; unter: https://www.bpb.de/newsletter/ (14.02.2013).
AKS (Arbeitskreis Kritische Sozialarbeiter Berlin; 1974): Gemeinwesenarbeit als Ideologie und soziale Kontrolle: ein Beitrag zur Sozialarbeit im Stadtteilbereich. In: AG GWA der Victor-Gollancz-Stiftung (Hrsg.): Reader zur Theorie und Strategie von Gemeinwesenarbeit, S. 48–63. Frankfurt/M.
AKZENT (2011): Projektbericht. AKZENT ist ein Pilotprojekt im Rahmen der Nationalen Stadtentwicklungspolitik und wird gefördert vom Bundesministerium für Verkehr, Bau und Stadtentwicklung (BMVBS). Hrsg.: Kotlenga, Sandra/Müller, Doreen (Zoom e. V. – Gesellschaft für prospektive Entwicklungen e. V., Göttingen), Scholz, Carmen/Simon, Heribert/Wölfle, Daniel (Landesarbeitsgemeinschaft soziale Brennpunkte Niedersachsen e. V., Hannover). Göttingen, Hannover.
Alber, Reinhold (1997): New York Street Reading – Die Stadt als beschrifteter Raum. Dokumentation von Schriftzeichen und Schriftmedien im Straßenraum und Untersuchung ihrer stadträumlichen Bedeutung am Beispiel von New York. Tübingen Universität: Dissertation.
Albert, Martin/Wege, Julia (2012): Gelingende Nachbarschaft. Aktivierende Befragung als Methode in sozialen Brennpunkten. In: Soziale Arbeit 1/2012. Zeitschrift für soziale und sozialverwandte Gebiete, November 2012, 61. Jahrgang.
Albrecht, Jörg/Blüher, Karin (1989): Schrebergärten. Braunschweig: Westermann.
Alinsky Saul D. (1973): Leidenschaft für den Nächsten. Gelnhausen, Berlin.
Alinsky Saul D. (1974): Die Stunde der Radikalen. Gelnhausen, Freiburg, Nürnberg.
Alinsky, Saul D. (1984): Anleitung zum Mächtigsein. Bornheim: Lamuv.
Alisch, Monika/May, Michael (Hrsg.; 2008): Praxisforschung im Sozialraum. Fallstudien in ländlichen und urbanen sozialen Räumen. Opladen & Farmington Hills: Verlag Barbara Budrich.
Alisch, Monika (Hrsg.; 1998): Stadtteilmanagement. Voraussetzungen und Chancen für die soziale Stadt. Opladen.
Allbus 1980–1998; unter: www.za.uni-koeln.de (10.10.2012).
Altrock, Uwe/Kunze, Ronald/von Petz, Ursula/Schubert, Dirk (2008): Jahrbuch Stadterneuerung. Arbeitskreis Stadterneuerung an deutschsprachigen Hochschulen. Berlin: Institut für Stadt- und Regionalplanung der Technischen Universität (Hrsg.).
Appold, Stephen J./Kasarda, John D. (1988): Agglomerationen unter den Bedingungen fortgeschrittener Technologien. In: Friedrichs, Jürgen (Hrsg.): Soziologische Stadtforschung, Kölner Zeitschrift für Soziologie und Sozialpsychologie, Sonderheft 29: 132–149. Opladen: Westdeutscher Verlag.

Literaturverzeichnis

BAG (2020): Gemeinwesenarbeit ist systemrelevant; unter: https://www.bagsozialestadtentwicklung.de/sites/default/files/2020-07/2020%20GWA%20ist%20systemrelevant_0.pdf. Berlin: Bundesarbeitsgemeinschaft Soziale Stadtentwicklung und Gemeinwesenarbeit (BAG). (08.01.2021)

BAG-Positionspapier (2004): Positionspapier zur Sozialen Stadt. In: Gillich, Stefan (Hrsg.): Gemeinwesenarbeit: Die Saat geht auf. Grundlagen und neue sozialraumorientierte Handlungsfelder. Gelnhausen: Trigaverlag.

Bahrdt, Hans Paul (1961): Die moderne Großstadt. Hamburg.

Bandemer, Stephan von/Blanke, Bernhard (1999): Der »aktivierende« Staat. In: Gewerkschaftliche Monatshefte. 50. Jg. Heft 6/1999: 321–330.

Barber, Benjamin (1994): Starke Demokratie. Über die Teilhabe am Politischen. Hamburg.

Baum, Marie (1999): Abgrenzung der Familienfürsorge gegen die Spezialfürsorge. In: Eggemann, Maike/Hering, Sabine (Hrsg.): Wegbereiterinnen der modernen Sozialarbeit. Texte und Biographien zur Entwicklung der Wohlfahrtspflege, S. 212–220. Weinheim, München.

BauVereinBreisgau; unter: https://www.bauverein-breisgau.de/ (11.03.2021)

BBE (2011): Bundesnetzwerk Bürgerschaftliches Engagement (Hrsg.): Profil des BBE 2011 (Pdf-Datei unter: www.b-b-e.de) Michaelkirchstr. 17–18, 10179 Berlin.

BBE (2009): Nationales Forum für Engagement und Partizipation (Hrsg.): Erster Zwischenbericht: Grundrisse einer engagementpolitischen Agenda. (PDF-Datei »Nationales Forum BBE-1. Zwischenbericht« www.b-b-e.de) Michaelkirchstr. 17–18, 10179 Berlin.

BBR: Bundesamt für Bauwesen und Raumordnung; Referat I 4 Regionale Strukturpolitik und Städtebauförderung; Deichmanns Aue 31–37, 53179 Bonn.

Beck, Ulrich (1986): Risikogesellschaft. Auf dem Weg in eine andere Moderne. Frankfurt/M.: Suhrkamp.

Becker, Gary Stanley (1982): Der ökonomische Ansatz zur Erklärung menschlichen Verhaltens. Tübingen: Verlag Mohr.

Becker, Martin (2021): Soziale Stadtentwicklung und Gemeinwesenarbeit in der Sozialen Arbeit. 2., aktualisierte Auflage. Stuttgart: Kohlhammer.

Becker, Martin (2020a): Handlungsfeld Soziale Arbeit in und mit Gemeinwesen. In: Becker, Martin/Kricheldorff, Cornelia/Schwab, Jürgen E. (Hrsg.): Handlungsfeldorientierung in der Sozialen Arbeit. 2., erweiterte und überarbeitete Auflage. Stuttgart: Kohlhammer, S. 93–134.

Becker, Martin (Hrsg.; 2020b): Handbuch Sozialraumorientierung. Stuttgart: Kohlammer.

Becker, Martin (2020c): MARGE – Trinationales Forschungsprojekt zur grenzüberschreitenden Kooperation im Rahmen sozialer Stadtentwicklung am Oberrhein. In: Kricheldorff, Cornelia/Himmelsbach, Ines/de Vries, Tjard (Hrsg.): Analyse – Prognose – Innovation. Band 4 Netzwerke, Kooperationen, Verbünde – gemeinsames Forschen für soziale Innovationen. Konstanz: Hartung-Gorre, S. 3-36.

Becker, Martin (2020d): Quartierarbeit als professionelle Soziale Arbeit zur Verminderung oder Verhinderung von Erfahrungen einer »Bürgerschaft 2. Klasse« aus sozialraumorientierter Perspektive; unter: https://bildungsforschung.org/ojs/index.php/bildungsforschung/article/view/289/341. In: Mutabazi Eric & Wallenhorst Nathanaël (Hrsg.): Bürger zweiter Klasse? Bildungsforschung; unter: https://bildungsforschung.org/ojs/index.php/bildungsforschung/issue/view/35 (02.03.2020), Band 1, Nr. 17.

Becker, Martin/Kricheldorff, Cornelia/Schwab, Jürgen E. (Hrsg.; 2020e): Handlungsfeldorientierung in der Sozialen Arbeit. Stuttgart: Kohlhammer. 2., erweiterte und überarbeitete Auflage. Erstauflage: 2012.

Becker, Martin (2019): Beteiligungs- und Vernetzungsmodelle auf Stadtteil- und Quartierebene. In: Riede, Milena/Döring, Frank (Hrsg.): Gemeinwesenarbeit und lokale Demokratie. mitarbeiten.skript13, S. 23–41. Bonn: Stiftung Mitarbeit.

Becker, Martin (2016a): GWA-Personalbemessung. Orientierungshilfe zur Personalbemessung professioneller Sozialer Arbeit im Handlungsfeld der Stadtteil- und Quartierentwicklung. Konstanz: Hartung-Gorre Verlag.

Becker, Martin (2016b): Das Ende der »Bürgerkommune« oder ein Recht auf Stadt. In: Drilling, Matthias/Oehler, Patrick (Hrsg.): Soziale Arbeit und Stadtentwicklung. Forschungs-

perspektiven, Handlungsfelder, Herausforderungen. Wiesbaden: Springer VS, S. 221–236.
Becker, Martin (2015): »Le travail social sur le commun – une pratique qui a fait ses preuves en Allemagne!«; in: Muller, Béatrice/Michon, Bruno/Somot, Blandine (Hrsg.): »Les controverses du travail social en France et en Allemagne. Paris: L'Harmattan. Pages 93–112.
Becker, Martin (2013): Das Ende der »Bürgerkommune« oder ein Recht auf Stadt. In: Drilling, Matthias/Oehler, Patrick (Hrsg.): Soziale Arbeit und Stadtentwicklung. Forschungsperspektiven, Handlungsfelder, Herausforderungen. Wiesbaden: Springer VS, S. 289–304.
Becker, Martin (2010): Sozialraumorientierung und Armutsbewältigung. In: Mattes, Christoph (Hrsg.): Wege aus der Armut. Strategien der Sozialen Arbeit. Freiburg/i. Br.: Lambertus, S. 142 ff.
Becker, Martin (2008): Lebensqualität im Stadtquartier. Einflussfaktoren, Wirkungen und Handlungsmöglichkeiten. Saarbrücken: VDM-Verlag.
Becker, Martin (2007): Altern in gewohnter Umgebung – in ländlichen und städtischen Wohnquartieren; unter: http://vg03.met.vgwort.de/na/bc664d25c22e4ba4b266ef2cc27ef89d?l=http://www.organisationsentwicklung-becker.de/pdf/Ergebnisbericht%20FPAltern%202007.pdf (15.02.2013).
Becker, Martin (2006a): Altern als Gegenstand und methodische Herausforderung der Sozialen Arbeit; unter: http://vg03.met.vgwort.de/na/4420fd0a9f294e5da212c0f60b6d1bbc?l=http://www.organisationsentwicklung-becker.de/pdf/Altern%20als%20Gegenstand%20und%20Herausforderung%20Sozialer%20Arbeit.pdf (15.02.2013).
Becker, Martin (2006b): Sozialraumorientierung als Handlungskonzept Sozialer Arbeit. In: Theorie und Praxis der Sozialen Arbeit, Heft 4/2006, S. 30 ff. (7 Seiten).
Becker, Martin (2004): Dezentrale Stadtteil- und Familienzentren. Ein Modell kommunaler Quartiersarbeit. In: Archiv für Wissenschaft und Praxis der Sozialen Arbeit, Vierteljahreshefte zur Förderung von Sozial-, Jugend- und Gesundheitshilfe. Frankfurt/M.: 35. Jahrgang Nr. 1/2004, S. 65 ff.
Beckerath von, Paul G./Sauermann, Peter/Wiswede, Günter (Hrsg.; 1981): Handwörterbuch der Betriebspsychologie und Betriebssoziologie. Stuttgart: Enke.
Behrens, Fritz/Heinze, Rolf G. u. a. (Hrsg.; 1997): Den Staat neu denken. Reformperspektiven für die Landesverwaltungen. Berlin.
Bell, Daniel (1975): Die nachindustrielle Gesellschaft. Frankfurt/M.: Campus.
Benevolo, Leonardo (2007): Die Geschichte der Stadt. 9. Auflage. Frankfurt/M.: Campus.
Benevolo, Leonardo (1993): Die Geschichte der Stadt. 7. Auflage. Frankfurt/M.: Campus.
Berking, Helmut (2013): StadtGesellschaft. Zur Kontroverse um die Eigenlogik der Städte. In: Der Leviathan, Heft 2, S. 224–237.
Berking, Helmut (2008): Städte lassen sich an ihrem Gang erkennen wie Menschen – Skizzen zur Erforschung der Stadt und der Städte. In: Berking, Helmut/Löw, Martina (Hrsg.): Die Eigenlogik der Städte. Neue Wege für die Stadtforschung, S. 15-31. Frankfurt/M.: Campus.
Berking, Helmut/Faber, Richard (Hrsg.; 2002): Städte im Globalisierungsdiskurs. Würzburg: Königshausen und Naumann.
Bertram, Hans (1998): Städtische und ländliche Lebensformen. In: Hartmut Häußermann (Hrsg.): Großstadt. Soziologische Stichworte, S. 115–122. Opladen: Leske + Budrich.
Bellah, Robert N. (1985): Habits of the Heart. Individualism and Commitment in American Life. Los Angeles: University of California Press.
Bingel, Gabriele (2011): Sozialraumorientierung revisited. Geschichte, Funktion und Theorie sozialraumorientierter Arbeit. Wiesbaden: VS-Verlag für Sozialwissenschaften.
Blinkert, Baldo (1996): Aktionsräume von Kindern in der Stadt. Eine Untersuchung im Auftrag der Stadt Freiburg. Pfaffenweiler: Centaurus.
BMVBS (2012): Handbuch für eine gute Bürgerbeteiligung. Planung von Großvorhaben im Verkehrssektor. Bundesministerium für Verkehr, Bau und Stadtentwicklung (Hrsg.). Invalidenstraße 44, 10115 Berlin.
Böhnke, Petra (2011): Ungleiche Verteilung politischer Partizipation. In: APuZ 1–2/2011: 18–25. Bonn: Bundeszentrale für politische Bildung.

Boer, Joe (1970): Gemeinwesenarbeit. Einführung in Theorie und Praxis. Stuttgart.
Boulet, J. Jaak/Krauss, E. Jürgen/Oelschlägel, Dieter (1980): Gemeinwesenarbeit als Arbeitsprinzip. Eine Grundlegung. Bielefeld: AJZ Druck und Verlag.
Bourdieu, Pierre (2008): Die feinen Unterschiede. Kritik der gesellschaftlichen Urteilskraft. Frankfurt/M.: Suhrkamp.
Bourdieu, Pierre (1985): Sozialer Raum und Klassen. Lecon sur la Lecon, zwei Vorlesungen. Frankfurt/M.
Bourdieu, Pierre (1983): Ökonomisches Kapital, kulturelles Kapital, soziales Kapital. In: Reinhard Kreckel (Hrsg.): Soziale Ungleichheiten, Soziale Welt Sonderband 2, S. 183–198. Göttingen.
Braun, Sebastian (2001a): Bürgerschaftliches Engagement. Konjunktur und Ambivalenz einer gesellschaftspolitischen Debatte. In: Leviathan 1/2001: 83–109.
Braun, Sebastian (2001b): Putnam und Bourdieu und das soziale Kapital in Deutschland. In: Leviathan 3/2001: 337–354.
Brown, Juanita/Isaacs, David (2007): Das World Café. Kreative Zukunftsgestaltung in Organisationen und Gesellschaft. Heidelberg: Carl-Auer Verlag.
Brülle, Heiner/Marschall, A. (1981): Sozialarbeit im Stadtteil – der Soziale Raum als Strukturprinzip kommunaler Sozialarbeit. In: Neue Praxis, Wiesbaden: VS-Verlag für Sozialwissenschaften.
Buck, Gerhard (1982): Gemeinwesenarbeit und kommunale Sozialplanung. Berlin
Budde, Wolfgang/Cyprian, Gudrun/Früchtel, Frank (2007a): Sozialer Raum und Soziale Arbeit. Textbook: Theoretische Grundlagen. Wiesbaden: VS-Verlag für Sozialwissenschaften.
Budde, Wolfgang/Cyprian, Gudrun/Früchtel, Frank (2007b): Sozialer Raum und Soziale Arbeit. Fieldbook: Methoden und Techniken. Wiesbaden: VS-Verlag für Sozialwissenschaften.
Budde, Wolfgang/Früchtel, Frank/Hinte, Wolfgang (Hrsg.; 2006): Sozialraumorientierung. Wege zu einer veränderten Praxis. Wiesbaden: VS-Verlag für Sozialwissenschaften.
Bündnis für eine soziale Stadt (2011); unter: http://www.buendnis-soziale-stadt.de/ (25.09.2012).
Bürsch, Michael (2002): Bürgergesellschaft und aktivierender Staat – Eckpunkte für einen neuen Gesellschaftsvertrag. In: Meyer, Thomas/Weil, Reinhard (Hrsg.): Die Bürgergesellschaft. Perspektiven für Bürgerbeteiligung und Bürgerkommunikation, S. 195–208. Bonn: Friedrich-Ebert-Stiftung.
Bundesarbeitsgemeinschaft (BAG) Soziale Stadtentwicklung und Gemeinwesenarbeit; unter: http://www.bagsozialestadtentwicklung.de/ (10.11.2012).
Bundesprogramm Bürgerarbeit; unter: http://www.arbeitsagentur.de/nn_29406/Dienststellen /RD-SAT/RD-SAT/A04-Vermittlung/Allgemein/Konzept-Buergerarbeit.html (11.01.2012).
Burano-Gruppe (1972): Burano. Eine Stadtbeobachtungsmethode zur Beurteilung der Lebensqualität. In: Riege, Marlo/Schubert, Herbert: Sozialraumanalyse. Grundlagen – Methoden – Praxis. Wiesbaden, 2/2005: 97–112.
Capra, Fritjof (1982): Wendezeit. Baustein für ein neues Weltbild. Bern: Scherz.
»Charta von Aalborg« (1994); unter: http://www.aalborgplus10.dk/default.aspx?m=2&i=371 (09.05.2011).
Checkliste Bürgerbeteiligung (2011): Standards für Bürgerbeteiligung – Checkliste für Projektverantwortliche. Stadt Essen/PlanKom (Hrsg.): Stadt Essen, 01-16 Büro Stadtentwicklung, Monika Hanisch; unter: www.essen.de/buergerengagement; PlanKom, Oliver Kuklinski, www.plankom.net.
Christaller, Walter (1933): Die zentralen Orte in Süddeutschland. Eine ökonomisch-geografische Untersuchung über die Gesetzmäßigkeiten der Verbreitung und Entwicklung der Siedlungen mit städtischen Funktionen. Jena.
Club of Rome (1972): Die Grenzen des Wachstums. Bericht des Club of Rome zur Lage der Menschheit. Aus dem Amerikanischen von Hans-Dieter Heck. Stuttgart: Deutsche Verlags-Anstalt.

Coleman, James S. (1990): Foundations of Social Theory. Cambridge/Mass., London: Harvard University Press.
Dahme, H. J./Wohlfahrt, N. (Hrsg.; 2005): Aktivierende Soziale Arbeit. Baltmannsweiler.
Dahrendorf, Ralf (1999): Die Bürgergesellschaft. Der verlässliche Anker der Freiheit. In: Pongs, Armin (Hrsg.): In welcher Gesellschaft leben wir eigentlich? Gesellschaftskonzepte im Vergleich, S. 87–104. München: Dilemma-Verlag.
Dangschat, Jens (2008): Segregationsforschung – quo vadis? In: vhw FW 3/2008: 126–130. Forum Wohneigentum, Zeitschrift für Wohneigentum in der Stadtentwicklung und Immobilienwirtschaft, Bundesverband für Wohneigentum und Stadtentwicklung e. V. Berlin (Hrsg.).
Dangschat, Jens (1998): Segregation. In: Häußermann, Hartmut (Hrsg.): Großstadt. Soziologische Stichworte, S. 207–219. Opladen: Leske + Budrich.
Dangschat, Jens S. (1996): Lokale Probleme globaler Herausforderungen in deutschen Städten. In: Schäfers, Bernhard/Wewer, Göttrik (Hrsg.): Die Stadt in Deutschland, S. 31–60. Opladen: Leske + Budrich.
Dangschat, Jens S. (1988): Gentrification. Der Wandel innenstadtnaher Wohnviertel. In: Jürgen Friedrichs (Hrsg.): Soziologische Stadtforschung. Kölner Zeitschrift für Soziologie und Sozialpsychologie, Sonderheft 29: 272–292. Opladen: Westdeutscher Verlag.
Datenreport 2021: Ein Sozialbericht für die Bundesrepublik Deutschland. Statistisches Bundesamt (Destatis), Wissenschaftszentrum Berlin für Sozialforschung (WZB), Bundesinstitut für Bevölkerungsforschung (BiB) Hrsg.. Bonn: Bundeszentrale für politische Bildung (bpb).
Datenreport (2011), Statistisches Bundesamt »Destatis«/Wissenschaftszentrum Berlin für Sozialforschung »WZB«, Zentrales Datenmanagement (Hrsg.): Datenreport 2011. Ein Sozialbericht für die Bundesrepublik Deutschland, Band I. Bonn.
Datenreport (2009): Zahlen und Fakten über die Bundesrepublik Deutschland, Statistisches Bundesamt (Hrsg.). Bonn.
Datenreport (1999): Zahlen und Fakten über die Bundesrepublik Deutschland. Statistisches Bundesamt (Hrsg.) in Zusammenarbeit mit WZB-Berlin, ZUMA-Mannheim und der Bundeszentrale für politische Bildung. Bonn.
Deinet, Ulrich (Hrsg.; 2009): Methodenbuch Sozialraum. Wiesbaden: VS-Verlag.
Deinet, Ulrich (2005): Sozialräumliche Jugendarbeit. Grundlagen, Methoden und Praxiskonzepte. Wiesbaden.
Destatis (2012): Internetportal des Statistischen Bundesamtes für Deutschland; unter: https://www.destatis.de/DE/ZahlenFakten/GesellschaftStaat/Bevoelkerung/HaushalteFamilien/HaushalteFamilien.html (20.08.2012).
Dienel, Peter C. (2002): Die Planungszelle. Der Bürger als Chance. Wiesbaden: Westdt. Verlag. Erstausgabe 1978: Die Planungszelle. Der Bürger plant seine Umwelt, eine Alternative zur Establishment-Demokratie. Opladen: Westdt. Verlag.
Dorfmann, Marc/Gibson, Tony (1981): The Planning for Real Report. The local plan consulting in North Birkenhead, Part One, Part Two, Appendices.
Dünne, Jörg/Günzel, Stephan (Hrsg.; 2006): Raumtheorie. Grundlagentexte aus Philosophie und Kulturwissenschaften. Frankfurt/M.: Suhrkamp.
Duden (1995): Etymologisches Wörterbuch des Deutschen. München.
Durkheim, Emile (1903): Schriften zur Soziologie der Erkenntnis. Frankfurt/M.
Ebbe, Kirsten/Friese, Peter (1989): Milieuarbeit. Grundlagen präventiver Sozialarbeit im lokalen Gemeinwesen. Stuttgart.
Eckel, Eva Maria (1996): Wandel des Verhaltens im veränderten großstädtischen öffentlichen Raum. In: Schäfers, Bernhard/Wewer, Göttrik (Hrsg.): Die Stadt in Deutschland. Soziale, politische und kulturelle Lebenswelt, S. 163–182. Opladen: Leske + Budrich.
Eggemann, Maike/Hering, Sabine (Hrsg.; 1999): Wegbereiterinnen der modernen Sozialarbeit. Texte und Biographien zur Entwicklung der Wohlfahrtspflege. Weinheim, München.
Eisner, Manuel (1997): Das Ende der zivilisierten Stadt? Die Auswirkungen von Modernisierung und urbaner Krise auf Gewaltdelinquenz. Frankfurt/M., New York: Campus.

Elias, Norbert (1991/1999): Die Gesellschaft der Individuen, 4. Auflage Frankfurt/M.: Suhrkamp. Erstausgabe herausgegeben von Michael Schröder (1991), Frankfurt/M.: Suhrkamp.
Elias, Norbert/Scotson, John L. (1965/1993): Etablierte und Außenseiter. Frankfurt/M.: Suhrkamp. Erstausgabe (1965): The Established and the Outsiders. A Sociological Enquiry into Community Problems. London.
Elias, Norbert (1937/1976): Über den Prozess der Zivilisation. Soziogenetische und psychogenetische Untersuchungen. Bd. 1: Wandlungen des Verhaltens in den weltlichen Oberschichten des Abendlandes. Bd. 2: Wandlungen der Gesellschaft. Entwurf zu einer Theorie der Zivilisation. Frankfurt/M.: Suhrkamp. Erstausgabe (1937): Gräfenhainichen.
Elias, Norbert (1970): Was ist Soziologie? München: Juventa Verlag.
Ellwein, Thomas/Hesse, Joachim Jens (1997): Der überforderte Staat. Frankfurt/M.
Elsen, Susanne (Hrsg.; 2011): Ökosoziale Transformation. Solidarische Ökonomie und die Gestaltung des Gemeinwesens; Perspektiven und Ansätze der ökosozialen Transformation von unten. Neu-Ulm: AG-Spak-Bücher.
Elsen, Susanne (2007): Die Ökonomie des Gemeinwesens. Sozialpolitik und Soziale Arbeit im Kontext von gesellschaftlicher Wertschöpfung und -verteilung. Weinheim, München: Juventa.
Emmenegger, Barbara/Litscher, Monika (Hrsg.; 2011): Perspektiven zu öffentlichen Räumen. Theoretische und praxisbezogene Beiträge aus der Stadtforschung. Luzern: Interact Verlag.
Empirica ag; unter: https://www.empirica-institut.de/ (07.03.2021)
Engel, Evamaria (1993): Die deutsche Stadt im Mittelalter. München: Beck.
Engelke, Ernst (2004): Die Wissenschaft Soziale Arbeit. Werdegang und Grundlagen. Freiburg: Lambertus.
Engels, Friedrich (1872): Zur Wohnungsfrage. In: Marx, Karl/Engels, Friedrich (Hrsg.): Der Volksstaat. Leipzig.
Engels, Friedrich (1845): Die Lage der Arbeitenden Klasse in England. Leipzig: Otto Wigand.
EQR: Europäischer Qualifikationsrahmen; unter: https://www.dqr.de/content/2323.php (11.03.2021).
ESF; unter: https://www.esf.de/portal/DE/Ueber-den-ESF/inhalt.html (07.03.2021).
ESF +; unter: https://www.esf.de/portal/DE/Foerderperiode-2021-2027/foerderperiode-2021-2027.html (07.03.2021).
ESF-Programme (2012): Europäischer Sozialfonds für Deutschland. Bundesministerium für Arbeit und Soziales; unter: http://www.esf.de/portal/generator/8/startseite.html (28.12.2012).
Esser, Hartmut (1991): Alltagshandeln und Verstehen. Zum Verhältnis erklärender und verstehender Soziologie am Beispiel von Alfred Schütz und »Rational Choice«. Tübingen: Verlag Mohr.
Esser, Hartmut/Friedrichs, Jürgen (Hrsg.; 1990): Generation und Identität. Opladen: Westdeutscher Verlag.
Esser, Josef/Hirsch, Joachim (1987): Stadtsoziologie und Gesellschaftstheorie. Von der Fordismus-Krise zur »postfordistischen« Regional- und Stadtstruktur. In: Prigge, Walter (Hrsg.): Die Materialität des Städtischen, S. 31 ff. Berlin, Boston: Birkhäuser.
Etzioni, Amitai (1998): Die Entdeckung des Gemeinwesens. Ansprüche, Verantwortlichkeiten und das Programm des Kommunitarismus. Frankfurt/M.: Fischer.
Etzioni, Amitai (1996): The New Golden Rule. Community and Morality in a Democratic Society. New York: Basic Books.
Evers, Adalbert (1998): Soziales Engagement. Zwischen Selbstverwirklichung und Bürgerpflicht. In: Transit 15: 186–200.
Evers, Adalbert/Olk, Thomas (Hrsg.; 1996): Wohlfahrtspluralismus. Vom Wohlfahrtsstaat zur Wohlfahrtsgesellschaft. Opladen.
Farys, Simone/Misoch, Sabina (1996): Städte und Gemeinden in der Kultur- und Sozialstatistik. In: Schäfers, Bernhard/Wewer, Göttrik (Hrsg.): Die Stadt in Deutschland. Soziale, politische und kulturelle Lebenswelt, S. 284–290. Opladen: Leske + Budrich.

Farwick, Andreas (2004): Segregierte Armut: Zum Einfluss städtischer Wohnquartiere auf die Dauer von Armutslagen. In: Häußermann, Hartmut/Kronauer, Martin/Siebel, Walter (Hrsg.): An den Rändern der Städte. Frankfurt/M.: edition Suhrkamp, S. 286–314.

Fehren, Oliver (2008): Wer organisiert das Gemeinwesen? Zivilgesellschaftliche Perspektiven sozialer Arbeit als intermediärer Instanz. Berlin: edition sigma.

Feldtkeller, Andreas (1994): Die zweckentfremdete Stadt. Wider die Zerstörung des öffentlichen Raumes. Frankfurt/M., New York: Campusverlag.

Fiedler, Johannes u. a. (2004): Globale Urbanisierung. Wien: Böhlau.

Flick, Uwe (Hrsg.; 2012): Handbuch qualitative Sozialforschung. Grundlagen, Konzepte, Methoden und Anwendungen. Weinheim: Beltz.

fluter (2007): Das Megacitys-Heft. Magazin der Bundeszentrale für politische Bildung. Bonn; unter: http://www.bpb.de/gesellschaft/staedte/megastaedte/ (11.02.2013).

FOCO Forum Community Organizing e. V. (Hrsg.; 1997): Forward to the roots ... Community Organizing in den USA eine Perspektive für Deutschland? Bonn: Stiftung Mitarbeit.

Fouquet, Gerhard u. a. (Hrsg.; 2009): Die Urbanisierung Europas von der Antike bis in die Moderne. Frankfurt/M.

Fourastié, Jean (1954): Die große Hoffnung des 20. Jahrhunderts. Düsseldorf, Wien: Econ.

Franke, Thomas (2011): Raumorientiertes Verwaltungshandeln und integrierte Quartiersentwicklung. Doppelter Gebietsbezug zwischen »Behälterräumen« und »Alltagsorten«. Wiesbaden: VS Research.

Freiwilligensurvey (FWS) wird aus Mitteln des Bundesministeriums für Familie, Senioren, Frauen und Jugend (BMFSFJ) gefördert. Die wissenschaftliche Leitung der vierten Welle (2014) liegt beim Deutschen Zentrum für Altersfragen (DZA); unter: http://www.dza.de/forschung/deutscher-freiwilligensurvey-fws.html (28.12.2012).

Friedländer, Walter (1962): Gemeinschaftsplanung und Gemeinschaftsentwicklung in den USA. In: Neues Beginnen, S. 81–84.

Friedrichs, Jürgen (1999): Globalisierung. In: Soziologische Revue 22. R.: 143–158. München: Oldenbourg.

Friedrichs, Jürgen (1998): Gentrification. In: Hartmut Häußermann (Hrsg.): Großstadt. Soziologische Stichworte, S. 57–66. Opladen: Leske + Budrich.

Friedrichs, Jürgen (1995): Stadtsoziologie. Opladen: Leske + Budrich.

Friedrichs, Jürgen (Hrsg.; 1988): Soziologische Stadtforschung. Kölner Zeitschrift für Soziologie und Sozialpsychologie, Sonderheft 29. Opladen: Westdeutscher Verlag.

Friedrichs, Jürgen (1977): Stadtanalyse. Soziale und räumliche Organisation der Gesellschaft. Reinbek bei Hamburg: Rowohlt.

Fromm, Erich (2005: 14): Anatomie der menschlichen Destruktivität. Reinbek bei Hamburg: Rowohlt Taschenbuchverlag (21. Auflage 2005; EA 1974).

Galuske, Michael (2007): Methoden der Sozialen Arbeit. Eine Einführung. Weinheim, München: Juventa.

Gans, Herbert J. (1974): Die ausgewogene Gemeinde. Homogenität und Heterogenität in Wohngebieten. In: Herlyn, Ulfert (Hrsg.): Stadt- und Sozialstruktur, S. 187–208. München: Nymphenburger Verlag.

Garhammer, Manfred (2000): Das Leben: eine Stilfrage. Lebensstilforschung hundert Jahre nach Simmels »Stil des Lebens«. In: Soziologische Revue 23: 296–312.

Gatzweiler, Hans-Peter/Strubelt, Wendelin (1988): Demographische Veränderungen und Wandel der Städte. In: Jürgen Friedrichs (Hrsg.): Soziologische Stadtforschung. Kölner Zeitschrift für Soziologie und Sozialpsychologie, Sonderheft 29: 193 ff. Opladen: Westdeutscher Verlag.

GdW (2010) Bundesverband deutscher Wohnungs- und Immobilienunternehmen e. V. Berlin (Hrsg.): Erfolgsfaktoren sozialer Quartiersentwicklung. Ergebnisse einer empirischen Untersuchung von Projekten der »Sozialen Stadt«.

Geislingen-Studie (1995): Engagement in der Bürgergesellschaft. Die Geislingen-Studie. Ein Bericht des Sozialwissenschaftlichen Instituts für Gegenwartsfragen Mannheim (SIGMA), Jörg Ueltzhöffer/Carsten Ascheberg, Ministerium für Arbeit, Gesundheit und Sozialordnung Baden-Württemberg (Hrsg.). Stuttgart.

Gesundheitsförderung (2009): Gesundheitsförderung in den Quartieren der Sozialen Stadt. Auf dem Weg zu einer neuen Qualität der Zusammenarbeit in den Ländern. Gesundheit Berlin e. V. Friedrichstr. 231, 10969 Berlin (Hrsg.).

Gillich, Stefan (Hrsg.; 2004): Gemeinwesenarbeit: Die Saat geht auf. Grundlagen und neue sozialraumorientierte Handlungsfelder. Gelnhausen: Trigaverlag.

Glatt, Anita/Oßwald, Bettina (1998): »Mehr Sicherheit im öffentlichen Raum« – was wir tun können, damit sich die StadtbewohnerInnen sicherer fühlen. Baudepartement Kanton Basel-Stadt.

Goffmann, Erving (1969): Wir alle spielen Theater. Die Selbstdarstellung im Alltag. München: Piper.

Gorgol, Andreas (2008): Housing Improvement Districts – Ein neues Instrument für die Quartiersentwicklung? In: Schnur, Olaf (Hrsg., 2008): Quartiersforschung zwischen Theorie und Praxis, S. 277–298. Wiesbaden: VS Verlag für Sozialwissenschaften.

Graf, Pedro (1976): Konzepte und Konflikte projektorientierten Studiums – Am Beispiel vierjähriger Erfahrungen des Projektes ›Balan-Büro‹. In: Bianchi/Grübling/Raiser/Rüsch u. a.: Gemeinwesenarbeit. Projektstudium und soziale Praxis. In: Neue Praxis 6/1976, Sonderheft: 38–53.

Grimm, Gaby/Hinte, Wolfgang/Litges, Gerhard (2004): Quartiermanagement. Eine kommunale Strategie für benachteiligte Wohngebiete. Berlin: Edition Sigma.

Gronemeyer, Reimer/Bahr, Hans-Eckehard (Hrsg.; 1977): Nachbarschaft im Neubaublock. Empirische Untersuchungen zur Gemeinwesenarbeit, theoretische Studien zur Wohnsituation. Weinheim, Basel.

Hadeler, Thorsten u. a. (2000): Wirtschaftslexikon, S. 1785. Wiesbaden: Gabler.

Hamm, Bernd (1984): Aktuelle Probleme sozialökologischer Analyse. In: Kölner Zeitschrift für Soziologie und Sozialpsychologie 36/36: 277–299.

Hauff, Volker (Hrsg.; 1988): Stadt und Lebensstil. Thema: Stadtkultur. Beltz.

Haus, Michael (Hrsg.; 2002): Bürgergesellschaft, soziales Kapital und lokale Politik. Opladen.

Häußermann, Hartmut (2008): Segregation in der Stadt – Befürchtungen und Tatsachen. In: vhw FW3/2008: 123–125, Forum Wohneigentum, Zeitschrift für Wohneigentum in der Stadtentwicklung und Immobilienwirtschaft, Bundesverband für Wohneigentum und Stadtentwicklung e. V. Berlin (Hrsg.).

Häußermann, Hartmut (2007): Behindert ethnische Segregation die Integration? In: Archiv für Wissenschaft und Praxis der Sozialen Arbeit, 38 Jg. 3/2007: 46–56.

Häußermann, Hartmut (2001): Neues aus der Stadtforschung. Ein altes Modell mit Zukunft? Die europäische Stadt. In: Leviathan 2/2001, S. 237–255. Westdeutscher Verlag.

Häußermann, Hartmut (Hrsg.; 1998): Großstadt. Soziologische Stichworte. Opladen.

Häußermann, Hartmut (1997): Stadt und Fremdheit. In: Institut für Landes- und Stadtentwicklungsforschung des Landes Nordrhein-Westfalen (Hrsg.): Zusammenleben im Stadtteil, ILS-118, Dortmund, S. 38 ff.

Häußermann, Hartmut (1988): Stadt und Lebensstil. In: Volker Hauff (Hrsg.): Stadt und Lebensstil. Thema: Stadtkultur, S. 75 ff. Weinheim, Basel: Beltz.

Häußermann, Hartmut/Oswald, Ingrid (1997): Zuwanderung und Stadtentwicklung. In: Leviathan. Sonderheft 17. Opladen: Westdeutscher Verlag.

Häußermann, Hartmut/Siebel, Walter (2004): Stadtsoziologie. Frankfurt/M.: Campus.

Häußermann, Hartmut/Siebel, Walter (1993): Festivalisierung der Stadtpolitik. In: Leviathan, Sonderheft 13. Opladen.

Häußermann, Hartmut/Ipsen, Detlev/Krämer-Badoni, Thomas/Läpple, Dieter/Rodenstein, Marianne/Siebel, Walter (Hrsg.; 1991): Stadt und Raum. Pfaffenweiler.

Häußermann, Hartmut/Siebel, Walter (1988): Die schrumpfende Stadt und die Stadtsoziologie. In: Jürgen Friedrichs (Hrsg.): Soziologische Stadtforschung. Kölner Zeitschrift für Soziologie und Sozialpsychologie, Sonderheft 29: 78 ff. Opladen: Westdeutscher Verlag.

Häußermann, Hartmut/Siebel, Walter (1987): Polarisierte Stadtentwicklung. Ökonomische Restrukturierung und industrielle Lebensweisen. In: Prigge, Walter (Hrsg.): Die Materialität des Städtischen, S. 79 ff. Berlin, Boston: Birkhäuser.

Harrer, Cornelia (2020): Quartiersarbeit in Zeiten von Corona – Erste konzeptionelle Rück- und Ausblicke. In: sozialraum.de (12) Ausgabe 1/2020; unter: https://www.sozialraum.de/quartiersarbeitin-zeiten-von-corona.php, (02.10.2020).
Hecker, Mischa (2010): Business Improvement Districts in Deutschland. Berlin: Humboldt Univ., Dissertation.
Hecker, Wolfgang (1997): Außenseiter unerwünscht. In: Wohlfahrtswerk für Baden-Württemberg (Hrsg.): Blätter der Wohlfahrtspflege. Deutsche Zeitschrift für Sozialarbeit, Heft 11+12: 246–250. Stuttgart.
Heckmann, Friedrich (1992): Ethnische Minderheiten. Volk und Nation. Stuttgart: Enke.
Heitmeyer, Wilhelm/Dollase, Rainer/Backes, Otta (Hrsg.; 1998): Die Krise der Städte: Analysen zu den Folgen desintegrativer Stadtentwicklung für das ethnisch-kulturelle Zusammenleben. Frankfurt/M.: Suhrkamp.
Henckel, Dietrich (1998): Zeitstrukturen. In: Häußermann, Hartmut (Hrsg.): Großstadt. Soziologische Stichworte, S. 310–319. Opladen: Leske + Budrich.
Herlyn, Ulfert (1998): Milieus. In: Häußermann, Hartmut (Hrsg.): Großstadt. Soziologische Stichworte, S. 151–161. Opladen: Leske + Budrich.
Herlyn, Ulfert (Hrsg.; 1974): Stadt- und Sozialstruktur. München: Nymphenburger Verlag.
Hildemann, Klaus D. (2000): Einleitung. In: Hildemann, Klaus D. (Hrsg.): Abschied vom Versorgungsstaat? Erneuerung sozialer Verantwortung zwischen Individualisierung, Markt und bürgerschaftlichem Engagement, S. 7–17. Bonn.
Hinte, Wolfgang/Lüttringhaus, Maria/Oelschlägel, Dieter (2007): Grundlagen und Standards der Gemeinwesenarbeit. München, Weinheim: Juventa.
Hinte, Wolfgang/Treeß, Helga (2007): Sozialraumorientierung in der Jugendhilfe. Theoretische Grundlagen, Handlungsprinzipien und Praxisbeispiele einer kooperativ-integrativen Pädagogik. Weinheim, München: Juventa.
Hinte, Wolfgang (2002): Von der Gemeinwesenarbeit über die Stadtteilarbeit zum Quartiermanagement. In: Thole, Werner/Bock, Karin (2002): Grundriss Soziale Arbeit. Ein einführendes Handbuch; Opladen: Leske + Budrich.
Hinte, Wolfgang/Litges, Gerd/Springer, Werner (1999): Soziale Dienste: vom Fall zum Feld. Soziale Räume statt Verwaltungsbezirke. Berlin: Edition Sigma.
Hinte, Wolfgang/Metzger-Pregizer, G./Springer, Werner (1982): Stadtteilbezogene Soziale Arbeit. In: Neue Praxis 4/1982.
Hoerning, Johanna (2014): Städte zwischen Eigenlogik und Typik – eine Replik zur aktuellen stadtsoziologischen Debatte. In: Der Leviathan, Heft 3/2014: 332–345.
Hoffmann-Axthelm, Dieter (1993): Die dritte Stadt. Bausteine eines neuen Gründungsvertrages. Frankfurt/M.: Suhrkamp.
Hofmeister, Burkhard (1999): Stadtgeografie. 7. Auflage. Braunschweig: Westermann.
Holm, Andrej (2013): Wir bleiben alle! Gentrifizierung – städtische Konflikte um Aufwertung und Verdrängung. 2., unveränderte Auflage. Münster: Unrast.
Holtkamp, Lars (2011): Kommunale Haushaltspolitik bei leeren Kassen. In: Aus Politik und Zeitgeschehen 7–8/2011: 13–19.
Howard, Ebenezer (1902): Garden Cities of Tomorrow. London.
Hradil, Stefan (2004): Die Sozialstruktur Deutschlands im internationalen Vergleich. Wiesbaden: VS-Verlag für Sozialwissenschaften.
Hradil, Stefan (1999): Soziale Ungleichheit in Deutschland. Opladen: Leske + Budrich.
Hubbertz, Karl-Peter (1984): Gemeinwesenarbeit in Neubauvierteln. Ansätze zu einem integrativen Handlungsmodell. Münster.
Hüttinger, Helene/Selle, Klaus (2003): Probleme mit der Bürgerorientierung. In: vhw FW 3/2003: 160–166. Forum Wohneigentum, Zeitschrift für Wohneigentum in der Stadtentwicklung und Immobilienwirtschaft, Bundesverband für Wohneigentum und Stadtentwicklung e. V. Berlin (Hrsg.).
Hurrelmann, Klaus/Klotz, Theodor/Haisch, Jochen (Hrsg.; 2007): Lehrbuch Prävention und Gesundheitsförderung, 2. Auflage. Bern: Hans Huber Verlag.
ILS 64, Institut für Landes- und Stadtentwicklungsforschung des Landes Nordrhein-Westfalen (Hrsg.; 1992): Von der traditionellen Sozialpolitik zur neuen Wohlfahrtskultur. Freiwilliges soziales Engagement und lokale Infrastruktur. Dortmund.

INGOs (2009; INGO = internationale Nichtregierungsorganisationen): Verhaltenskodex für die Bürgerbeteiligung im Entscheidungsprozess; unter: http://www.coe.int/t/ngo/code_good_prac_en.asp (15.02.2013).
Ipsen, Detlef (1987): Raumbilder. Zum Verhältnis des ökonomischen und kulturellen Raumes. In: Prigge, Walter (Hrsg.): Die Materialität des Städtischen, S. 139 ff. Berlin, Boston: Birkhäuser.
Jacobs, Jane (1963): Tod und Leben großer amerikanischer Städte. Ullstein.
Jahoda, Marie/Lazarsfeld, Paul Felix/Zeisel, Hans (1933): Die Arbeitslosen von Marienthal. Ein soziographischer Versuch über die Wirkungen langandauernder Arbeitslosigkeit. Mit einem Anhang zur Geschichte der Soziographie. Erstausgabe. Leipzig: Hirzel.
Jansen, Dorothea (2006): Einführung in die Netzwerkanalyse. Grundlagen, Methoden, Forschungsbeispiele. Wiesbaden: VS-Verlag.
Jörke, Dirk (2011): Bürgerbeteiligung in der Postdemokratie. In: APuZ 1–2/2011: 13–18. Bonn: Bundeszentrale für politische Bildung.
Jungk, Robert/Müllert, Norbert R. (1995): Zukunftswerkstätten. Mit Phantasie gegen Routine und Resignation. München: Heine. Erstausgabe (1981): Hamburg.
Kaelble, Hartmut (2001): Die Besonderheiten der europäischen Stadt im 20. Jahrhundert. In: Leviathan 2/2001, S. 256–274. Westdeutscher Verlag.
Kampffmeyer, Hans (1909): Die Gartenstadtbewegung. Leipzig: B.G. Teubner.
Kaufmann, Franz-Xaver (1997): Die Herausforderungen des Sozialstaats. Frankfurt/M.
Keim, Karl-Dieter (1997): Milieu und Moderne. Zum Gebrauch und Gehalt eines nachtraditionalen sozial-räumlichen Milieubegriffs. In: Berliner Journal für Soziologie, Heft 3: 387–399.
Keim, Karl-Dieter (1979): Milieu in der Stadt. Ein Konzept zur Analyse älterer Wohnquartiere. Stuttgart: Kohlhammer.
Kessl, Fabian/Reutlinger, Christian (Hrsg.; 2008): Schlüsselwerke der Sozialraumforschung. Traditionslinien in Text und Kontexten. Wiesbaden: VS-Verlag.
Kessl, Fabian/Otto, Hans-Uwe (Hrsg.; 2007): Territorialisierung des Sozialen. Regieren über Soziale Nahräume. Opladen & Farmington Hills: Verlag Barbara Budrich.
Kessl, Fabian/Reutlinger, Christian/Maurer, Angela/Frey, Oliver (Hrsg.; 2005): Handbuch Sozialraum. Wiesbaden: VS-Verlag.
Klages, Helmut/Daramus, Carmen/Masser, Kai (2008): Bürgerbeteiligung durch lokale Bürgerpanels. Berlin.
Konau, Elisabeth (1977): Raum und soziales Handeln. Studien zu einer vernachlässigten Dimension soziologischer Theoriebildung. Göttingen.
Krämer-Badoni, Thomas (1987): Postfordismus und Postmoderne. Ansätze zur Kritik eines kritischen Topos. In: Prigge, Walter (Hrsg.): Die Materialität des Städtischen, S. 167 ff. Berlin, Boston: Birkhäuser.
Kraus, Hertha (1951): Amerikanische Methoden der Gemeinschaftshilfe – Community Organization for Social Welfare. In: Soziale Welt 1951: 184–192.
Kreft, Dieter/Mielenz, Ingrid (2005): Wörterbuch Soziale Arbeit. Aufgaben, Praxisfelder, Begriffe und Methoden der Sozialarbeit und Sozialpädagogik. Weinheim, München.
Kreutz, Stefan/Krüger, Thomas (2008): Urban Improvement Districts: Neue Modelle eigentümerfinanzierter Quartiersentwicklung. In: Uwe Altrock, Ronald Kunze, Ursula von Petz, Dirk Schubert; Arbeitskreis Stadterneuerung an deutschsprachigen Hochschulen. Institut für Stadt- und Regionalplanung der Technischen Universität Berlin (Hrsg.): Jahrbuch Stadterneuerung 2008, S. 253–272.
Krummacher, Michael/Kulbach, Roderich/Waltz, Viktoria/Wohlfahrt, Norbert (2003): Soziale Stadt – Sozialraumentwicklung – Quartiersmanagement. Herausforderungen für Politik, Raumplanung und Soziale Arbeit. Opladen.
Krummacher, Michael (1998): Zuwanderung, Migration. In: Häußermann, Hartmut (Hrsg.): Großstadt. Soziologische Stichworte, S. 320 ff. Opladen: Leske + Budrich.
Landesstudie 1997: »Bürgerschaftliches Engagement in Baden-Württemberg«. Ein Bericht des Sozialwissenschaftlichen Instituts für Gegenwartsfragen Mannheim (SIGMA), im Auftrag des Sozialministeriums Baden-Württemberg (Hrsg.). Stuttgart.

Läpple, Dieter (1998): Ökonomie. In: Häußermann, Hartmut (Hrsg.): Großstadt. Soziologische Stichworte, S. 193–206. Opladen: Leske + Budrich.
Läpple, Dieter (1991): Essay über den Raum. Für ein gesellschaftswissenschaftliches Raumkonzept. In: Häußermann, Hartmut u. a. (Hrsg.): Stadt und Raum, S. 157–207. Pfaffenweiler.
Lattke, Herbert (1955): Soziale Arbeit und Erziehung. Ihre Ziele, Methoden und psychologischen Grundlagen. Freiburg.
Le Corbusier (1957): An die Studenten. Die »Charte D'Athènes«. Reinbek.
Lees, Loretta/Slater, Tom/Wyly, Elvin K. (2010): The Gentrification Reader. London, New York: Routledge.
Lefèbvre, Henri (1977): Die Produktion des städtischen Raums. In: Arch+ Themenheft Nr. 34.
Leipzig Charta EU (2007): Leipzig Charta zur nachhaltigen europäischen Stadt. Bundesministerium für Verkehr, Bau und Stadtentwicklung (Hrsg.). Berlin.
Lichtenberger, Elisabeth (2002): Die Stadt. Von der Polis zur Metropolis. Darmstadt: Wissenschaftliche Buchgesellschaft.
Lichtenberger, Elisabeth (1998): Stadtgeographie. Begriffe, Konzepte, Modelle, Prozesse. In: Reihe Stadtgeographie, 3. Auflage. Stuttgart, Leipzig.
Lindner, Werner (Hrsg.; 2000): Ethnografische Methoden in der Jugendarbeit. Zugänge, Anregungen und Praxisbeispiele. Opladen: Leske + Budrich.
Löw, Martina (2011): Städte als unterscheidende Erfahrungsräume. In: Herrmann, Heike u. a. (Hrsg.): Die Besonderheit des Städtischen. Wiesbaden: VS-Verlag für Sozialwissenschaften.
Löw, Martina (2001): Raumsoziologie. Frankfurt/M.: Suhrkamp.
Lübking, Uwe (2009): Das Zusammenleben gestalten. Die Kommunen sind für die Bürgerinnen und Bürger der erste Ansprechpartner bei der Daseinsvorsorge. In: Blätter der Wohlfahrtspflege 1/2009: 3–8.
Lüttringhaus, Maria/Richers, Hille (2003): Handbuch aktivierende Befragung: Konzepte, Erfahrungen, Tipps für die Praxis. Bonn: Stiftung Mitarbeit (Hrsg.).
Lüttringhaus, Maria (2000): Stadtentwicklung und Partizipation. Bonn.
Maelicke, Bernd (2008): Lexikon der Sozialwirtschaft. Baden-Baden: Nomos-Verlag.
Maier, Konrad/Sommerfeld, Peter (2005): Inszenierung des Sozialen im Wohnquartier. Darstellung, Evaluation und Ertrag des Projekts Quartiersaufbau Rieselfeld. Freiburg: Verlag FEL Forschung-Entwicklung-Lehre.
Marx, Karl/Engels, Friedrich (1872): Der Volksstaat. Leipzig.
Maslow, Abraham H. (1954): Motivation and Personality. New York: Harper.
Mayer-Kulenkampff, Lina (1962): Gemeinschaftsplanung in Gemeinden als Methode der Sozialarbeit. Ein Überblick über Community Organization und Community Development. In: Neues Beginnen 1962: 17–19.
McGregor, Douglas (1986): Der Mensch im Unternehmen/Douglas McGregor. [Aus d. Amerikan. übers. von A. Wolter. »Zum Geleit« aus d. Amerikan. übers. von G. Nessler]. Erstausgabe 1960: The human Side of Enterprise. New York: McGraw Hill.
»Mehrgenerationenhäuser« (2012); unter: http://www.mehrgenerationenhaeuser.de/ (10.02. 2013).
Memorandum (2007): Auf dem Weg zu einer nationalen Stadtentwicklungspolitik. Bundesministerium für Verkehr, Bau und Stadtentwicklung (BMVBS) Invalidenstraße 44, 10115 Berlin und Bundesamt für Bauwesen und Raumordnung (BBR) Deichmannsaue 31–37, 53179 Bonn (Hrsg.).
Merten, Roland (Hrsg.; 2002): Sozialraumorientierung. Zwischen fachlicher Innovation und rechtlicher Machbarkeit. Weinheim, München: Juventa.
Mesle, Kurt (1978): Praxis der Gemeinwesenarbeit heute. Heidelberg.
Mezger, Erika/West, Klaus-W. (Hrsg.; 2000): Aktivierender Sozialstaat und politisches Handeln. Schüren.
Modellprojekt Mehrgenerationenhäuser (MGH). Ein Projekt des Bundesministeriums für Familie, Senioren, Frauen und Jugend; unter: http://www.mehrgenerationenhaeuser.de/ (11.01.2013).

Modellvorhaben der Sozialen Stadt (2009). Gute Beispiele für sozial-integrative Projekte. Broschüre des Bundesministeriums für Verkehr, Bau und Stadtentwicklung (BMVBS) und Bundesinstitut für Bau-, Stadt- und Raumforschung im Bundesamt für Bauwesen und Raumordnung (BBSR) (Hrsg.). Berlin.

Möbius, Thomas (2010): Ressourcenorientiert arbeiten. Anleitung zu einem gelingenden Praxistransfer im Sozialbereich. Wiesbaden: VS-Verlag.

Morlok, Marion/Neubauer, Michaela/Neubauer, Rainer/Schönfelder, Walter (1991): Let's Organize! Gemeinwesenarbeit und Community Organizing im Vergleich. AG SPAK Publikationen.

Moser, Heinz (1997): Instrumentenkoffer für den Praxisforscher. Freiburg: Lambertus.

Monitoring Soziale Stadtentwicklung (2008): Senatsverwaltung für Stadtentwicklung und Umwelt Württembergische Straße 6, 10707 Berlin; unter: http://www.stadtentwicklung.berlin.de/planen/basisdaten_stadtentwicklung/monitoring/de/2008/index.shtml (10.02.2013).

Müller, Christa (Hrsg.; 2011): Urban Gardening. Über die Rückkehr der Gärten in die Stadt. München: oekom.

Müller, Carl Wolfgang (2009): Wie helfen zum Beruf wurde. Eine Methodengeschichte der Sozialen Arbeit. Weinheim, München: Juventa.

Müller, Carl Wolfgang (1971): Die Rezeption der Gemeinwesenarbeit in Deutschland. In: Müller, Carl Wolfgang/Nimmermann, Peter (Hrsg.; 1971): Stadtplanung und Gemeinwesenarbeit. Texte und Dokumente, S. 228–240. München.

Müller, Carl Wolfgang/Nimmermann, Peter (Hrsg.; 1971): Stadtplanung und Gemeinwesenarbeit. Texte und Dokumente. München.

Müller, Werner (1972): Zum derzeitigen Stand der Gemeinwesenarbeit. In: Gemeindeaufbau und Gemeinwesenarbeit. Bilanz 71 der Evangelischen Gemeinde Heerstraße Nord, Berlin, S. 84–96. Gelnhausen, Berlin.

Mumford, Lewis (1961): Die Stadt. Köln, Berlin: Kiepenheuer & Witsch. Originaltitel: The City in History.

Munsch, Chantal (2004): Engagement schließt aus. In: forum sozial 1/2004: 16–18.

Munsch, Chantal (Hrsg.; 2003): Sozial Benachteiligte engagieren sich doch. Über lokales Engagement und soziale Ausgrenzung und die Schwierigkeiten der Gemeinwesenarbeit. Weinheim, München.

Naroska, Hans-Jürgen (1988): Urban Underclass und »neue« soziale Randgruppen im städtischen Raum. In: Friedrichs, Jürgen (Hrsg.): Soziologische Stadtforschung. Kölner Zeitschrift für Soziologie und Sozialpsychologie, Sonderheft 29: 251–271. Opladen.

Naschold, Frieder (1996): Partizipative Demokratie. Erfahrungen mit der Modernisierung kommunaler Verwaltungen. In: Weidenfeld, Werner (Hrsg.): Demokratie am Wendepunkt. Die demokratische Frage als Projekt des 21. Jh., S. 294–307. Berlin.

Naßmacher, Hiltrud (2011): Kommunalpolitik in Deutschland. In: Aus Politik und Zeitgeschehen 7–8/2011: 6–12.

Nationale Stadtentwicklungspolitik 2021; unter: https://www.nationale-stadtentwicklungspolitik.de/NSPWeb/DE/Themen/Themenuebersicht/Bildung-und-Kultur/bildung-und-kultur_node.html (07.03.2021).

Nationale Stadtentwicklungspolitik (2008): Unterrichtung durch die Bundesregierung Initiative zur Nationalen Stadtentwicklungspolitik; Deutscher Bundestag 16. Wahlperiode; Drucksache 16/9234 (13.05.2008).

Neckel, Sighard (1997): Zwischen Robert E. Park und Pierre Bourdieu. Eine dritte »Chicago School«? In: Soziale Welt 47: 71–84.

Nefiodow, Leo A. (1996): Der sechste Kondratieff. Wege zu Produktivität und Vollbeschäftigung im Zeitalter der Information. Sankt Augustin: Rhein-Sieg Verlag.

Neue Leipzig Charta 2020: Die transformative Kraft der Städte; unter: https://www.nationale-stadtentwicklungspolitik.de/NSPWeb/DE/Initiative/Leipzig-Charta/Neue-Leipzig-Charta-2020/neue-leipzig-charta-2020_node.html (09.02.2021).

Noack, Michael (2015): Kompendium Sozialraumorientierung. Geschichte, theoretische Grundlagen, Methoden und kritische Positionen. Weinheim, Basel: Beltz Juventa.

Nohlen, Dieter/Schultze, Rainer-Olaf (2004; Hrsg.): Lexikon der Politikwissenschaft: Theorien, Methoden, Begriffe. München: Verlag C. H. Beck.
Nolte, Paul (2011): Von der repräsentativen zur multiplen Demokratie. In: APuZ 1–2/2011: 5–12. Bonn: Bundeszentrale für politische Bildung.
Odierna, Simone (Hrsg.; 2004): Gemeinwesenarbeit. Entwicklungslinien und Handlungsfelder. München: AG-SPAK-Bücher.
Oelschlägel, Dieter (2013): Geschichte der Gemeinwesenarbeit in Deutschland. In: Stövesand, Sabine u. a. (Hrsg.): Handbuch Gemeinwesenarbeit. Traditionen und Positionen, Konzepte und Methoden, S. 181–202. Opladen, Berlin, Toronto: Verlag Barbara Budrich.
Oelschlägel, Dieter (2004): Stand und Trends der GWA in Deutschland. In: forum sozial 1/2004: 11–15.
Oelschlägel, Dieter (1989): Gemeinwesenarbeit im Wandel: 1969–1989. Nürnberg: Institut für Soziale und Kulturelle Arbeit (ISKA).
Offe, Claus (1984): Arbeitsgesellschaft. Strukturprobleme und Zukunftsperspektiven. Frankfurt/M., New York: Campus.
Opielka, Michael (2009): Grundeinkommen und Werteorientierungen. Eine empirische Analyse. Wiesbaden: VS Verlag für Sozialwissenschaften.
Owen, Harrison (2001): Open space technology. Ein Leitfaden für die Praxis. Stuttgart: Klett-Cotta.
Pappi, Franz Urban (2001): Soziale Netzwerke. In: Schäfers, Bernhard/Zapf, Wolfgang (Hrsg.): Handwörterbuch zur Gesellschaft Deutschlands, S. 605 ff. Opladen: Leske + Budrich.
Park, Robert E./Burgess, Ernest W./McKenzie, Roderick D. (1925): The City. Chicago: University Press.
Penta, Leo (2007): Community Organizing: Menschen verändern ihre Stadt. Körber-Stiftung.
Perry, Clarence A. (1929): Neighbourhood and Community Planning. New York: Vol. 3.
Peters, f./Koch, J. (Hrsg.; 2004): Integrierte erzieherische Hilfen. Weinheim, München: Juventa.
Pongs, Armin (Hrsg.; 1999): In welcher Gesellschaft leben wir eigentlich?: Gesellschaftskonzepte im Vergleich. München: Dilemma-Verlag.
Prelicz-Huber, Katharina (2004): Indikatoren für die soziokulturelle Entwicklung in Gemeinden, Städten und Regionen. Luzern: Interact Verlag.
Prigge, Walter (Hrsg.; 1987): Die Materialität des Städtischen. Berlin, Boston: Birkhäuser.
Programme des Bundes 2021; unter: https://www.staedtebaufoerderung.info/StBauF/DE/Home/home_node.html (07.03.2021).
Programme des Bundes (2012): Programme des Bundes für die nachhaltige Stadtentwicklung und Soziale Stadt; Bundesministerium für Verkehr, Bau und Stadtentwicklung (BMVBS; Hrsg.), BMVBS-Online-Publikation 3/2012. Berlin.
Programms Projets Urbains (Hrsg.; 2011): Soziale Mischung und Quartierentwicklung: Anspruch versus Machbarkeit. Bern.
Pütz, Robert (2008): Business Improvement Districts als neues Modell subkommunaler Governance: Internationalisierungsprozesse und Forschungsfragen. In: Business Improvement Districts. Ein neues Governance-Modell aus Perspektive von Praxis und Stadtforschung, S. 7–20. Passau.
Rauschenbach, Thomas (2002): Sozialarbeit/Sozialpädagogik. In: Fachlexikon Soziale Arbeit. Frankfurt/M.: DV.
Riege, Marlo/Schubert, Herbert (Hrsg.; 2005): Sozialraumanalyse: Grundlagen, Methoden, Praxis. Wiesbaden.
Reichard, Christoph (1994): Umdenken im Rathaus. Neue Steuerungsmodelle in der deutschen Kommunalverwaltung: Berlin: Edition Sigma.
Ross, Murray G. (1968): Gemeinwesenarbeit Theorie – Prinzipien – Praxis. Freiburg.
Roth, Roland (2000): Bürgerschaftliches Engagement. Formen, Bedingungen, Perspektiven. In: Zimmer, Annette/Nährlich, Stefan (Hrsg.): Engagierte Bürgerschaft. Traditionen und Perspektiven, S. 25–48. Opladen.

Sachs Pfeiffer, Toni (1988): Lebensstil, Mobilität und die Gestaltung von Stadträumen. In: Volker Hauff (Hrsg.): Stadt und Lebensstil. Thema: Stadtkultur, S. 105–133. Weinheim, Basel: Beltz.

Salomon, Alice (1998): Grundlegung für das Gesamtgebiet der Wohlfahrtspflege. In: Thole, Werner/Galuske, Michael/Gängler, Hans (Hrsg.): KlassikerInnen der Sozialen Arbeit. Sozialpädagogische Texte aus zwei Jahrhunderten – ein Lesebuch, S. 131–145. Neuwied: Kriftel.

Sarcinelli, Ulrich (1997): Politische Kommunikation und multikulturelle Gesellschaft. In: Heitmeyer, Wilhelm (Hrsg.): Was hält die Gesellschaft zusammen? Bundesrepublik Deutschland: Auf dem Weg von der Konsens- zur Konfliktgesellschaft, Band 2, S. 403 ff. Frankfurt/M.: Suhrkamp.

Sarcinelli, Ulrich (1993): »Verfassungspatriotismus« und »Bürgergesellschaft« oder: Was das demokratische Gemeinwesen zusammenhält. In: Aus Politik und Zeitgeschichte, Band 34: 25–37.

Sarcinelli, Ulrich/König, Mathias/König, Wolfgang (2011): Bürgerbeteiligung in der Kommunal- und Verwaltungsreform. In: Aus Politik und Zeitgeschehen 7–8/2011: 32–39.

Sassen, Saskia (1991): The Global City. New York, London, Tokyo, Princeton NJ: Princeton University Press.

Sauter, Matthias (2004): Die Zukunft der Sozialen Stadt – Integrierte Stadtteilentwicklung im Spannungsfeld von staatlicher Steuerung und zivilgesellschaftlicher Selbstorganisation. Dissertation an der Fakultät Raumplanung der Universität Dortmund. Dortmund, Münster.

Schäfers, Bernhard (1995): Partizipation. In: ders. (Hrsg): Grundbegriffe der Soziologie, S. 239–241. Opladen: Leske + Budrich.

Schäfers, Bernhard/Wewer, Göttrik (Hrsg.; 1996): Die Stadt in Deutschland. Soziale, politische und kulturelle Lebenswelt. Opladen: Leske + Budrich.

Schäfers, Bernhard/Zapf, Wolfgang (Hrsg.; 2001): Handwörterbuch zur Gesellschaft Deutschlands. Opladen: Leske + Budrich.

Schnur, Olaf (Hrsg.; 2008): Quartiersforschung zwischen Theorie und Praxis. Wiesbaden: VS Verlag für Sozialwissenschaften.

Schnur, Olaf (2008a): Bridging and Bonding. In: vhw FW 3/2008: 138–143. Forum Wohneigentum, Zeitschrift für Wohneigentum in der Stadtentwicklung und Immobilienwirtschaft, Bundesverband für Wohneigentum und Stadtentwicklung e. V. Berlin (Hrsg.).

Schönig, Werner (2008): Sozialraumorientierung. Grundlagen und Handlungsansätze. Schwalbach: Wochenschauverlag.

Schophaus, M./Dienel, H.-L. (2002): Bürgerausstellung – Ein neues Beteiligungsverfahren für die Stadtplanung. Forschungsjournal Neue Soziale Bewegungen, Jg. 15, Heft 2/2002: 90–96.

Schroer, Markus (2006): Räume, Orte, Grenzen. Auf dem Weg zu einer Soziologie des Raums. Frankfurt/M.: Suhrkamp.

Schubert, Herbert/Nüß, Sandra/Spieckermann, Holger (2003): Kompetenzwerkstatt zur individuellen Förderung von Kindern und Jugendlichen eines Kölner Sozialraums. Köln.

Schütz, Alfred (1932): Der sinnhafte Aufbau der sozialen Welt. Eine Einleitung in die Verstehende Soziologie, Erstausgabe. Wien: Springer.

Schulze, Gerhard (1992): Die Erlebnisgesellschaft. Kultursoziologie der Gegenwart, Erstausgabe. Frankfurt/M., New York: Campus.

Schumpeter, Joseph A. (1961): Konjunkturzyklen. Eine theoretische, historische und statistische Analyse des kapitalistischen Prozesses. Göttingen: Vandenhoeck & Ruprecht.

Schütz, Alfred (1932): Der sinnhafte Aufbau der sozialen Welt. Eine Einleitung in die verstehende Soziologie, Erstausgabe. Wien: Springer Verlag.

Schwarze, Antje (2008): Kommunale Ansätze zur Förderung des bürgerschaftlichen Engagements von Migranten. In: vhw FW 3/2008: 152–159. Forum Wohneigentum, Zeitschrift für Wohneigentum in der Stadtentwicklung und Immobilienwirtschaft. Bundesverband für Wohneigentum und Stadtentwicklung e. V. Berlin (Hrsg.).

Schwengel, Hermann (1999): Globalisierung mit europäischem Gesicht. Der Kampf um die politische Form der Zukunft. Berlin: Aufbau-Verlag.

Schwengel, Hermann (1988): Lebensstandard, Lebensqualität und Lebensstil. In: Hauff, Volker (Hrsg.): Stadt und Lebensstil. Thema: Stadtkultur, S. 57–73. Weinheim, Basel.
Schwonke, Martin (1974): Kommunikation in städtischen Gemeinden. In: Pehnt, Wolfgang (Hrsg.): Die Stadt in der BRD, S. 45 ff. Stuttgart: Reclam.
Sennett, Richard (1990/2009): The Conscience of the Eye. The Design and Social Life of Cities. Alfred Knopf Inc. New York. Dt. Übersetzung: Civitas. Die Großstadt und die Kultur des Unterschieds (2009). Berliner Taschenbuchverlag.
Sennett, Richard (1998): Der flexible Mensch. Die Kultur des neuen Kapitalismus, Berlin. Originaltitel: The Corrosion of Character. New York: W.W. Norton.
Sennett, Richard (1974/1983): Verfall und Ende des öffentlichen Lebens. Die Tyrannei der Intimität. Berlin: BvT.
Siebel, Walter (2013): Stadt, Ungleichheit und Diversität. In: Der Leviathan, Heft 2/2013: 238–263.
Siebel, Walter (2010): Die Zukunft der Städte. In: Aus Politik und Zeitgeschehen. APUZ 17/2010: 3 ff.
Siebel, Walter (1998): Urbanität. In: Häußermann, Hartmut (Hrsg.): Großstadt. Soziologische Stichworte, S. 262–269. Opladen: Leske + Budrich.
SIGMA (1999): Generationenkonflikt und Generationenbündnis in der Bürgergesellschaft. Die erste bundesweite Studie zum Verhältnis der Generationen in der Bürgergesellschaft, Ein Bericht des Sozialwissenschaftlichen Instituts für Gegenwartsfragen Mannheim (SIGMA), im Auftrag des Sozialministeriums Baden-Württemberg (Hrsg.). Stuttgart.
Sinus-Milieus: SINUS Markt- und Sozialforschung GmbH; unter: www.sinus-institut.de (26.01.2013).
Simmel, Georg (1908/1992): Soziologie. Untersuchungen über die Formen der Vergesellschaftung. Erstausgabe, Leipzig: Duncker & Humblot. Georg Simmel gesammelte Werke; Kapitel IX: Der Raum und die räumliche Ordnung der Gesellschaft, S. 687–790. Frankfurt/M. Suhrkamp.
Simmel, Georg (1903/2006)): Die Großstädte und das Geistesleben. Frankfurt/M.: Suhrkamp Verlag Erstausgabe: in: Petermann, Theodor (Hrsg.; 1903): Die Großstadt. Vorträge und Aufsätze zur Städteausstellung. Jahrbuch der Gehestiftung zu Dresden.: Band IX. Dresden, S. 185–206.
Sohn, Karl-Heinz (1993): Lean Management, Econ, Düsseldorf.
Sombart, Werner (1931): Städtische Siedlung, Stadt. In: Alfred Vierkant (Hrsg.): Handwörterbuch der Soziologie. S. 527–533. Stuttgart: Ferdinand Enke Verlag.
Sombart, Werner (1902): Der moderne Kapitalismus. Historisch-systematische Gegenwart. 2 Bände. Leipzig: Dunker & Humblot.
Soziale Stadt (2019/2021); unter: https://www.staedtebaufoerderung.info/StBauF/DE/Progr amm/SozialeStadt/soziale_stadt_node.html (07.03.2021).
Soziale Stadt (2008): Bund-Länder-Programm für Stadtteile mit besonderem Entwicklungsbedarf – die soziale Stadt. Bundesministerium für Bau Verkehr und Stadtentwicklung; Statusbericht 2008.
Spiegel, Erika (1998): Dichte. In: Häußermann, Hartmut (Hrsg.): Großstadt. Soziologische Stichworte, S. 39–46. Opladen: Leske + Budrich.
Stadt Offenburg (Hrsg.; 2004): Konzeption Offenburger Stadtteil- und Familienzentren. Stadt Offenburg, Fachbereich Bürgerservice und Soziales.
Statistisches Jahrbuch (1999/2000): Statistisches Bundesamt (Hrsg.). Wiesbaden.
Stegbauer, Christian (Hrsg.; 2008): Netzwerkanalyse und Netzwerktheorie: ein neues Paradigma in den Sozialwissenschaften. Wiesbaden: VS-Verlag.
Steinmeyer, Fritz-Joachim (1969): Gemeinwesenarbeit als integrierender Akzent der Sozialarbeit. In: Blätter der Wohlfahrtspflege.
Stiftung MITARBEIT (Hrsg.): Jahrbuch 2012. Jahresprogramm 2012, Tätigkeitsbericht 2011. Bonn: Verlag Stiftung MITARBEIT.
Stövesand, Sabine (2001): Quartiersentwicklung und Partizipation. In: forum sozial 1/2001.
Stövesand, Sabine/Stoik, Christoph/Troxler, Ueli (Hrsg.; 2013): Handbuch Gemeinwesenarbeit. Traditionen und Positionen, Konzepte und Methoden. Opladen: Leske + Budrich.

Stratmann, Bernhard (1999): Stadtentwicklung in globalen Zeiten. Basel: Birkhäuser.
Streich, Bernd (2011): Stadtplanung in der Wissensgesellschaft. Ein Handbuch. 2. Auflage. Wiesbaden: VS-Verlag für Sozialwissenschaften.
Strohmeier, Klaus Peter (1996): Die Polarisierung der Lebensformen in den Städten und Gemeinden. Soziale Hintergründe und sozialpolitische Probleme. In: Schäfers, Bernhard/Wewer, Göttrik (Hrsg.): Die Stadt in Deutschland. Soziale, politische und kulturelle Lebenswelt, S. 63–84. Opladen: Leske + Budrich.
Strubelt, Wendelin (1998): Stadtentwicklung. In: Häußermann, Hartmut (Hrsg.): Großstadt. Soziologische Stichworte, S. 220–233. Opladen: Leske + Budrich.
Szynka, Peter (2006): Theoretische und empirische Grundlagen des Community Organizing bei Saul D. Alinsky (1909–1972). Eine Rekonstruktion. Bremen.
Taylor, Frederick Winslow (1913, Erstauflage): The Principles of Scientific Management, Neuauflage 1977: Die Grundsätze wissenschaftlicher Betriebsführung. Weinheim: Beltz.
Tönnies, Ferdinand (1931): Gemeinschaft und Gesellschaft. In: Vierkant, Alfred (Hrsg.): Wörterbuch der Soziologie, S. 180 ff. Berlin.
Tönnies, Ferdinand (1887): Gemeinschaft und Gesellschaft. Abhandlung des Communismus und des Socialismus als emprischer Culturformen. Leipzig: Fues.
Thiersch, Hans (2009): Lebensweltorientierte Soziale Arbeit. Weinheim, München: Juventa.
Thole, Werner/Galuske, Michael/Gängler, Hans (Hrsg.; 1998): KlassikerInnen der Sozialen Arbeit Sozialpädagogische Texte aus zwei Jahrhunderten – ein Lesebuch. Neuwied.
Thränhardt, Dietrich (2008): Das Engagement von Migranten. In: Forum Wohneigentum, Zeitschrift für Wohneigentum in der Stadtentwicklung und Immobilienwirtschaft, vhw FW 3/2008: 131–137. Bundesverband für Wohneigentum und Stadtentwicklung e. V. Berlin (Hrsg.).
UNO-Weltkonferenz für Umwelt und Entwicklung (1987): Brundland-Bericht »Our Common Future«.
URBACT (2021); unter: https://urbact.eu/urbact-lichtblicke-f%C3%BCr-das-jahr-2021 (07.03.2021).
URBACT (2011): Pilotprojekte der Nationalen Stadtentwicklungspolitik; Dokumentation 4. Erfahrungsaustausch der Pilotprojekte, 14. Oktober 2011. Bundesinstitut für Bau-, Stadt- und Raumforschung (Hrsg.). Bonn.
URBAN (2003): Partnerschaft mit Städten. Die Gemeinschaftsinitiative URBAN; Europäische Gemeinschaften, Luxemburg; unter: http://europa.eu.int/comm/regional_policy/urban2/index_de.htm (20.09.2012).
Vetter, Angelika (2011): Lokale Politik als Rettungsanker der Demokratie. In: Aus Politik und Zeitgeschehen 7–8/2011: 25–32.
»Victor-Gollancz-Stiftung«, Arbeitsgruppe Gemeinwesenarbeit (Hrsg.; 1972): Gemeinwesenarbeit in der BRD, Praxis und Ausbildung 1971/72 (Materialien zur Jugend- und Sozialarbeit 4). Frankfurt/M.
»Victor-Gollancz-Stiftung«, Arbeitsgruppe Gemeinwesenarbeit (Hrsg.; 1974): Reader zur Theorie und Strategie der Gemeinwesenarbeit (Materialien zur Jugend- und Sozialarbeit 8). Frankfurt/M.
Vierkant, Alfred (Hrsg.; 1931): Wörterbuch der Soziologie. Berlin.
Vogel, Martin Rudolf/Oel, Peter (1966): Gemeinde und Gemeinschaftshandeln. Zur Analyse der Begriffe Community Organization und Community Development. Stuttgart.
Walther, Uwe-Jens (1998): Bevölkerungsalterung. In: Häußermann, Hartmut (Hrsg.): Großstadt. Soziologische Stichworte, S. 27–38. Opladen: Leske + Budrich.
Weber, Max (1922): Die nichtlegitime Herrschaft. Typologie der Städte. In: ders. (Hrsg.): Wirtschaft und Gesellschaft. Tübingen.
Wegweiser Bürgergesellschaft. Ein Projekt der Stiftung Mitarbeit; unter: www.bürgergesellschaft.de (05.02.2013).
Wehling, Hans-Georg (2006): Kommunalpolitik. Information zur politischen Bildung, Heft 242; Bundeszentrale für politische Bildung (Hrsg.). Bonn.
Weißbuch Innenstadt (2011): Weißbuch Innenstadt – Starke Zentren für unsere Städte und Gemeinden. Bundesministerium für Verkehr, Bau und Stadtentwicklung (Hrsg.); Invalidenstraße 44, 10115 Berlin.

Wendt, Wolf Rainer (1989): Gemeinwesenarbeit. Ein Kapitel zu ihrer Entwicklung und zu ihrem gegenwärtigen Stand. In: Ebbe, Kirsten/Friese, Peter (1989): Milieuarbeit. Grundlagen präventiver Sozialarbeit im lokalen Gemeinwesen. Stuttgart.
Werlen, Benno (2004/2008): Sozialgeografie. Bern, Stuttgart, Wien.
Werner, Götz W. (2007): Einkommen für alle. Der dm-Chef über die Machbarkeit des bedingungslosen Grundeinkommens. Köln: Kiepenheuer & Witsch.
Wiesemann, Lars (2008): Wohnstandortentscheidungen türkischer Migranten. In: vhw FW 3/2008: 145–148. Forum Wohneigentum, Zeitschrift für Wohneigentum in der Stadtentwicklung und Immobilienwirtschaft, Bundesverband für Wohneigentum und Stadtentwicklung e. V. Berlin (Hrsg.).
Will, Thomas/Lindner, Ralph (Hrsg.; 2012): Gartenstadt: Geschichte und Zukunftsfähigkeit einer Idee. Dresden: W. E. B. Universitätsverlag.
Willener, Alex (Hrsg.; 2007): Integrale Projektmethodik, für Innovation und Entwicklung in Quartier, Gemeinde und Stadt. Luzern: Interact Verlag.
Wilke, Helmut (1999): Die Wissensgesellschaft. In: Pongs, Armin (Hrsg.): In welcher Gesellschaft leben wir eigentlich? Gesellschaftskonzepte im Vergleich, Band 1, S. 261 ff. München: Dilemma-Verlag.
Wilkinson, Richard/Pickett, Kate (2009): Gleichheit ist Glück. Warum gerechte Gesellschaften für alle besser sind. Berlin: Tolkemitt.
Wirth, Louis (1938): Urbanität als Lebensform. In: Herlyn, Ulfert (Hrsg.; 1974.): Stadt- und Sozialstruktur. München. Erstausgabe: Wirth, Louis (1938): Urbanism as a way of life. In: American Journal of Sociologie, XLIV.
Wohlfahrt, Norbert/Dahme, Heinz-Jürgen/Otto, Hans-Uwe/Trube, Achim (Hrsg.; 2003): Soziale Arbeit für den aktivierenden Staat. Opladen.
Wohlfahrt, Norbert/Dahme, Heinz-Jürgen (2005): Recht und Finanzierung. In: Kessel, Fabian u. a. (Hrsg.): Handbuch Sozialraum, S. 263–278. Wiesbaden.
Wohnbau Lörrach; unter: https://www.wohnbau-loerrach.de/de/Lebendige-Wohnquartiere (11.03.2021).
Wohnbau Weil am Rhein; unter: https://www.wohnbau-weil.de/?gid=7&content=detail&eid=22 (11.03.2021).
Wollmann, Helmut (1998): Lokale Demokratie. In: Häußermann, Hartmut (Hrsg.): Großstadt. Soziologische Stichworte, S. 135–142. Opladen: Leske + Budrich.
Zadow, Andreas von (1997): Perspektivenwerkstatt; unter: www.vonzadow.de (09.10.2007).
Ziegler, Holger (2011): Gemeinwesenarbeit. In: Dahme, Heinz-Jürgen/Wohlfahrt, Norbert (Hrsg.): Handbuch Kommunale Sozialpolitik, S. 330–344. Wiesbaden: VS Verlag für Sozialwissenschaften; Springer Fachmedien.
Zimmer, Annette (1996): Vereine – Basiselemente der Demokratie. Eine Analyse aus der Dritte-Sektor-Perspektive. Opladen: Leske + Budrich.
Zimmermann, Gunter E. (2001): Räumliche Mobilität. In: Schäfers, Bernhard/Zapf, Wolfgang (Hrsg.): Handwörterbuch zur Gesellschaft Deutschlands, S. 529 ff. Opladen: Leske + Budrich.
Zimmermann, Gunter E. (1996): Armut in der Großstadt. In: Schäfers, Bernhard/Wewer, Göttrik (Hrsg.): Die Stadt in Deutschland. Soziale, politische und kulturelle Lebenswelt, S. 105–122. Opladen: Leske + Budrich.
Zimmermann, Ina (2012): Evaluationen unter Einbeziehung Betroffener. In: Soziale Arbeit 11.2012, Zeitschrift für soziale und sozialverwandte Gebiete, November 2012, 61. Jahrgang: 415–421.
Zimmermann, Karsten/Barbehön, Marlon/Nünch, Sybille (2014): Eigenlogik der Städte: ein fachdisziplinärer Beitrag zur Diskussion. In: Der Leviathan, Heft 2/2014: 163–173.